아사히신문 외지판(조선판)
기사명 색인 _ 제1권

한림일본학자료총서
아사히신문 외지판 6

This publication has been executed with grant from
the Japan Foundation(Support Program for Japanese Studies Organizations),
National Research Foundation of Korea grant funded
by the Korean Government(2014S1A5B8066696)
and the fund of the Institute of Japanese Studies, Hallym University

한림대학교 일본학연구소는 이 책을 간행함에 있어
출판비용의 일부를 일본국제교류기금과 한국연구재단으로부터 지원받았고,
한림대학교 일본학연구소 발전기금을 사용하였습니다.

한림대학교 일본학연구소
Institute of Japanese Studies
Hallym University

National Research
Foundation of Korea

한림일본학자료총서
아사히신문 외지판 6

아사히신문 외지판(조선판)

기사명 색인 _ 제1권

1915.12. ~ 1919.12.

한림대학교 일본학연구소
서정완 외 12인

1918년

1919년

朝日新聞 外地版(朝鮮版) 記事名 索引

아사히신문 외지판(조선판) 기사명 색인을 간행하며
1915.12.~1919.12.

서 정 완
한림대학교 일본학연구소 소장

1. 「조선판」을 간행하며

　한림대학교 일본학연구소는 일본학·일본연구 관련 인프라를 구축하여 학계와 사회에 제공함으로써 연구소로서의 역할을 다하려는 노력을 경주하고 있다. 구체적으로는 첫째 한국도서관협회에 정식으로 등록된 국내 유일의 일본학전문도서관인 일본학도서관을 운영하고, 둘째 일본학 데이터베이스를 구축하고, 셋째 일본학 관련 양서를 지속적으로 출판간행하고, 넷째 연구집단으로서 연구성과를 내놓음으로써 일본학 관련 <知>를 축적하고 제공하는 것을 연구소의 역할이라 생각한다.

　이러한 작업의 일환으로서 본 연구소는 일본학도서관에 『아사히신문 외지판』(전68권, 별권1)과 「아사히신문 외지판 제2기」(전 37권)를 모두 갖추어 식민지시기의 경성을 비롯한 각지의 사회상 등을 알 수 있는 자료로 제공하고 있다. 한편으로는 보다 적극적인 활동으로서 해방 이전의 식민권력의 중추였던 조선총독부의 동태와 당시 조선의 사회상을 조사하는 데 조금이나마 도움이 되는 『아사히신문 외지판(남선판) 기사명 색인』(전 5권, 1935.12.~1945.3.)의 간행을 기획하여 완간하였다.

　『아사히신문 외지판』은 제국일본 및 식민권력의 성쇠(盛衰)와 함께 시기별로 남선판 외에 서북판 등 몇 가지 지역판이 추가되었다가 통합되기를 반복하는데, 그 내용을 보면 상당한 부분의 기사가 중복되기 때문에 남선판 간행만으로도 해방 이전 당시 조선의 사회상 등을 조사하는 데 나름의 역할을 수행할 것이다. 이 후속사업으로서 「아사히신문 선만부록(鮮滿附錄)」(1915. 4.16.~1917.6.), 「아사히신문 선만판(鮮滿版)」(1918.5.2.~1925.3.), 「조선아사히(朝鮮朝日)」(1925.4.1.~1935.2.11.), 「조선아사히 서북판」과 「조선아사히 남선판」(각각 1935.2.12.~1935.11.30.)을 대상으로 『아사히신문 외지판(조선판) 기사명 색인』을 간행하기에 이르렀다. 「조선판」이라는 명칭을 선택한 이유는 '선만에서 시작되어 '조선'으로 대상을 좁혀가는 전개과정을 고려한 것이다. 이 조선판이 완간되면 1915년부터 1945년

까지 약 30년 동안 식민권력과 독립을 갈망하는 조선이 공존하는 '식민지 조선'이라는 공간에서 벌어지는 동태 자료조사의 길라잡이가 하나 완성된다.

「아사히신문 외지판」은 비록 식민권력 편에서 간행된 신문이나, 그 내용을 들여다봄으로써 지난 역사를 확인하고 우리의 미래를 설계하는 데 도움이 되리라 믿는다. 『아사히신문 외지판(남선판) 기사명 색인』에 이은 『아사히신문 외지판(조선판) 기사명 색인』이 미력하지만 이러한 작업과 과정에 유용한 도구로서 활용되기를 바란다.

2. 「조선판」 제1권의 구성·내용과 제작 일지

1) 구성·내용

한림대학교 일본학연구소가 간행하는 <일본학자료총서> 제6권이며, 『아사히신문 외지판(조선판) 기사명 색인』 제1권인 이 책은 1915년 12월부터 1919년 12월까지 4년간의 기사에 대한 기사명 색인어를 수록한다. 구체적으로는 「아사히신문 선만부록(鮮滿附錄)」(1915.4.16.~1917.6.) 전체와 「아사히신문 선만판(鮮滿版)」(1918.5.2.~1919.12.)의 약 2년분을 수록하였으며, 이는 일제에 의한 식민지 경영이 시작된 지 약 5~9년간의 기사에 대한 기사명 색인이다.

이 시기에 출현빈도가 높은 색인어를 제시하면 다음과 같다.

> 改良 改善 改正 激增 繭 慶尙南道 慶尙北道 京城 經濟 輕鐵 工事 工業 工場 敎育 救濟 群山 規則 金融 金融組合 記者 內地 女 東拓 大邱 大豆 大田 大會 露西亞(러시아) 馬 馬山 滿洲 滿鐵 綿 木浦 貿易 米價 米穀 俳壇(하이쿠 모임) 法 變更 病 釜山 北鮮 事業 鮮米 鮮銀 鮮鐵 稅 騷擾 水産 輸送 輸出 市場 視察 試驗 殖産銀行 新設 驛 認可 仁川 鰮 獎勵 調査 組合 株(株式) 支店 鎭海 鎭 南浦 鐵道 忠淸南道 忠淸北道 總督 總會 取引(거래) 取締(단속) 値上(가격인상) コレラ(콜레라) 土地 通信 學校 咸鏡北道 港 航路 憲兵 平壤 會議所

위 색인어만 보더라도 1910년대 식민지 경영의 방향과 내용을 쉽게 짐작할 수 있다.

조선의 쌀과 大豆의 농산물의 확보, 工事·工業·工場에 대표되는 공업화와 仁川과 鎭南浦, 港에 대표되는 내지와 식민지를 잇기 위한 항만시설의 건설과 철도망의 정비, 식민지 경영을 위한 법적 근거 마련을 위한 각종 법령과 규칙의 개정·인가·신설 및 변경, 조선은행, 東拓, 株(株式), 支店, 殖産銀行, 金融(組合)에 대표되는 조선의 금융 장악, 식민권력에 의한 문화정책과 교육정책을 수행하고 조선의 청소년들을 중장기적인 안목에서 교화하기 위한 敎育과 學校 등이 눈에 들어온다. 그러나 1919년이라 함은 우리에게 잊을 수 없는 것이 3·1 독립운동인데 이에 대해서는 당시 「경성일보」 등을 보아도 확인이 되지만 '騷擾'라는 색인어의 출현빈도가 1919년 3월 이후에 높아진다. 憲兵과 取

締도 이에 연관된 것이라 할 수 있다.

3・1운동과 관련해서는 가령 1919년 3월 14일자의 "기괴한 선교사 등의 행동", "평양의 폭동", 3월 15일자의 "각지의 소요", 3월 21일자의 "학생의 망동에 관해서, 세키야 총독부학무국장 담" 등을 들 수 있다. 15일자의 "각지의 소요" 모두를 국문으로 옮겨서 제시하면 다음과 같다.

> 오후 4시 전라남도 광주군 양림리(揚林里)에 있는 미국인이 경영하는 숭일학교(崇一學校) 학생 50여 명, 도립농학교(道立農學校) 학생 약간 명으로 된 일단 구한국기인 태극장을 들고 대한독립만세를 절규하며 시중을 누비고 다니고, 야소학교(耶蘇學校) 여학생 20명도 마찬가지 운동을 획책하여 등사판으로 찍어낸 독립선언서를 배포하는 등 광조(狂躁)가 극에 달하니, 헌병·경찰관이 바로 출동해서 이들 중 과반을 경찰서에 구속하고…

여기서 말하는 '숭일학교'는 1908년 2월 1일에 설립된 지금의 광주숭일고등학교이며 '미국인'은 설립자 배유지(Dr. Eugene Bell)를 가리킨다. 이 기사에 의하면 50여 명이 시위를 한 걸로 되어 있으나, 우리 측 기록(『한국민족문화대백과』)에는 "교사 및 전교생이 선봉이 되어 활동하다가 25명이 투옥되었고, 학생 송광춘(宋光春)은 대구에서 옥사했다"고 기록되어 있다.

이처럼 조선의 독립운동에 대한 탄압, 조선에 대한 경제적 수탈과 원활한 식민통치를 위한 교화정책이 당시 식민지 조선이라는 공간에서 얼마나 집요하고 적극적으로 추진되었는지 『아사히신문 외지판(조선판) 기사명 색인』에 수록된 색인어를 통해서도 그 윤곽을 알 수 있다. 『아사히신문 외지판(조선판) 기사명 색인』이 이러한 용도로 활용되기를 바라며, 나아가서 『아사히신문 외지판(조선판) 기사명 색인』이 완간되어 이미 완간된 『아사히신문 외지판(남선판) 기사명 색인』으로 이어질 때 이 사업의 시너지효과가 발휘될 거라 믿는다.

2) 제작 일지

『아사히신문 외지판(조선판) 기사명 색인』 제1권(1915.12.~1919.12.)은 한림대학교 일본학연구소 일본학DB 사업의 일환으로 <한림일본학자료총서>로서 간행되었다. 이 사업은 연구소장이 중심이 되어 기획·추진·감독하였으며, 여기에는 제작·간행을 위한 외부지원금 획득 작업도 포함된다.

한편 한림대학교 일본학과 학부생으로 구성된 연구보조원들이 입력한 데이터는 신뢰성 담보를 위해 총 세 차례에 걸친 검증작업을 통해서 오타나 누락된 기사를 최소화하였다. 색인 추출작업과 전체 구성에 대한 편집은 심재현 연구원/사서가 수고했으며, 색인 일련번호 추출에는 아래 작업참여자 외에 연구보조원 이성훈(13), 윤지원(14), 김성희(15)의 도움이 있었다.

자세한 작업일지는 다음과 같다.

(1) **1915년 12월~1918년 7월(22개월)**

작업기간: 2014년 5월~2015년 12월

작 업 자: 박명훈(09), 이기은(10), 김성희(11), 문희수(11), 이시현(11), 박진희(12), 김보민(13),

노혜민(13), 방나은(13), 정단비(13), 홍세은(13)

작업내역: 입력, 1차 수정, 2차 수정, 3차 수정

(2) **1918년 8월~1919년 4월(9개월)**

작업기간: 2014년 7월~2015년 12월

작 업 자: 박명훈(09), 이기은(10), 김성희(11), 문희수(11), 이시현(11), 박진희(12), 김보민(13),

노혜민(13), 방나은(13), 정단비(13), 홍세은(13)

작업내역: 입력, 1차 수정, 2차 수정, 3차 수정

(3) **1919년 5월~1919년 10월(6개월)**

작업기간: 2014년 9월~2015년 12월

작 업 자: 박명훈(09), 이기은(10), 김성희(11), 문희수(11), 이시현(11), 박진희(12), 김보민(13),

노혜민(13), 방나은(13), 정단비(13), 홍세은(13)

작업내역: 입력, 1차 수정, 2차 수정, 3차 수정

(4) **1919년 11월~1919년 12월(2개월)**

작업기간: 2015년 1월~2015년 12월

작 업 자: 박명훈(09), 김성희(11), 노혜민(13), 방나은(13), 정단비(13), 홍세은(13)

작업내역: 입력, 1차 수정, 2차 수정, 3차 수정

3. 데이터 현황

『아사히신문 외지판(조선판) 기사명 색인』은 데이터 검색을 용이하게 하기 위해서 모든 기사에 일련번호를 부여했으며, 『아사히신문 외지판(남선판) 기사명 색인』의 일련번호를 이어받아서 85521~93694까지 수록되어 있다. 색인은 일본어 한자음을 한글음에 따라 가나다 순으로 정리했으며, 총 1,732건이다.

그리고 모두에서 언급한 것처럼, 「아사히신문 선만부록(鮮滿附錄)」(1915.4.16.~1917.6.)과 「아사히신문 선만판(鮮滿版)」(1918.5.2.~1925.3.) 사이, 즉 1917년 7월부터 1918년 4월까지는 공백이 존재한다.

朝日新聞 外地版(조선판) 기사명 색인 제1권 1915.12.~1919.12.

범 례

1. 본 DB는 『朝日新聞 外地版 鮮滿附錄·鮮滿版』 중 1915.12~1919.12의 기사를 대상으로 하였다.

2. 본 DB는 일련번호, 판명, 간행일(지면수), 단수, 기사명 순으로 게재하였다.

3. 신문이 휴간, 결호, 발행불명인 경우 해당날짜와 함께 休刊, 缺號, 發行不明이라 표기하였다.

4. 기사명 입력은 원문의 줄 바꿈과 문맥을 기준으로 하여 '/'로 구분을 두었다.

   예) 關東廳移置問題

   　　旅順より大連へとの議

   　　第一困難なるは廳舍舍宅の設備 (이하 기사 본문)

   　　→ 關東廳移置問題/旅順より大連へとの議/第一困難なるは廳舍舍宅の設備

5. 광고 및 訂正, 取消, 正誤 등 신문내용의 수정을 알리는 기사는 생략하였다.

6. 코너기사 '人', '會', '會と催'의 입력을 추가하였다.

   제5권까지의 코너기사는 추후 보완할 예정이다.

   생략해왔던 코너기사의 내용을 보충하는 목록작성 및 수정작업이 추후 이뤄질 전망이다.

   鮮滿附錄·鮮滿版을 비롯한 앞으로의 DB작업에서는 등장하는 코너기사를 모두 입력할 것을 원칙으로 한다.

7. 연재기사(번호와 저자명이 병기된 기사)는 '제목(편수)/저자명'의 형태로 입력하였다.

   이어지는 부제목은 생략하였다.

   예) 朝鮮道中記(５７) 貴妃の靈に遭ふ 顔が四角で腕が達者 これが大邱一番の歌ひ女 大阪にて瓢齊翁 (이하 기사 본문)

   　　→ 朝鮮道中記(５７)/大阪にて瓢齊翁

8. 연관기사(연계기사)는 '기사명1/기사명2/기사명3'의 형태로 입력하였다. 이때 하나의 기사명 내에서는 상기의 줄 바꿈 표시인 '/' 대신 '스페이스(공백)'를 사용하였다. 또한, 기사명 전체를 이탤릭체(기울임꼴)로 변환하였다.

   예) 朝鮮の土を踏むのは今度が最初 家內に敎はる積り机上の學問は駄目 何の事業も無く慚愧の至りです (이하 기사 본문)

   　　→ *朝鮮の土を踏むのは今度が最初 家內に敎はる積り机上の學問は駄目/何の事業も無く慚愧の至りです*

9. 상위 기사의 내용에 하위 기사가 종속되는 경우는 '상위 기사명(하위 기사명/하위 기사명)' 형태

로 입력하였다.

예) 米穀收用と影響 朝鮮の各地方に於ける

　　大邱地方

　　慶山地方

　　金泉地方

　　浦項地方 (이하 기사 본문)

　　→

米穀收用と影響/朝鮮の各地方に於ける(大邱地方/慶山地方/金泉地方/浦項地方)

10. 신문기사에 있는 숫자, !, ? , ´ , "", 「」, 【】 등의 기호는 전각으로 입력하였다.

단 '()'는 반각으로 입력하였으며, 데이터를 정리하는 과정에서 필자가 임의로 사용한 '/' 등도 반각으로 처리하였다.

11. 촉음과 요음은 현행 표기법에 맞게 고쳐서 입력하였다.

예) ちよつと → ちょっと, ニユース

→ ニュース, 2ケ月 → 2ヶ月

12. 기사명에 사용된 '◆', '……', '＝' 와 같은 기호들은 생략하고 중점은 한글 아래아(·)로 입력하였다.

13. 한자는 원문에 약자로 표기되어있어도 모두 정자로 통일해서 입력할 것을 원칙으로 했다.

단 오늘날 일본에서 쓰이는 이체자(異體字)는 원문대로 입력하였다.

14. 이체자 중 PC에서 입력이 불가능한 경우 정자로 표기하는 것을 원칙으로 하였다.

15. 인쇄 상태불량 등으로 인해 판독이 어려운 글자는 ■로 표기하였다.

아사히신문 외지판(조선판) 기사명 색인

1915년

1915년 12월 (선만부록)

일련번호	판명	간행일	단수	기사명
85521	鮮滿附錄	1915-12-16	01단	內地人を朝鮮化する城津/公共的經營行はれず
85522	鮮滿附錄	1915-12-16	01단	朝鮮地方制度の缺陷
85523	鮮滿附錄	1915-12-16	03단	木浦の活況/米棉山と積む(最近の市況/米檢成績良好)
85524	鮮滿附錄	1915-12-16	04단	馬山近況
85525	鮮滿附錄	1915-12-16	04단	釜山棧橋竣工期
85526	鮮滿附錄	1915-12-16	04단	釜山記念公園
85527	鮮滿附錄	1915-12-16	05단	京城名物の浮浪人狩/人泣かせの無職渡世
85528	鮮滿附錄	1915-12-16	06단	仁川より啓上(活氣全市に充つ/新會議所設立/船溜は一年の運命/全市一致の美風)
85529	鮮滿附錄	1915-12-16	07단	天聽地說
85530	鮮滿附錄	1915-12-16	08단	活氣橫溢の木浦(上)と仁川(下)
85531	鮮滿附錄	1915-12-16(2)	01단	本年の滿洲大豆
85532	鮮滿附錄	1915-12-16(2)	02단	仁川の期米/十一月中の概勢
85533	鮮滿附錄	1915-12-16(3)	01단	關東都督府大玄關
85534	鮮滿附錄	1915-12-16(3)	01단	長春信託會社の難産/合辨事業の不安
85535	鮮滿附錄	1915-12-16(3)	01단	日露戰將士六百の遺骨を置忘れられたる奉天十間房街(下)と今回合祀せらる、奉天忠魂碑(上)
85536	鮮滿附錄	1915-12-16(3)	03단	都督府政治/旅順武藤生(惰氣滿々/變態の市制/旅大の救濟/財政の基礎)
85537	鮮滿附錄	1915-12-16(3)	05단	滿洲に於ける燐寸製造業/本邦燐寸の敵視はる(原木/勞銀/運賃/新計劃)
85538	鮮滿附錄	1915-12-16(3)	06단	滿鮮境上より
85539	鮮滿附錄	1915-12-16(3)	07단	鐵嶺電話擴張
85540	鮮滿附錄	1915-12-16(3)	08단	鐵嶺の馬蜂溝
85541	鮮滿附錄	1915-12-16(3)	09단	遼陽の土曜會

아사히신문 외지판(조선판) 기사명 색인

1916년

1916년 1월 (선만부록)

일련번호	판명	간행일	단수	기사명
85542	鮮滿附錄	1916-01-07	01단	木浦の將來(陸と水/陸の木浦/海の木浦/貿易と木浦)
85543	鮮滿附錄	1916-01-07	05단	失敗せる鎭南浦築港(鎭南浦の地位/築港船渠設備/入港困難/失敗は失敗なり/今後の運用如何)
85544	鮮滿附錄	1916-01-07	09단	仁川に船渠會社
85545	鮮滿附錄	1916-01-07(2)	01단	日本海橫斷航路
85546	鮮滿附錄	1916-01-07(2)	01단	北鮮の三大商港(元山港/淸津港/城津港)
85547	鮮滿附錄	1916-01-07(2)	02단	元山より
85548	鮮滿附錄	1916-01-07(2)	03단	北鮮と産物(農産物/畜産物/水産物)
85549	鮮滿附錄	1916-01-07(2)	04단	咸北の農業/南鮮に比して健全也
85550	鮮滿附錄	1916-01-07(2)	05단	釜山貿易の增大/昨大正四年の實績
85551	鮮滿附錄	1916-01-07(2)	05단	全羅南道の産業
85552	鮮滿附錄	1916-01-07(2)	07단	平壤の諸工事(第二期繼續土木/大同江聯絡問題/鐵道ホテル建設/國道の改修工事/大同江護岸工事/牧丹臺の大公園)
85553	鮮滿附錄	1916-01-07(2)	09단	大東川改修工事(大田)
85554	鮮滿附錄	1916-01-07(3)	01단	朝鮮側面觀(朝鮮の踏み倒し/歷史の無い內地人/總督と京城商人/殖民地の女と無職者)
85555	鮮滿附錄	1916-01-07(3)	02단	忠南産米の改良
85556	鮮滿附錄	1916-01-07(3)	03단	釜山水産傳習所
85557	鮮滿附錄	1916-01-07(3)	03단	大邱水力電氣
85558	鮮滿附錄	1916-01-07(3)	03단	馬山近海好漁
85559	鮮滿附錄	1916-01-07(3)	03단	鎭海灣近信
85560	鮮滿附錄	1916-01-07(3)	04단	馬山農事講習會
85561	鮮滿附錄	1916-01-07(3)	04단	朝鮮輕鐵株式會社
85562	鮮滿附錄	1916-01-07(3)	04단	龍頭山記念公園
85563	鮮滿附錄	1916-01-07(3)	04단	火の氣なしの學校組合
85564	鮮滿附錄	1916-01-07(3)	05단	天聽地說
85565	鮮滿附錄	1916-01-07(5)	01단	奉天の新年
85566	鮮滿附錄	1916-01-07(5)	02단	滿洲の滿鐵/獨占的橫暴を愼め
85567	鮮滿附錄	1916-01-07(5)	04단	同胞渡滿覺悟(滿洲征伐/土着と墳墓/僧侶と寺院)
85568	鮮滿附錄	1916-01-07(5)	07단	土着心の發露(紋附の增加/望鄕心薄らぐ/破戸漢も減る)
85569	鮮滿附錄	1916-01-07(5)	08단	湯崗子溫泉

1916년 2월 (선만부록)

일련번호	판명	간행일	단수	기사명
85570	鮮滿附錄	1916-02-11	01단	鮮滿號の發展/來月より三回に增刊
85571	鮮滿附錄	1916-02-11	01단	朝鮮青年と內地青年/兩者の間に漸く競爭を見んとす
85572	鮮滿附錄	1916-02-11	01단	群山港
85573	鮮滿附錄	1916-02-11	02단	全鮮に冠たる群山米/朝鮮の代表的産米(米と群山/兵阪市場と群山米/檢米の厲行/群山米の名聲/群山米の主動力)
85574	鮮滿附錄	1916-02-11	03단	元山の不一致
85575	鮮滿附錄	1916-02-11	06단	汽車の隔日運轉/至急改正を希望す
85576	鮮滿附錄	1916-02-11	06단	天聽地說
85577	鮮滿附錄	1916-02-11	06단	仁川會議所議員
85578	鮮滿附錄	1916-02-11	07단	鎭海片言
85579	鮮滿附錄	1916-02-11	07단	大連の町(彩票で道路修繕/極端な日本流/大豆の大連/大豆と新發明/大連の將來)
85580	鮮滿附錄	1916-02-11	08단	金泉に會議所
85581	鮮滿附錄	1916-02-11	09단	穀物檢査成績
85582	鮮滿附錄	1916-02-11	09단	無頭無尾

1916년 3월 (선만부록)

일련번호	판명	간행일	단수	기사명
85583	鮮滿附錄	1916-03-05	01단	物價騰貴と土民の破産/京城破翁
85584	鮮滿附錄	1916-03-05	02단	仁川の財政と注目すべき三問題
85585	鮮滿附錄	1916-03-05	03단	權威なき決議
85586	鮮滿附錄	1916-03-05	03단	鎭南浦の貿易(米穀界の好況/鑛産額の增加/輸移出超過港/鎭南浦築港)
85587	鮮滿附錄	1916-03-05	04단	採木公司の成績/安東縣通信(木材の市況/四年度着筏高/公司木材の販賣/林況調査の狀況)
85588	鮮滿附錄	1916-03-05	06단	城津より(露貨債權者を泣かす/温泉場道路の竣工/牧師裁判所を怒る/教育と宗教の掛持ち/古鐵材)
85589	鮮滿附錄	1916-03-05	07단	忠南輕鐵計劃
85590	鮮滿附錄	1916-03-05	07단	數學より見たる營口
85591	鮮滿附錄	1916-03-05	08단	天聽地說
85592	鮮滿附錄	1916-03-05	08단	呼倫貝爾州と漁業(上)(呼倫貝爾/境界/歷史)
85593	鮮滿附錄	1916-03-05	09단	神仙爐
85594	鮮滿附錄	1916-03-15	01단	何等の官紀振肅ぞ/京城にて橘破翁
85595	鮮滿附錄	1916-03-15	01단	盛なる重石熱/有望なる忠淸方面
85596	鮮滿附錄	1916-03-15	03단	海より知らぬ元山稅關
85597	鮮滿附錄	1916-03-15	04단	宗谷の告別/仁川市民の追懷
85598	鮮滿附錄	1916-03-15	05단	京城より/一記者
85599	鮮滿附錄	1916-03-15	06단	副業獎勵の不統一/全南通信
85600	鮮滿附錄	1916-03-15	06단	滿洲民力の疲弊
85601	鮮滿附錄	1916-03-15	08단	天聽地說
85602	鮮滿附錄	1916-03-15	08단	呼倫具爾州と漁業(中)(地勢と住民/河及湖)
85603	鮮滿附錄	1916-03-15	09단	驛の特色(水原驛/鳥山驛)
85604	鮮滿附錄	1916-03-25	01단	在鮮中學野球試合/四月櫻花の候京城通信部主催
85605	鮮滿附錄	1916-03-25	01단	富豪の獎學事業/鎭南浦の成功者中村精七郎氏
85606	鮮滿附錄	1916-03-25	01단	吉林の將來/在留邦人の奮起を要す
85607	鮮滿附錄	1916-03-25	02단	迎日灣の眞價
85608	鮮滿附錄	1916-03-25	04단	忠淸の重石熱(至る所重石/鑛量/重石仲買と盜掘/前祝の景氣附け)
85609	鮮滿附錄	1916-03-25	06단	京城より/一記者
85610	鮮滿附錄	1916-03-25	07단	平壤雜信/平壤通信員
85611	鮮滿附錄	1916-03-25	08단	木浦通信(水道通水式/港灣浚渫の其後)
85612	鮮滿附錄	1916-03-25	08단	釜山鎭の買收/軍需品輸送重要地點
85613	鮮滿附錄	1916-03-25	08단	京城學校組合豫算

일련번호	판명	간행일	단수	기사명
85614	鮮滿附錄	1916-03-25	09단	東拓第六回移民
85615	鮮滿附錄	1916-03-25	09단	天聽地說
85616	鮮滿附錄	1916-03-25	09단	驛の特色(成歡驛/天安驛)

1916년 4월 (선만부록)

일련번호	판명	간행일	단수	기사명
85617	鮮滿附錄	1916-04-06	01단	朝鮮煙草界現勢/例の長煙管捨てられ卷煙草九割を占む
85618	鮮滿附錄	1916-04-06	02단	元山の財政/其の負擔を見よ
85619	鮮滿附錄	1916-04-06	04단	北鮮の隱れたる鑛業
85620	鮮滿附錄	1916-04-06	04단	判事の瀆職事件
85621	鮮滿附錄	1916-04-06	05단	京城簡易實業學校
85622	鮮滿附錄	1916-04-06	05단	心開合原頭の忠魂碑
85623	鮮滿附錄	1916-04-06	07단	京城の遊民
85624	鮮滿附錄	1916-04-06	07단	日露電信增加
85625	鮮滿附錄	1916-04-06	07단	中繼地としての長春
85626	鮮滿附錄	1916-04-06	07단	呼倫具爾州ご漁業(下)(魚族多産/漁業獲得權/漁法/本邦人の參加/産額と集散地)
85627	鮮滿附錄	1916-04-06	08단	天聽地說
85628	鮮滿附錄	1916-04-28	01단	都督府の施政/在滿M·T生
85629	鮮滿附錄	1916-04-28	03단	鮮米を露領に輸出せよ/米價調節と産業促進の好手段(産業促進と米價調節/露領方面へ輸出/露國人の嗜好/政府の援助を要す)
85630	鮮滿附錄	1916-04-28	06단	通貨を統一せよ(今や長春の地/不便不利なる/反對運動を受)
85631	鮮滿附錄	1916-04-28	06단	鄭家屯近狀
85632	鮮滿附錄	1916-04-28	07단	全鮮野球大會中止
85633	鮮滿附錄	1916-04-28	09단	商議定款不認可
85634	鮮滿附錄	1916-04-28	09단	牛耳洞の花信
85635	鮮滿附錄	1916-04-28	09단	天聽地說

1916년 5월 (선만부록)

일련번호	판명	간행일	단수	기사명
85636	鮮滿附錄	1916-05-05	01단	大田中學設置理由/大田人士の熱烈なる希望
85637	鮮滿附錄	1916-05-05	02단	大邱より
85638	鮮滿附錄	1916-05-05	02단	馬山酒の前途
85639	鮮滿附錄	1916-05-05	03단	慶南名物海苔
85640	鮮滿附錄	1916-05-05	04단	滿蒙經營根據地たるべき奉天/奉天雲介生
85641	鮮滿附錄	1916-05-05	05단	仁川船渠愈成立
85642	鮮滿附錄	1916-05-05	05단	歡農會解散內情
85643	鮮滿附錄	1916-05-05	07단	天聽地說
85644	鮮滿附錄	1916-05-05	08단	驛の特色(平澤驛/西井理驛/大田驛)
85645	鮮滿附錄	1916-05-05	08단	滿洲の燐寸業
85646	鮮滿附錄	1916-05-15	01단	東淸線割讓の曉(窯門の繁榮/老燒鍋の發展)
85647	鮮滿附錄	1916-05-15	01단	西鮮の富源/將に開拓せられん
85648	鮮滿附錄	1916-05-15	02단	馬山に製紙工場
85649	鮮滿附錄	1916-05-15	03단	南鮮の漁期
85650	鮮滿附錄	1916-05-15	04단	忠南大麻の有望
85651	鮮滿附錄	1916-05-15	04단	錦江の春色(釣開臺)
85652	鮮滿附錄	1916-05-15	05단	朝鮮唯一の工業
85653	鮮滿附錄	1916-05-15	05단	間島近況
85654	鮮滿附錄	1916-05-15	06단	天聽地說
85655	鮮滿附錄	1916-05-15(2)	01단	仁川より(瓦斯會社成否/取引所と仲買)
85656	鮮滿附錄	1916-05-15(2)	01단	遼陽より
85657	鮮滿附錄	1916-05-15(2)	02단	大同江の水運
85658	鮮滿附錄	1916-05-15(2)	02단	米の沙里院
85659	鮮滿附錄	1916-05-15(2)	03단	優等生表彰に就て
85660	鮮滿附錄	1916-05-15(2)	03단	驛の特色(芙江/沃川)
85661	鮮滿附錄	1916-05-25	01단	朝鮮離宮候補地の(一)龍山總督邸/同(二)平壤牡丹臺
85662	鮮滿附錄	1916-05-25	01단	寺內總督に呈す/京城橘破翁
85663	鮮滿附錄	1916-05-25	03단	重石鑛許可に就て/其當局の談
85664	鮮滿附錄	1916-05-25	04단	東沿岸の漁業
85665	鮮滿附錄	1916-05-25	04단	落花巖
85666	鮮滿附錄	1916-05-25	06단	驛の特色(秋風嶺/黃澗/永同)
85667	鮮滿附錄	1916-05-25(2)	01단	危險なる鮮人の妄想
85668	鮮滿附錄	1916-05-25(2)	01단	大田の難問題
85669	鮮滿附錄	1916-05-25(2)	02단	第十九師團軍旗奉授式

일련번호	판명	간행일	단수	기사명
85670	鮮滿附錄	1916-05-25(2)	03단	仁川精米業者奮起/鮮米露領輸出
85671	鮮滿附錄	1916-05-25(2)	03단	城津より(大規模の漁業計劃/甲山銅山と城津/黑鉛熱)
85672	鮮滿附錄	1916-05-25(2)	03단	天聽地說

1916년 6월 (선만부록)

일련번호	판명	간행일	단수	기사명
85673	鮮滿附錄	1916-06-05	01단	滿洲に警察ありや/奉天雲介
85674	鮮滿附錄	1916-06-05	02단	仁川米檢問題眞相/廻着檢査は會議所がする
85675	鮮滿附錄	1916-06-05	03단	初夏の長春市街
85676	鮮滿附錄	1916-06-05	04단	京城より
85677	鮮滿附錄	1916-06-05	05단	營口より
85678	鮮滿附錄	1916-06-05	06단	大邱の土木界
85679	鮮滿附錄	1916-06-05	06단	天聽地說
85680	鮮滿附錄	1916-06-05(2)	01단	韓國軍隊の名殘/京都に一部現存(徵兵法と年限/澤山の志願者/服裝と兵器/號令は日本語/下士將校敎育/妻帶者と外泊)
85681	鮮滿附錄	1916-06-05(2)	02단	中鮮の事業界(成歡牧場/殖産農場/櫻火金鑛)
85682	鮮滿附錄	1916-06-05(2)	03단	驛の特色(金泉/海印寺/尙州)
85683	鮮滿附錄	1916-06-15	01단	都市の面目を如何/京城破翁
85684	鮮滿附錄	1916-06-15	01단	大哉閣
85685	鮮滿附錄	1916-06-15	03단	無責任なる決議/仁川米檢の成行
85686	鮮滿附錄	1916-06-15	03단	東拓重役更迭問題/總督府當局談
85687	鮮滿附錄	1916-06-15	04단	京城より/一記者
85688	鮮滿附錄	1916-06-15	05단	農民三百郡廳に押寄す
85689	鮮滿附錄	1916-06-15	05단	天聽地說
85690	鮮滿附錄	1916-06-15	06단	大邱商議認可
85691	鮮滿附錄	1916-06-15	06단	金泉と金融機關
85692	鮮滿附錄	1916-06-15(2)	01단	鎭海より
85693	鮮滿附錄	1916-06-15(2)	02단	驛の特色(倭館/慶州/城跡/陵墓/宗敎的遺物/遺跡として瞻星臺、鷄林、石鮑亭等あり/慶山)
85694	鮮滿附錄	1916-06-15(2)	02단	鐵道ホテルは中流/歸朝の島津男の談話
85695	鮮滿附錄	1916-06-15(2)	03단	城津より
85696	鮮滿附錄	1916-06-15(2)	03단	雜穀同業組合
85697	鮮滿附錄	1916-06-25	01단	新師團訪問記/勤務は嚴格給養は豐富
85698	鮮滿附錄	1916-06-25	03단	樂しき朝鮮生活/大邱扶植農園生の手紙
85699	鮮滿附錄	1916-06-25	04단	官鹽の將來
85700	鮮滿附錄	1916-06-25	05단	惰氣醜聞の元山
85701	鮮滿附錄	1916-06-25	05단	慶南に製陶工場
85702	鮮滿附錄	1916-06-25	06단	驛の特色(大邱/浦項/安東)
85703	鮮滿附錄	1916-06-25(2)	01단	重石相場の將來/最近の出願數
85704	鮮滿附錄	1916-06-25(2)	01단	麥酒混戰期に入る

일련번호	판명	간행일	단수	기사명
85705	鮮滿附錄	1916-06-25(2)	02단	大邱に製綿場
85706	鮮滿附錄	1916-06-25(2)	02단	獸の共同墓地
85707	鮮滿附錄	1916-06-25(2)	03단	天聽地說

1916년 7월 (선만부록)

일련번호	판명	간행일	단수	기사명
85708	鮮滿附錄	1916-07-05	01단	慶南漁業現況/遂年著しき發達
85709	鮮滿附錄	1916-07-05	02단	仁川より(企業熱の昂上/諸會織頻々/金が儲かる醫者)
85710	鮮滿附錄	1916-07-05	03단	鎭南浦通信(中村氏の增寄附/會議所定款認可/總督府の不統一/明治神宮奉贊會獻金)
85711	鮮滿附錄	1916-07-05	04단	夫餘山より百馬江を隔て浮山を望む
85712	鮮滿附錄	1916-07-05	04단	繭賣商人の不平/絲營組合が出來て儲からぬとて
85713	鮮滿附錄	1916-07-05	06단	天聽地說
85714	鮮滿附錄	1916-07-05(2)	01단	京城より/一記者
85715	鮮滿附錄	1916-07-05(2)	02단	惡魔の如き葬具屋
85716	鮮滿附錄	1916-07-05(2)	03단	驛の特色(密陽/淸道)
85717	鮮滿附錄	1916-07-15	01단	奉天より/岡山特派員(漏洩する秘密/三線聯絡運賃)
85718	鮮滿附錄	1916-07-15	02단	寺內總督の米談(朝鮮米の外國輸出/鳥致院の惡米/精米業者の注意)
85719	鮮滿附錄	1916-07-15	03단	地方官吏の軋轢
85720	鮮滿附錄	1916-07-15	04단	仁川より
85721	鮮滿附錄	1916-07-15	04단	夏の錦江
85722	鮮滿附錄	1916-07-15	06단	威信何れに在りや/元山敎育界の醜態
85723	鮮滿附錄	1916-07-15(2)	01단	臨益水利組合の排水工事に就て
85724	鮮滿附錄	1916-07-15(2)	01단	夏の小平島
85725	鮮滿附錄	1916-07-25	01단	東淸線の割讓と吉會線の急設
85726	鮮滿附錄	1916-07-25	02단	奉天だより/雲介(張將軍の近況/兌換制限問題)
85727	鮮滿附錄	1916-07-25	04단	京城府の財政難について(上)/難破可水(奇)
85728	鮮滿附錄	1916-07-25	04단	金剛山に行け(寫眞は玉流溪の景)
85729	鮮滿附錄	1916-07-25	06단	天聽地說
85730	鮮滿附錄	1916-07-25(2)	01단	古蹟保存と同化政策
85731	鮮滿附錄	1916-07-25(2)	02단	忠淸道の蠶業
85732	鮮滿附錄	1916-07-25(2)	02단	中鮮橫斷鐵道
85733	鮮滿附錄	1916-07-25(2)	03단	驛の特色(三浪津/龜浦/金海/勿禁)

1916년 8월 (선만부록)

일련번호	판명	간행일	단수	기사명
85734	鮮滿附錄	1916-08-05	01단	朝鮮經濟の獨立は尙早/京城橘破翁
85735	鮮滿附錄	1916-08-05	01단	寺內總督法就觀(山縣政務總監/小松書記翰長/原田京議會頭/進辰馬氏)
85736	鮮滿附錄	1916-08-05	03단	遼陽より/天民生
85737	鮮滿附錄	1916-08-05	05단	仁川より
85738	鮮滿附錄	1916-08-05	05단	京城府の財政難に就いて(中)/難波可水(寄)
85739	鮮滿附錄	1916-08-05(2)	01단	京城より/八月一日一記者
85740	鮮滿附錄	1916-08-05(2)	02단	朝鮮不漁の原因/庵原總督府技師談
85741	鮮滿附錄	1916-08-05(2)	02단	奉天將軍の顧問格なる四柱推命の名人/奉天雲介生
85742	鮮滿附錄	1916-08-05(2)	02단	天聽地說
85743	鮮滿附錄	1916-08-15	01단	滿蒙鐵道政策/吉林呑宇居士
85744	鮮滿附錄	1916-08-15	02단	朝鮮酒稅令に就いて
85745	鮮滿附錄	1916-08-15	03단	京城より/一記者
85746	鮮滿附錄	1916-08-15	04단	厄介なる洛東江
85747	鮮滿附錄	1916-08-15	05단	元山より
85748	鮮滿附錄	1916-08-15	06단	天聽地說
85749	鮮滿附錄	1916-08-15(2)	01단	朝鮮商船學校は何處へ
85750	鮮滿附錄	1916-08-15(2)	01단	不具的な鎭海市政
85751	鮮滿附錄	1916-08-15(2)	02단	迎日水利完成
85752	鮮滿附錄	1916-08-15(2)	02단	城津通信(甲山鑛山運搬受負業/官私有の爭ひ/黑鉛一日三噸)
85753	鮮滿附錄	1916-08-15(2)	03단	驛の特色(釜山線/東萊/草梁)
85754	鮮滿附錄	1916-08-25	01단	寺內伯朝鮮を去るの機會/京城橘破翁
85755	鮮滿附錄	1916-08-25	01단	京城の財政難に就て(下)/難波可水(寄)
85756	鮮滿附錄	1916-08-25	03단	京城より/一記者
85757	鮮滿附錄	1916-08-25	04단	凉氣と臭氣の城津
85758	鮮滿附錄	1916-08-25	04단	天聽地說
85759	鮮滿附錄	1916-08-25	05단	寄書/朝鮮は殖民地に非ず/小松綠
85760	鮮滿附錄	1916-08-25	06단	朝鮮名士の書と畵(一)
85761	鮮滿附錄	1916-08-25(2)	01단	鮮女の輸移出
85762	鮮滿附錄	1916-08-25(2)	01단	巡査採用試驗/八十名の採用に五百名の志望者
85763	鮮滿附錄	1916-08-25(2)	02단	鮮學童の夏休
85764	鮮滿附錄	1916-08-25(2)	03단	城津通信(多少の景氣/金融機關の不備)
85765	鮮滿附錄	1916-08-25(2)	03단	驛の特色(釜山鎭)

1916년 9월 (선만부록)

일련번호	판명	간행일	단수	기사명
85766	鮮滿附錄	1916-09-05	01단	附錄創刊一周年/京城特派員/橘破翁
85767	鮮滿附錄	1916-09-05	01단	心細い日支親善外交/奉天特派/雲介生
85768	鮮滿附錄	1916-09-05	03단	大連より/一記者
85769	鮮滿附錄	1916-09-05	04단	京仁自動車計劃/直ちに認可せらる
85770	鮮滿附錄	1916-09-05	05단	城津附近の勝景
85771	鮮滿附錄	1916-09-05(2)	01단	朝鮮名士の書と畫(二)
85772	鮮滿附錄	1916-09-05(2)	01단	平壤の輕鐵問題
85773	鮮滿附錄	1916-09-05(2)	02단	鎭海に特別面制
85774	鮮滿附錄	1916-09-05(2)	02단	團子事件と大屋長官
85775	鮮滿附錄	1916-09-05(2)	02단	鑛業許可遲延に就いて/村田鑛務課長談
85776	鮮滿附錄	1916-09-05(2)	03단	天聽地說
85777	鮮滿附錄	1916-09-05(2)	03단	驛の特色(釜山驛)
85778	鮮滿附錄	1916-09-18	01단	氏野檢事正を悼む/京城橘破翁
85779	鮮滿附錄	1916-09-18	01단	北鮮牛移出と橫斷航路
85780	鮮滿附錄	1916-09-18	03단	南鮮中學問題
85781	鮮滿附錄	1916-09-18	04단	寄書/小松綠君の非植民地論を讀みて
85782	鮮滿附錄	1916-09-18	06단	朝鮮名士の書と畫(三)
85783	鮮滿附錄	1916-09-18(2)	01단	京城の運動界
85784	鮮滿附錄	1916-09-18(2)	02단	李王家の諸事業
85785	鮮滿附錄	1916-09-18(2)	03단	驛の特色(連山驛/論山驛)
85786	鮮滿附錄	1916-09-25	01단	言論壓迫の回顧/旣往一年間の事實/寺內總督の猛省の促す
85787	鮮滿附錄	1916-09-25	04단	重石盜掘は公然/愚なる取締方針
85788	鮮滿附錄	1916-09-25	04단	昨今の京城(美術品製作所前)
85789	鮮滿附錄	1916-09-25	05단	鳥致院の諸問題
85790	鮮滿附錄	1916-09-25	06단	馬山より
85791	鮮滿附錄	1916-09-25(2)	01단	朝鮮名士の書と畫
85792	鮮滿附錄	1916-09-25(2)	01단	京城より/一記者
85793	鮮滿附錄	1916-09-25(2)	01단	西鮮の鑛業
85794	鮮滿附錄	1916-09-25(2)	02단	京龍間電話に就いて/市外電話制の理由
85795	鮮滿附錄	1916-09-25(2)	02단	天聽地說
85796	鮮滿附錄	1916-09-25(2)	03단	驛の特色(江景驛/咸悅驛/黃登驛)

1916년 10월 (선만부록)

일련번호	판명	간행일	단수	기사명
85797	鮮滿附錄	1916-10-05	01단	京城より/一記者
85798	鮮滿附錄	1916-10-05	02단	吉長延吉道尹の任命/吉林松江生
85799	鮮滿附錄	1916-10-05	03단	防疫施設の批難
85800	鮮滿附錄	1916-10-05	04단	鮮滿スケッチ募集
85801	鮮滿附錄	1916-10-05	04단	重石許可近し/村田鑛務課長談
85802	鮮滿附錄	1916-10-05	05단	天聽地設
85803	鮮滿附錄	1916-10-05	05단	寄書/京城隱士に答ふ/小松綠
85804	鮮滿附錄	1916-10-05(2)	01단	朝鮮名士の書と畫(四)
85805	鮮滿附錄	1916-10-05(2)	01단	酒稅令と馬山
85806	鮮滿附錄	1916-10-05(2)	02단	京城の工業傳習所
85807	鮮滿附錄	1916-10-05(2)	02단	アガ瓦斯製造所設置
85808	鮮滿附錄	1916-10-05(2)	03단	城津より
85809	鮮滿附錄	1916-10-05(2)	03단	驛の特色(裡里驛/全州)
85810	鮮滿附錄	1916-10-16	01단	京城電車問題
85811	鮮滿附錄	1916-10-16	02단	天聽地說
85812	鮮滿附錄	1916-10-16	03단	寄書/再び小松君に呈す/京城隱士
85813	鮮滿附錄	1916-10-16	05단	鮮滿スケッチ/水原の華虹門/釜山華岡利夫
85814	鮮滿附錄	1916-10-16(2)	01단	朝鮮名士の書畫
85815	鮮滿附錄	1916-10-16(2)	01단	寺內の退去と慶南
85816	鮮滿附錄	1916-10-16(2)	01단	女將の寺內觀/朝鮮を去る時は大散財する
85817	鮮滿附錄	1916-10-16(2)	02단	平壤と砲兵工廠/猛烈なる運動開始
85818	鮮滿附錄	1916-10-16(2)	03단	驛の特色(群山驛)
85819	鮮滿附錄	1916-10-25	01단	內地人子弟の教育と墳墓/橘破翁
85820	鮮滿附錄	1916-10-25	03단	南鮮の道路問題
85821	鮮滿附錄	1916-10-25	04단	鮮滿スケッチ/金州城外の齊天廟/柳樹屯/吉田幽仙
85822	鮮滿附錄	1916-10-25	05단	北滿の野に壯なる演習(觀兵式/大宴會)
85823	鮮滿附錄	1916-10-25(2)	01단	朝鮮名士の書と畫
85824	鮮滿附錄	1916-10-25(2)	01단	演習と鮮人の安堵/步兵第七十八聯隊長池口大佐談
85825	鮮滿附錄	1916-10-25(2)	02단	鳥致院電氣會社
85826	鮮滿附錄	1916-10-25(2)	02단	大田中學校設置理由/宇佐美長官談
85827	鮮滿附錄	1916-10-25(2)	03단	元山商船校は虛傳
85828	鮮滿附錄	1916-10-25(2)	03단	城津より
85829	鮮滿附錄	1916-10-25(2)	03단	天聽地說

1916년 11월 (선만부록)

일련번호	판명	간행일	단수	기사명
85830	鮮滿附錄	1916-11-15	01단	印刷政治を根本的に改革せよ/長谷川總督を戒む
85831	鮮滿附錄	1916-11-15	02단	兒玉伯の來た朝/役人連の大狼狽
85832	鮮滿附錄	1916-11-15	03단	鮮人に執銃許可/野保安課長談
85833	鮮滿附錄	1916-11-15	04단	龍頭山公園の面目一新
85834	鮮滿附錄	1916-11-15	04단	衛成病院を訪ふ
85835	鮮滿附錄	1916-11-15	05단	鮮滿スケッチ/平壤普通門の秋色/平壤鑛業所本部內/濱口次郎兵衛
85836	鮮滿附錄	1916-11-15	05단	忠淸道より
85837	鮮滿附錄	1916-11-15(2)	01단	朝鮮名士の書畵
85838	鮮滿附錄	1916-11-15(2)	01단	小原新長官の道治談
85839	鮮滿附錄	1916-11-15(2)	01단	慶南の名物(上)/鎭海の空家
85840	鮮滿附錄	1916-11-15(2)	03단	木浦高女問題
85841	鮮滿附錄	1916-11-15(2)	03단	天聽地說
85842	鮮滿附錄	1916-11-15(2)	03단	驛の特色(豆溪驛/連山驛)
85843	鮮滿附錄	1916-11-26	01단	大盜伐に對して當局を警戒す
85844	鮮滿附錄	1916-11-26	02단	罷免七千名/此の頃の土地調査局
85845	鮮滿附錄	1916-11-26	02단	平壤支拂日問題
85846	鮮滿附錄	1916-11-26	04단	地方官吏の橫着
85847	鮮滿附錄	1916-11-26	04단	滿鮮スケッチ/旅順管內大潮口/大連/高野孤鹿
85848	鮮滿附錄	1916-11-26	05단	金堤と米穀移出
85849	鮮滿附錄	1916-11-26	06단	平壤の除隊兵
85850	鮮滿附錄	1916-11-26	06단	釜山浦鹽貿易發展
85851	鮮滿附錄	1916-11-26	06단	大邱製綿開始
85852	鮮滿附錄	1916-11-26(2)	01단	朝鮮名士の書畵
85853	鮮滿附錄	1916-11-26(2)	01단	老爺嶺より(上)
85854	鮮滿附錄	1916-11-26(2)	02단	慶南の名物(下)/空屋だらけの鎭海
85855	鮮滿附錄	1916-11-26(2)	04단	西村病院長辭任
85856	鮮滿附錄	1916-11-26(2)	04단	天聽地說

1916년 12월 (선만부록)

일련번호	판명	간행일	단수	기사명
85857	鮮滿附錄	1916-12-05	01단	大屋長官と談る/港側申分の矛盾開放論は暴論
85858	鮮滿附錄	1916-12-05	02단	補助貨拂底眞因/應急策に一圓紙幣增發
85859	鮮滿附錄	1916-12-05	02단	福引抽籤の弊/商家の反省を望む
85860	鮮滿附錄	1916-12-05	03단	大黑山島の捕鯨業
85861	鮮滿附錄	1916-12-05	03단	滯貨と船繰
85862	鮮滿附錄	1916-12-05	04단	鮮滿スケッチ/朝鮮慶南晉州の矗石樓/晉州岡忠雄
85863	鮮滿附錄	1916-12-05	04단	京城より/一記者
85864	鮮滿附錄	1916-12-05	06단	大邱より
85865	鮮滿附錄	1916-12-05	06단	天聽地說
85866	鮮滿附錄	1916-12-05(2)	01단	地主移民獎勵/川上東拓理事談
85867	鮮滿附錄	1916-12-05(2)	01단	群山と穀物問題
85868	鮮滿附錄	1916-12-05(2)	02단	朝鮮名士の書畵
85869	鮮滿附錄	1916-12-05(2)	02단	城津短信(城津の土攻め/紙幣僞造/生牛敦賀移出)
85870	鮮滿附錄	1916-12-05(2)	03단	老爺嶺より(下)
85871	鮮滿附錄	1916-12-15	01단	長谷川總督を迎ふ/京城特派員橘破翁
85872	鮮滿附錄	1916-12-15	02단	贈答品の贈賄化/被告人扱ひの禁令/父兄と教師間の惡弊
85873	鮮滿附錄	1916-12-15	04단	納稅と補助貨缺乏/滯貨益々嵩む
85874	鮮滿附錄	1916-12-15	04단	九日の總督府/新總督の來た前日
85875	鮮滿附錄	1916-12-15	05단	大邱と大豆
85876	鮮滿附錄	1916-12-15	05단	朝鮮葉煙草
85877	鮮滿附錄	1916-12-15	06단	仁川より
85878	鮮滿附錄	1916-12-15	06단	天聽地說
85879	鮮滿附錄	1916-12-25	01단	歲末に臨みて/京城特派員
85880	鮮滿附錄	1916-12-25	02단	鎭海拂下地に就て
85881	鮮滿附錄	1916-12-25	03단	群山と取引所
85882	鮮滿附錄	1916-12-25	03단	忠淸各地の歲末
85883	鮮滿附錄	1916-12-25	04단	歲末の木浦/金融狀況
85884	鮮滿附錄	1916-12-25	05단	鎭南浦近狀/當置員(中村氏の增寄附/高等女學校設立/本年貿易激增)
85885	鮮滿附錄	1916-12-25	06단	平壤通信(地價の騰貴/向井檢事長)
85886	鮮滿附錄	1916-12-25	06단	天長地說
85887	鮮滿附錄	1916-12-25(2)	01단	元山より
85888	鮮滿附錄	1916-12-25(2)	02단	城津稅關の不備
85889	鮮滿附錄	1916-12-25(2)	02단	光州通信(光電株割當/補助貨要求/輕鐵と調査/歲末の市況/秋山軍司令官/光州電氣發起人會)

일련번호	판명	간행일	단수	기사명
85890	鮮滿附錄	1916-12-25(2)	03단	賑かな京城本町/K生
85891	鮮滿附錄	1916-12-25(2)	03단	驛の特色(咸悅驛/黃登驛)

아사히신문 외지판(조선판) 기사명 색인

1917년

1917년 1월 (선만부록)

일련번호	판명	간행일	단수	기사명
85892	鮮滿附錄	1917-01-05	01단	滯貨問題に就いて/山縣總監と談る
85893	鮮滿附錄	1917-01-05	03단	新春の石炭戰/撫順炭の南方發展
85894	鮮滿附錄	1917-01-05	04단	農民貯蓄急務/鮮銀理事木村雄次氏談
85895	鮮滿附錄	1917-01-05	04단	總督府廳舍新築工事
85896	鮮滿附錄	1917-01-05	06단	驛の特色(地境驛/群山驛)
85897	鮮滿附錄	1917-01-05	06단	滿鮮公論續刊
85898	鮮滿附錄	1917-01-05(2)	01단	朝鮮名士の書と畵
85899	鮮滿附錄	1917-01-05(2)	01단	新年の京城より/一記者
85900	鮮滿附錄	1917-01-05(2)	01단	忠北穀物檢査問題
85901	鮮滿附錄	1917-01-05(2)	02단	最近の西鮮鑛業
85902	鮮滿附錄	1917-01-05(2)	03단	慶北繩筵製造奬勵
85903	鮮滿附錄	1917-01-05(2)	03단	天聽地說
85904	鮮滿附錄	1917-01-05(2)	03단	大邱二會社認可期
85905	鮮滿附錄	1917-01-15	01단	道長官會議の機會に於て長谷川新總督に望む/齊東野人
85906	鮮滿附錄	1917-01-15	03단	朝鮮檢米の不統一に就いて/檢査規則の不備
85907	鮮滿附錄	1917-01-15	04단	各道收稅成績/水口稅務課長談
85908	鮮滿附錄	1917-01-15	06단	鎭南浦だより
85909	鮮滿附錄	1917-01-15	06단	重石許可愈々近し
85910	鮮滿附錄	1917-01-15	06단	大邱片信
85911	鮮滿附錄	1917-01-15	06단	大邱水道一部通水
85912	鮮滿附錄	1917-01-16(2)	01단	朝鮮名士の書畵
85913	鮮滿附錄	1917-01-16(2)	01단	仁川の諸問題
85914	鮮滿附錄	1917-01-16(2)	01단	元山大豆の檢査
85915	鮮滿附錄	1917-01-16(2)	02단	名所古跡の破壞
85916	鮮滿附錄	1917-01-16(2)	03단	釜山の二大建物
85917	鮮滿附錄	1917-01-16(2)	03단	驛の特色(金堤驛/泰仁驛)
85918	鮮滿附錄	1917-01-25	01단	朝鮮教育と宗教問題(宇佐美長官曰く/丹羽靑年會長曰く)
85919	鮮滿附錄	1917-01-25	02단	氣の毒な沿線商人/數十日間野積の儘の滯貨
85920	鮮滿附錄	1917-01-25	03단	長官會議の日/第一日會議覗き
85921	鮮滿附錄	1917-01-25	04단	中生代珠羅期屬する化石
85922	鮮滿附錄	1917-01-25	04단	朝鮮の石炭缺乏/大山鑛山爆發の影響
85923	鮮滿附錄	1917-01-25	05단	仁川の諸懸案/學校下水と公園
85924	鮮滿附錄	1917-01-25	06단	水産組合代議員會
85925	鮮滿附錄	1917-01-25	06단	城津の沫(薪炭の缺乏/城津の物價/沙防問題)

일련번호	판명	간행일	단수	기사명
85926	鮮滿附錄	1917-01-25	06단	驛の特色(井邑驛)
85927	鮮滿附錄	1917-01-26(2)	01단	日本海と懸案
85928	鮮滿附錄	1917-01-26(2)	02단	平壤の大正六年
85929	鮮滿附錄	1917-01-26(2)	02단	朝鮮名士の書と畵
85930	鮮滿附錄	1917-01-26(2)	03단	朝鮮皮革現況/露軍需品輸出狀況
85931	鮮滿附錄	1917-01-26(2)	03단	天聽地說

1917년 2월 (선만부록)

일련번호	판명	간행일	단수	기사명
85932	鮮滿附錄	1917-02-05	01단	京龍の大設備/大都市と漢江利用
85933	鮮滿附錄	1917-02-05	02단	道長官會議に際し長谷川總督に望む(續)/齊東野人
85934	鮮滿附錄	1917-02-05	04단	平壤と議會解散/五百萬圓の打擊
85935	鮮滿附錄	1917-02-05	05단	仁川の緊急問題/■■學校組合と取引所新設問題
85936	鮮滿附錄	1917-02-05	06단	釜山會議所豫算難
85937	鮮滿附錄	1917-02-05	06단	下端道路新築工事
85938	鮮滿附錄	1917-02-05	06단	天聽地說
85939	鮮滿附錄	1917-02-05(2)	01단	多幸なる鎭南浦/商圈擴張と將來の發展
85940	鮮滿附錄	1917-02-05(2)	01단	忠淸道だより/議會解散の影響/新舊警察部長/屠獸場問題
85941	鮮滿附錄	1917-02-05(2)	02단	朝鮮名士の書と畫
85942	鮮滿附錄	1917-02-05(2)	02단	京城の乘馬熱/京城乘馬俱樂部の朝稽古
85943	鮮滿附錄	1917-02-05(2)	03단	奇特なる消防頭/類燒を願みず職責を全うす
85944	鮮滿附錄	1917-02-05(2)	03단	釜山の兩豫算
85945	鮮滿附錄	1917-02-05(2)	03단	迎日灣の鰊魚
85946	鮮滿附錄	1917-02-05(2)	03단	光州片信
85947	鮮滿附錄	1917-02-15	01단	外國語學校朝鮮語科廢止と東洋大學
85948	鮮滿附錄	1917-02-15	01단	米獨斷絶と朝鮮經濟界
85949	鮮滿附錄	1917-02-15	03단	頑迷な兩班/時代の進步を知らず
85950	鮮滿附錄	1917-02-15	04단	鮮人靑年の輕薄を戒む
85951	鮮滿附錄	1917-02-15	05단	樂浪郡治の古墳發掘物
85952	鮮滿附錄	1917-02-15	05단	鎭南浦だより(組合議員增加/南浦の府縣別/製煉所工事の擴張/女學校愈新設/無烟炭會社)
85953	鮮滿附錄	1917-02-15	06단	天聽地說
85954	鮮滿附錄	1917-02-15(2)	01단	元山だより
85955	鮮滿附錄	1917-02-15(2)	01단	慶北だより
85956	鮮滿附錄	1917-02-15(2)	02단	朝鮮名士の書と畫
85957	鮮滿附錄	1917-02-15(2)	02단	人によりて入籍出來る/內鮮人結婚の場合
85958	鮮滿附錄	1917-02-15(2)	03단	釜山瓦電重役改選
85959	鮮滿附錄	1917-02-15(2)	03단	大邱穀物市場開設
85960	鮮滿附錄	1917-02-15(2)	03단	釜山の貿易
85961	鮮滿附錄	1917-02-15(2)	03단	光州片信(湖南線松汀里/成金土地放資/麗水品評會)
85962	鮮滿附錄	1917-02-25	01단	朝鮮酒稅令問題/當業者の陳情と當局者の意見(酒造業者意見/當局者側曰く)
85963	鮮滿附錄	1917-02-25	02단	鮮人貯金壹千萬圓/韓城銀行支配人韓相龍氏談
85964	鮮滿附錄	1917-02-25	03단	群山と取引所

일련번호	판명	간행일	단수	기사명
85965	鮮滿附錄	1917-02-25	03단	南大門驛改築二案
85966	鮮滿附錄	1917-02-25	04단	古刹浮石寺の保存工事/朝鮮木造建築中最古のもの
85967	鮮滿附錄	1917-02-25	04단	元山港の貿易
85968	鮮滿附錄	1917-02-25	06단	釜山の各豫算
85969	鮮滿附錄	1917-02-25	06단	平壤の人口激增
85970	鮮滿附錄	1917-02-25	06단	給費傳習生募集
85971	鮮滿附錄	1917-02-25	06단	驛の特色(榮山浦驛)
85972	鮮滿附錄	1917-02-25(2)	01단	朝鮮名士の書と畵
85973	鮮滿附錄	1917-02-25(2)	01단	農民勤勞の美風
85974	鮮滿附錄	1917-02-25(2)	01단	釜山繁榮促進策
85975	鮮滿附錄	1917-02-25(2)	01단	釜山議員の改選
85976	鮮滿附錄	1917-02-25(2)	02단	晉州だより
85977	鮮滿附錄	1917-02-25(2)	02단	慶北だより
85978	鮮滿附錄	1917-02-25(2)	03단	忠淸道通信
85979	鮮滿附錄	1917-02-25(2)	03단	臨時船舶職員試驗
85980	鮮滿附錄	1917-02-25(2)	03단	天聽地說

1917년 3월 (선만부록)

일련번호	판명	간행일	단수	기사명
85981	鮮滿附錄	1917-03-05	01단	朝鮮と開業醫/試驗の目的を徹底せしめよ
85982	鮮滿附錄	1917-03-05	02단	仁川組合費と貸地料/一波瀾を免れず
85983	鮮滿附錄	1917-03-05	03단	朝鮮の取引所問題/各地に設置運動起る
85984	鮮滿附錄	1917-03-05	04단	漢江護岸造林
85985	鮮滿附錄	1917-03-05	06단	釜山事業界の不振
85986	鮮滿附錄	1917-03-05	06단	馬山に精煉所新設計劃
85987	鮮滿附錄	1917-03-05	06단	大邱だより
85988	鮮滿附錄	1917-03-05	06단	天聽地說
85989	鮮滿附錄	1917-03-05(2)	01단	朝鮮名士の書と畵
85990	鮮滿附錄	1917-03-05(2)	01단	釜山水道對施設/根本的研究の必要
85991	鮮滿附錄	1917-03-05(2)	01단	特種單級教育法に就て/地方の父兄は安心すべし
85992	鮮滿附錄	1917-03-05(2)	01단	釜山の宗教會
85993	鮮滿附錄	1917-03-05(2)	02단	朝鮮銀行在鮮株主
85994	鮮滿附錄	1917-03-05(2)	02단	慶北だより
85995	鮮滿附錄	1917-03-05(2)	03단	城津通信(甲山城津間の交通/明太の不漁)
85996	鮮滿附錄	1917-03-05(2)	03단	驛の特色(木浦驛)
85997	鮮滿附錄	1917-03-15	01단	巡視の途に上らんとする總督に
85998	鮮滿附錄	1917-03-15	02단	東洋煙草の許否如何
85999	鮮滿附錄	1917-03-15	02단	大邱安東間輕鐵敷設計劃
86000	鮮滿附錄	1917-03-15	02단	平壤セメント內容
86001	鮮滿附錄	1917-03-15	03단	紛糾せる仁川定期米/立會停止と解合難
86002	鮮滿附錄	1917-03-15	04단	春霞み
86003	鮮滿附錄	1917-03-15	05단	朝鮮の預金と貸出
86004	鮮滿附錄	1917-03-15	05단	慶北だより(水川/慶州/浦項/盈德)
86005	鮮滿附錄	1917-03-15(2)	01단	朝鮮名士の書と畵
86006	鮮滿附錄	1917-03-15(2)	01단	元山だより
86007	鮮滿附錄	1917-03-15(2)	02단	南線輕鐵敷設線調査/木浦經濟會の發案と同會議所の贊同
86008	鮮滿附錄	1917-03-15(2)	03단	鎭南浦短信(大同江解氷期/新市街候補地/廻着籾の增加)
86009	鮮滿附錄	1917-03-15(2)	03단	驛の特色(議政府驛)
86010	鮮滿附錄	1917-03-22	01단	釜山紹介號/釜山紹介號に就て
86011	鮮滿附錄	1917-03-22	02단	釜山の歷史的沿革/開港以來約三百年(釜山港と市街/日鮮交通の由來/釜山開放と工營/居留地の行政/釜山商業會議所)
86012	鮮滿附錄	1917-03-22	05단	交通の狀態/海陸交通の現狀(陸上交通の狀況/海上交通の狀況/海陸運送の關係)

일련번호	판명	간행일	단수	기사명
86013	鮮滿附錄	1917-03-22	06단	貿易の概勢/年額三千七百萬圓臺
86014	鮮滿附錄	1917-03-22	07단	釜山金融狀態
86015	鮮滿附錄	1917-03-22	08단	釜山の上水道/工費百十七萬圓
86016	鮮滿附錄	1917-03-22	08단	聖知谷水源貯水池/本水道の源泉貯水地
86017	鮮滿附錄	1917-03-22	08단	釜山の市街電鐵
86018	鮮滿附錄	1917-03-22	09단	釜山戶口の增加
86019	鮮滿附錄	1917-03-22	09단	釜山の教育狀態
86020	鮮滿附錄	1917-03-22	09단	東萊と其溫泉
86021	鮮滿附錄	1917-03-22	09단	繁榮會と研究會
86022	鮮滿附錄	1917-03-22	09단	釜山金曜會
86023	鮮滿附錄	1917-03-22(2)	01단	朝鮮唯一樂園地/東萊溫泉蓬萊館の庭園美/豊田氏の大成功
86024	鮮滿附錄	1917-03-22(2)	02단	福田向陽園と釀造場
86025	鮮滿附錄	1917-03-22(2)	03단	朝鮮瓦電會大有望/旣に電力の不足を訴ふ
86026	鮮滿附錄	1917-03-22(2)	04단	雜貨界の權威明治屋本店/店主豊泉德太郎
86027	鮮滿附錄	1917-03-22(2)	05단	釜山藥業界の泰斗大黑南海堂/大黑酉松氏
86028	鮮滿附錄	1917-03-22(2)	05단	品質本位の竹鶴酒造場
86029	鮮滿附錄	1917-03-22(2)	06단	漬物問屋の成功家/泉屋商店(釜山南濱一丁目)/店主高橋泰藏氏
86030	鮮滿附錄	1917-03-22(2)	06단	漁網界の大家/福島商店の發展
86031	鮮滿附錄	1917-03-22(2)	08단	松尾釜山支店
86032	鮮滿附錄	1917-03-22(3)	01단	朝鮮産業界の異彩/大山たび夏冬帽子製造業/大山合名會社(足袋製造部/帽子製造部)
86033	鮮滿附錄	1917-03-22(3)	06단	伊藤合名會社
86034	鮮滿附錄	1917-03-22(3)	06단	統營と海産物/海産物株式會社

1917년 5월 (선만부록)

일련번호	판명	간행일	단수	기사명
86035	鮮滿附錄	1917-05-15	01단	朝鮮各港灣修築に就て
86036	鮮滿附錄	1917-05-15	02단	釜山海面埋立と反對
86037	鮮滿附錄	1917-05-15	02단	朝鮮蠶種製造狀況
86038	鮮滿附錄	1917-05-15	04단	朝鮮酒造の激增
86039	鮮滿附錄	1917-05-15	04단	地方鮮人の覺醒(下)/輿論政治の端/全州にて龍門生(果然意見百出す/效果甚大ならん)
86040	鮮滿附錄	1917-05-15	05단	在鮮名士の書と畵
86041	鮮滿附錄	1917-05-15	06단	群山だより
86042	鮮滿附錄	1917-05-15	06단	天聽地說
86043	鮮滿附錄	1917-05-15(2)	01단	鮮人子弟の內地就職/本社の斡旋成績良好
86044	鮮滿附錄	1917-05-15(2)	01단	仁川だより(燐寸會社進行圓滿/米界の珍高値)
86045	鮮滿附錄	1917-05-15(2)	02단	忠淸道だより(公州電氣成立か/唾棄すべき兩道/殊勝げな下意上達)
86046	鮮滿附錄	1917-05-15(2)	02단	花くらべ(辰中智惠子/花月高子)
86047	鮮滿附錄	1917-05-15(2)	03단	驛の特色(京元線/元山驛)

1917년 6월 (선만부록)

일련번호	판명	간행일	단수	기사명
86048	鮮滿附錄	1917-06-06	01단	朝鮮各道に於ける民間慈善事業(中)
86049	鮮滿附錄	1917-06-06	02단	化學工業原料豊富/今津中央試驗所技師談
86050	鮮滿附錄	1917-06-06	03단	自動車交通現況(上)/轎輿から自動車へ
86051	鮮滿附錄	1917-06-06	04단	閑却されたる棉花
86052	鮮滿附錄	1917-06-06	05단	釜山通信(繁榮中心の移動/鮮滿鐵道併合對準備/釜山と各種工業)
86053	鮮滿附錄	1917-06-06	06단	大邱だより
86054	鮮滿附錄	1917-06-06	06단	天聽地說
86055	鮮滿附錄	1917-06-06(2)	01단	在鮮名士の書と畵
86056	鮮滿附錄	1917-06-06(2)	01단	仁川だより
86057	鮮滿附錄	1917-06-06(2)	01단	行き倒れの多い朝鮮/毎日四五人平均の行倒れ/邦人行倒れ毎年四十人
86058	鮮滿附錄	1917-06-06(2)	02단	花くらべ(喜蝶/丸子)
86059	鮮滿附錄	1917-06-06(2)	03단	朝鮮の大山火事/昨年は六百八十九回あった/被害面積一萬八千七十二町

아사히신문 외지판(조선판) 기사명 색인

1918년

1918년 5월 (선만판)

일련번호	판명	간행일	단수	기사명
86060	鮮滿版	1918-05-02	01단	總督府の施設せる煙草問題批難/米國禁輸の打擊
86061	鮮滿版	1918-05-02	01단	牛價暴騰
86062	鮮滿版	1918-05-02	01단	迎日灣築港着手期
86063	鮮滿版	1918-05-02	01단	水攻に遭ふ京城市民/總督府で水道擴張
86064	鮮滿版	1918-05-02	02단	朝鮮名物行路死亡者/一年の平均一千名
86065	鮮滿版	1918-05-02	02단	九回東拓移民認可
86066	鮮滿版	1918-05-02	02단	新らしき學資造成法
86067	鮮滿版	1918-05-02	03단	奉天の招魂祭
86068	鮮滿版	1918-05-02	03단	間島移住增加
86069	鮮滿版	1918-05-02	03단	鴨綠江の解氷
86070	鮮滿版	1918-05-02	03단	仁川大運動會
86071	鮮滿版	1918-05-02	03단	橋梁架換工事
86072	鮮滿版	1918-05-02	03단	鐵道工事請負
86073	鮮滿版	1918-05-02	04단	空前の盛況を呈したる鳳山の野遊會/參集者實數五萬人
86074	鮮滿版	1918-05-02	04단	一萬二千の總督府官吏が八白萬圓の俸給を貰って(下)/金モールの一本筋が最も生活難だ
86075	鮮滿版	1918-05-02	05단	世界の噂(同姓兵士十萬人)
86076	鮮滿版	1918-05-03	01단	東拓今期成績/創立以來の好成績
86077	鮮滿版	1918-05-03	01단	永沼中將談/鮮滿を巡廻せる感想
86078	鮮滿版	1918-05-03	01단	長谷川總督視察
86079	鮮滿版	1918-05-03	01단	値下後の滿鐵炭況
86080	鮮滿版	1918-05-03	02단	朝鮮銀行發行稅
86081	鮮滿版	1918-05-03	02단	橫斷航路好況
86082	鮮滿版	1918-05-03	02단	鐵道速成運動
86083	鮮滿版	1918-05-03	02단	開港二十周年祭
86084	鮮滿版	1918-05-03	02단	群山開港祝賀會
86085	鮮滿版	1918-05-03	02단	露國亡命客
86086	鮮滿版	1918-05-03	02단	鮮人觀光團
86087	鮮滿版	1918-05-03	02단	京城招魂祭
86088	鮮滿版	1918-05-03	03단	永沼中將講演會
86089	鮮滿版	1918-05-03	03단	谷村聯隊長着任
86090	鮮滿版	1918-05-03	03단	賦課金徵收狀況
86091	鮮滿版	1918-05-03	03단	店員修養と慰藉
86092	鮮滿版	1918-05-03	03단	商銀小更迭
86093	鮮滿版	1918-05-03	03단	安東神社大祭

일련번호	판명	간행일	단수	기사명
86094	鮮滿版	1918-05-03	03단	平電營業成績
86095	鮮滿版	1918-05-03	04단	臨濟禪師史蹟(一)/滿洲安東縣釋佛海(寄)
86096	鮮滿版	1918-05-03	04단	會社支店設置許可
86097	鮮滿版	1918-05-03	04단	鮮銀券發行高
86098	鮮滿版	1918-05-03	04단	敍任及辭令
86099	鮮滿版	1918-05-03	04단	貨物拔取激し
86100	鮮滿版	1918-05-03	04단	無情の雇主
86101	鮮滿版	1918-05-03	05단	四日に亙る野火
86102	鮮滿版	1918-05-03	05단	京城演藝界
86103	鮮滿版	1918-05-03	06단	天聽地說
86104	鮮滿版	1918-05-03	06단	世界の噂(俘虜の畵いた繪畵展覽會)
86105	鮮滿版	1918-05-04	01단	金剛山鑛物について/取締難と今後の方針
86106	鮮滿版	1918-05-04	01단	燃料に籾殻獎勵
86107	鮮滿版	1918-05-04	01단	忠南沿岸の富源
86108	鮮滿版	1918-05-04	02단	京畿地方費豫算
86109	鮮滿版	1918-05-04	02단	汽車增發內定
86110	鮮滿版	1918-05-04	03단	西鮮製鐵所竣成
86111	鮮滿版	1918-05-04	03단	三井輕鐵延長
86112	鮮滿版	1918-05-04	03단	大田の養蠶
86113	鮮滿版	1918-05-04	03단	朝郵配當一割
86114	鮮滿版	1918-05-04	03단	朝郵役員改選
86115	鮮滿版	1918-05-04	03단	製肥工業定時總會
86116	鮮滿版	1918-05-04	03단	物産陳列場移轉議
86117	鮮滿版	1918-05-04	04단	臨濟禪師史蹟(二)/滿洲安東縣釋佛海(寄)
86118	鮮滿版	1918-05-04	04단	支那人農業組合
86119	鮮滿版	1918-05-04	04단	平安南道酒造狀況
86120	鮮滿版	1918-05-04	04단	第八回醫師試驗
86121	鮮滿版	1918-05-04	05단	平勝間運輸開始
86122	鮮滿版	1918-05-04	05단	湖南金融業大會
86123	鮮滿版	1918-05-04	05단	寺洞驛運輸開始
86124	鮮滿版	1918-05-04	05단	南洋行鮮人勞働者
86125	鮮滿版	1918-05-04	05단	教育界/京農始業式
86126	鮮滿版	1918-05-04	05단	全羅南だより
86127	鮮滿版	1918-05-04	06단	通譯生自殺す/生活難から毒を仰いで

일련번호	판명	간행일	단수	기사명
86128	鮮滿版	1918-05-04	06단	世界の噂(囚徒の利用)
86129	鮮滿版	1918-05-05	01단	仁川築港竣成/八月には完成すべし
86130	鮮滿版	1918-05-05	01단	細洞金銀鑛
86131	鮮滿版	1918-05-05	01단	鮮鐵と營業稅
86132	鮮滿版	1918-05-05	02단	漁業法の改良と魚貝類の養殖
86133	鮮滿版	1918-05-05	02단	琿春鮮人視察團
86134	鮮滿版	1918-05-05	02단	船舶檢査改正
86135	鮮滿版	1918-05-05	03단	輕鐵會社企劃
86136	鮮滿版	1918-05-05	03단	米檢規則改正
86137	鮮滿版	1918-05-05	03단	忠南の造林業
86138	鮮滿版	1918-05-05	03단	臨濟禪師史蹟(三)/滿洲安東縣釋佛海(寄)
86139	鮮滿版	1918-05-05	04단	長谷川總督
86140	鮮滿版	1918-05-05	04단	駐滿軍慰問團
86141	鮮滿版	1918-05-05	04단	咸鏡線起工
86142	鮮滿版	1918-05-05	04단	合同大運動會
86143	鮮滿版	1918-05-05	04단	南浦近海石首魚
86144	鮮滿版	1918-05-05	04단	鎭南浦四月貿易
86145	鮮滿版	1918-05-05	04단	忠南の養蠶
86146	鮮滿版	1918-05-06	04단	電氣規則改正
86147	鮮滿版	1918-05-07	04단	間島牛疫皆無
86148	鮮滿版	1918-05-08	05단	教育界(警務教育開催/學教組合設置/大田普通學校)
86149	鮮滿版	1918-05-09	05단	群山沖の鯛漁
86150	鮮滿版	1918-05-05	05단	牛疫發生
86151	鮮滿版	1918-05-05	05단	世界の噂(富豪の遺産)
86152	鮮滿版	1918-05-07	01단	副總裁と頭取/內定する迄の經緯
86153	鮮滿版	1918-05-07	01단	朝鮮米新販路/北海道へ移送計劃
86154	鮮滿版	1918-05-07	02단	水道假敷設/鷺梁津水道の通水開始
86155	鮮滿版	1918-05-07	02단	多木肥料敷地問題
86156	鮮滿版	1918-05-07	02단	橫斷航路延長問題
86157	鮮滿版	1918-05-07	02단	航路延長反對
86158	鮮滿版	1918-05-07	03단	司令官檢閱日程
86159	鮮滿版	1918-05-07	03단	旅團幹部演習
86160	鮮滿版	1918-05-07	03단	■鐵令改正
86161	鮮滿版	1918-05-07	03단	臨濟禪師史蹟(四)/滿洲安東縣釋佛海(寄)

일련번호	판명	간행일	단수	기사명
86162	鮮滿版	1918-05-07	04단	人事(廣瀬駐箚軍經理部長/永沼中將/松川駐箚軍司令官/持地遞信局長官)
86163	鮮滿版	1918-05-07	04단	天聽地說
86164	鮮滿版	1918-05-08	01단	平南棉花
86165	鮮滿版	1918-05-08	01단	聯絡運賃協定/群山より大連靑島間
86166	鮮滿版	1918-05-08	01단	輸出水産物檢査
86167	鮮滿版	1918-05-08	02단	新鹽田擴張工事
86168	鮮滿版	1918-05-08	02단	天日鹽好況
86169	鮮滿版	1918-05-08	02단	庶務主任會議
86170	鮮滿版	1918-05-08	02단	鐵道賃金變更
86171	鮮滿版	1918-05-08	02단	大邱府協議會員
86172	鮮滿版	1918-05-08	02단	總督の演說/琿春視察團を引見して
86173	鮮滿版	1918-05-08	02단	土木請負界閑散/繁忙期は六七月頃よりか
86174	鮮滿版	1918-05-08	02단	大念佛寺地鎭祭
86175	鮮滿版	1918-05-08	03단	京城宗敎界
86176	鮮滿版	1918-05-08	03단	臨濟禪師史蹟(五)/滿洲安東縣釋佛海(寄)
86177	鮮滿版	1918-05-08	04단	天聽地說
86178	鮮滿版	1918-05-09	01단	大水利計劃/面積二萬町步、工費二百萬圓
86179	鮮滿版	1918-05-09	01단	輕鐵速進運動
86180	鮮滿版	1918-05-09	01단	內地行滯貨現況
86181	鮮滿版	1918-05-09	02단	大貨特賃改正
86182	鮮滿版	1918-05-09	02단	朝鮮製絲工場/大邱に敷地選定中
86183	鮮滿版	1918-05-09	02단	大田豫算編成/經費大膨脹
86184	鮮滿版	1918-05-09	02단	松川司令官檢閱
86185	鮮滿版	1918-05-09	02단	大田運動會
86186	鮮滿版	1918-05-09	02단	鮮人向織物産額
86187	鮮滿版	1918-05-09	03단	大正水利竣工式
86188	鮮滿版	1918-05-09	03단	米穀輸出會社計劃
86189	鮮滿版	1918-05-09	03단	北海道博と割引
86190	鮮滿版	1918-05-09	03단	棉實製油會社新設
86191	鮮滿版	1918-05-09	03단	小學校長會議
86192	鮮滿版	1918-05-09	03단	畜産組合認可
86193	鮮滿版	1918-05-09	03단	福岡商業生見學
86194	鮮滿版	1918-05-09	04단	佛領事轉任
86195	鮮滿版	1918-05-09	04단	朝鮮陶器設立

일련번호	판명	간행일	단수	기사명
86196	鮮滿版	1918-05-09	04단	開城人蔘長任命
86197	鮮滿版	1918-05-09	04단	古佛像の發見
86198	鮮滿版	1918-05-09	04단	女學生薙刀練習
86199	鮮滿版	1918-05-09	04단	救濟院の擴張/授産部救護部を設く
86200	鮮滿版	1918-05-09	04단	不良鮮童救濟/感化院設立の希望
86201	鮮滿版	1918-05-09	05단	蕨狩に出かけ二十五名溺死/二十名の死體發見す
86202	鮮滿版	1918-05-09	05단	貸座敷業移轉
86203	鮮滿版	1918-05-09	05단	天聽地設
86204	鮮滿版	1918-05-09	05단	世界の噂(いろいろ)
86205	鮮滿版	1918-05-10	01단	仁川滯貨問題/空貨申込處分と當業者の恐慌
86206	鮮滿版	1918-05-10	01단	五州輕鐵と馬山/佐々木長官言明
86207	鮮滿版	1918-05-10	01단	鐵道工費割增願
86208	鮮滿版	1918-05-10	02단	改築せる大田驛竣工
86209	鮮滿版	1918-05-10	02단	京畿養鷄改良
86210	鮮滿版	1918-05-10	02단	支那視察團通過
86211	鮮滿版	1918-05-10	02단	郵貯證券改正
86212	鮮滿版	1918-05-10	02단	小額紙幣回着
86213	鮮滿版	1918-05-10	03단	簡易工業學校開設
86214	鮮滿版	1918-05-10	03단	四月中鮮鐵收入
86215	鮮滿版	1918-05-10	03단	圖們江流域變更/江口閉鎖さる
86216	鮮滿版	1918-05-10	04단	稅關官制改正
86217	鮮滿版	1918-05-10	04단	輕鐵起工
86218	鮮滿版	1918-05-10	04단	起債認可
86219	鮮滿版	1918-05-10	04단	東亞煙草幹部更迭
86220	鮮滿版	1918-05-10	04단	教育界
86221	鮮滿版	1918-05-10	04단	來往
86222	鮮滿版	1918-05-10	04단	琿春鮮人京城觀光團/團長は排日の巨魁
86223	鮮滿版	1918-05-10	05단	京城の新給水/五日朝から通水
86224	鮮滿版	1918-05-10	05단	天聽地設
86225	鮮滿版	1918-05-10	05단	世界の噂(英國の女教師/五色の軍隊)
86226	鮮滿版	1918-05-19	01단	水利事業擴張/區域九千餘町步貯水池周回八里
86227	鮮滿版	1918-05-19	01단	平壤府債成立
86228	鮮滿版	1918-05-19	01단	增若隧道工事/稀有の硬岩隧道
86229	鮮滿版	1918-05-19	01단	電話事業施設

일련번호	판명	간행일	단수	기사명
86230	鮮滿版	1918-05-19	02단	釜山鐵道旅館改善
86231	鮮滿版	1918-05-19	02단	小荷物連帶輸送中止
86232	鮮滿版	1918-05-19	02단	海雲臺の設備
86233	鮮滿版	1918-05-19	02단	薪炭商組合計劃
86234	鮮滿版	1918-05-19	02단	東拓移民農事視察
86235	鮮滿版	1918-05-19	02단	布教所落成式
86236	鮮滿版	1918-05-19	03단	東亞蠶業出張所
86237	鮮滿版	1918-05-19	03단	怪賊を捕ふるまで(下)
86238	鮮滿版	1918-05-19	04단	東亞蠶絲乾繭場
86239	鮮滿版	1918-05-19	04단	お役人への總花/全鮮判任官以下に臨時手當
86240	鮮滿版	1918-05-19	05단	鰯の大群集/但し目下禁漁中
86241	鮮滿版	1918-05-19	05단	天聽地設
86242	鮮滿版	1918-05-20	01단	釜山滯貨問題/名古屋又は四日市航路開設議
86243	鮮滿版	1918-05-20	01단	其後の公會堂問題
86244	鮮滿版	1918-05-20	01단	總督の羅津視察
86245	鮮滿版	1918-05-20	02단	植林事業成功
86246	鮮滿版	1918-05-20	02단	大邱小學新築工事
86247	鮮滿版	1918-05-20	02단	十萬圓の白銅棒/地下より發掘す/まだ澤山あるといふ話
86248	鮮滿版	1918-05-20	02단	天聽地設
86249	鮮滿版	1918-05-20	05단	安全確實の利殖法/三百圓で千八百圓の利殖/此の期間僅か三ヶ月間/事實か之れを證明する/有價證券利用利殖秘訣公開
86250	鮮滿版	1918-05-21	01단	銑鐵所頓挫
86251	鮮滿版	1918-05-21	01단	棉花制度變改
86252	鮮滿版	1918-05-21	01단	淸津元山航路
86253	鮮滿版	1918-05-21	01단	朝鮮と共通法規/民籍關係は明年四月以前施行不可能ならん會社令にも多少の改廢行はれん司法部長官國分三亥氏談
86254	鮮滿版	1918-05-21	01단	十八日朝鮮ホテルに於る司法機關記念祝賀會/(上)祝賀會光景(下)同上餘興踊
86255	鮮滿版	1918-05-21	03단	米價高と滿洲粟
86256	鮮滿版	1918-05-21	03단	京都松風朝鮮製陶經營
86257	鮮滿版	1918-05-21	03단	本年人蔘の收穫高/昨年産額の三分一位
86258	鮮滿版	1918-05-21	03단	片倉組朝鮮工場
86259	鮮滿版	1918-05-21	03단	鴨綠江材着筏

일련번호	판명	간행일	단수	기사명
86260	鮮滿版	1918-05-21	03단	聯合運動會
86261	鮮滿版	1918-05-21	04단	南鮮兵站演習
86262	鮮滿版	1918-05-21	04단	鞍山製鐵職員任命
86263	鮮滿版	1918-05-21	04단	釜山の海軍記念日
86264	鮮滿版	1918-05-21	04단	罌粟耕地地鎭祭
86265	鮮滿版	1918-05-21	04단	稅關長會議
86266	鮮滿版	1918-05-21	04단	金東完の其後/熱が冷るまで歸るなと內訓
86267	鮮滿版	1918-05-21	04단	東京相撲朝鮮巡業
86268	鮮滿版	1918-05-21	04단	乘合自動車計劃
86269	鮮滿版	1918-05-22	01단	北滿州及西伯利在住朝鮮人の狀態(一)/總督府通譯官鳥居忠恕述
86270	鮮滿版	1918-05-22	02단	仁政殿の牡丹(向て右より二人目)李王殿下
86271	鮮滿版	1918-05-22	03단	朝鮮銀行の設立
86272	鮮滿版	1918-05-22	03단	長谷川總督一行
86273	鮮滿版	1918-05-22	03단	絶影島陶器工場
86274	鮮滿版	1918-05-22	04단	商議特別議員
86275	鮮滿版	1918-05-22	04단	朝鮮のビール戰/猛烈なる爭覇戰/反問苦肉の策戰
86276	鮮滿版	1918-05-22	05단	驛の特色(安東(あんとん))
86277	鮮滿版	1918-05-22	05단	天聽地設
86278	鮮滿版	1918-05-23	01단	北滿州及西伯利在住朝鮮人の狀態(二)/總督府通譯官鳥居忠恕述
86279	鮮滿版	1918-05-23	01단	戰時利得稅令施行/廿一日府令を以て發布さる
86280	鮮滿版	1918-05-23	02단	全南春蠶佳良
86281	鮮滿版	1918-05-23	02단	鞍山製鐵所近況
86282	鮮滿版	1918-05-23	03단	籾種改良の方針
86283	鮮滿版	1918-05-23	03단	仁川小學校增設
86284	鮮滿版	1918-05-23	03단	典獄會議
86285	鮮滿版	1918-05-23	03단	全南府郡島主腦會議
86286	鮮滿版	1918-05-23	04단	高女記念會
86287	鮮滿版	1918-05-23	04단	郵貯規則改正
86288	鮮滿版	1918-05-23	04단	皮革會社目的變更
86289	鮮滿版	1918-05-23	04단	京畿米豆檢查成績
86290	鮮滿版	1918-05-23	04단	公醫講習會
86291	鮮滿版	1918-05-23	04단	慈惠醫院長會議
86292	鮮滿版	1918-05-23	04단	夫の跡を慕ひて/美事なる妻の自殺

일련번호	판명	간행일	단수	기사명
86293	鮮滿版	1918-05-23	04단	嫉妬の刃傷/內緣の妻夫の咽喉を斬る
86294	鮮滿版	1918-05-23	05단	全南自動車運轉
86295	鮮滿版	1918-05-23	05단	蕩兒の自殺未遂
86296	鮮滿版	1918-05-23	05단	運動界(全鮮野球大會)
86297	鮮滿版	1918-05-23	05단	驛の特色(沙河鎭(しゃーほーちゑん)/蛤蟆塘(はーまーたん)/五龍背(ううろんぺい))
86298	鮮滿版	1918-05-23	06단	京城演藝界
86299	鮮滿版	1918-05-23	06단	天聽地設
86300	鮮滿版	1918-05-23	06단	世界の噂(百里日歸り飛行)
86301	鮮滿版	1918-05-24	01단	北滿州及西伯利在住朝鮮人の狀態(三)/總督府通譯官鳥居忠怒述(第二項イルクック縣內鮮人/第三項イルクーツク縣以西西伯利及歐露居住朝鮮人の槪況)
86302	鮮滿版	1918-05-24	02단	議員視察團一行
86303	鮮滿版	1918-05-24	02단	鑛業界の前途
86304	鮮滿版	1918-05-24	02단	私立學校狀況
86305	鮮滿版	1918-05-24	03단	航路請願の中止
86306	鮮滿版	1918-05-24	03단	長谷川總督歸京
86307	鮮滿版	1918-05-24	03단	平壤の陸大生
86308	鮮滿版	1918-05-24	04단	會議所と關稅調査
86309	鮮滿版	1918-05-24	04단	水産檢査所位置
86310	鮮滿版	1918-05-24	04단	大田女學校決定
86311	鮮滿版	1918-05-24	04단	忠北の春蠶好況
86312	鮮滿版	1918-05-24	04단	慶北の蠶況
86313	鮮滿版	1918-05-24	04단	臨時貨物車運轉
86314	鮮滿版	1918-05-24	04단	鐵道職員購買組合計劃
86315	鮮滿版	1918-05-24	05단	典獄會議日程
86316	鮮滿版	1918-05-24	05단	鮮銀券發行高
86317	鮮滿版	1918-05-24	05단	輕鐵開通
86318	鮮滿版	1918-05-24	05단	靑銅釋迦佛發見
86319	鮮滿版	1918-05-24	05단	自動車の流行
86320	鮮滿版	1918-05-24	05단	軍隊內道場開き
86321	鮮滿版	1918-05-24	05단	銀行集會所舟遊會
86322	鮮滿版	1918-05-24	05단	屋根墜ち死傷を出す
86323	鮮滿版	1918-05-24	06단	驛の特色(湯山城(たんしゃんちょん)/高飛門(かをりいめん)/鳳凰城(ほんほあんちょん))

일련번호	판명	간행일	단수	기사명
86324	鮮滿版	1918-05-24	06단	天聽地說
86325	鮮滿版	1918-05-26	01단	北滿州及西伯利在住朝鮮人の狀態(四)/總督府通譯官鳥居忠恕述
86326	鮮滿版	1918-05-26	02단	水産規則の方針/改善と檢査の勵行
86327	鮮滿版	1918-05-26	03단	ゴルデンメロン/試作と帝國麥酒の需用
86328	鮮滿版	1918-05-26	03단	鎭昌鐵道起工期/本年度は駄目
86329	鮮滿版	1918-05-26	03단	間島輸出木材有望
86330	鮮滿版	1918-05-26	04단	叺組合組織計劃
86331	鮮滿版	1918-05-26	04단	間島鮮人視察團
86332	鮮滿版	1918-05-26	04단	農事開發功績者
86333	鮮滿版	1918-05-26	04단	海産物檢査所
86334	鮮滿版	1918-05-26	04단	亂暴署長の免職/人心攪亂さす無茶な警部
86335	鮮滿版	1918-05-26	04단	驛の特色(劉家河(りうちゃーほう)/通遠堡(とんゆあんぷー)/草河口(つあをほーかう))
86336	鮮滿版	1918-05-26	05단	京女十周年記念式
86337	鮮滿版	1918-05-26	05단	世界の噂(英后陛下と花束)
86338	鮮滿版	1918-05-27	01단	咸鏡線最難關の摩天嶺と摩雲嶺
86339	鮮滿版	1918-05-27	01단	北鮮視察縱橫/祕書官室の十分間
86340	鮮滿版	1918-05-27	02단	鮮人組織の銀行
86341	鮮滿版	1918-05-27	02단	北鮮の重鎭鐘城(豆滿江岸にあり)
86342	鮮滿版	1918-05-27	02단	京城演藝界
86343	鮮滿版	1918-05-27	02단	天聽地說
86344	鮮滿版	1918-05-28	01단	北滿洲及西伯利在住朝鮮人の狀態(五)/總督府通譯官鳥居忠恕述
86345	鮮滿版	1918-05-28	02단	長谷川總督訓示/稅關長會議に於て
86346	鮮滿版	1918-05-28	02단	專門學校設置希望/先づ醫專と工業の二校を
86347	鮮滿版	1918-05-28	03단	鮮鐵工事豫定
86348	鮮滿版	1918-05-28	03단	農民の轉住問題
86349	鮮滿版	1918-05-28	03단	桑葉の不足
86350	鮮滿版	1918-05-28	04단	馬政局長來鮮
86351	鮮滿版	1918-05-28	04단	城津と鐵道工事
86352	鮮滿版	1918-05-28	04단	造林經營變更
86353	鮮滿版	1918-05-28	04단	軍事彙報
86354	鮮滿版	1918-05-28	04단	小學校設置認可
86355	鮮滿版	1918-05-28	04단	城津地方濃霧期

일련번호	판명	간행일	단수	기사명
86356	鮮滿版	1918-05-28	04단	和布刈好況
86357	鮮滿版	1918-05-28	04단	大邱の東京相撲
86358	鮮滿版	1918-05-29	01단	東拓成績良好
86359	鮮滿版	1918-05-29	01단	全鮮貿易額と仁川貿易の發展
86360	鮮滿版	1918-05-29	01단	土耳其煙草試作
86361	鮮滿版	1918-05-29	01단	共進會建物起工
86362	鮮滿版	1918-05-29	01단	府營棧橋と補助
86363	鮮滿版	1918-05-29	01단	重要物産と製造業
86364	鮮滿版	1918-05-29	02단	苧布製産好況
86365	鮮滿版	1918-05-29	02단	物價騰貴と新開拓
86366	鮮滿版	1918-05-29	02단	荒廢地復舊工事
86367	鮮滿版	1918-05-29	02단	內地行滯貨現況
86368	鮮滿版	1918-05-29	03단	釜山船渠會社
86369	鮮滿版	1918-05-29	03단	水産輸出會社
86370	鮮滿版	1918-05-29	03단	地價騰貴
86371	鮮滿版	1918-05-29	03단	陸地棉奬勵
86372	鮮滿版	1918-05-29	03단	粟の輸入少し
86373	鮮滿版	1918-05-29	03단	團隊長會議日程
86374	鮮滿版	1918-05-29	04단	大邱府會
86375	鮮滿版	1918-05-29	04단	慶南會生る
86376	鮮滿版	1918-05-29	04단	公認蠶業傳習所
86377	鮮滿版	1918-05-29	04단	煙草分工場增築
86378	鮮滿版	1918-05-29	04단	金泉電氣出願
86379	鮮滿版	1918-05-29	04단	織物同業組合認可
86380	鮮滿版	1918-05-29	04단	慶南海藻組合
86381	鮮滿版	1918-05-29	04단	共進會と飛行機
86382	鮮滿版	1918-05-29	04단	米豆檢査額
86383	鮮滿版	1918-05-29	04단	商議所議員補選
86384	鮮滿版	1918-05-29	05단	海峽橫斷飛行
86385	鮮滿版	1918-05-29	05단	甘浦の鮑漁
86386	鮮滿版	1918-05-29	05단	署長の鬼門となる城津警察署
86387	鮮滿版	1918-05-29	05단	仁川の桑泥棒/制服着た判任官が犯人
86388	鮮滿版	1918-05-29	05단	世界の噂(英后陛下と花束)
86389	鮮滿版	1918-05-30	01단	西鮮物産共進會/期成會組織成る

일련번호	판명	간행일	단수	기사명
86390	鮮滿版	1918-05-30	01단	釜山棧橋完成/廿九日全部の引繼を了す
86391	鮮滿版	1918-05-30	01단	三菱製鐵所工程
86392	鮮滿版	1918-05-30	01단	小學生徒聯合運動會
86393	鮮滿版	1918-05-30	01단	平兼間列車增發請願
86394	鮮滿版	1918-05-30	02단	店頭裝飾共進會
86395	鮮滿版	1918-05-30	02단	單級小學とは怎麼乎/朝鮮田舍の學校は多く是だ/普通の■には見られぬ所がある
86396	鮮滿版	1918-05-30	03단	金融不圓滑
86397	鮮滿版	1918-05-30	04단	驛の特色(祁家堡(ちーちゃーぷー)/連山關(りゑんーやんこわん))
86398	鮮滿版	1918-05-30	04단	日本を惡罵す(廣東特電二十七日發)
86399	鮮滿版	1918-05-30	04단	世界の噂(前市長の宙返飛行)
86400	鮮滿版	1918-05-31	01단	鮮銀增資に就て
86401	鮮滿版	1918-05-31	01단	景福宮前電車/愈敷設に內定す
86402	鮮滿版	1918-05-31	01단	牛皮の暴騰
86403	鮮滿版	1918-05-31	01단	大觀亭賣渡設
86404	鮮滿版	1918-05-31	01단	總督府三課新設
86405	鮮滿版	1918-05-31	02단	平安丸虛電事件/極力發信人搜査中
86406	鮮滿版	1918-05-31	02단	單級小學とは怎麼乎/善いも惡いも先生の腕次第/京城にある理想の單級小學校
86407	鮮滿版	1918-05-31	04단	豺を生捕る
86408	鮮滿版	1918-05-31	04단	通譯三名慘死
86409	鮮滿版	1918-05-31	04단	大邱座枾葺落
86410	鮮滿版	1918-05-31	04단	運動界(鮮銀優勝す)
86411	鮮滿版	1918-05-31	04단	驛の特色(下馬塘(しゃまーたん)/南墳(なんふねん))

1918년 6월 (선만판)

일련번호	판명	간행일	단수	기사명
86412	鮮滿版	1918-06-01	01단	鮮鐵移管問題/現在の委任範圍を擴大すべし
86413	鮮滿版	1918-06-01	01단	國勢調査と統計
86414	鮮滿版	1918-06-01	02단	山本氏と釜山船渠
86415	鮮滿版	1918-06-01	02단	全鮮徵兵成績/花柳病患者減少
86416	鮮滿版	1918-06-01	03단	陸地棉發芽良好
86417	鮮滿版	1918-06-01	03단	忠南の養蜂業
86418	鮮滿版	1918-06-01	03단	大田石灰製造所
86419	鮮滿版	1918-06-01	03단	忠南の麥作
86420	鮮滿版	1918-06-01	04단	平南書堂狀況
86421	鮮滿版	1918-06-01	04단	大小麥收穫豫想高
86422	鮮滿版	1918-06-01	04단	鮮人醫生講習
86423	鮮滿版	1918-06-01	04단	大詐欺賭博
86424	鮮滿版	1918-06-01	04단	再歸熱の流行
86425	鮮滿版	1918-06-01	04단	行囊盜難訴訟落着
86426	鮮滿版	1918-06-01	05단	荷物拔取多し
86427	鮮滿版	1918-06-01	05단	驛の特色(橋頭(ちやをとう))
86428	鮮滿版	1918-06-01	05단	京城演藝界
86429	鮮滿版	1918-06-02	01단	內地馬を移入せよ/淺川馬政長官談
86430	鮮滿版	1918-06-02	01단	日本海橫斷航路
86431	鮮滿版	1918-06-02	02단	忠南輕鐵/目下出願準備中/資本金四百萬圓
86432	鮮滿版	1918-06-02	03단	鮮人地主の惡傾向/移民制度が重なる原因
86433	鮮滿版	1918-06-02	04단	平壤と撫順炭
86434	鮮滿版	1918-06-02	04단	全北棉種更新
86435	鮮滿版	1918-06-02	04단	籾檢査開始請願
86436	鮮滿版	1918-06-02	05단	仁川船渠社長
86437	鮮滿版	1918-06-02	05단	軍司令部改稱
86438	鮮滿版	1918-06-02	05단	新航路調査
86439	鮮滿版	1918-06-02	05단	鞍山在鄕軍人分會
86440	鮮滿版	1918-06-02	05단	仁川貯金增加
86441	鮮滿版	1918-06-02	05단	群山商議總選擧
86442	鮮滿版	1918-06-02	05단	陸稻作付增加
86443	鮮滿版	1918-06-02	05단	驛の特色(福色(ふうちん)/本溪湖(べんしーホワー))
86444	鮮滿版	1918-06-02	06단	滿蒙の噂
86445	鮮滿版	1918-06-03	01단	仁川港現狀/定期船出入殆と無し

일련번호	판명	간행일	단수	기사명
86446	鮮滿版	1918-06-03	01단	慶北物産共進會(出品獎勵/現業館/卽賣館/觀覽者接待/協贊會經費)
86447	鮮滿版	1918-06-03	01단	製糖敷地決定
86448	鮮滿版	1918-06-03	02단	圖們江沿岸貿易
86449	鮮滿版	1918-06-03	02단	京阪人會組織
86450	鮮滿版	1918-06-03	02단	煙草作順調
86451	鮮滿版	1918-06-03	02단	元山の外人村
86452	鮮滿版	1918-06-04	01단	大金踏倒問題の眞相/惡辣なる鑪商店の手段直接間接損害九十萬圓(根柢なき鑪本店/惡辣なる手段/損害者の內容)
86453	鮮滿版	1918-06-04	02단	北鮮地方の濃霧/航海業者の困難
86454	鮮滿版	1918-06-04	02단	總督の醫院長訓示
86455	鮮滿版	1918-06-04	02단	內地人郡守任命
86456	鮮滿版	1918-06-04	02단	澱粉會社設立
86457	鮮滿版	1918-06-04	03단	宮入博士の發表
86458	鮮滿版	1918-06-04	03단	稻作良好
86459	鮮滿版	1918-06-04	03단	國稅端數切捨
86460	鮮滿版	1918-06-04	03단	憲兵隊編成改正
86461	鮮滿版	1918-06-04	03단	京畿麥作狀況
86462	鮮滿版	1918-06-04	03단	大田電氣料金
86463	鮮滿版	1918-06-04	03단	大田驛新築
86464	鮮滿版	1918-06-04	03단	慶北の楮皮生産高
86465	鮮滿版	1918-06-04	03단	朝鮮輕鐵起債
86466	鮮滿版	1918-06-04	04단	大田の在米高
86467	鮮滿版	1918-06-04	04단	石炭新鑛
86468	鮮滿版	1918-06-04	04단	東洋鑛業出願
86469	鮮滿版	1918-06-04	04단	齋藤製絲社許可
86470	鮮滿版	1918-06-04	04단	鳥致院の强賊後報/チト朝鮮式で大き過た
86471	鮮滿版	1918-06-04	04단	日韓倂合記念鐘鑄造
86472	鮮滿版	1918-06-04	04단	天聽地說
86473	鮮滿版	1918-06-05	01단	大金踏倒問題の眞相(續き)/巧に終せた大阪への送金
86474	鮮滿版	1918-06-05	02단	大輕鐵企劃
86475	鮮滿版	1918-06-05	02단	輕鐵補助認可
86476	鮮滿版	1918-06-05	03단	朝鮮の陶土と窯業/從業者は愼重調査すべし
86477	鮮滿版	1918-06-05	03단	人蔘耕作者授賞
86478	鮮滿版	1918-06-05	03단	西鮮物産共進會期成會成立

일련번호	판명	간행일	단수	기사명
86479	鮮滿版	1918-06-05	04단	朝鮮に飛行學校/川上飛行中尉の計劃總督將官連の大贊成
86480	鮮滿版	1918-06-05	04단	千由の馬賊に泡を喰た遠陽警察署
86481	鮮滿版	1918-06-05	04단	伊豫女安藝男に刺る
86482	鮮滿版	1918-06-05	04단	天聽地說
86483	鮮滿版	1918-06-07	01단	會社と資本金
86484	鮮滿版	1918-06-07	01단	咸北沿海の菅藻
86485	鮮滿版	1918-06-07	01단	釜山府營棧橋
86486	鮮滿版	1918-06-07	01단	東洋協會開校式/本校を京城に移す
86487	鮮滿版	1918-06-07	02단	公會堂問題落着
86488	鮮滿版	1918-06-07	02단	搗布灰の移出
86489	鮮滿版	1918-06-07	02단	鞍山警務支署新設
86490	鮮滿版	1918-06-07	02단	羅南高等女學校
86491	鮮滿版	1918-06-07	02단	吾を輩ば總督たらしめよ/生田葵山の氣焰
86492	鮮滿版	1918-06-07	03단	阪神北鮮間就航
86493	鮮滿版	1918-06-07	03단	航路命令稟議
86494	鮮滿版	1918-06-07	03단	外國向鹽鯖製造
86495	鮮滿版	1918-06-07	03단	小額券鮮銀着
86496	鮮滿版	1918-06-07	03단	圖們江の增水
86497	鮮滿版	1918-06-07	04단	共進會と飛行機
86498	鮮滿版	1918-06-07	04단	東本願寺入佛式
86499	鮮滿版	1918-06-07	04단	天聽地說
86500	鮮滿版	1918-06-08	01단	東邊在住鮮人
86501	鮮滿版	1918-06-08	01단	慶興郡の産馬/軍馬に充當計劃
86502	鮮滿版	1918-06-08	01단	船腹拂底と運動
86503	鮮滿版	1918-06-08	01단	平南棉花と紡績企業
86504	鮮滿版	1918-06-08	02단	土耳其葉試作
86505	鮮滿版	1918-06-08	02단	東洋燐寸工場
86506	鮮滿版	1918-06-08	02단	畦畔大豆作獎勵
86507	鮮滿版	1918-06-08	02단	岡山縣人團組織
86508	鮮滿版	1918-06-08	02단	果實組合組織協議
86509	鮮滿版	1918-06-08	02단	店員彰表式
86510	鮮滿版	1918-06-08	03단	京城の電信電話/遲れる譯だもの
86511	鮮滿版	1918-06-08	04단	埋沒軌條の始末/今尚ほゴタゴタして居る
86512	鮮滿版	1918-06-08	04단	三浪津の損害

일련번호	판명	간행일	단수	기사명
86513	鮮滿版	1918-06-08	05단	兼二浦遊廓地指定
86514	鮮滿版	1918-06-08	05단	東華密陽の鮎
86515	鮮滿版	1918-06-08	05단	運動界(庭球大會優勝戰/運動界活躍せん)
86516	鮮滿版	1918-06-08	05단	滿蒙砂塵
86517	鮮滿版	1918-06-09	01단	殖産銀行設立に就て/鈴木度支部長官談
86518	鮮滿版	1918-06-09	01단	仁川取引所と小口落
86519	鮮滿版	1918-06-09	02단	棧橋と船渠問題
86520	鮮滿版	1918-06-09	02단	清津造船業有望
86521	鮮滿版	1918-06-09	02단	淺川馬政局長官視察
86522	鮮滿版	1918-06-09	02단	鮮南勸業會社刷新
86523	鮮滿版	1918-06-09	02단	統營近海航路後援會
86524	鮮滿版	1918-06-09	03단	朝鮮製絲進陟
86525	鮮滿版	1918-06-09	03단	戶別稅額
86526	鮮滿版	1918-06-09	03단	京管半期賞與實施
86527	鮮滿版	1918-06-09	03단	國境の馬賊猖獗/支那人難を朝鮮に避く
86528	鮮滿版	1918-06-09	03단	流行の夏衣裳/賣行は六七割方增加
86529	鮮滿版	1918-06-09	04단	御用商人の紛紜
86530	鮮滿版	1918-06-09	05단	驛の特色(大連(だーりえん)の(一))
86531	鮮滿版	1918-06-10	01단	釜山船渠問題
86532	鮮滿版	1918-06-10	01단	船渠擴張調査
86533	鮮滿版	1918-06-10	01단	黑鉛の不況/事業家の善後策
86534	鮮滿版	1918-06-10	01단	金礦發見
86535	鮮滿版	1918-06-10	01단	仁川滯貨減少
86536	鮮滿版	1918-06-10	02단	米作と商況活氣
86537	鮮滿版	1918-06-10	02단	仁川近海漁況
86538	鮮滿版	1918-06-10	02단	清津漁業好況
86539	鮮滿版	1918-06-10	02단	鞍鐵幹部會議
86540	鮮滿版	1918-06-10	02단	郡守と昌原郡
86541	鮮滿版	1918-06-10	02단	井上博士講演
86542	鮮滿版	1918-06-10	03단	走繭取引
86543	鮮滿版	1918-06-10	03단	慶北の春蠶
86544	鮮滿版	1918-06-10	03단	製粉工場建築
86545	鮮滿版	1918-06-10	03단	東京相撲巡業
86546	鮮滿版	1918-06-10	03단	劇場敷地決定

일련번호	판명	간행일	단수	기사명
86547	鮮滿版	1918-06-10	03단	天聽地說
86548	鮮滿版	1918-06-11	01단	釜山經營と補助/棧橋、浚渫、船溜り
86549	鮮滿版	1918-06-11	01단	本年麥作豫想/大麥七分八厘、小麥四分八厘增收
86550	鮮滿版	1918-06-11	01단	朝鮮の新設會社
86551	鮮滿版	1918-06-11	01단	具體化しつヽある市場問題/愈官府の調査に移る
86552	鮮滿版	1918-06-11	02단	繭の共同販賣
86553	鮮滿版	1918-06-11	02단	殖産銀行設立委員
86554	鮮滿版	1918-06-11	02단	鐵道ホテル改善
86555	鮮滿版	1918-06-11	02단	鐵道管轄替
86556	鮮滿版	1918-06-11	02단	神阪航路充實請願
86557	鮮滿版	1918-06-11	03단	共進會道路改修
86558	鮮滿版	1918-06-11	03단	魚類賣行好況
86559	鮮滿版	1918-06-11	03단	鯖の油漬鑵詰
86560	鮮滿版	1918-06-11	03단	仁川の海水浴場/本年は新設備を加ふ
86561	鮮滿版	1918-06-11	04단	暴民大擧憲兵を袋叩す/原因は桑葉泥棒より
86562	鮮滿版	1918-06-11	04단	滿蒙砂塵
86563	鮮滿版	1918-06-12	01단	橫斷航路と元山
86564	鮮滿版	1918-06-12	01단	間島輕鐵敷設決定
86565	鮮滿版	1918-06-12	01단	新棧橋と繫船
86566	鮮滿版	1918-06-12	02단	咸北地價昂騰
86567	鮮滿版	1918-06-12	02단	債券販賣と朝鮮
86568	鮮滿版	1918-06-12	02단	朝鮮化工會社
86569	鮮滿版	1918-06-12	02단	運賃引下の交涉
86570	鮮滿版	1918-06-12	02단	大田の大發展
86571	鮮滿版	1918-06-12	03단	朝鮮林野調査に就て/總督府田中山林課長談
86572	鮮滿版	1918-06-12	04단	夏期講習會決定
86573	鮮滿版	1918-06-12	04단	利原北靑兩鐵山
86574	鮮滿版	1918-06-12	04단	華藏峠改修
86575	鮮滿版	1918-06-12	04단	城津購買組合
86576	鮮滿版	1918-06-12	04단	大豆檢査成績
86577	鮮滿版	1918-06-12	04단	朝鮮沿岸貿易
86578	鮮滿版	1918-06-12	05단	釜山五月の貿易
86579	鮮滿版	1918-06-12	05단	大邱商況
86580	鮮滿版	1918-06-12	05단	協贊飛行內定

일련번호	판명	간행일	단수	기사명
86581	鮮滿版	1918-06-12	05단	新開地に馬賊跳梁
86582	鮮滿版	1918-06-12	05단	楢、櫟の實で燒酎
86583	鮮滿版	1918-06-12	05단	延平島の石首漁
86584	鮮滿版	1918-06-12	06단	貧苦の盜み
86585	鮮滿版	1918-06-12	06단	驛の特色(大連(だーりえん)の(二))
86586	鮮滿版	1918-06-13	01단	總督の訓示
86587	鮮滿版	1918-06-13	01단	我商勢の發展
86588	鮮滿版	1918-06-13	01단	群山地方の繰棉
86589	鮮滿版	1918-06-13	02단	釜山埠頭と貨物/裕に一百萬噸の收容
86590	鮮滿版	1918-06-13	02단	全線列車時刻改正
86591	鮮滿版	1918-06-13	02단	湖南線列車改良
86592	鮮滿版	1918-06-13	02단	養蠶と桑葉不足
86593	鮮滿版	1918-06-13	03단	在鮮の內地農民が失敗の諸原因/某當局者談(風土の差異を無視する事/在來の農法を蔑視する事/副業を誤り或は行はぬ事/經濟組織を理解せざること/病蟲害の豫防驅除忘却の事/百姓らしからぬ爲めの失敗)
86594	鮮滿版	1918-06-13	04단	登記令施行地域
86595	鮮滿版	1918-06-13	04단	全北の養蜂
86596	鮮滿版	1918-06-13	04단	竹パイプの製造
86597	鮮滿版	1918-06-13	04단	朝鮮民事令發布
86598	鮮滿版	1918-06-13	05단	慶北の繩叭製産高
86599	鮮滿版	1918-06-13	05단	物産會社と倉庫
86600	鮮滿版	1918-06-13	05단	公園道路取擴
86601	鮮滿版	1918-06-13	05단	五月朝鮮貿易
86602	鮮滿版	1918-06-13	05단	仁川貿易額
86603	鮮滿版	1918-06-13	05단	朝鮮と麑島で喧嘩/沈沒鐵類賣却が原因
86604	鮮滿版	1918-06-13	06단	運動界(京俱對徽信野球戰/醫專對鑛務野球戰)
86605	鮮滿版	1918-06-13	06단	驛の特色(臭水子(ちょうしういつー))
86606	鮮滿版	1918-06-14	01단	仁川米穀輸出狀況/制限實施以來の數量
86607	鮮滿版	1918-06-14	01단	本年度の演習召集者
86608	鮮滿版	1918-06-14	01단	朝鮮第一水利組合/竣工したる大正水利組合
86609	鮮滿版	1918-06-14	03단	朝鮮棉花會社創立/木浦三棉會社合倂/資本金二百萬圓
86610	鮮滿版	1918-06-14	04단	殖産銀創立委員
86611	鮮滿版	1918-06-14	04단	苗代改良

일련번호	판명	간행일	단수	기사명
86612	鮮滿版	1918-06-14	04단	川上氏の大飛行/京仁連絡は勿論釜山新義州間縱貫飛行をなさん
86613	鮮滿版	1918-06-14	03단	公州橋落成式/百十五翁の渡り初め
86614	鮮滿版	1918-06-14	05단	東京相撲一行
86615	鮮滿版	1918-06-14	05단	狂言の自殺未遂
86616	鮮滿版	1918-06-14	05단	驛の特色(南關嶺(なんくわんりん)/大房身(たあふあんしん))
86617	鮮滿版	1918-06-15	01단	新棧橋經費額
86618	鮮滿版	1918-06-15	01단	無煙炭鑛擴張
86619	鮮滿版	1918-06-15	01단	海軍炭庫拂下請願
86620	鮮滿版	1918-06-15	01단	仁川近海捕鯨
86621	鮮滿版	1918-06-15	01단	釜山鎭埋立地整理
86622	鮮滿版	1918-06-15	01단	警察官服制
86623	鮮滿版	1918-06-15	01단	釜山と木造船
86624	鮮滿版	1918-06-15	01단	滿鐵と府稅
86625	鮮滿版	1918-06-15	01단	繭價の空前高
86626	鮮滿版	1918-06-15	02단	天惠の山桑を利用し收繭價三萬圓
86627	鮮滿版	1918-06-15	02단	京畿春蠶豫想
86628	鮮滿版	1918-06-15	02단	辭令
86629	鮮滿版	1918-06-15	02단	滿洲より移入貨物
86630	鮮滿版	1918-06-15	02단	仁川築港開渠式
86631	鮮滿版	1918-06-15	02단	木東支鐵道長官來訪
86632	鮮滿版	1918-06-15	02단	倉知氏視察
86633	鮮滿版	1918-06-15	03단	船舶通路標柱建設
86634	鮮滿版	1918-06-15	03단	藥草園開始
86635	鮮滿版	1918-06-15	03단	朝鮮製油進陟
86636	鮮滿版	1918-06-15	03단	開城電氣增資許可
86637	鮮滿版	1918-06-15	03단	土木組合再興
86638	鮮滿版	1918-06-15	03단	酒の値上/一升五錢値上げ
86639	鮮滿版	1918-06-15	04단	次は煙草値上說
86640	鮮滿版	1918-06-15	04단	川上氏の朝鮮飛行
86641	鮮滿版	1918-06-15	04단	朝鮮に離婚が增た/離緣制度が出來てから
86642	鮮滿版	1918-06-16	01단	橫斷航路と元山/會議所の船腹增加要望
86643	鮮滿版	1918-06-16	01단	京城電燈料値上說に就いて/當局者の一考を煩はす
86644	鮮滿版	1918-06-16	02단	干潟地開墾/忠南西海岸の開發

일련번호	판명	간행일	단수	기사명
86645	鮮滿版	1918-06-16	03단	公會堂問題如何
86646	鮮滿版	1918-06-16	03단	代議士團來鮮期
86647	鮮滿版	1918-06-16	03단	京城銀行出張所設置
86648	鮮滿版	1918-06-16	03단	京城の劇場問題/出來さうな話なり
86649	鮮滿版	1918-06-16	04단	運動界(ゴルフリング場新設/明大野球團渡來/法政野球團も渡來)
86650	鮮滿版	1918-06-16	04단	京城演藝界(有樂館/黃金館/大正館/浪花館)
86651	鮮滿版	1918-06-16	04단	天聽地說
86652	鮮滿版	1918-06-17	01단	ポシェット吉林間鐵道敷設說/事實ならば重大問題
86653	鮮滿版	1918-06-17	01단	黑鉛産出制限/資金借入の交渉中
86654	鮮滿版	1918-06-17	01단	燈料値上と辯明/京電專務木本倉二氏談
86655	鮮滿版	1918-06-17	02단	李王職員更迭
86656	鮮滿版	1918-06-17	02단	圖們江警備電話
86657	鮮滿版	1918-06-17	02단	公設市場案進陟
86658	鮮滿版	1918-06-17	02단	輸羅間鐵道起工
86659	鮮滿版	1918-06-17	02단	邱安輕鐵敷設運動
86660	鮮滿版	1918-06-17	02단	沈沒汽罐引揚
86661	鮮滿版	1918-06-17	02단	府尹會議延期
86662	鮮滿版	1918-06-18	01단	軍用としての北鮮馬/淺川馬政長官談
86663	鮮滿版	1918-06-18	01단	咸鏡線起工近し
86664	鮮滿版	1918-06-18	01단	衆議院議員復選/東邊道管內に於ける
86665	鮮滿版	1918-06-18	02단	第二釜山停車場
86666	鮮滿版	1918-06-18	02단	繭價の新記錄
86667	鮮滿版	1918-06-18	02단	清津近海豊漁
86668	鮮滿版	1918-06-18	02단	勳記傳達式
86669	鮮滿版	1918-06-18	03단	鞍山に名士集る
86670	鮮滿版	1918-06-18	03단	畜牛保險
86671	鮮滿版	1918-06-18	03단	農銀株所有者注意
86672	鮮滿版	1918-06-18	03단	女子蠶業獎勵
86673	鮮滿版	1918-06-18	04단	馬山女學校問題
86674	鮮滿版	1918-06-18	04단	三菱の北鮮發展
86675	鮮滿版	1918-06-18	04단	春蠶共同販賣
86676	鮮滿版	1918-06-18	04단	工業用燃料試驗/成績は注目に價す
86677	鮮滿版	1918-06-18	05단	依然たる李王職/課制變更は間に合はせ根本刷新に一指を染ず

일련번호	판명	간행일	단수	기사명
86678	鮮滿版	1918-06-18	05단	大邱の飛行決定/川上中尉が廿日間飛行
86679	鮮滿版	1918-06-18	05단	中學生溺る
86680	鮮滿版	1918-06-18	05단	マラリヤ流行
86681	鮮滿版	1918-06-18	05단	運動界(儆新軍再び零敗す)
86682	鮮滿版	1918-06-19	01단	本年春蠶豫想/昨年より二割八分增收
86683	鮮滿版	1918-06-19	01단	大鹽田計劃
86684	鮮滿版	1918-06-19	01단	停戰布約の主張
86685	鮮滿版	1918-06-19	01단	橫斷航路近況
86686	鮮滿版	1918-06-19	01단	中央集散場廢止乎
86687	鮮滿版	1918-06-19	02단	苦力團と支那警備員の爭鬪/鞍山製鐵所の出來事
86688	鮮滿版	1918-06-19	02단	京城の讀書界/少年少女の雜誌全盛
86689	鮮滿版	1918-06-19	03단	下水工事着手期
86690	鮮滿版	1918-06-19	03단	閔伯を訴ふ
86691	鮮滿版	1918-06-19	04단	音響の抗議
86692	鮮滿版	1918-06-19	04단	天聽地說
86693	鮮滿版	1918-06-20	01단	債券取締發令
86694	鮮滿版	1918-06-20	01단	小額券流通高
86695	鮮滿版	1918-06-20	01단	朝鮮保險界の前途/樂觀は出來まい
86696	鮮滿版	1918-06-20	01단	新築せる朝日新聞奉天通信部
86697	鮮滿版	1918-06-20	02단	春繭共同販賣日割
86698	鮮滿版	1918-06-20	03단	各港到着穀物數量
86699	鮮滿版	1918-06-20	03단	千山の仙鏡で日蓮宗の講演をする
86700	鮮滿版	1918-06-20	03단	朝鮮醫生は恁な者(これでも醫者で候サ)
86701	鮮滿版	1918-06-20	04단	監獄から觀た朝鮮女/相變らず多いは殺人犯/竊盜犯が漸次增加する
86702	鮮滿版	1918-06-20	04단	驛の特色(金州(ちんちゅう))
86703	鮮滿版	1918-06-20	05단	滿蒙砂塵
86704	鮮滿版	1918-06-21	01단	空船利用調査
86705	鮮滿版	1918-06-21	01단	坡吉間鐵道/眞僞果して奈何
86706	鮮滿版	1918-06-21	01단	鴨綠江の筏流
86707	鮮滿版	1918-06-21	02단	咸鏡鐵道工事
86708	鮮滿版	1918-06-21	02단	平元線の調査
86709	鮮滿版	1918-06-21	02단	淸津對浦港輸出
86710	鮮滿版	1918-06-21	03단	輸出活牛不況
86711	鮮滿版	1918-06-21	03단	馬政長官動靜

일련번호	판명	간행일	단수	기사명
86712	鮮滿版	1918-06-21	03단	群山商議役員選擧
86713	鮮滿版	1918-06-21	03단	朝鑛社團法人
86714	鮮滿版	1918-06-21	03단	鮮銀券發行高
86715	鮮滿版	1918-06-21	03단	朝鮮の癩患者
86716	鮮滿版	1918-06-21	04단	工場巡り/東亞煙草株式會社
86717	鮮滿版	1918-06-21	04단	日本服を着たがる鮮人の傾向/和服古着の賣行多し
86718	鮮滿版	1918-06-21	04단	古代建物調査
86719	鮮滿版	1918-06-21	05단	金剛山探勝鐵道
86720	鮮滿版	1918-06-21	05단	運動界(一高野球團來鮮/三球團の陣容)
86721	鮮滿版	1918-06-21	05단	驛の特色(二十里臺(あるしいりいたい)/三十里堡(さんしいりいぷー)/石河(しいほう)
86722	鮮滿版	1918-06-21	06단	滿蒙砂塵
86723	鮮滿版	1918-06-21	06단	世界の噂(聯合國の臺所奉行)
86724	鮮滿版	1918-06-22	01단	日本海横斷航路の船腹と滯貨/雙方滯貨に苦しむ而も事情は相反す
86725	鮮滿版	1918-06-22	01단	釜山第二棧橋利用
86726	鮮滿版	1918-06-22	02단	獨津港の改築
86727	鮮滿版	1918-06-22	02단	殖銀創立委員內定
86728	鮮滿版	1918-06-22	02단	吉會鐵道借款に就て
86729	鮮滿版	1918-06-22	02단	列車增發實現
86730	鮮滿版	1918-06-22	02단	輕鐵敷設期成市民大會
86731	鮮滿版	1918-06-22	03단	工場巡り/朝鮮煙草株式會社
86732	鮮滿版	1918-06-22	03단	繭買入の惡弊
86733	鮮滿版	1918-06-22	04단	驛の特色(普蘭店(ぷーらんていえん)/田家(ていえんちやあ))
86734	鮮滿版	1918-06-22	04단	運動界(警務部射擊會成績)
86735	鮮滿版	1918-06-22	04단	天聽地說
86736	鮮滿版	1918-06-23	01단	平南棉作の將來
86737	鮮滿版	1918-06-23	01단	電燈料値上と當局(岡本工務課長談)
86738	鮮滿版	1918-06-23	01단	殖銀設立委員
86739	鮮滿版	1918-06-23	02단	忠北機業傳習所
86740	鮮滿版	1918-06-23	02단	原蠶種製造好況
86741	鮮滿版	1918-06-23	02단	釜山棧橋使用協議
86742	鮮滿版	1918-06-23	02단	宗信丸引揚有望
86743	鮮滿版	1918-06-23	02단	朝鮮輕鐵借入金

일련번호	판명	간행일	단수	기사명
86744	鮮滿版	1918-06-23	02단	內國通運と輸貨
86745	鮮滿版	1918-06-23	02단	驚くべき上流の大賭博團(何故に掃蕩せざる乎/賭博團の巨魁/民間實業者/大抵は訓戒/彼等の賭場/其筋の覺悟)
86746	鮮滿版	1918-06-23	04단	京城の周旋屋/男は山口縣人が多い
86747	鮮滿版	1918-06-23	04단	天聽地說
86748	鮮滿版	1918-06-23	05단	鴨綠江材と採木公司
86749	鮮滿版	1918-06-24	01단	日支新借款と北鮮の大活氣
86750	鮮滿版	1918-06-24	01단	三棉業社合同
86751	鮮滿版	1918-06-24	01단	北鮮と大商店
86752	鮮滿版	1918-06-24	01단	國勢調査評議會設置
86753	鮮滿版	1918-06-24	01단	南鮮輕鐵期成同盟會
86754	鮮滿版	1918-06-24	02단	間島の敎育と醫療
86755	鮮滿版	1918-06-24	02단	鰊の入津高
86756	鮮滿版	1918-06-24	02단	一萬三千圓の詐欺賭博
86757	鮮滿版	1918-06-24	02단	チブスの流行
86758	鮮滿版	1918-06-24	02단	長白山登山會盛況
86759	鮮滿版	1918-06-25	01단	東洋第一の製鐵所實現/滿洲十萬に都市編成
86760	鮮滿版	1918-06-25	02단	吉會借款に就て
86761	鮮滿版	1918-06-25	02단	橫斷航新造船
86762	鮮滿版	1918-06-25	02단	天圖輕鐵披露
86763	鮮滿版	1918-06-25	02단	馬山女學校問題解決
86764	鮮滿版	1918-06-25	03단	金鑛採掘着手
86765	鮮滿版	1918-06-25	03단	朝鮮月賦販賣禁止
86766	鮮滿版	1918-06-25	03단	仁川小口禁止令
86767	鮮滿版	1918-06-25	03단	齋藤顧問着任
86768	鮮滿版	1918-06-25	03단	全道鑛業近況
86769	鮮滿版	1918-06-25	03단	釜山束萊間道路
86770	鮮滿版	1918-06-25	04단	列車增發
86771	鮮滿版	1918-06-25	04단	釜山の新道路
86772	鮮滿版	1918-06-25	04단	臨吉間道路工事
86773	鮮滿版	1918-06-25	04단	始めて自動車入る
86774	鮮滿版	1918-06-25	04단	農談會
86775	鮮滿版	1918-06-25	04단	第二期檢閱
86776	鮮滿版	1918-06-25	04단	貨物拔取被害(商業會議所調査に着手す)
86777	鮮滿版	1918-06-25	04단	仁川買占と取締

일련번호	판명	간행일	단수	기사명
86778	鮮滿版	1918-06-26	01단	鮮銀營業の膨脹/吉田營業局長談
86779	鮮滿版	1918-06-26	01단	內地出稼の鮮人
86780	鮮滿版	1918-06-26	02단	兩鐵統一の行惱
86781	鮮滿版	1918-06-26	02단	南鮮輕鐵運動進陟
86782	鮮滿版	1918-06-26	02단	銀行會社好成績
86783	鮮滿版	1918-06-26	02단	在鮮敵國人近情
86784	鮮滿版	1918-06-26	03단	新蠶種好成績
86785	鮮滿版	1918-06-26	03단	廢物果實より燒酎釀造/年産額七十餘萬圓
86786	鮮滿版	1918-06-26	03단	十二歲の花嫁/朝鮮には恁した無慘な惡習が多い
86787	鮮滿版	1918-06-26	04단	天聽地說
86788	鮮滿版	1918-06-27	01단	咸鏡鐵道工事
86789	鮮滿版	1918-06-27	01단	農銀解散と臨時配當
86790	鮮滿版	1918-06-27	01단	大川港の發展
86791	鮮滿版	1918-06-27	01단	果實の豊作
86792	鮮滿版	1918-06-27	01단	國境出入旅客
86793	鮮滿版	1918-06-27	01단	燈料割引廢止
86794	鮮滿版	1918-06-27	01단	忠南の繭販賣高
86795	鮮滿版	1918-06-27	02단	松毛蟲の驅除
86796	鮮滿版	1918-06-27	02단	愛國婦人會集會
86797	鮮滿版	1918-06-27	02단	銀行員の橫領
86798	鮮滿版	1918-06-27	02단	金剛山自動車探勝
86799	鮮滿版	1918-06-27	02단	工場巡り/鷲梁津選鑛場
86800	鮮滿版	1918-06-27	03단	群山地方の喜雨
86801	鮮滿版	1918-06-27	03단	松崎大尉の妻(一)
86802	鮮滿版	1918-06-27	04단	驛の特色(瓦房店(わーふわんてィえん)/王家(わんちやあ))
86803	鮮滿版	1918-06-27	04단	世界の噂(兩雄の和解)
86804	鮮滿版	1918-06-28	01단	公設中央市場問題/現在八市場の存廢
86805	鮮滿版	1918-06-28	01단	愈よ電料値上/一割設有力なり
86806	鮮滿版	1918-06-28	01단	淸電問題解決
86807	鮮滿版	1918-06-28	01단	慶北の棉作況
86808	鮮滿版	1918-06-28	02단	殖銀第一回委員會
86809	鮮滿版	1918-06-28	02단	殖銀委員入京
86810	鮮滿版	1918-06-28	02단	會社令改正
86811	鮮滿版	1918-06-28	02단	登記取扱規則改正

일련번호	판명	간행일	단수	기사명
86812	鮮滿版	1918-06-28	02단	代議士視察
86813	鮮滿版	1918-06-28	02단	京畿學校豫算
86814	鮮滿版	1918-06-28	02단	教育費補助
86815	鮮滿版	1918-06-28	03단	鎭南浦排水工事
86816	鮮滿版	1918-06-28	03단	忠南の苗圃
86817	鮮滿版	1918-06-28	03단	店員表彰
86818	鮮滿版	1918-06-28	03단	瓦電と自動車
86819	鮮滿版	1918-06-28	03단	大邱の在米
86820	鮮滿版	1918-06-28	03단	銀行券發行高
86821	鮮滿版	1918-06-28	04단	京畿米豆檢査
86822	鮮滿版	1918-06-28	04단	京城演藝界
86823	鮮滿版	1918-06-28	04단	松崎大尉の妻(二)
86824	鮮滿版	1918-06-28	04단	天聽地說
86825	鮮滿版	1918-06-29	01단	債券取締に就て/保安課馬場警視談
86826	鮮滿版	1918-06-29	02단	京管局收得利金
86827	鮮滿版	1918-06-29	02단	工場巡り/鷺梁津選鑛場
86828	鮮滿版	1918-06-29	03단	移入苗檢査嚴重/內地の證明を認めず
86829	鮮滿版	1918-06-29	03단	土耳其烟草栽培
86830	鮮滿版	1918-06-29	04단	松崎大尉の妻(三)
86831	鮮滿版	1918-06-29	04단	紙會社と同業者
86832	鮮滿版	1918-06-29	04단	本年の旅團演習
86833	鮮滿版	1918-06-29	04단	制限外課稅
86834	鮮滿版	1918-06-29	04단	大邱中學設置運動
86835	鮮滿版	1918-06-29	05단	記者懇話會例會
86836	鮮滿版	1918-06-29	05단	京城劇場問題
86837	鮮滿版	1918-06-29	05단	忠南の喜雨
86838	鮮滿版	1918-06-29	05단	東京大相撲一行
86839	鮮滿版	1918-06-29	05단	驛の特色(得利寺(とうりーすう)/松樹(そおんしう))
86840	鮮滿版	1918-06-29	06단	滿蒙砂塵
86841	鮮滿版	1918-06-30	01단	京電値上問題と輿論(上)(再考說/反對說/妥當說/電車値上不可說/默認說)
86842	鮮滿版	1918-06-30	02단	立山驛の規模/鞍山製鐵所貨物專用驛
86843	鮮滿版	1918-06-30	02단	殖産銀行の幹部/何時まで一千萬圓でもあるまい
86844	鮮滿版	1918-06-30	03단	松崎大尉の妻(四)
86845	鮮滿版	1918-06-30	04단	水産檢査と當業

일련번호	판명	간행일	단수	기사명
86846	鮮滿版	1918-06-30	05단	九龍浦港築堤
86847	鮮滿版	1918-06-30	05단	忠北麥作豫想
86848	鮮滿版	1918-06-30	05단	忠南麥況
86849	鮮滿版	1918-06-30	05단	天聽地說

1918년 7월 (선만판)

일련번호	판명	간행일	단수	기사명
86850	鮮滿版	1918-07-01	01단	*京電直上問題と輿論(下) 公平の判斷を求む 島田京電支配人/漢城銀行專務取締 韓相龍氏談/釘本商議副會頭談/商議評議員の意見*
86851	鮮滿版	1918-07-01	02단	諸令發布(地稅令改正其他訓令/煙草稅令改正/漂流材木處置府令/水難救護令改正)
86852	鮮滿版	1918-07-01	02단	兩鐵統一疑義/滿鮮兩鐵統一其後
86853	鮮滿版	1918-07-01	03단	咸興炭の將來
86854	鮮滿版	1918-07-01	03단	鐵道構內撮影注意
86855	鮮滿版	1918-07-01	04단	忠南苧布好況
86856	鮮滿版	1918-07-01	04단	仲買組合販賣組合妥協成る
86857	鮮滿版	1918-07-01	04단	金剛山行自動車延期
86858	鮮滿版	1918-07-01	04단	西鮮操綿分工場
86859	鮮滿版	1918-07-01	04단	大邱の動物園
86860	鮮滿版	1918-07-02	01단	坡吉鐵道愈事實？/敷設目的と經營會社/北鮮方面の對應策急務
86861	鮮滿版	1918-07-02	01단	準備出來たる/暴利取締令
86862	鮮滿版	1918-07-02	01단	外米移入
86863	鮮滿版	1918-07-02	01단	蔚山線と釜山/輕鐵敷設の希望
86864	鮮滿版	1918-07-02	02단	地方金融組合令中改正に就て/鈴木度支部長官談
86865	鮮滿版	1918-07-02	04단	結核病蔓延
86866	鮮滿版	1918-07-02	04단	京畿金融狀況
86867	鮮滿版	1918-07-02	05단	鳥致院の金融
86868	鮮滿版	1918-07-02	05단	輕鐵と地方發展
86869	鮮滿版	1918-07-02	05단	鄕軍分會振作
86870	鮮滿版	1918-07-02	05단	石城金礦
86871	鮮滿版	1918-07-02	05단	京城工業に寄附
86872	鮮滿版	1918-07-02	05단	醫藥劑師試驗
86873	鮮滿版	1918-07-02	05단	娼婦の自殺未遂
86874	鮮滿版	1918-07-02	06단	驛の特色(萬家嶺(わんちあーりん)/許家屯(しういちあーとおん)/九寨(ちうちゃい))
86875	鮮滿版	1918-07-02	06단	天聽地說
86876	鮮滿版	1918-07-02	06단	朝日歌壇
86877	鮮滿版	1918-07-03	01단	外米朝鮮移入
86878	鮮滿版	1918-07-03	01단	朝鮮正米買占
86879	鮮滿版	1918-07-03	01단	軍艦派遣請願

일련번호	판명	간행일	단수	기사명
86880	鮮滿版	1918-07-03	01단	淸津府民の請願
86881	鮮滿版	1918-07-03	01단	殖銀設立委員會
86882	鮮滿版	1918-07-03	01단	國調評議員任命期
86883	鮮滿版	1918-07-03	02단	京電値上と石炭/谷川滿鐵鑛業主任談
86884	鮮滿版	1918-07-03	02단	日支聯絡貨客運輸規則
86885	鮮滿版	1918-07-03	02단	鳥致院の電燈絶望乎
86886	鮮滿版	1918-07-03	03단	大同江の水路調査
86887	鮮滿版	1918-07-03	03단	釜山製氷起工
86888	鮮滿版	1918-07-03	03단	繭共同販賣成績
86889	鮮滿版	1918-07-03	03단	學校組合設置許可
86890	鮮滿版	1918-07-03	03단	郡廳事務の澁滯
86891	鮮滿版	1918-07-03	03단	水産輸出會社
86892	鮮滿版	1918-07-03	03단	南大門驛改築行惱
86893	鮮滿版	1918-07-03	04단	自動車運轉
86894	鮮滿版	1918-07-03	04단	恐ろしき猛烈の毒草/デ製藥の研究
86895	鮮滿版	1918-07-03	04단	朝鮮の鯖漁業/漁獲一千萬尾以上
86896	鮮滿版	1918-07-03	04단	囚人の出稼
86897	鮮滿版	1918-07-03	04단	蟹害五十町步
86898	鮮滿版	1918-07-03	05단	京城の惡疫流行
86899	鮮滿版	1918-07-03	05단	驛の特色(熊岳城(しゆうんやおちえん))
86900	鮮滿版	1918-07-03	06단	世界の噂(强制結婚)
86901	鮮滿版	1918-07-03	06단	朝日歌壇
86902	鮮滿版	1918-07-04	01단	殖銀設立委員會
86903	鮮滿版	1918-07-04	01단	鮮銀上半成績
86904	鮮滿版	1918-07-04	01단	朝鮮の水産界
86905	鮮滿版	1918-07-04	02단	滿洲興業の實績
86906	鮮滿版	1918-07-04	02단	四鄭滿鐵運輸
86907	鮮滿版	1918-07-04	02단	漁場權の紛議
86908	鮮滿版	1918-07-04	03단	琿春材內地移出
86909	鮮滿版	1918-07-04	03단	忠南麥の大豊作
86910	鮮滿版	1918-07-04	04단	棉作奬勵と補助
86911	鮮滿版	1918-07-04	04단	京城府內國稅徵收狀況
86912	鮮滿版	1918-07-04	04단	仙掌の大發展
86913	鮮滿版	1918-07-04	04단	忠南戶口の增減

일련번호	판명	간행일	단수	기사명
86914	鮮滿版	1918-07-04	05단	桑苗生産狀況(實生苗/接木苗/目的別)
86915	鮮滿版	1918-07-04	05단	辭令
86916	鮮滿版	1918-07-04	05단	豪雨出水被害
86917	鮮滿版	1918-07-04	06단	渡船轉覆
86918	鮮滿版	1918-07-04	06단	滿蒙砂塵
86919	鮮滿版	1918-07-04	06단	朝日俳壇
86920	鮮滿版	1918-07-05	01단	長谷川總督訓示
86921	鮮滿版	1918-07-05	01단	輸入制限加除/朝鮮皮革にも關係ある
86922	鮮滿版	1918-07-05	01단	內地人郡守任命
86923	鮮滿版	1918-07-05	02단	內地人郡守に就て
86924	鮮滿版	1918-07-05	03단	電信不通と京城
86925	鮮滿版	1918-07-05	03단	南滿鑛業計劃
86926	鮮滿版	1918-07-05	03단	第二棧橋使用開始
86927	鮮滿版	1918-07-05	03단	電信電話建設令
86928	鮮滿版	1918-07-05	03단	在鮮移民應募數
86929	鮮滿版	1918-07-05	04단	漢湖農工成績
86930	鮮滿版	1918-07-05	04단	光州繰綿會社設立
86931	鮮滿版	1918-07-05	04단	鎭南浦上半貿易
86932	鮮滿版	1918-07-05	04단	不當なる白米小賣商/除りに儲け過ぎる
86933	鮮滿版	1918-07-05	04단	殉職憲兵の墓地/十年目に漸く發見す
86934	鮮滿版	1918-07-05	05단	狼害頻に多し
86935	鮮滿版	1918-07-05	05단	京城演藝界
86936	鮮滿版	1918-07-05	06단	天聽地說
86937	鮮滿版	1918-07-05	06단	世界の噂(蟻の頭)
86938	鮮滿版	1918-07-05	06단	新刊紹介(明治劇壇五十年史/英國憲政論)
86939	鮮滿版	1918-07-06	01단	外米移入と朝鮮
86940	鮮滿版	1918-07-06	01단	外米强弱觀
86941	鮮滿版	1918-07-06	01단	間島の起業熱/日支人提携の傾向
86942	鮮滿版	1918-07-06	01단	牧島の造船界
86943	鮮滿版	1918-07-06	02단	燐寸柚木會社計劃
86944	鮮滿版	1918-07-06	02단	外米移入と釜山
86945	鮮滿版	1918-07-06	02단	京城市場統一問題
86946	鮮滿版	1918-07-06	03단	國境自動車計劃
86947	鮮滿版	1918-07-06	03단	東拓水利事業

일련번호	판명	간행일	단수	기사명
86948	鮮滿版	1918-07-06	03단	國勢調査評議員任命
86949	鮮滿版	1918-07-06	03단	京城水道の將來
86950	鮮滿版	1918-07-06	03단	內地人敎員に鮮語奬勵/關屋學務局長談
86951	鮮滿版	1918-07-06	04단	羅州普通學校生徒同盟休校/校長の態度に不滿善後策の講究中
86952	鮮滿版	1918-07-06	05단	岩崎男一行
86953	鮮滿版	1918-07-06	05단	內地人學齡兒童
86954	鮮滿版	1918-07-06	05단	相川光日社長無罪
86955	鮮滿版	1918-07-06	05단	汽車辨當値上
86956	鮮滿版	1918-07-06	05단	慶北の水害
86957	鮮滿版	1918-07-06	06단	淸津劇場新築
86958	鮮滿版	1918-07-06	06단	天聽地說
86959	鮮滿版	1918-07-06	06단	朝日歌壇
86960	鮮滿版	1918-07-07	01단	陸地棉作況
86961	鮮滿版	1918-07-07	01단	鮮銀店長異動
86962	鮮滿版	1918-07-07	01단	新義州水道
86963	鮮滿版	1918-07-07	01단	片手落の增俸/下級吏員に增俸陳情
86964	鮮滿版	1918-07-07	01단	大邱中學請願提起
86965	鮮滿版	1918-07-07	02단	邱安輕鐵速成運動/時機到來更に躍進的運動
86966	鮮滿版	1918-07-07	02단	土耳其葉煙草試作良好
86967	鮮滿版	1918-07-07	02단	輸移出の水産品受託
86968	鮮滿版	1918-07-07	02단	水産輸出と株式
86969	鮮滿版	1918-07-07	02단	漁場紛爭の其後/旣得權地に墜つ
86970	鮮滿版	1918-07-07	03단	輸出乾玉筋魚
86971	鮮滿版	1918-07-07	03단	平壤通關貿易
86972	鮮滿版	1918-07-07	03단	地方法院長更迭
86973	鮮滿版	1918-07-07	03단	郵便局分室設置
86974	鮮滿版	1918-07-07	03단	安東商議記念事業
86975	鮮滿版	1918-07-07	04단	京管員貯金高
86976	鮮滿版	1918-07-07	04단	面長會議と輕鐵問題
86977	鮮滿版	1918-07-07	04단	女子驛員採用
86978	鮮滿版	1918-07-07	04단	新設の金融組合
86979	鮮滿版	1918-07-07	04단	運輸組と事業
86980	鮮滿版	1918-07-07	04단	全南矯風事業
86981	鮮滿版	1918-07-07	04단	光院の葉煙草

일련번호	판명	간행일	단수	기사명
86982	鮮滿版	1918-07-07	05단	馬賊の銃刑
86983	鮮滿版	1918-07-07	05단	洛東江と水産
86984	鮮滿版	1918-07-07	05단	驛の特色(蘆家屯(るーちやあとおん)/沙崗(しやあかん)/蓋平(かいひん))
86985	鮮滿版	1918-07-07	06단	天聽地說
86986	鮮滿版	1918-07-07	06단	新刊紹介(戰時經濟百面觀/心靈現象の問題)
86987	鮮滿版	1918-07-07	06단	朝日俳壇
86988	鮮滿版	1918-07-08	01단	平壤丸の貨客
86989	鮮滿版	1918-07-08	01단	露國民の避難/中には陸軍將校在り
86990	鮮滿版	1918-07-08	01단	鐵道割增金問題解決
86991	鮮滿版	1918-07-08	01단	全鮮會議所聯合會
86992	鮮滿版	1918-07-08	01단	鮮銀組織一部變更
86993	鮮滿版	1918-07-08	01단	興銀債と鮮銀
86994	鮮滿版	1918-07-08	01단	鮮人官吏增俸
86995	鮮滿版	1918-07-08	02단	職工敎育計劃/用江京管局工場長談
86996	鮮滿版	1918-07-08	02단	市區改正區域
86997	鮮滿版	1918-07-08	02단	內地行滯貨問題
86998	鮮滿版	1918-07-08	02단	釜山出入貨物增率/一年二割平均の增率
86999	鮮滿版	1918-07-08	03단	輕鐵客車新造
87000	鮮滿版	1918-07-08	03단	大豆發芽好良
87001	鮮滿版	1918-07-08	03단	平南夏季講習會
87002	鮮滿版	1918-07-08	03단	馬賊橫行/避難民續々來鮮す
87003	鮮滿版	1918-07-08	04단	哀れ二兒の壓死
87004	鮮滿版	1918-07-08	04단	天聽地說
87005	鮮滿版	1918-07-08	04단	朝日歌壇
87006	鮮滿版	1918-07-09	01단	縱談橫語(一)/宇佐美內務部長官談
87007	鮮滿版	1918-07-09	01단	三島氏總裁說
87008	鮮滿版	1918-07-09	01단	新邱炭磺と鞍山製鐵所
87009	鮮滿版	1918-07-09	02단	誤れる米價調節/平岡仁川米豆檢查王事談
87010	鮮滿版	1918-07-09	02단	釜山第二棧橋好結果
87011	鮮滿版	1918-07-09	03단	電信輻湊と京城局
87012	鮮滿版	1918-07-09	03단	東拓第一回拂込
87013	鮮滿版	1918-07-09	03단	元山の米穀
87014	鮮滿版	1918-07-09	03단	何所迄も崇る不吉な工事/京釜線工事と受負者の四苦八苦

일련번호	판명	간행일	단수	기사명
87015	鮮滿版	1918-07-09	04단	釜山の重要物産
87016	鮮滿版	1918-07-09	04단	京畿繭共同販賣
87017	鮮滿版	1918-07-09	04단	製粉原料增收計劃
87018	鮮滿版	1918-07-09	05단	運動會(早大庭球團日程/明大野球團天津行/法政大捿す)
87019	鮮滿版	1918-07-09	05단	驛の特色(太平山(たいぴんしゃん)/大石橋(たいしいちゃお))
87020	鮮滿版	1918-07-09	06단	滿蒙砂塵
87021	鮮滿版	1918-07-13	01단	縱談橫議(五)/人見鐵道局長
87022	鮮滿版	1918-07-13	01단	工場巡り/東西煙草商會
87023	鮮滿版	1918-07-13	02단	朝鮮人何を語る乎/朝鮮服を着て朝人と筆談偽りなき朝人の告白か
87024	鮮滿版	1918-07-13	04단	朝鮮人の犯罪/殘忍性から知的に移った
87025	鮮滿版	1918-07-13	04단	驛の特色(鞍山站(あんしゃんちゃん)/立山(りいしゃん))
87026	鮮滿版	1918-07-13	05단	天聽地說
87027	鮮滿版	1918-07-13	05단	世界の噂(過激派大使と獨逸)
87028	鮮滿版	1918-07-13	05단	朝日歌壇
87029	鮮滿版	1918-07-14	01단	縱談橫議(六)/靑木農務課長
87030	鮮滿版	1918-07-14	01단	工場巡り/齋藤製絲場
87031	鮮滿版	1918-07-14	02단	朝鮮の大洪水(忠淸南道鳥致院附近大出水(上)/忠南地方の出水(下)(水中苗代の如く見ゆるはポプラの樹梢なり))
87032	鮮滿版	1918-07-14	02단	驛の特色(馬伊屯(まあいーとおん))
87033	鮮滿版	1918-07-14	03단	天聽地說
87034	鮮滿版	1918-07-14	04단	京大優等卒業生
87035	鮮滿版	1918-07-14	05단	大學教授後繼難/俊才は實業界に走って仕舞ふ
87036	鮮滿版	1918-07-14	05단	朝日俳壇
87037	鮮滿版	1918-07-15	01단	朝鮮道中記/振出は浦潮から/大阪にて瓢齋翁
87038	鮮滿版	1918-07-15	02단	縱談橫議(七)/村田鑛務課長
87039	鮮滿版	1918-07-15	03단	朝鮮の農家
87040	鮮滿版	1918-07-15	03단	有松長官來仁
87041	鮮滿版	1918-07-15	03단	工場巡り/早島物産商會
87042	鮮滿版	1918-07-15	05단	世界の噂(カメラード)
87043	鮮滿版	1918-07-16	01단	平元線陳情/當局者の態度
87044	鮮滿版	1918-07-16	01단	殖銀重役內定/同時に道長官の更送
87045	鮮滿版	1918-07-16	02단	咸鏡線北部起工/羅南迄は明春開通
87046	鮮滿版	1918-07-16	02단	五州輕鐵許可

일련번호	판명	간행일	단수	기사명
87047	鮮滿版	1918-07-16	02단	廣梁灣製鹽量
87048	鮮滿版	1918-07-16	02단	水洞金鑛採掘
87049	鮮滿版	1918-07-16	03단	工場巡り/恩賜授産京城製絲場
87050	鮮滿版	1918-07-16	03단	小林新理學博士/獨學の篤學者
87051	鮮滿版	1918-07-16	03단	判任見習講習會開會式/山縣政務總監の訓示
87052	鮮滿版	1918-07-16	04단	水産大學候補地
87053	鮮滿版	1918-07-16	04단	郵便物集配時間變更
87054	鮮滿版	1918-07-16	04단	外米第一回移入
87055	鮮滿版	1918-07-16	04단	京城穀物商組合
87056	鮮滿版	1918-07-16	05단	憲兵補助規定改正
87057	鮮滿版	1918-07-16	05단	京畿繭共同販賣
87058	鮮滿版	1918-07-16	05단	慶北の獸疫
87059	鮮滿版	1918-07-16	05단	自轉車稅徵收
87060	鮮滿版	1918-07-16	06단	魯桑種子成績
87061	鮮滿版	1918-07-16	06단	夏休と體育
87062	鮮滿版	1918-07-16	06단	慶南銀行支店
87063	鮮滿版	1918-07-16	06단	猛虎を生捕る
87064	鮮滿版	1918-07-16	06단	亂暴な消毒班/患家の怒聲
87065	鮮滿版	1918-07-16	06단	運動界(講道館支部證書授與式)
87066	鮮滿版	1918-07-17	01단	朝鮮道中記(２)/大阪にて 瓢齋翁
87067	鮮滿版	1918-07-17	02단	民籍法改正議
87068	鮮滿版	1918-07-17	02단	釜山港頭施設/理立防波堤築造
87069	鮮滿版	1918-07-17	03단	坡琿鐵道敷設者/英國の某商事會社
87070	鮮滿版	1918-07-17	03단	忠南輕鐵計劃
87071	鮮滿版	1918-07-17	03단	輕鐵蔚山線起工期
87072	鮮滿版	1918-07-17	03단	南大門水色間線起工
87073	鮮滿版	1918-07-17	03단	琿春材と橫斷航
87074	鮮滿版	1918-07-17	04단	農殖銀株割當
87075	鮮滿版	1918-07-17	04단	東洋畜産興業會社
87076	鮮滿版	1918-07-17	04단	不良移民淘汰終了
87077	鮮滿版	1918-07-17	04단	面吏連袂辭職
87078	鮮滿版	1918-07-17	05단	棉作增加良好
87079	鮮滿版	1918-07-17	05단	京城給水制限
87080	鮮滿版	1918-07-17	05단	有松長官木浦視察

일련번호	판명	간행일	단수	기사명
87081	鮮滿版	1918-07-17	05단	特別課稅實施
87082	鮮滿版	1918-07-17	05단	慶北の採種田
87083	鮮滿版	1918-07-17	05단	煙草作病害
87084	鮮滿版	1918-07-17	05단	慶北の稻作
87085	鮮滿版	1918-07-17	05단	朝鮮燐守成績
87086	鮮滿版	1918-07-17	06단	湖西銀行成績
87087	鮮滿版	1918-07-17	06단	北鮮の大雨
87088	鮮滿版	1918-07-17	06단	咸北の乘馬熱
87089	鮮滿版	1918-07-17	06단	朝日俳壇
87090	鮮滿版	1918-07-18	01단	朝鮮道中記(３)/大阪にて瓢齋翁
87091	鮮滿版	1918-07-18	03단	縱談橫議(八)/服部京城郵便局長
87092	鮮滿版	1918-07-18	04단	機業の新傾向/內地人向きの製品が可なりに出來て好評
87093	鮮滿版	1918-07-18	04단	鮮米の買占は鮮米管理の實現乎
87094	鮮滿版	1918-07-18	05단	滿鮮鐵道經濟統一
87095	鮮滿版	1918-07-18	05단	十萬圓以上の不動産調査
87096	鮮滿版	1918-07-18	06단	同じ言を繰返す京城水道/その癖盜水放水は勝手次第
87097	鮮滿版	1918-07-18	06단	運動界(老童庭球會)
87098	鮮滿版	1918-07-18	07단	滿蒙砂塵
87099	鮮滿版	1918-07-18	07단	世界の噂(一會社の納稅額四億六千萬圓)
87100	鮮滿版	1918-07-18	07단	朝日歌壇
87101	鮮滿版	1918-07-19	01단	朝鮮道中記(４)/大阪にて瓢齋翁
87102	鮮滿版	1918-07-19	03단	縱談橫議(九)/賀田朝鮮皮革會社長
87103	鮮滿版	1918-07-19	03단	咸北の黑鉛
87104	鮮滿版	1918-07-19	04단	工場巡り/京城織紐株式會社
87105	鮮滿版	1918-07-19	04단	殖銀株應募數
87106	鮮滿版	1918-07-19	04단	全國穀物業大會
87107	鮮滿版	1918-07-19	04단	內地行貨物輸送狀況
87108	鮮滿版	1918-07-19	05단	煙草値上と小賣
87109	鮮滿版	1918-07-19	05단	平南の漁況
87110	鮮滿版	1918-07-19	05단	府令二件發布
87111	鮮滿版	1918-07-19	06단	稻作狀況
87112	鮮滿版	1918-07-19	06단	出張所長更迭
87113	鮮滿版	1918-07-19	06단	漢方醫生の敎養/一代限と決る
87114	鮮滿版	1918-07-19	07단	大邱座柿葺落

일련번호	판명	간행일	단수	기사명
87115	鮮滿版	1918-07-19	07단	滿蒙砂塵
87116	鮮滿版	1918-07-20	01단	朝鮮道中記(５)/大阪にて瓢齋翁
87117	鮮滿版	1918-07-20	02단	縱談橫議(十)/足立東拓殖産課長
87118	鮮滿版	1918-07-20	03단	新任步兵第四十旅團長(朝鮮龍山)/陸軍少將內野辰次郎氏
87119	鮮滿版	1918-07-20	03단	釜山港三期事業
87120	鮮滿版	1918-07-20	03단	五州鐵道許可
87121	鮮滿版	1918-07-20	03단	名譽副領事新任
87122	鮮滿版	1918-07-20	03단	治水協議會
87123	鮮滿版	1918-07-20	04단	工場巡り/恩賜授産京城機業場
87124	鮮滿版	1918-07-20	04단	邱安鐵道意見交換
87125	鮮滿版	1918-07-20	04단	朝鮮蠶業會社出願
87126	鮮滿版	1918-07-20	04단	湖南線運輸狀況
87127	鮮滿版	1918-07-20	04단	莨病害猖撅
87128	鮮滿版	1918-07-20	04단	忠南の漁收
87129	鮮滿版	1918-07-20	05단	商議豫算更正
87130	鮮滿版	1918-07-20	05단	京城藝妓と技藝/藝道研究の聲高し
87131	鮮滿版	1918-07-20	07단	白米の暴騰
87132	鮮滿版	1918-07-20	07단	新刊紹介(漱石全集第五券)
87133	鮮滿版	1918-07-20	07단	朝日歌壇
87134	鮮滿版	1918-07-21	01단	朝鮮道中記(６)/大阪にて瓢齋翁
87135	鮮滿版	1918-07-21	02단	鮮米買占と輿論沸騰/買占手先退鮮す
87136	鮮滿版	1918-07-21	02단	鮮銀正貨準備
87137	鮮滿版	1918-07-21	03단	京城露領事談
87138	鮮滿版	1918-07-21	04단	坡琿鐵道に就て
87139	鮮滿版	1918-07-21	05단	黑船資金の借入
87140	鮮滿版	1918-07-21	05단	鮮銀支店長異動
87141	鮮滿版	1918-07-21	05단	改良農具普及
87142	鮮滿版	1918-07-21	05단	釜山製氷進陟
87143	鮮滿版	1918-07-21	05단	有松長官視察
87144	鮮滿版	1918-07-21	05단	淺川長官と碧梧桐氏
87145	鮮滿版	1918-07-21	05단	雇員給與規程改正
87146	鮮滿版	1918-07-21	06단	京畿繭共同販賣
87147	鮮滿版	1918-07-21	06단	モンド瓦斯興業
87148	鮮滿版	1918-07-21	06단	忠南の秋蠶

일련번호	판명	간행일	단수	기사명
87149	鮮滿版	1918-07-21	06단	釜山水泳會
87150	鮮滿版	1918-07-21	06단	活牛移出盛況
87151	鮮滿版	1918-07-21	07단	棉圃に害蟲
87152	鮮滿版	1918-07-21	07단	蟹害驅除
87153	鮮滿版	1918-07-21	07단	運動界(早大軍大捷す)
87154	鮮滿版	1918-07-21	07단	朝日俳壇
87155	鮮滿版	1918-07-22	01단	朝鮮道中記(７)天險と妥協/大阪にて 瓢齋翁
87156	鮮滿版	1918-07-22	03단	元山の問題
87157	鮮滿版	1918-07-22	04단	陸地棉作付
87158	鮮滿版	1918-07-22	04단	大邱の殖産應募株
87159	鮮滿版	1918-07-22	04단	朝鮮輕鐵總會
87160	鮮滿版	1918-07-22	04단	大貨特定賃金改正
87161	鮮滿版	1918-07-22	04단	共進會の貨物運賃低減
87162	鮮滿版	1918-07-22	05단	輸移入大減退
87163	鮮滿版	1918-07-22	05단	城津上半期貿易
87164	鮮滿版	1918-07-22	05단	靑山島漁業狀況
87165	鮮滿版	1918-07-22	05단	忠北の蠶種製造高
87166	鮮滿版	1918-07-23	01단	朝鮮道中記(８)/大阪にて 瓢齋翁
87167	鮮滿版	1918-07-23	03단	滿洲事業界の打擊/一は義勇兵邦人の拉去/他は邦人雇傭の苦力
87168	鮮滿版	1918-07-23	03단	米價調節策/京城商業會議所の方針
87169	鮮滿版	1918-07-23	05단	外米第一回移入/五百噸の移入
87170	鮮滿版	1918-07-23	05단	釜山鎭の道路開通式
87171	鮮滿版	1918-07-23	05단	釜山の久原採鑛
87172	鮮滿版	1918-07-23	05단	共進會と飛行機
87173	鮮滿版	1918-07-23	05단	繭品評會
87174	鮮滿版	1918-07-23	05단	秋蠶掃立數
87175	鮮滿版	1918-07-23	06단	滿蒙砂塵
87176	鮮滿版	1918-07-23	06단	新刊紹介(國譯大藏經第八、十三券/細菌學)
87177	鮮滿版	1918-07-24	01단	朝鮮道中記(９)/大阪にて 瓢齋翁
87178	鮮滿版	1918-07-24	03단	畜牛界の現狀
87179	鮮滿版	1918-07-24	04단	米管理令發布は虛報
87180	鮮滿版	1918-07-24	04단	煙草値上協定成る
87181	鮮滿版	1918-07-24	04단	淸津對浦鹽帆船貿易
87182	鮮滿版	1918-07-24	04단	朝鮮の稻作

일련번호	판명	간행일	단수	기사명
87183	鮮滿版	1918-07-24	04단	土耳其種莨試作良好
87184	鮮滿版	1918-07-24	05단	生牛の敦賀移出
87185	鮮滿版	1918-07-24	05단	位記傳達式
87186	鮮滿版	1918-07-24	05단	佐大電線復舊
87187	鮮滿版	1918-07-24	05단	前昌原郡守逝去
87188	鮮滿版	1918-07-24	05단	戰爭避難所買入/流言浮說を眞に受けて/優に十萬人を收容すと
87189	鮮滿版	1918-07-24	06단	白頭山登山會
87190	鮮滿版	1918-07-24	06단	暴風雨の損害
87191	鮮滿版	1918-07-24	06단	郵便物流失
87192	鮮滿版	1918-07-24	06단	朝日歌壇
87193	鮮滿版	1918-07-25	01단	朝鮮道中記（１０）/大阪にて 瓢齋翁
87194	鮮滿版	1918-07-25	03단	喧嘩過ての棒千切れ/鮮米買占めに盆暗同士の大狼狽/サーベル主義でも構はぬ遺つ付けよ
87195	鮮滿版	1918-07-25	03단	警官服制改正
87196	鮮滿版	1918-07-25	03단	鮮人教育私立學校
87197	鮮滿版	1918-07-25	03단	畜牛共濟會進陟/畜牛の生命保險
87198	鮮滿版	1918-07-25	04단	鮮米買占問題/生田總督府商工課長談
87199	鮮滿版	1918-07-25	06단	久原買鑛所設立
87200	鮮滿版	1918-07-25	06단	炭送臨時列車運轉
87201	鮮滿版	1918-07-25	06단	朝鮮人にも徵兵と/馬鹿な風說を流布す
87202	鮮滿版	1918-07-25	06단	正米の大暴騰/生活難と買占の怨聲
87203	鮮滿版	1918-07-25	06단	運動界(講道館暑中稽古)
87204	鮮滿版	1918-07-25	07단	天聽地說
87205	鮮滿版	1918-07-25	07단	新刊紹介(支那漫遊記)
87206	鮮滿版	1918-07-25	07단	朝日俳壇
87207	鮮滿版	1918-07-26	01단	朝鮮道中記（１１）/大阪にて 瓢齋翁
87208	鮮滿版	1918-07-26	02단	米買占の斷案五箇條/補給と小西と鈴木と會議所と當局と
87209	鮮滿版	1918-07-26	04단	全鮮商議聯合會
87210	鮮滿版	1918-07-26	04단	殖銀株證據金
87211	鮮滿版	1918-07-26	05단	製鹽と輸入鹽
87212	鮮滿版	1918-07-26	05단	元山米價暴騰
87213	鮮滿版	1918-07-26	05단	上半組合銀行成績
87214	鮮滿版	1918-07-26	05단	新聞の拘留
87215	鮮滿版	1918-07-26	05단	運動界(鐵道軍對朝鮮軍)

일련번호	판명	간행일	단수	기사명
87216	鮮滿版	1918-07-26	06단	京城演藝界
87217	鮮滿版	1918-07-26	06단	長唄正聲會
87218	鮮滿版	1918-07-26	06단	天聽地說
87219	鮮滿版	1918-07-26	07단	弔歌を寄られたる方へ
87220	鮮滿版	1918-07-26	07단	梅雨偶拈/向陽木南保
87221	鮮滿版	1918-07-26	07단	文藝と美術
87222	鮮滿版	1918-07-27	01단	朝鮮道中記(１２)/大阪にて瓢齋翁
87223	鮮滿版	1918-07-27	03단	新任朝鮮駐箚軍副官步兵中佐/平澤安次郎氏
87224	鮮滿版	1918-07-27	03단	寺垣中將講演/海軍協會に於て
87225	鮮滿版	1918-07-27	04단	地方費徵收狀況
87226	鮮滿版	1918-07-27	04단	鑛産稅分割問題
87227	鮮滿版	1918-07-27	04단	輕鐵琴湖浦項間開通期
87228	鮮滿版	1918-07-27	04단	製鐵所土地買收
87229	鮮滿版	1918-07-27	04단	東鐵と海陸連絡
87230	鮮滿版	1918-07-27	05단	忠北の地稅
87231	鮮滿版	1918-07-27	05단	新聯隊長着任
87232	鮮滿版	1918-07-27	05단	朝鮮輕鐵總會
87233	鮮滿版	1918-07-27	05단	營舍建築竣成期
87234	鮮滿版	1918-07-27	05단	大田電氣增資
87235	鮮滿版	1918-07-27	05단	學校組合員改選
87236	鮮滿版	1918-07-27	05단	滿蒙砂塵
87237	鮮滿版	1918-07-27	06단	京城演藝界/黃金館
87238	鮮滿版	1918-07-27	06단	世界の噂(百耳義皇帝と皇后)
87239	鮮滿版	1918-07-27	06단	朝日歌壇
87240	鮮滿版	1918-07-28	01단	朝鮮道中記(１３)/大阪にて瓢齋翁
87241	鮮滿版	1918-07-28	03단	仲哀帝御陵？
87242	鮮滿版	1918-07-28	03단	中村關東都督
87243	鮮滿版	1918-07-28	04단	硬化法は疑問/法隆寺壁劃保存會
87244	鮮滿版	1918-07-28	04단	染料丹寧發見
87245	鮮滿版	1918-07-28	04단	鮮鐵經濟統一決定
87246	鮮滿版	1918-07-28	05단	慶尙農銀最終總會
87247	鮮滿版	1918-07-28	05단	勤儉貯蓄成績
87248	鮮滿版	1918-07-28	05단	繰綿會社計劃
87249	鮮滿版	1918-07-28	05단	鎭海灣要塞令司官

일련번호	판명	간행일	단수	기사명
87250	鮮滿版	1918-07-28	05단	滿蒙砂塵
87251	鮮滿版	1918-07-28	06단	世界の噂(獨帝を呪り殺す)
87252	鮮滿版	1918-07-28	06단	朝日俳壇
87253	鮮滿版	1918-07-29	01단	朝鮮道中記(１４)/大阪にて瓢齋翁
87254	鮮滿版	1918-07-29	03단	琿春材盛況/需要多く船腹不足
87255	鮮滿版	1918-07-29	03단	瓦斯電車値上
87256	鮮滿版	1918-07-29	03단	憲兵隊長異動
87257	鮮滿版	1918-07-29	04단	陸地棉好況
87258	鮮滿版	1918-07-29	04단	北鮮地方霖雨
87259	鮮滿版	1918-07-29	04단	支那粟輸入狀況
87260	鮮滿版	1918-07-29	04단	大田普通學校
87261	鮮滿版	1918-07-29	04단	警報信號所新設
87262	鮮滿版	1918-07-29	04단	淸津海水浴場
87263	鮮滿版	1918-07-29	04단	女の身投げ
87264	鮮滿版	1918-07-29	04단	天聽地說
87265	鮮滿版	1918-07-29	05단	世界の噂(獨帝を呪り殺す)
87266	鮮滿版	1918-07-30	01단	朝鮮道中記(１５)/大阪にて瓢齋翁
87267	鮮滿版	1918-07-30	03단	殖銀應募株/二百九十八倍に達す
87268	鮮滿版	1918-07-30	03단	殖銀創立總會
87269	鮮滿版	1918-07-30	03단	理財課長後任
87270	鮮滿版	1918-07-30	03단	東蓄會社新設
87271	鮮滿版	1918-07-30	03단	京城煙草消費高
87272	鮮滿版	1918-07-30	04단	內地人郡守
87273	鮮滿版	1918-07-30	04단	間島警官募集
87274	鮮滿版	1918-07-30	04단	大豆栽培成績
87275	鮮滿版	1918-07-30	04단	高靈銀山株式組織
87276	鮮滿版	1918-07-30	04단	煙草耕作組合
87277	鮮滿版	1918-07-30	04단	慶北普通學校
87278	鮮滿版	1918-07-30	04단	笞刑擴張/懲役刑は鮮人に效果がない
87279	鮮滿版	1918-07-30	05단	代用食料選定/生活難救濟策
87280	鮮滿版	1918-07-30	05단	朝鮮煙草値上
87281	鮮滿版	1918-07-30	06단	蠶業組合員取調
87282	鮮滿版	1918-07-30	06단	天聽地說
87283	鮮滿版	1918-07-30	06단	巡查募集成績/福岡縣は何故良好か

일련번호	판명	간행일	단수	기사명
87284	鮮滿版	1918-07-30	07단	米陸相の提案(ルーター廿六日發)
87285	鮮滿版	1918-07-30	07단	新刊紹介(カント實踐理性批判/赤い鳥/海へ)
87286	鮮滿版	1918-07-31	01단	朝鮮道中記(１６)/大阪にて 瓢齋翁
87287	鮮滿版	1918-07-31	03단	縱談橫議(十一)/久水外事課長/寺內樣々に限るよ
87288	鮮滿版	1918-07-31	03단	小學校育後援會
87289	鮮滿版	1918-07-31	04단	組合會議員選擧
87290	鮮滿版	1918-07-31	04단	公立學校寄宿舍
87291	鮮滿版	1918-07-31	04단	大田武術稽古
87292	鮮滿版	1918-07-31	04단	天中修學旅行
87293	鮮滿版	1918-07-31	04단	暴風雨と被害/損害高二萬餘圓
87294	鮮滿版	1918-07-31	04단	東萊納凉電車
87295	鮮滿版	1918-07-31	04단	天聽地說
87296	鮮滿版	1918-07-31	05단	世界の噂(家根裏に三年)
87297	鮮滿版	1918-07-31	05단	七月號國華

1918년 8월 (선만판)

일련번호	판명	간행일	단수	기사명
87298	鮮滿版	1918-08-01	01단	朝鮮道中記(１７)/大阪にて瓢齋翁
87299	鮮滿版	1918-08-01	03단	意氣衝天の蜻州將軍
87300	鮮滿版	1918-08-01	04단	咸鏡北道長官/桑原八司氏の談
87301	鮮滿版	1918-08-01	05단	咸北北部作況
87302	鮮滿版	1918-08-01	05단	大田物産陳列館
87303	鮮滿版	1918-08-01	05단	大田鮮語講習會
87304	鮮滿版	1918-08-01	05단	琿春地方事業界
87305	鮮滿版	1918-08-01	05단	女敎員講習會
87306	鮮滿版	1918-08-01	05단	瓦電定期總會
87307	鮮滿版	1918-08-01	05단	松川大將赴任
87308	鮮滿版	1918-08-01	05단	高橋司令官
87309	鮮滿版	1918-08-01	05단	白頭山の植物/森敎諭の探見談
87310	鮮滿版	1918-08-01	06단	柔道土用稽古
87311	鮮滿版	1918-08-01	06단	朝日歌壇
87312	鮮滿版	1918-08-02	01단	朝鮮道中記(１８)/大阪にて瓢齋翁
87313	鮮滿版	1918-08-02	02단	各電燈と値上/値上げせぬは七會社
87314	鮮滿版	1918-08-02	03단	寄附金不成績/賦課金激增の結果か
87315	鮮滿版	1918-08-02	03단	南浦商工懇話會
87316	鮮滿版	1918-08-02	03단	眞言宗別院新設
87317	鮮滿版	1918-08-02	04단	佛像の腹部から/經本發見さる
87318	鮮滿版	1918-08-02	04단	內職バテン工/朝鮮婦人着々成效
87319	鮮滿版	1918-08-02	05단	靑島の避暑客/避難露人獨墺人と雜居
87320	鮮滿版	1918-08-02	05단	朝日俳壇
87321	鮮滿版	1918-08-03	01단	朝鮮道中記(１９)/大阪にて瓢齋翁
87322	鮮滿版	1918-08-03	03단	縱談橫議(十二)/實業家廣江澤次郎氏/葉莨輸出大贊成
87323	鮮滿版	1918-08-03	04단	殖銀應募總數
87324	鮮滿版	1918-08-03	04단	枕木拂下減少
87325	鮮滿版	1918-08-03	04단	大邱の外米注文
87326	鮮滿版	1918-08-03	04단	秋蠶原種掃立
87327	鮮滿版	1918-08-03	04단	京城製絲會社創立
87328	鮮滿版	1918-08-03	04단	大邱電氣と水電
87329	鮮滿版	1918-08-03	05단	練習所卒業式
87330	鮮滿版	1918-08-03	05단	三將軍送別會
87331	鮮滿版	1918-08-03	05단	內野旅團長着任

일련번호	판명	간행일	단수	기사명
87332	鮮滿版	1918-08-03	05단	松川大將告別式
87333	鮮滿版	1918-08-03	05단	古海中將告別式
87334	鮮滿版	1918-08-03	05단	南山公園設備/新式の廻轉公園とす
87335	鮮滿版	1918-08-03	05단	納凉列車運轉/京城より元山まで土曜日發月曜日着
87336	鮮滿版	1918-08-03	06단	靑島海水浴場
87337	鮮滿版	1918-08-03	06단	金剛山探勝自動車
87338	鮮滿版	1918-08-03	06단	土地熱沸騰/忠淸輕鐵起工の影響か
87339	鮮滿版	1918-08-03	07단	白頭山登山會
87340	鮮滿版	1918-08-03	07단	新刊紹介(實驗觀察植物學講義上卷)
87341	鮮滿版	1918-08-04	01단	朝鮮道中記(２０)/大阪にて瓢齋翁
87342	鮮滿版	1918-08-04	03단	朝鮮財政獨立計劃完成/稅制改正の一段落
87343	鮮滿版	1918-08-04	05단	靑島特別裁判制度/民事訴訟代理を認む
87344	鮮滿版	1918-08-04	05단	朝鮮輕鐵開通遲延
87345	鮮滿版	1918-08-04	05단	釜山外米移入
87346	鮮滿版	1918-08-04	05단	松川大將寄附
87347	鮮滿版	1918-08-04	06단	靑島海水浴場/規定の服裝せる日本人海水浴姿
87348	鮮滿版	1918-08-04	06단	講習會一束(教員夏期講習會/京城公立普通學校長講習會/京城私立學校長教員講習會)
87349	鮮滿版	1918-08-04	06단	貸家業者の橫暴
87350	鮮滿版	1918-08-04	06단	御內殿の設備
87351	鮮滿版	1918-08-04	07단	滿蒙砂塵
87352	鮮滿版	1918-08-04	07단	朝日歌壇
87353	鮮滿版	1918-08-05	01단	朝鮮道中記(２１)/大阪にて瓢齋翁
87354	鮮滿版	1918-08-05	03단	水産會社創立總會
87355	鮮滿版	1918-08-05	03단	釜山船渠調査
87356	鮮滿版	1918-08-05	04단	靑島の近情/朝鮮系の大活動
87357	鮮滿版	1918-08-05	04단	橫暴なる家賃値上(某官憲の談)
87358	鮮滿版	1918-08-05	04단	鐵道請負休止か/物價騰貴で工事困難
87359	鮮滿版	1918-08-05	05단	天聽地說
87360	鮮滿版	1918-08-05	05단	朝日俳壇
87361	鮮滿版	1918-08-06	01단	朝鮮道中記(２２)/大阪にて瓢齋翁
87362	鮮滿版	1918-08-06	03단	縱談橫議/東亞煙草理事/馬詰次男氏/葉莨輸出大反對
87363	鮮滿版	1918-08-06	03단	譯の判らぬ告發沙汰/仁川定期買方筋より同仲買店を相手に
87364	鮮滿版	1918-08-06	04단	牛皮改良法/結果却て不良

일련번호	판명	간행일	단수	기사명
87365	鮮滿版	1918-08-06	05단	近來不振の長春取引所/十月に新築移轉す
87366	鮮滿版	1918-08-06	06단	鳥致院在米高
87367	鮮滿版	1918-08-06	06단	三兒を産
87368	鮮滿版	1918-08-06	06단	鐵道旅館と女給仕
87369	鮮滿版	1918-08-06	06단	朝日歌壇
87370	鮮滿版	1918-08-07	01단	朝鮮道中記(２３)/大阪にて瓢齋翁
87371	鮮滿版	1918-08-07	03단	朝鮮の巡査を九州で募集す
87372	鮮滿版	1918-08-07	03단	減額旅費規定改正
87373	鮮滿版	1918-08-07	03단	橫斷線視察？
87374	鮮滿版	1918-08-07	04단	生牛移出狀況
87375	鮮滿版	1918-08-07	04단	釜山の在米數/約三萬叺內外
87376	鮮滿版	1918-08-07	04단	金融組合概況
87377	鮮滿版	1918-08-07	04단	合併銀行新重役
87378	鮮滿版	1918-08-07	04단	東萊銀行開店
87379	鮮滿版	1918-08-07	04단	呪はれた京城/物價騰貴と內職操を賣る妻女がある
87380	鮮滿版	1918-08-07	05단	異常の氣候
87381	鮮滿版	1918-08-07	06단	滿蒙砂塵
87382	鮮滿版	1918-08-07	06단	新刊紹介(日蓮聖人正傳)
87383	鮮滿版	1918-08-07	06단	朝日俳壇
87384	鮮滿版	1918-08-08	01단	朝鮮道中記(２４)/大阪にて瓢齋翁
87385	鮮滿版	1918-08-08	03단	出兵と訓令
87386	鮮滿版	1918-08-08	03단	靑島未增有の豆粕大輸入/英米煙草商の活動
87387	鮮滿版	1918-08-08	04단	滿鮮に初ての洋行警務官/宮館警視の談
87388	鮮滿版	1918-08-08	04단	勞働者の不足/支那苦力移入の計劃
87389	鮮滿版	1918-08-08	04단	警察署長更送
87390	鮮滿版	1918-08-08	04단	大田の金融
87391	鮮滿版	1918-08-08	05단	大興電氣創立會
87392	鮮滿版	1918-08-08	05단	大田電燈不成績
87393	鮮滿版	1918-08-08	05단	外米賣行不良
87394	鮮滿版	1918-08-08	05단	忠北の秋蠶
87395	鮮滿版	1918-08-08	05단	梨の出廻り
87396	鮮滿版	1918-08-08	05단	悲慘な貧民級/當局は此聲を何と聽く乎
87397	鮮滿版	1918-08-08	06단	驛の特色(遼陽(りやをやん))
87398	鮮滿版	1918-08-08	06단	天聽地說

일련번호	판명	간행일	단수	기사명
87399	鮮滿版	1918-08-08	07단	新刊紹介(造園槪論)
87400	鮮滿版	1918-08-09	01단	朝鮮道中記(２５)/大阪にて瓢齋翁
87401	鮮滿版	1918-08-09	03단	鮮銀增資とプレミアム
87402	鮮滿版	1918-08-09	03단	鮮銀株主總會
87403	鮮滿版	1918-08-09	03단	持越煙草九百萬個
87404	鮮滿版	1918-08-09	04단	憲兵將校異動
87405	鮮滿版	1918-08-09	04단	釜山米價の昂騰/一升四十錢臺を突破す
87406	鮮滿版	1918-08-09	04단	土里西水羅間輕鐵計劃
87407	鮮滿版	1918-08-09	04단	人夫の拂底と賃金/濱仲仕のストライキ
87408	鮮滿版	1918-08-09	05단	中等敎員豫備試驗
87409	鮮滿版	1918-08-09	05단	府尹府事務官譴責
87410	鮮滿版	1918-08-09	05단	靑年夜學會終了
87411	鮮滿版	1918-08-09	05단	鮮銀券發行週報
87412	鮮滿版	1918-08-09	05단	東拓鮮內貸出高
87413	鮮滿版	1918-08-09	05단	大金塊を拾ふ
87414	鮮滿版	1918-08-09	05단	黃金館の活動/「明けゆく路」開演
87415	鮮滿版	1918-08-09	06단	天聽地說
87416	鮮滿版	1918-08-09	06단	朝日歌壇
87417	鮮滿版	1918-08-10	01단	朝鮮道中記(２６)/大阪にて瓢齋翁
87418	鮮滿版	1918-08-10	03단	外國莨の大作付
87419	鮮滿版	1918-08-10	03단	有望なる朝鮮紙/何故製紙業を起さぬか
87420	鮮滿版	1918-08-10	04단	朝鮮苧布好況
87421	鮮滿版	1918-08-10	04단	戰時利得稅調査
87422	鮮滿版	1918-08-10	05단	持越煙草課稅額
87423	鮮滿版	1918-08-10	05단	改良種豚配付
87424	鮮滿版	1918-08-10	05단	鷄卵共同販賣計劃
87425	鮮滿版	1918-08-10	05단	內地行輸送狀況
87426	鮮滿版	1918-08-10	06단	展覽會出品運賃低減
87427	鮮滿版	1918-08-10	06단	京組合城銀行成績
87428	鮮滿版	1918-08-10	06단	鮮南銀行支店設置
87429	鮮滿版	1918-08-10	06단	救濟院組織變更
87430	鮮滿版	1918-08-10	06단	操棉工場新設
87431	鮮滿版	1918-08-10	07단	新道路と自動車
87432	鮮滿版	1918-08-10	07단	遊廓移轉着手

일련번호	판명	간행일	단수	기사명
87433	鮮滿版	1918-08-10	07단	天聽地說
87434	鮮滿版	1918-08-10	07단	朝日俳壇
87435	鮮滿版	1918-08-11	01단	朝鮮道中記(２７)/大阪にて瓢齋翁
87436	鮮滿版	1918-08-11	02단	大豆檢査成績と內地市場の價格(全道檢査成績/檢査の不統一/內地市場價格)
87437	鮮滿版	1918-08-11	04단	河內爆沈當時の勇士の面々/艦長止木義太氏談
87438	鮮滿版	1918-08-11	06단	新旅團長着任
87439	鮮滿版	1918-08-11	06단	振威水利組合
87440	鮮滿版	1918-08-11	06단	滿蒙砂塵
87441	鮮滿版	1918-08-11	06단	世界の噂
87442	鮮滿版	1918-08-11	07단	朝日歌壇
87443	鮮滿版	1918-08-12	01단	朝鮮道中記(２８)/大阪にて瓢齋翁
87444	鮮滿版	1918-08-12	03단	縱談橫議/小原農商工部長官/當が違って水産界の大發見に當てらる
87445	鮮滿版	1918-08-12	04단	間島警察擴張/裁判官の設置說
87446	鮮滿版	1918-08-12	04단	忠南輕鐵進陟
87447	鮮滿版	1918-08-12	04단	共進會場建築
87448	鮮滿版	1918-08-12	04단	牛島無類の高麗粘土
87449	鮮滿版	1918-08-12	05단	釜山貿易の增大/七月中八百餘萬圓
87450	鮮滿版	1918-08-12	05단	京管收入
87451	鮮滿版	1918-08-12	05단	內野旅團長巡視
87452	鮮滿版	1918-08-12	05단	城津鐵道建設
87453	鮮滿版	1918-08-12	05단	北海道博出品物
87454	鮮滿版	1918-08-12	05단	禁酒講演會
87455	鮮滿版	1918-08-12	06단	黑船坑から/佛像の發掘
87456	鮮滿版	1918-08-12	06단	婦人勤儉貯蓄
87457	鮮滿版	1918-08-12	06단	世界の噂
87458	鮮滿版	1918-08-13	01단	朝鮮道中記(２９)/大阪にて瓢齋翁
87459	鮮滿版	1918-08-13	02단	本年米作豫想/空前の大豊作
87460	鮮滿版	1918-08-13	03단	暴騰！暴騰！/怨は深し例の買店
87461	鮮滿版	1918-08-13	03단	本年の演習地
87462	鮮滿版	1918-08-13	03단	貢物紙の好況
87463	鮮滿版	1918-08-13	04단	割增金下附願/總督府出人請負業者より
87464	鮮滿版	1918-08-13	04단	鐵道傭人待遇法
87465	鮮滿版	1918-08-13	04단	朝鮮沿岸遭難船數

일련번호	판명	간행일	단수	기사명
87466	鮮滿版	1918-08-13	05단	七月金融狀況(綿絲部/大豆/栗)
87467	鮮滿版	1918-08-13	05단	市街地稅金規則改正
87468	鮮滿版	1918-08-13	05단	官吏乘船賃
87469	鮮滿版	1918-08-13	05단	後援會京城分會
87470	鮮滿版	1918-08-13	05단	京城通關貿易
87471	鮮滿版	1918-08-13	06단	唯一策あり米價暴騰/緩急の鑰は總督府
87472	鮮滿版	1918-08-13	06단	米價暴騰と鮮人の罷業
87473	鮮滿版	1918-08-13	06단	米高と救貧
87474	鮮滿版	1918-08-13	06단	漁夫の横暴
87475	鮮滿版	1918-08-13	06단	生徒一人に教員一人の珍な學校/而も生徒は教員の子供
87476	鮮滿版	1918-08-14	01단	米一束(在米は豊富/米高と同盟罷業/釜山と米價/狂騰と馬鎭地方)
87477	鮮滿版	1918-08-14	01단	夏蠶大豊作
87478	鮮滿版	1918-08-14	02단	石灰岩の利用
87479	鮮滿版	1918-08-14	02단	新鹽田工事
87480	鮮滿版	1918-08-14	02단	七月朝鮮貿易
87481	鮮滿版	1918-08-14	02단	北海道の發達と女(上)
87482	鮮滿版	1918-08-14	03단	朝鮮民曆發賣手續
87483	鮮滿版	1918-08-14	03단	東拓移民應募狀況
87484	鮮滿版	1918-08-14	03단	忠北の在鄉軍人
87485	鮮滿版	1918-08-14	03단	淸州商銀進陟
87486	鮮滿版	1918-08-14	03단	不逞極まる家賃値上の發頭人は學校組合議員
87487	鮮滿版	1918-08-14	05단	朝日俳壇
87488	鮮滿版	1918-08-15	01단	米一束(朝鮮在米豫想/米價は亂調/米價落付く)
87489	鮮滿版	1918-08-15	02단	六年度の鮮鐵收益/純益金五百二萬餘圓
87490	鮮滿版	1918-08-15	02단	派兵と道訓令
87491	鮮滿版	1918-08-15	03단	鎭海麻布産出高
87492	鮮滿版	1918-08-15	03단	宇都宮新軍司令官
87493	鮮滿版	1918-08-15	03단	遞信員應召中手當
87494	鮮滿版	1918-08-15	03단	六年度地方費收入
87495	鮮滿版	1918-08-15	03단	夏繭出廻
87496	鮮滿版	1918-08-15	03단	北海道の發達と女(下)
87497	鮮滿版	1918-08-15	04단	共進會と道路
87498	鮮滿版	1918-08-15	04단	破損道路の修繕
87499	鮮滿版	1918-08-15	04단	慶南銀行支店設置

일련번호	판명	간행일	단수	기사명
87500	鮮滿版	1918-08-15	04단	航路標識生募集
87501	鮮滿版	1918-08-15	04단	米買占人檢擧
87502	鮮滿版	1918-08-15	05단	黃津の溫泉
87503	鮮滿版	1918-08-15	05단	射場開き
87504	鮮滿版	1918-08-15	05단	滿蒙砂塵
87505	鮮滿版	1918-08-15	06단	朝日歌壇
87506	鮮滿版	1918-08-15	07단	安全確實に儲かる/三百圓で千八百圓の利益/此の期間僅か三箇月間/事實が之れを證明する/疑い深い人は儲からぬ
87507	鮮滿版	1918-08-16	01단	米問題(調節大失敗 中橋德五郎氏談/輸入を獎勵せよ 三谷軌秀氏談)
87508	鮮滿版	1918-08-16	02단	米一束(米買占入引揚ぐ/米商に警告す/仁川の救濟安賣/米價低落す/救濟的安賣/二錢安で平穩/批難で暴落す/小賣値下せず/不正米屋取締/慶南の在米數)
87509	鮮滿版	1918-08-16	03단	電車罷業解決
87510	鮮滿版	1918-08-16	04단	鮮人罷業も解決
87511	鮮滿版	1918-08-16	04단	共進會と大會
87512	鮮滿版	1918-08-16	04단	釜山小學校工事
87513	鮮滿版	1918-08-16	04단	煙草は八分作
87514	鮮滿版	1918-08-16	04단	松葉を食って修業/元は止占位の鮮人警視
87515	鮮滿版	1918-08-16	05단	事務員の詐欺
87516	鮮滿版	1918-08-16	05단	『河內』遭難義金締切
87517	鮮滿版	1918-08-17	01단	朝鮮道中記(３０)/大阪にて 瓢齋翁
87518	鮮滿版	1918-08-17	01단	朝鮮の米價調節問題(上)/結局移出制限の外なかるべく內地政府の諒解を乞ふといふ說
87519	鮮滿版	1918-08-17	03단	米一束(米價崩落す/崩落と不正米商/平壤の廉賣/外米賣出)
87520	鮮滿版	1918-08-17	04단	鮮銀券軍票代用/旣に三百萬圓を送る
87521	鮮滿版	1918-08-17	04단	鮮銀券大膨脹
87522	鮮滿版	1918-08-17	05단	鐵道學校設立計劃/京管局收益金にて/授業開始は來春頃
87523	鮮滿版	1918-08-17	05단	東拓滿洲貸出高
87524	鮮滿版	1918-08-17	05단	平元鐵道急設請願
87525	鮮滿版	1918-08-17	06단	京電罷業解決
87526	鮮滿版	1918-08-17	06단	外國貨物樣式改正
87527	鮮滿版	1918-08-17	06단	鐵道社宅料問題
87528	鮮滿版	1918-08-17	06단	驛改築問題進陟

일련번호	판명	간행일	단수	기사명
87529	鮮滿版	1918-08-17	06단	京管の粗食會
87530	鮮滿版	1918-08-18	01단	朝鮮道中記(３１)/大阪にて瓢齋翁
87531	鮮滿版	1918-08-18	02단	朝鮮の米價調節問題(下)/結局移出制限の外なかるべく內地政府の諒解を乞ふといふ說
87532	鮮滿版	1918-08-18	04단	釜山と米價問題
87533	鮮滿版	1918-08-18	04단	瓦電定期總會/二十二日東京にて開會
87534	鮮滿版	1918-08-18	05단	派遣軍用生牛/北鮮より供給を仰ぐ
87535	鮮滿版	1918-08-18	05단	國境輸出牛活況
87536	鮮滿版	1918-08-18	05단	勞働者拂底/調節方法の研究
87537	鮮滿版	1918-08-18	05단	六年雜穀實收高
87538	鮮滿版	1918-08-18	05단	內地行水産物通關
87539	鮮滿版	1918-08-18	06단	邱安輕鐵と大邱
87540	鮮滿版	1918-08-18	06단	莨耕作組合の設置
87541	鮮滿版	1918-08-18	06단	大田金融組合設立
87542	鮮滿版	1918-08-18	06단	鐵道割引券發賣
87543	鮮滿版	1918-08-18	06단	鮮銀券發行週報
87544	鮮滿版	1918-08-18	06단	懸賞圖案成績
87545	鮮滿版	1918-08-18	07단	府稅徵收狀況
87546	鮮滿版	1918-08-18	07단	七月中行路病人
87547	鮮滿版	1918-08-18	07단	印刷工の罷工
87548	鮮滿版	1918-08-18	07단	天聽地說
87549	鮮滿版	1918-08-18	07단	朝日俳壇
87550	鮮滿版	1918-08-19	01단	暴利令も適用範圍の擴大を要す
87551	鮮滿版	1918-08-19	01단	東拓殘存米提供
87552	鮮滿版	1918-08-19	01단	米價崩落せん
87553	鮮滿版	1918-08-19	01단	米價と馬山地方
87554	鮮滿版	1918-08-19	02단	大邱の米廉賣
87555	鮮滿版	1918-08-19	02단	京城救濟會
87556	鮮滿版	1918-08-19	02단	龍山に飛行學校
87557	鮮滿版	1918-08-19	02단	馬山の細民救護
87558	鮮滿版	1918-08-19	02단	降雨と稻作
87559	鮮滿版	1918-08-19	03단	買付屋の取締に就て/買占屋は退治したるも尙ほ行政處分で取締れ
87560	鮮滿版	1918-08-19	04단	宗信丸の引揚
87561	鮮滿版	1918-08-19	04단	天聽地說

일련번호	판명	간행일	단수	기사명
87562	鮮滿版	1918-08-19	04단	朝日歌壇
87563	鮮滿版	1918-08-20	01단	六年度の鮮鐵收益/純益金五百二萬餘圓
87564	鮮滿版	1918-08-20	01단	三菱鑛山休業
87565	鮮滿版	1918-08-20	01단	鮮米輸出激減
87566	鮮滿版	1918-08-20	02단	陸地棉と在來棉
87567	鮮滿版	1918-08-20	02단	大邱中學問題
87568	鮮滿版	1918-08-20	02단	水産輸出の成立/資本金一百萬圓
87569	鮮滿版	1918-08-20	02단	鮮人夫內地輸送
87570	鮮滿版	1918-08-20	02단	金融組合內容
87571	鮮滿版	1918-08-20	03단	狸の皮相談に似た屠牛の激減で/豫算に大穴明き
87572	鮮滿版	1918-08-20	03단	平壤は平穩
87573	鮮滿版	1918-08-20	03단	米商組合廉賣
87574	鮮滿版	1918-08-20	03단	救濟會寄附者
87575	鮮滿版	1918-08-20	04단	嘉納副總裁東上
87576	鮮滿版	1918-08-20	04단	その日の記者室/氣が揉める記者連制限令の出た日
87577	鮮滿版	1918-08-20	04단	大貨速達廢止
87578	鮮滿版	1918-08-20	04단	買占筋の恐怖
87579	鮮滿版	1918-08-20	05단	京城の水害
87580	鮮滿版	1918-08-20	05단	各地雨量
87581	鮮滿版	1918-08-20	05단	天聽地說
87582	鮮滿版	1918-08-20	05단	新刊紹介(京都帝國大學文科大學考古學研究報告第二冊)
87583	鮮滿版	1918-08-21	01단	朝鮮道中記(３２)/大阪にて 瓢齋翁
87584	鮮滿版	1918-08-21	01단	朝鮮貴族訪問記(一)/尹澤榮候
87585	鮮滿版	1918-08-21	03단	鮮米移出制限令に就て/在大阪某實業家
87586	鮮滿版	1918-08-21	04단	外米の移入
87587	鮮滿版	1918-08-21	05단	穀類收用令と朝鮮/移出制限令不必要
87588	鮮滿版	1918-08-21	05단	全北各地廉賣
87589	鮮滿版	1918-08-21	05단	鐵道と廻米高
87590	鮮滿版	1918-08-21	05단	群山の米廉賣/米穀商組合の奮鬪
87591	鮮滿版	1918-08-21	06단	雲山金鑛採掘休止
87592	鮮滿版	1918-08-21	06단	新刊紹介(京都帝國大學文科大學/考古學研究報告第二冊)
87593	鮮滿版	1918-08-22	01단	鮮米制限令延期乎/母子國關係顧慮說と有效なる暴利令說
87594	鮮滿版	1918-08-22	02단	時局と鮮銀
87595	鮮滿版	1918-08-22	02단	電力値上許可/電燈値上は却下

일련번호	판명	간행일	단수	기사명
87596	鮮滿版	1918-08-22	02단	鑛務各區視察/愈々整理期に入らん
87597	鮮滿版	1918-08-22	03단	朝鮮貴族訪問記(二)/閔丙奭子
87598	鮮滿版	1918-08-22	03단	吉滿貨物連絡輸送
87599	鮮滿版	1918-08-22	03단	生活難救濟策/官民有力者協議
87600	鮮滿版	1918-08-22	04단	京城の米廉賣
87601	鮮滿版	1918-08-22	04단	大邱の米廉賣
87602	鮮滿版	1918-08-22	04단	共進會の出品物
87603	鮮滿版	1918-08-22	05단	救濟金寄附者
87604	鮮滿版	1918-08-22	05단	全州高普官設
87605	鮮滿版	1918-08-22	05단	美湖川改修工事
87606	鮮滿版	1918-08-22	06단	炭買占/京城では買占め盛んだ
87607	鮮滿版	1918-08-22	06단	滿蒙砂塵
87608	鮮滿版	1918-08-22	06단	朝日俳壇
87609	鮮滿版	1918-08-23	01단	鮮銀北滿活動/北滿臨時特派員派遣
87610	鮮滿版	1918-08-23	01단	鮮銀濟南支店/九月上旬より開店
87611	鮮滿版	1918-08-23	01단	來年度豫算
87612	鮮滿版	1918-08-23	01단	理想的に試作された土耳其葉煙草
87613	鮮滿版	1918-08-23	01단	朝鮮貴族訪問記(三)/韓昌洙男
87614	鮮滿版	1918-08-23	02단	官吏增給か總督府にて準備中
87615	鮮滿版	1918-08-23	02단	米價更に昂騰/米切にて廉賣を中止す
87616	鮮滿版	1918-08-23	02단	農銀株競賣期
87617	鮮滿版	1918-08-23	03단	仁川の海水浴
87618	鮮滿版	1918-08-23	03단	民間工場狀況
87619	鮮滿版	1918-08-23	04단	東拓收穫豫想
87620	鮮滿版	1918-08-23	04단	米廉賣盛況
87621	鮮滿版	1918-08-23	04단	朝鮮稻作不良
87622	鮮滿版	1918-08-23	04단	米色々
87623	鮮滿版	1918-08-23	04단	生活難に泣く二百戶
87624	鮮滿版	1918-08-23	04단	大邱の篤志家
87625	鮮滿版	1918-08-23	05단	黑鉛の由來
87626	鮮滿版	1918-08-23	05단	大田の流行病
87627	鮮滿版	1918-08-23	05단	朝日歌壇
87628	鮮滿版	1918-08-23	05단	新刊紹介(明星抄)
87629	鮮滿版	1918-08-24	01단	朝鮮道中記(３３)/大阪にて瓢齋翁

일련번호	판명	간행일	단수	기사명
87630	鮮滿版	1918-08-24	02단	釜山と生活救濟/釜山臨時救濟會起る
87631	鮮滿版	1918-08-24	02단	醫專特科新設/內地にても開業し得
87632	鮮滿版	1918-08-24	03단	鎭南浦の廉賣
87633	鮮滿版	1918-08-24	03단	鮮人勞働組合組織
87634	鮮滿版	1918-08-24	03단	水驪間輕鐵
87635	鮮滿版	1918-08-24	03단	集會當分中止
87636	鮮滿版	1918-08-24	03단	朝郵船賃値上
87637	鮮滿版	1918-08-24	03단	建設事務所設置
87638	鮮滿版	1918-08-24	03단	朝鮮輕鐵第二期線
87639	鮮滿版	1918-08-24	03단	殖銀拂込者數
87640	鮮滿版	1918-08-24	04단	水力發電調査
87641	鮮滿版	1918-08-24	04단	某々會社から廉米讓受を請ふ/救濟會では拒絶
87642	鮮滿版	1918-08-24	04단	京城劇場愈建設
87643	鮮滿版	1918-08-24	05단	豆飯獎勵
87644	鮮滿版	1918-08-24	05단	天聽地說
87645	鮮滿版	1918-08-24	06단	新刊紹介(新日本見物/社會進化論)
87646	鮮滿版	1918-08-24	06단	朝日俳壇
87647	鮮滿版	1918-08-25	01단	朝鮮道中記(３４)/大阪にて 瓢齋翁
87648	鮮滿版	1918-08-25	03단	朝鮮貴族訪問記(四)/尹德榮子
87649	鮮滿版	1918-08-25	03단	京城の物價
87650	鮮滿版	1918-08-25	03단	悲慘なる下級民/寺內內閣の秕政を惡罵する老人も居る
87651	鮮滿版	1918-08-25	05단	天聽地說
87652	鮮滿版	1918-08-25	06단	朝日歌壇
87653	鮮滿版	1918-08-25	06단	新刊紹介(軍國主義政治學上卷/隱れたる事實明治裏面史)
87654	鮮滿版	1918-08-26	01단	朝鮮道中記(３５)/大阪にて 瓢齋翁
87655	鮮滿版	1918-08-26	02단	朝鮮貴族訪問記(五)/李完用伯
87656	鮮滿版	1918-08-26	03단	穀物調節會設置
87657	鮮滿版	1918-08-26	03단	水源涵養造林計劃
87658	鮮滿版	1918-08-26	03단	大田の米調節
87659	鮮滿版	1918-08-26	04단	忠南麥の豊作
87660	鮮滿版	1918-08-26	04단	馬山救濟會
87661	鮮滿版	1918-08-26	05단	短艇の顚覆/日支人行方不明二名
87662	鮮滿版	1918-08-27	01단	朝鮮道中記(３６)/大阪にて 瓢齋翁
87663	鮮滿版	1918-08-27	03단	朝鮮貴族訪問記(六)/金思轍男

일련번호	판명	간행일	단수	기사명
87664	鮮滿版	1918-08-27	03단	殖銀と拂込
87665	鮮滿版	1918-08-27	03단	天機奉伺
87666	鮮滿版	1918-08-27	03단	釜山米賣買中止/調節會の方針決定迄
87667	鮮滿版	1918-08-27	04단	生牛取引隆盛
87668	鮮滿版	1918-08-27	04단	鐵道鮮人住宅料問題決定
87669	鮮滿版	1918-08-27	04단	巡遊券使用法
87670	鮮滿版	1918-08-27	04단	郵便貯金減退
87671	鮮滿版	1918-08-27	05단	速達貨物廢止
87672	鮮滿版	1918-08-27	05단	阿波汽船運賃改正
87673	鮮滿版	1918-08-27	05단	輕鐵開通
87674	鮮滿版	1918-08-27	05단	京畿秋蠶狀況
87675	鮮滿版	1918-08-27	05단	農事講話會
87676	鮮滿版	1918-08-27	06단	監獄出張所新設
87677	鮮滿版	1918-08-27	06단	米價廉賣の蒔直し
87678	鮮滿版	1918-08-27	06단	政府を罵て拘留
87679	鮮滿版	1918-08-27	06단	雛燕の全滅
87680	鮮滿版	1918-08-27	06단	天聽地說
87681	鮮滿版	1918-08-28	01단	朝鮮當局の成算如何/政府の愚策に依賴するは愚極/疑問の救濟會/當局の所信を明かにせよ/識者の米界觀
87682	鮮滿版	1918-08-28	02단	花菜の輸出/當局が試培中
87683	鮮滿版	1918-08-28	03단	八年石炭需給豫想
87684	鮮滿版	1918-08-28	03단	城津地價暴騰
87685	鮮滿版	1918-08-28	03단	救濟會も結構だが/徹底する樣努力を切望する
87686	鮮滿版	1918-08-28	04단	娛樂場兼用病室
87687	鮮滿版	1918-08-28	05단	朝日俳壇
87688	鮮滿版	1918-08-28	05단	新刊紹介(土俗と傳說/ダンテ神曲)
87689	鮮滿版	1918-08-29	01단	朝鮮道中記(３７)/大阪にて瓢齋翁
87690	鮮滿版	1918-08-29	01단	安東縣市場通り
87691	鮮滿版	1918-08-29	03단	朝鮮貴族訪問記(七)/李址鎔伯
87692	鮮滿版	1918-08-29	03단	燐寸輸入減少
87693	鮮滿版	1918-08-29	03단	盛んな葉莨買占/果して輸出するか
87694	鮮滿版	1918-08-29	04단	軍需米影響せず
87695	鮮滿版	1918-08-29	04단	鮮鐵營業成績
87696	鮮滿版	1918-08-29	04단	安東の外米配給
87697	鮮滿版	1918-08-29	04단	朝鮮人の陰謀

일련번호	판명	간행일	단수	기사명
87698	鮮滿版	1918-08-29	05단	山東土匪の横暴
87699	鮮滿版	1918-08-29	06단	滿蒙砂塵
87700	鮮滿版	1918-08-29	06단	新刊紹介(二葉亭全集第一卷/滑稽文學全集)
87701	鮮滿版	1918-08-29	06단	朝日歌壇
87702	鮮滿版	1918-08-30	01단	朝鮮道中記(３８)/大阪にて瓢齋翁
87703	鮮滿版	1918-08-30	03단	金塊密輸取締
87704	鮮滿版	1918-08-30	03단	濟南商取引現況/小麥以外の大口取引なし
87705	鮮滿版	1918-08-30	04단	朝鮮貴族訪問記(八)/金允植子
87706	鮮滿版	1918-08-30	04단	靑島紡績工場
87707	鮮滿版	1918-08-30	04단	米穀調節方針/調節の實行は困難
87708	鮮滿版	1918-08-30	04단	釜山救濟會の救助/萬五千乃至三萬枚
87709	鮮滿版	1918-08-30	04단	鈴木の鹽買占
87710	鮮滿版	1918-08-30	04단	靑島通信/井出生(買鹽契約/試驗鹽田計劃/油類試驗場)
87711	鮮滿版	1918-08-30	05단	鮮人富豪の引致
87712	鮮滿版	1918-08-30	06단	新刊紹介(Scenes in China, Series Ⅰ&Ⅱ.)
87713	鮮滿版	1918-08-31	01단	朝鮮道中記(３９)/大阪にて瓢齋翁
87714	鮮滿版	1918-08-31	03단	京城在米豊富
87715	鮮滿版	1918-08-31	03단	米穀の買注文/利益は欲しいが釣上は怖い
87716	鮮滿版	1918-08-31	03단	殖銀失權株賣却
87717	鮮滿版	1918-08-31	04단	朝鮮西岸命令航路
87718	鮮滿版	1918-08-31	04단	鐵貨運輸概況
87719	鮮滿版	1918-08-31	05단	蠶絲業令形勢
87720	鮮滿版	1918-08-31	05단	移民銓衡內容
87721	鮮滿版	1918-08-31	05단	籾檢査の請願
87722	鮮滿版	1918-08-31	05단	滯貨と湖南線
87723	鮮滿版	1918-08-31	06단	救濟會へ提議
87724	鮮滿版	1918-08-31	06단	釜山救濟會事業/二十九日より實行せり
87725	鮮滿版	1918-08-31	06단	滿蒙砂塵
87726	鮮滿版	1918-08-31	06단	大邱の米廉賣
87727	鮮滿版	1918-08-31	07단	釜山米商の義擧
87728	鮮滿版	1918-08-31	07단	畜産株應募超過
87729	鮮滿版	1918-08-31	07단	世界の噂(獨逸國民の泣く時が來た)
87730	鮮滿版	1918-08-31	07단	朝日俳壇

1918년 9월 (선만판)

일련번호	판명	간행일	단수	기사명
87731	鮮滿版	1918-09-01	01단	朝鮮道中記(４０)/大阪にて瓢齊翁
87732	鮮滿版	1918-09-01	03단	朝鮮神社位置
87733	鮮滿版	1918-09-01	03단	廉賣方策改良/京城救濟會の決議
87734	鮮滿版	1918-09-01	03단	大邱中學問題/行惱みに府民の落膽
87735	鮮滿版	1918-09-01	04단	米の大豊作
87736	鮮滿版	1918-09-01	04단	暗礁發見
87737	鮮滿版	1918-09-01	04단	關東都督府に於る雜穀食糧獎勵
87738	鮮滿版	1918-09-01	05단	滿洲は肺結核の巢窟
87739	鮮滿版	1918-09-01	06단	米價騰貴と諭告
87740	鮮滿版	1918-09-01	06단	位記傳達式
87741	鮮滿版	1918-09-01	06단	大田の金融界
87742	鮮滿版	1918-09-01	06단	參事官任命內容
87743	鮮滿版	1918-09-01	07단	鐵道營業收入
87744	鮮滿版	1918-09-01	07단	滿蒙砂塵
87745	鮮滿版	1918-09-01	07단	朝日歌壇
87746	鮮滿版	1918-09-01	07단	新刊紹介(改正所得稅戰時利得稅と實際問題)
87747	鮮滿版	1918-09-02	01단	軍需品の煙草と生牛
87748	鮮滿版	1918-09-02	01단	鮮米移出豫防
87749	鮮滿版	1918-09-02	01단	續大邱中學問題/府民の鼻息殊に荒し
87750	鮮滿版	1918-09-02	02단	淸津港移出木材
87751	鮮滿版	1918-09-02	02단	政務總監東上
87752	鮮滿版	1918-09-02	02단	列車運轉復舊
87753	鮮滿版	1918-09-02	02단	鮮人夫同盟休業
87754	鮮滿版	1918-09-02	02단	城津の農作況
87755	鮮滿版	1918-09-02	02단	秋季釋奠執行
87756	鮮滿版	1918-09-02	02단	學校新設認可
87757	鮮滿版	1918-09-02	02단	大田繰綿工場
87758	鮮滿版	1918-09-02	03단	官品橫領/某官廳に於ける怪聞
87759	鮮滿版	1918-09-02	03단	江陵丸沈沒/終に水面下に沈沒
87760	鮮滿版	1918-09-02	03단	米の搬出差押
87761	鮮滿版	1918-09-02	04단	鐵道下級從業員の生活難
87762	鮮滿版	1918-09-02	04단	天聽地說
87763	鮮滿版	1918-09-03	01단	總督諭告/米價暴騰に關して
87764	鮮滿版	1918-09-03	01단	總督の寄附

일련번호	판명	간행일	단수	기사명
87765	鮮滿版	1918-09-03	01단	朝鮮の工業駄目/矢張原始的産業に限る
87766	鮮滿版	1918-09-03	02단	督軍代理來着
87767	鮮滿版	1918-09-03	02단	奇怪なる靑島の朝鮮米直輸入團
87768	鮮滿版	1918-09-03	02단	米穀收用と影響/朝鮮の各地方に於ける(大邱地方/慶山地方/金泉地方/浦項地方)
87769	鮮滿版	1918-09-03	03단	米穀取引調節會
87770	鮮滿版	1918-09-03	03단	朝鮮の二百十日(京城/仁川/鳥致院/平壤)
87771	鮮滿版	1918-09-03	03단	群山の救濟會
87772	鮮滿版	1918-09-03	04단	釜山米界の不況/米商の板挾み的境遇
87773	鮮滿版	1918-09-03	04단	鮮鐵下半期輸送計劃
87774	鮮滿版	1918-09-03	05단	梁山泊を極込たる馬賊の巢窟を掃討す
87775	鮮滿版	1918-09-03	06단	手小荷物賃金改正
87776	鮮滿版	1918-09-03	06단	電話線泥棒
87777	鮮滿版	1918-09-03	06단	朝日歌壇
87778	鮮滿版	1918-09-04	01단	朝鮮道中記(４１)/大阪にて瓢齊翁
87779	鮮滿版	1918-09-04	03단	政務總監通牒/總督諭告に關し各道長官へ
87780	鮮滿版	1918-09-04	03단	陸地棉豊作
87781	鮮滿版	1918-09-04	04단	外米斤減多し
87782	鮮滿版	1918-09-04	04단	大田と物價
87783	鮮滿版	1918-09-04	04단	混交列車停止
87784	鮮滿版	1918-09-04	04단	京畿敎員試驗
87785	鮮滿版	1918-09-04	04단	土匪關所を設け/通航船に課稅す
87786	鮮滿版	1918-09-04	05단	咸北の罌粟密培
87787	鮮滿版	1918-09-04	05단	短歌投稿の諸氏へ
87788	鮮滿版	1918-09-05	01단	朝鮮道中記(４２)/大阪にて瓢齊生
87789	鮮滿版	1918-09-05	02단	鳥致院の活況/會社工場續々設立
87790	鮮滿版	1918-09-05	03단	龍山工場擴張/黑澤同工場長談
87791	鮮滿版	1918-09-05	03단	湖南沿線豊穰/優に平年以上
87792	鮮滿版	1918-09-05	03단	咸北地方作況
87793	鮮滿版	1918-09-05	04단	吉林倉庫會社創立
87794	鮮滿版	1918-09-05	04단	群山米穀調節會
87795	鮮滿版	1918-09-05	04단	忠北農産改良
87796	鮮滿版	1918-09-05	04단	琴湖西岳間開通
87797	鮮滿版	1918-09-05	04단	五州輕鐵着手期
87798	鮮滿版	1918-09-05	05단	道路改修と自動車

일련번호	판명	간행일	단수	기사명
87799	鮮滿版	1918-09-05	05단	淸州の戶口
87800	鮮滿版	1918-09-05	05단	功勞者表彰
87801	鮮滿版	1918-09-05	05단	新灘津漁業施設
87802	鮮滿版	1918-09-05	05단	宇都宮司令官
87803	鮮滿版	1918-09-05	05단	夜間配達廢止か/京城局扱ひの內地便
87804	鮮滿版	1918-09-05	06단	食料よりも燃料が高くて苦む
87805	鮮滿版	1918-09-05	06단	滿蒙砂塵
87806	鮮滿版	1918-09-05	07단	朝日歌壇
87807	鮮滿版	1918-09-05	07단	新刊紹介(漱石全集第九卷/義時の最期)
87808	鮮滿版	1918-09-06	01단	朝鮮道中記(４３)/大阪にて瓢齊翁
87809	鮮滿版	1918-09-06	03단	群山米穀調節/直ちに實行に着手す
87810	鮮滿版	1918-09-06	04단	忠南陸線豊作
87811	鮮滿版	1918-09-06	04단	鐵道學校工費
87812	鮮滿版	1918-09-06	04단	天安道路擴張
87813	鮮滿版	1918-09-06	04단	鮮銀支店長內定
87814	鮮滿版	1918-09-06	04단	粟大豆作況
87815	鮮滿版	1918-09-06	04단	忠南米作豫想
87816	鮮滿版	1918-09-06	05단	陸軍輸送/ (右)○○驛通過 (左)同構內休養所
87817	鮮滿版	1918-09-06	05단	大麥大買收
87818	鮮滿版	1918-09-06	05단	簡閱點呼豫習
87819	鮮滿版	1918-09-06	05단	果物輸送困難
87820	鮮滿版	1918-09-06	05단	釜山の補給方法
87821	鮮滿版	1918-09-06	05단	忠南棉作擴張
87822	鮮滿版	1918-09-06	06단	朝鮮輕鐵借入
87823	鮮滿版	1918-09-06	06단	叺生産增加
87824	鮮滿版	1918-09-06	06단	濟民橋渡初式
87825	鮮滿版	1918-09-06	06단	大田收治監起工
87826	鮮滿版	1918-09-06	06단	穀物組合協議
87827	鮮滿版	1918-09-06	06단	觀光團氣分の鮮人出稼人/相變らず盛に出る
87828	鮮滿版	1918-09-06	07단	稷山同盟罷業/尙ほ就業せず
87829	鮮滿版	1918-09-06	07단	大邱驛繁忙
87830	鮮滿版	1918-09-06	07단	朝日俳壇
87831	鮮滿版	1918-09-07	01단	朝鮮道中記(４４)/大阪にて瓢齊翁
87832	鮮滿版	1918-09-07	02단	呪はれたる鮮滿の物價/內地鐵道の運賃値上/山陽線は七割引上/移入諸雜貨の暴騰來らん

일련번호	판명	간행일	단수	기사명
87833	鮮滿版	1918-09-07	03단	朝鮮安奉線時刻改正/當分特別運輸のため
87834	鮮滿版	1918-09-07	03단	朝鮮貴族訪問記(九)/李秉武子
87835	鮮滿版	1918-09-07	04단	米倉庫創立
87836	鮮滿版	1918-09-07	05단	北鮮鑛區出願
87837	鮮滿版	1918-09-07	05단	北鮮牛露領輸出
87838	鮮滿版	1918-09-07	05단	殖銀株割增金
87839	鮮滿版	1918-09-07	06단	米薪移出制限
87840	鮮滿版	1918-09-07	06단	辭令
87841	鮮滿版	1918-09-07	06단	金銀輸出制限令
87842	鮮滿版	1918-09-07	06단	天安米改良
87843	鮮滿版	1918-09-07	06단	聯絡賃金增徵
87844	鮮滿版	1918-09-07	06단	京畿道蠶種檢査
87845	鮮滿版	1918-09-07	06단	漁夫の大格鬪/十餘名負傷
87846	鮮滿版	1918-09-07	07단	白頭山初雪
87847	鮮滿版	1918-09-07	07단	天聽地說
87848	鮮滿版	1918-09-07	07단	新刊紹介(色の研究/希臘紀行/盆景しなり富士八景第二同)
87849	鮮滿版	1918-09-08	01단	朝鮮道中記(４５)/大阪にて瓢齊翁
87850	鮮滿版	1918-09-08	03단	戶田博士へ抗議/滿洲衛生狀態につき
87851	鮮滿版	1918-09-08	03단	列車時刻改正
87852	鮮滿版	1918-09-08	04단	慶北軍人會活動(大邱分會/浦項分會/安東分會/淸道分會/永川分會/尙州分會/鬱陵島分會)
87853	鮮滿版	1918-09-08	04단	鮮銀券流通高
87854	鮮滿版	1918-09-08	05단	總督寄贈金分配
87855	鮮滿版	1918-09-08	05단	甛菜試作良好
87856	鮮滿版	1918-09-08	05단	東拓移民好況
87857	鮮滿版	1918-09-08	05단	廉賣米値上
87858	鮮滿版	1918-09-08	05단	鴨橋開閉時刻改正
87859	鮮滿版	1918-09-08	06단	馬賊猖獗/高梁畑を根城にして
87860	鮮滿版	1918-09-08	06단	朝日俳壇
87861	鮮滿版	1918-09-09	01단	如是我聞(一)/一記者
87862	鮮滿版	1918-09-09	02단	南滿の傳染病/六、七兩年度比較
87863	鮮滿版	1918-09-09	03단	郵船の浦湖線/元山寄池の要望
87864	鮮滿版	1918-09-09	03단	朝鮮■價騰貴率
87865	鮮滿版	1918-09-09	03단	陸綿增收見込
87866	鮮滿版	1918-09-09	03단	皮革會社罷業落着

일련번호	판명	간행일	단수	기사명
87867	鮮滿版	1918-09-09	03단	施肥獎勵
87868	鮮滿版	1918-09-09	04단	篤行家尹氏
87869	鮮滿版	1918-09-09	04단	聯合大運動會
87870	鮮滿版	1918-09-09	04단	繭買控へ
87871	鮮滿版	1918-09-09	04단	連帶荷客開始
87872	鮮滿版	1918-09-09	04단	鮮銀增築
87873	鮮滿版	1918-09-09	05단	忠南地方稻作
87874	鮮滿版	1918-09-09	05단	郵便局廢止
87875	鮮滿版	1918-09-09	05단	伯樂殺さる
87876	鮮滿版	1918-09-09	05단	朝日歌壇
87877	鮮滿版	1918-09-10	01단	朝鮮道中記(４６)/大阪にて 瓢齊翁
87878	鮮滿版	1918-09-10	03단	如是我聞(二)/一記者
87879	鮮滿版	1918-09-10	03단	米供給杜絶
87880	鮮滿版	1918-09-10	03단	不定期列車實施/釜山安東間二往復
87881	鮮滿版	1918-09-10	03단	家畜增殖獎勵
87882	鮮滿版	1918-09-10	04단	大田造林計劃
87883	鮮滿版	1918-09-10	04단	米穀檢査數
87884	鮮滿版	1918-09-10	04단	慶北米作豫想
87885	鮮滿版	1918-09-10	04단	養蠶組合中央會
87886	鮮滿版	1918-09-10	05단	鐵道營業收入
87887	鮮滿版	1918-09-10	05단	浦項臨港線認可
87888	鮮滿版	1918-09-10	05단	東拓貸出高
87889	鮮滿版	1918-09-10	05단	學校增築
87890	鮮滿版	1918-09-10	05단	鳥致院驛滯貨
87891	鮮滿版	1918-09-10	06단	獨探嫌疑者/島流しにさる
87892	鮮滿版	1918-09-10	06단	滿蒙砂塵
87893	鮮滿版	1918-09-10	06단	新刊紹介(國華八月號)
87894	鮮滿版	1918-09-11	01단	朝鮮道中記(４７)/大阪にて 瓢齊翁
87895	鮮滿版	1918-09-11	03단	橫斷航路好況
87896	鮮滿版	1918-09-11	03단	米作豫想/六十萬石增收見込
87897	鮮滿版	1918-09-11	04단	土地大買占說
87898	鮮滿版	1918-09-11	04단	城津氣質/執拗か獨立自營か
87899	鮮滿版	1918-09-11	04단	忠北米作豫想
87900	鮮滿版	1918-09-11	05단	東拓米作豫想

일련번호	판명	간행일	단수	기사명
87901	鮮滿版	1918-09-11	05단	鐵滓賣行盛
87902	鮮滿版	1918-09-11	05단	第八回記念植樹
87903	鮮滿版	1918-09-11	05단	獸疫豫防注射
87904	鮮滿版	1918-09-11	06단	忠南大豆作況
87905	鮮滿版	1918-09-11	06단	煙草收穫成績
87906	鮮滿版	1918-09-11	06단	忠南稻作狀況
87907	鮮滿版	1918-09-11	06단	全北米作良好
87908	鮮滿版	1918-09-11	06단	大邱中學問題
87909	鮮滿版	1918-09-11	06단	東畜總會期
87910	鮮滿版	1918-09-11	07단	萩野田中兩博士
87911	鮮滿版	1918-09-11	07단	煙草耕作組合
87912	鮮滿版	1918-09-11	07단	馬丁電車に轢かる
87913	鮮滿版	1918-09-11	07단	新刊紹介(大正七年度改正日本全國會社役員錄/義務教育費國庫負擔法精義/日本陶磁器全書七)
87914	鮮滿版	1918-09-11	07단	朝日俳壇
87915	鮮滿版	1918-09-12	01단	朝鮮道中記(４８)/大阪にて 瓢齊翁
87916	鮮滿版	1918-09-12	03단	露領鮮人動静
87917	鮮滿版	1918-09-12	03단	釜山の大緊張
87918	鮮滿版	1918-09-12	03단	朝鮮馬調査班
87919	鮮滿版	1918-09-12	03단	如是我聞(三)/一記者
87920	鮮滿版	1918-09-12	04단	載筆小觀/王陽明像/橋本關雪氏筆
87921	鮮滿版	1918-09-12	04단	淸津上水道工事
87922	鮮滿版	1918-09-12	04단	薪炭益々昂騰
87923	鮮滿版	1918-09-12	05단	鎭海水産會社設立
87924	鮮滿版	1918-09-12	06단	鎭南浦救濟會
87925	鮮滿版	1918-09-12	06단	鎭昌道路竣成
87926	鮮滿版	1918-09-12	06단	人夫の大拂底/鮮人の沖中仕二圓半
87927	鮮滿版	1918-09-12	07단	平元間自動車
87928	鮮滿版	1918-09-12	07단	新刊紹介(乾燥論/亞歐現勢指掌圖/開進國語讀本卷一)
87929	鮮滿版	1918-09-12	07단	朝日俳壇
87930	鮮滿版	1918-09-13	01단	朝鮮道中記(４９)/大阪にて 瓢齊翁
87931	鮮滿版	1918-09-13	02단	鹽買占說/鎭南浦署の注意/鈴木商店の辯明
87932	鮮滿版	1918-09-13	03단	靑島小麥輸出
87933	鮮滿版	1918-09-13	03단	琿春日貨流通
87934	鮮滿版	1918-09-13	03단	高等工校請願

일련번호	판명	간행일	단수	기사명
87935	鮮滿版	1918-09-13	04단	山東の卵粉
87936	鮮滿版	1918-09-13	05단	師團長視察
87937	鮮滿版	1918-09-13	05단	米棉共豊作
87938	鮮滿版	1918-09-13	05단	今後の薪炭調節
87939	鮮滿版	1918-09-13	05단	咸鏡線北部工事
87940	鮮滿版	1918-09-13	05단	釜山八月貿易
87941	鮮滿版	1918-09-13	06단	物貨運輸變更
87942	鮮滿版	1918-09-13	06단	繭乾燥場の火事
87943	鮮滿版	1918-09-13	06단	新刊紹介(最新支那官絆錄/宋朝史論)
87944	鮮滿版	1918-09-13	06단	朝日歌壇
87945	鮮滿版	1918-09-14	01단	朝鮮道中記(５０)/大阪にて瓢齊翁
87946	鮮滿版	1918-09-14	02단	棉作三十萬町步案/朝鮮棉の發達と外棉防遏
87947	鮮滿版	1918-09-14	03단	陸地棉作豫想
87948	鮮滿版	1918-09-14	03단	間島本年作況
87949	鮮滿版	1918-09-14	03단	如是我聞(四)/一記者
87950	鮮滿版	1918-09-14	04단	軍隊輸送と商品/俄に暴騰を來す
87951	鮮滿版	1918-09-14	04단	朝鮮古墳調査
87952	鮮滿版	1918-09-14	04단	殖銀總會告知
87953	鮮滿版	1918-09-14	04단	鮮滿商議聯合會
87954	鮮滿版	1918-09-14	04단	大田倉庫進陟
87955	鮮滿版	1918-09-14	05단	忠南の秋蠶
87956	鮮滿版	1918-09-14	05단	獨逸人の娘盜みして捕へらる
87957	鮮滿版	1918-09-14	05단	農學校出の泥棒
87958	鮮滿版	1918-09-14	05단	運動界/秋季庭球大會
87959	鮮滿版	1918-09-14	06단	新刊紹介(ヴントの民族心理學/新上海/刑事訴訟法)
87960	鮮滿版	1918-09-15	01단	朝鮮道中記(５１)/大阪にて瓢齊翁
87961	鮮滿版	1918-09-15	02단	朝鮮水利事業と食糧問題/産米五百萬石增收案東拓の水利事業企劃
87962	鮮滿版	1918-09-15	03단	如是我聞(四)/一記者
87963	鮮滿版	1918-09-15	04단	大豆作好況
87964	鮮滿版	1918-09-15	04단	全鮮商議聯合會
87965	鮮滿版	1918-09-15	05단	朝鮮貿易概況
87966	鮮滿版	1918-09-15	06단	石油の大拂底/輸送杜絶で大暴騰
87967	鮮滿版	1918-09-15	06단	貨物列車增發/十二日より實行
87968	鮮滿版	1918-09-15	07단	南浦果樹園成績

일련번호	판명	간행일	단수	기사명
87969	鮮滿版	1918-09-15	07단	慈惠巡廻診療
87970	鮮滿版	1918-09-15	07단	新刊紹介(製絲學中卷/巨泉おもちゃ繪集第九集/馬鹿/哀史物語)
87971	鮮滿版	1918-09-15	07단	朝日歌壇
87972	鮮滿版	1918-09-16	01단	如是我聞(六)/一記者
87973	鮮滿版	1918-09-16	03단	朝鮮で有望の羊と馬
87974	鮮滿版	1918-09-16	03단	新任東三省巡閲使/張作霖氏と省長候補者
87975	鮮滿版	1918-09-16	04단	秋季機動演習
87976	鮮滿版	1918-09-16	04단	任那王の古墳調査/濱田敎授の出張
87977	鮮滿版	1918-09-16	04단	釜山の大歡迎
87978	鮮滿版	1918-09-16	04단	鐵道請負者陳情
87979	鮮滿版	1918-09-16	05단	日郵浦潮航路再開
87980	鮮滿版	1918-09-16	05단	運轉時間改正
87981	鮮滿版	1918-09-16	05단	漆工會社設立
87982	鮮滿版	1918-09-16	05단	自動車墜落/乘客二名負傷す
87983	鮮滿版	1918-09-16	05단	藝妓連排斥さる/出征軍人接待につき
87984	鮮滿版	1918-09-16	06단	家賃値上反對
87985	鮮滿版	1918-09-16	06단	掏摸捕はる
87986	鮮滿版	1918-09-16	06단	朝日俳壇
87987	鮮滿版	1918-09-17	01단	朝鮮道中記(５２)/大阪にて瓢齊翁
87988	鮮滿版	1918-09-17	02단	城津と停車場/土地買占と市民の舊興
87989	鮮滿版	1918-09-17	03단	粟作好況
87990	鮮滿版	1918-09-17	03단	朝鮮畑作物獎勵/西鮮に模範場を設置すべし
87991	鮮滿版	1918-09-17	04단	朝鮮貴族訪問記(十)/朴泳孝侯
87992	鮮滿版	1918-09-17	04단	京畿金融現況
87993	鮮滿版	1918-09-17	04단	京城府決算
87994	鮮滿版	1918-09-17	05단	車輛製作數
87995	鮮滿版	1918-09-17	05단	京義直通線起工
87996	鮮滿版	1918-09-17	05단	食料品特別輸送
87997	鮮滿版	1918-09-17	05단	淸州電燈休燈/特別輸送の餘沫
87998	鮮滿版	1918-09-17	06단	鐵道守備隊來着
87999	鮮滿版	1918-09-17	06단	大邱の金融
88000	鮮滿版	1918-09-17	06단	朝日歌壇
88001	鮮滿版	1918-09-18	01단	見當付かぬ山林治水事業(本末顚倒/大河と禿山/見當さへ付き兼ねる/財政獨立を崇り)

일련번호	판명	간행일	단수	기사명
88002	鮮滿版	1918-09-18	03단	特輪と請負業者の打擊/事業中止と勞動者の逸走
88003	鮮滿版	1918-09-18	03단	朝鮮史蹟/萩野博士談
88004	鮮滿版	1918-09-18	04단	極東實業會社と朝鮮銀行
88005	鮮滿版	1918-09-18	05단	資金集散概算
88006	鮮滿版	1918-09-18	05단	直通線擴張計劃
88007	鮮滿版	1918-09-18	05단	鐵道臨時手當
88008	鮮滿版	1918-09-18	05단	西鮮繰綿擴張
88009	鮮滿版	1918-09-18	05단	大邱倉庫會社設立
88010	鮮滿版	1918-09-18	06단	龍岡溫泉自動車
88011	鮮滿版	1918-09-18	06단	大田米仕向
88012	鮮滿版	1918-09-18	06단	滿鐵列車文庫
88013	鮮滿版	1918-09-18	06단	官吏旅費增額
88014	鮮滿版	1918-09-18	06단	共立倉庫創立
88015	鮮滿版	1918-09-18	06단	三菱銑鐵製産額
88016	鮮滿版	1918-09-18	06단	金融令施行期
88017	鮮滿版	1918-09-18	06단	組合議員改選
88018	鮮滿版	1918-09-18	06단	召集者入營
88019	鮮滿版	1918-09-18	06단	鐵道荷物扱改正
88020	鮮滿版	1918-09-18	06단	湖銀天安支店
88021	鮮滿版	1918-09-18	06단	謝恩記念田/鄭訓導に贈る
88022	鮮滿版	1918-09-18	07단	白頭山大降雪
88023	鮮滿版	1918-09-18	07단	新刊紹介(朝鮮佛教通史/生物學と人生)
88024	鮮滿版	1918-09-18	07단	朝日俳壇
88025	鮮滿版	1918-09-19	01단	朝鮮道中記(５３)/大阪にて瓢齊翁
88026	鮮滿版	1918-09-19	03단	浦潮軍需品輸出
88027	鮮滿版	1918-09-19	03단	浦潮渡航者增加
88028	鮮滿版	1918-09-19	03단	東拓と移民
88029	鮮滿版	1918-09-19	04단	煙草販賣聯合會/來年より京城に開設
88030	鮮滿版	1918-09-19	04단	水産品檢査成績
88031	鮮滿版	1918-09-19	04단	實業視察團歡迎
88032	鮮滿版	1918-09-19	04단	鮮人の犒軍
88033	鮮滿版	1918-09-19	04단	通貨流通高
88034	鮮滿版	1918-09-19	04단	警報信號所新設
88035	鮮滿版	1918-09-19	05단	穀物取引組合成立

일련번호	판명	간행일	단수	기사명
88036	鮮滿版	1918-09-19	05단	記念繪葉書
88037	鮮滿版	1918-09-19	05단	獨逸人の家屋/賣物が弗々增加/本國に歸った方が氣樂
88038	鮮滿版	1918-09-19	05단	强賊捕はる
88039	鮮滿版	1918-09-19	05단	大鼈を捕る
88040	鮮滿版	1918-09-19	06단	新刊紹介(經濟的道德主義/歐洲思想史/遺傳と人生)
88041	鮮滿版	1918-09-19	06단	朝日歌壇
88042	鮮滿版	1918-09-20	01단	朝鮮道中記(５４)/大阪にて 瓢齊翁
88043	鮮滿版	1918-09-20	03단	朝鮮貴族訪問記(十三)/韓圭卨
88044	鮮滿版	1918-09-20	03단	仁川築港竣工式/十月下旬擧行
88045	鮮滿版	1918-09-20	03단	石油お大缺乏
88046	鮮滿版	1918-09-20	03단	北鮮漁業發展
88047	鮮滿版	1918-09-20	04단	貨物輸送近況
88048	鮮滿版	1918-09-20	04단	朝郵商船運賃改正
88049	鮮滿版	1918-09-20	04단	東拓咸北進出
88050	鮮滿版	1918-09-20	05단	水産物檢查成績
88051	鮮滿版	1918-09-20	05단	鑛業會決議
88052	鮮滿版	1918-09-20	05단	郡出張所設置
88053	鮮滿版	1918-09-20	05단	同盟罷業數
88054	鮮滿版	1918-09-20	05단	教員試驗と注意
88055	鮮滿版	1918-09-20	05단	學校組合決算
88056	鮮滿版	1918-09-20	06단	燕岐郡の麥作
88057	鮮滿版	1918-09-20	06단	共進會の餘興
88058	鮮滿版	1918-09-20	06단	新刊紹介(仰臥漫錄/支那研究叢書第五、六卷)
88059	鮮滿版	1918-09-21	01단	朝鮮道中記(５５)/大阪にて 瓢齊翁
88060	鮮滿版	1918-09-21	03단	輸送力と石炭供給狀態(撫順炭/無煙煉炭/九州炭)
88061	鮮滿版	1918-09-21	04단	薪炭調査案成る/山林拂下と運賃割引
88062	鮮滿版	1918-09-21	05단	宇都宮司令官巡閱
88063	鮮滿版	1918-09-21	05단	大邱共進會開會式決定
88064	鮮滿版	1918-09-21	05단	風紀頹る京城/取締をなし得ざる官憲
88065	鮮滿版	1918-09-21	06단	慶南の共進會/位置は未だ決定せず
88066	鮮滿版	1918-09-21	06단	戰時巡回書庫編成
88067	鮮滿版	1918-09-21	07단	天聽地說
88068	鮮滿版	1918-09-21	07단	朝日俳壇
88069	鮮滿版	1918-09-22	01단	朝鮮道中記(５６)/大阪にて 瓢齊翁

일련번호	판명	간행일	단수	기사명
88070	鮮滿版	1918-09-22	02단	實業學校計劃/設立期成會の設置
88071	鮮滿版	1918-09-22	02단	水産市場水揚高
88072	鮮滿版	1918-09-22	03단	赤米根絶獎勵
88073	鮮滿版	1918-09-22	03단	米買占取締解除
88074	鮮滿版	1918-09-22	03단	如是我聞(七)/一記者
88075	鮮滿版	1918-09-22	04단	臨時變更列車復舊
88076	鮮滿版	1918-09-22	04단	國勢調査豫行延期
88077	鮮滿版	1918-09-22	04단	鮮人の間島移住/生活難を杞憂して
88078	鮮滿版	1918-09-22	04단	爲替受拂狀況
88079	鮮滿版	1918-09-22	05단	浦項緊榮會
88080	鮮滿版	1918-09-22	05단	商議聯合會提案
88081	鮮滿版	1918-09-22	05단	金泉運輸會社
88082	鮮滿版	1918-09-22	05단	金融組合好況
88083	鮮滿版	1918-09-22	05단	農事講習會
88084	鮮滿版	1918-09-22	05단	演習地檢分
88085	鮮滿版	1918-09-22	06단	鮮人の特志
88086	鮮滿版	1918-09-22	06단	朝日歌壇
88087	鮮滿版	1918-09-23	01단	燃料樂觀/鮮人買占取締/石炭入荷豊富
88088	鮮滿版	1918-09-23	01단	八年度事業梗概(一)/水産獎勵の大體方針
88089	鮮滿版	1918-09-23	02단	出穀餘力豊富
88090	鮮滿版	1918-09-23	02단	鎭南浦製鐵所/麻生製鐵と安州製鐵
88091	鮮滿版	1918-09-23	02단	債券販賣狀況
88092	鮮滿版	1918-09-23	03단	會社計劃資本
88093	鮮滿版	1918-09-23	03단	軍隊輸送と影響
88094	鮮滿版	1918-09-23	03단	完成近き大邱慶北共進會場アーチ
88095	鮮滿版	1918-09-23	03단	家畜市場概況
88096	鮮滿版	1918-09-23	03단	煙草作蟲害
88097	鮮滿版	1918-09-23	03단	郵便爲替貯金現況
88098	鮮滿版	1918-09-23	04단	堤防復舊工事
88099	鮮滿版	1918-09-23	04단	農具修繕傳習會
88100	鮮滿版	1918-09-23	04단	救濟資金寄附
88101	鮮滿版	1918-09-23	04단	電信事務取扱開始
88102	鮮滿版	1918-09-23	04단	共進會と大賣出
88103	鮮滿版	1918-09-23	04단	城津の例祭

일련번호	판명	간행일	단수	기사명
88104	鮮滿版	1918-09-23	05단	運動界(京城庭球會成立)
88105	鮮滿版	1918-09-23	05단	天聽地說
88106	鮮滿版	1918-09-23	05단	朝日俳壇
88107	鮮滿版	1918-09-24	01단	朝鮮道中記(５７)/大阪にて瓢齊翁
88108	鮮滿版	1918-09-24	01단	八年度事業梗槪(二)/鹽業取締令發布乎
88109	鮮滿版	1918-09-24	03단	遺棄されし鐵滓處分/所得權は地主にあるか
88110	鮮滿版	1918-09-24	03단	十月下旬を以て竣工式を擧行する仁川の築港
88111	鮮滿版	1918-09-24	04단	城津と北咸牛
88112	鮮滿版	1918-09-24	05단	納稅上の便宜
88113	鮮滿版	1918-09-24	06단	原料麥試作失敗
88114	鮮滿版	1918-09-24	06단	朝鮮阿片法制定
88115	鮮滿版	1918-09-24	06단	大邱の中學問題/飽まで目的を達せん
88116	鮮滿版	1918-09-24	06단	京畿道採種田事業
88117	鮮滿版	1918-09-24	07단	模型出品
88118	鮮滿版	1918-09-24	07단	小學校の飼鼇額
88119	鮮滿版	1918-09-24	07단	莨栽培講演
88120	鮮滿版	1918-09-24	07단	鮮童棉實を喰ふ
88121	鮮滿版	1918-09-25	01단	八年度事業梗槪(二)/工業本位の産業組合令/小工業開發の趣旨より
88122	鮮滿版	1918-09-25	01단	殖銀創立順序
88123	鮮滿版	1918-09-25	01단	輸送復舊
88124	鮮滿版	1918-09-25	02단	西鮮電力統一
88125	鮮滿版	1918-09-25	02단	鮮銀新株應募成績
88126	鮮滿版	1918-09-25	03단	阪神運賃値上
88127	鮮滿版	1918-09-25	03단	九月上半貿易
88128	鮮滿版	1918-09-25	03단	朝鮮で嚆矢の女學生薙刀體操
88129	鮮滿版	1918-09-25	04단	チンピラ團の跋扈
88130	鮮滿版	1918-09-25	05단	朝日歌壇
88131	鮮滿版	1918-09-25	05단	新刊紹介(臨時臺灣舊慣調査會第一部蕃族調査報告書/臺灣蕃族志第一卷/臨時臺灣舊慣調査會第一■蕃族慣習調査報告書)
88132	鮮滿版	1918-09-26	01단	朝鮮道中記(５８)/大阪にて瓢齊翁
88133	鮮滿版	1918-09-26	01단	八年度事業梗槪(三)/國外經濟調査機關設置/先づ對支西伯利に於ける
88134	鮮滿版	1918-09-26	03단	咸北の馬/往昔は良馬を出した/改良の餘地大に有り

일련번호	판명	간행일	단수	기사명
88135	鮮滿版	1918-09-26	03단	全鮮商議聯合會
88136	鮮滿版	1918-09-26	05단	電報を汽船で/京城內地發の電報大輻湊釜山下關間汽船で郵送す
88137	鮮滿版	1918-09-26	05단	軍隊迎送好感
88138	鮮滿版	1918-09-26	05단	釜山と救濟事業
88139	鮮滿版	1918-09-26	06단	支那苦力の移入
88140	鮮滿版	1918-09-26	06단	北鮮結氷期近く/南雪嶺に降雪
88141	鮮滿版	1918-09-26	06단	道長官交任
88142	鮮滿版	1918-09-26	06단	鐵道建設事務所
88143	鮮滿版	1918-09-26	06단	婦人會の慰問袋
88144	鮮滿版	1918-09-26	06단	金泉物産會社
88145	鮮滿版	1918-09-26	06단	桑園立毛品評會
88146	鮮滿版	1918-09-26	06단	恐るべき京城の花柳病
88147	鮮滿版	1918-09-26	07단	朝日俳壇
88148	鮮滿版	1918-09-27	01단	朝鮮道中記(５９)/大阪にて 瓢齊翁
88149	鮮滿版	1918-09-27	03단	斥候競爭騎乘演習/日本に最初の試み羅南騎兵隊の快擧
88150	鮮滿版	1918-09-27	03단	鮮銀天津支店
88151	鮮滿版	1918-09-27	03단	撫順炭問題撤回
88152	鮮滿版	1918-09-27	03단	八年度事業梗槪(四)/鑛業と會社令は此儘
88153	鮮滿版	1918-09-27	04단	戶稅賦課の消長
88154	鮮滿版	1918-09-27	04단	府尹郡守會議
88155	鮮滿版	1918-09-27	04단	大邱遊廓移轉問題
88156	鮮滿版	1918-09-27	05단	蠶業技手等拘引
88157	鮮滿版	1918-09-27	05단	汽車から墜て卽死/大邱會議所老議員
88158	鮮滿版	1918-09-27	05단	戊午八月紀事/苧水眞下敬之
88159	鮮滿版	1918-09-27	05단	新刊紹介(支那名勝書冊/游相日記)
88160	鮮滿版	1918-09-28	01단	朝鮮道中記(６０)/大阪にて 瓢齊翁
88161	鮮滿版	1918-09-28	03단	八年度事業梗槪(五)/諸學校の施設案(上)/每年五十の普學/全州に高普新設元山中學は九年度/大邱中學は時期と經費
88162	鮮滿版	1918-09-28	03단	道長官更迭
88163	鮮滿版	1918-09-28	03단	浦潮貿易發表
88164	鮮滿版	1918-09-28	03단	府尹郡守會議
88165	鮮滿版	1918-09-28	03단	鮮銀新株募集結果
88166	鮮滿版	1918-09-28	04단	全北實業大會/廿九日より全州に開會

일련번호	판명	간행일	단수	기사명
88167	鮮滿版	1918-09-28	04단	慶北苹果の好況
88168	鮮滿版	1918-09-28	04단	靑山島漁業好況
88169	鮮滿版	1918-09-28	05단	皮革類の好況
88170	鮮滿版	1918-09-28	05단	輕鐵と土地收用
88171	鮮滿版	1918-09-28	05단	救助金の分配
88172	鮮滿版	1918-09-28	05단	鮮南銀金泉支店
88173	鮮滿版	1918-09-28	05단	廉賣成績
88174	鮮滿版	1918-09-28	05단	朝鮮語研究
88175	鮮滿版	1918-09-28	05단	校舍新築落成
88176	鮮滿版	1918-09-28	06단	ノ口電車/傲慢不遜の從業員乘客を被告人扱ひ
88177	鮮滿版	1918-09-28	06단	李完用伯の特志
88178	鮮滿版	1918-09-28	06단	米價漸く低落す
88179	鮮滿版	1918-09-28	06단	薪炭暴騰
88180	鮮滿版	1918-09-28	06단	慰問袋募集
88181	鮮滿版	1918-09-28	06단	貧民救助
88182	鮮滿版	1918-09-28	06단	新刊紹介(Journal of the college of science/Memoirs of the College of science/Memoirs of the College of Engineering)
88183	鮮滿版	1918-09-29	01단	朝鮮道中記(６１)/大阪にて瓢齊翁
88184	鮮滿版	1918-09-29	03단	八年度事業梗槪(六)/諸學校の施設案(下)
88185	鮮滿版	1918-09-29	03단	特定賃金改正
88186	鮮滿版	1918-09-29	04단	朝鮮陸地面積
88187	鮮滿版	1918-09-29	04단	鮮銀券の膨脹
88188	鮮滿版	1918-09-29	04단	農銀支配人進退
88189	鮮滿版	1918-09-29	05단	木炭の調節
88190	鮮滿版	1918-09-29	05단	鮮銀庶務局長
88191	鮮滿版	1918-09-29	05단	水産組合長更任
88192	鮮滿版	1918-09-29	05단	夏大豆出廻り
88193	鮮滿版	1918-09-29	05단	巧妙なる阿片煙の密輸入
88194	鮮滿版	1918-09-29	05단	橫領鮮人は一年
88195	鮮滿版	1918-09-29	06단	天聽地說
88196	鮮滿版	1918-09-29	06단	朝日歌壇
88197	鮮滿版	1918-09-30	01단	朝鮮道中記補遺/雷の子(投)
88198	鮮滿版	1918-09-30	02단	官鹽生産狀況
88199	鮮滿版	1918-09-30	03단	釜山の死活問題/上海靑島航路と釜山

일련번호	판명	간행일	단수	기사명
88200	鮮滿版	1918-09-30	04단	納稅と日鮮人/成績は鮮人の方が宜い
88201	鮮滿版	1918-09-30	04단	慶北物産共進會(會場工事/飛行機/嶺南館/演舞場)
88202	鮮滿版	1918-09-30	04단	夫役賊課通牒
88203	鮮滿版	1918-09-30	05단	大邱の中學分校出願
88204	鮮滿版	1918-09-30	05단	警務總長視察
88205	鮮滿版	1918-09-30	05단	簡閱點呼日割
88206	鮮滿版	1918-09-30	05단	水力發電出願
88207	鮮滿版	1918-09-30	05단	簡閱點呼
88208	鮮滿版	1918-09-30	06단	山椒の油で燈油
88209	鮮滿版	1918-09-30	06단	天聽地說
88210	鮮滿版	1918-09-30	06단	朝日俳壇

1918년 10월 (선만판)

일련번호	판명	간행일	단수	기사명
88211	鮮滿版	1918-10-01	01단	廬山めぐり(一)/豹軒學人
88212	鮮滿版	1918-10-01	02단	龍岡新棉相場
88213	鮮滿版	1918-10-01	02단	如是我聞(八)/一記者
88214	鮮滿版	1918-10-01	03단	東拓米軍需決定
88215	鮮滿版	1918-10-01	03단	採木公司記念式
88216	鮮滿版	1918-10-01	03단	釜山府の二問題
88217	鮮滿版	1918-10-01	03단	東拓鑛業資本貸出
88218	鮮滿版	1918-10-01	04단	畜牛貸付計劃
88219	鮮滿版	1918-10-01	04단	慶北共進會彙報(女神像/大弦門/新聞縱覽所/軍艦來/水族館)
88220	鮮滿版	1918-10-01	04단	學校議員競爭
88221	鮮滿版	1918-10-01	05단	理財課長更迭
88222	鮮滿版	1918-10-01	05단	挂燈立標變更
88223	鮮滿版	1918-10-01	05단	港界浮標撤去
88224	鮮滿版	1918-10-01	05단	京畿米作豫想
88225	鮮滿版	1918-10-01	05단	穀物貿易組合協議
88226	鮮滿版	1918-10-01	05단	米穀檢查所設置
88227	鮮滿版	1918-10-01	05단	錦江水電調査
88228	鮮滿版	1918-10-01	05단	慶北の畜牛數
88229	鮮滿版	1918-10-01	05단	秋蠶販賣
88230	鮮滿版	1918-10-01	05단	郵便局新設
88231	鮮滿版	1918-10-01	06단	女學校の園藝競勵會
88232	鮮滿版	1918-10-01	06단	資産家阿片を吸
88233	鮮滿版	1918-10-01	06단	新刊紹介(增訂最新支那大地理/露國近代文藝史想史/信仰講話)
88234	鮮滿版	1918-10-02	01단	廬山めぐり(二)/豹軒學人
88235	鮮滿版	1918-10-02	02단	如是我聞(八)/一記者
88236	鮮滿版	1918-10-02	03단	朝鮮水稻作豫想/百六十萬餘石增收
88237	鮮滿版	1918-10-02	03단	黑鉛鑛休業頻々
88238	鮮滿版	1918-10-02	04단	靑島は工業地だ/大谷光瑞師の講話
88239	鮮滿版	1918-10-02	05단	牛皮界好況
88240	鮮滿版	1918-10-02	05단	麥大豆輸送激增
88241	鮮滿版	1918-10-02	05단	慶北共進會彙報(一大模型/記念繪葉書)
88242	鮮滿版	1918-10-02	06단	參與官更迭
88243	鮮滿版	1918-10-02	06단	受點呼員數

일련번호	판명	간행일	단수	기사명
88244	鮮滿版	1918-10-02	06단	繰綿工場設置
88245	鮮滿版	1918-10-02	06단	廉賣米打切
88246	鮮滿版	1918-10-02	06단	城津の內地人
88247	鮮滿版	1918-10-02	06단	燃料の暴騰
88248	鮮滿版	1918-10-02	06단	鎭南浦の薪炭/三日每に昂騰
88249	鮮滿版	1918-10-02	07단	國華(九月號)
88250	鮮滿版	1918-10-02	07단	朝日歌壇
88251	鮮滿版	1918-10-03	01단	廬山めぐり(三)/豹軒學人
88252	鮮滿版	1918-10-03	03단	國境牛價低落
88253	鮮滿版	1918-10-03	03단	山東小麥輸出解禁
88254	鮮滿版	1918-10-03	03단	咸北道産業進展
88255	鮮滿版	1918-10-03	03단	如是我聞(九)/一記者
88256	鮮滿版	1918-10-03	04단	兩問題解決急
88257	鮮滿版	1918-10-03	04단	通學問題解決
88258	鮮滿版	1918-10-03	05단	咸北道菜豆增收
88259	鮮滿版	1918-10-03	05단	平元鐵道期成同盟會
88260	鮮滿版	1918-10-03	05단	釜山の潤ひ/軍隊宿泊で二十萬圓
88261	鮮滿版	1918-10-03	05단	馬山在米と相場
88262	鮮滿版	1918-10-03	06단	御眞影奉遷式
88263	鮮滿版	1918-10-03	06단	農産增收策
88264	鮮滿版	1918-10-03	06단	慶南漁撈傳習
88265	鮮滿版	1918-10-03	06단	製鐵所計劃
88266	鮮滿版	1918-10-03	06단	東拓咸北出張所
88267	鮮滿版	1918-10-03	06단	勇士の古骨を改葬
88268	鮮滿版	1918-10-03	07단	藝妓問題泣寢入
88269	鮮滿版	1918-10-03	07단	電話と鮮人
88270	鮮滿版	1918-10-03	07단	大邱神社大祭
88271	鮮滿版	1918-10-03	07단	朝日俳壇
88272	鮮滿版	1918-10-04	01단	支那側の蔽曲/日支兵衝突事件(歌天特電廿七日發)
88273	鮮滿版	1918-10-04	01단	新邱炭田/運炭鐵道新設(大連特電三十日發)
88274	鮮滿版	1918-10-04	01단	鞍山製鐵所/運鑛線試運轉
88275	鮮滿版	1918-10-04	01단	第二回慶南物産共進會/會場は馬山府乎
88276	鮮滿版	1918-10-04	02단	咸北道と薪炭
88277	鮮滿版	1918-10-04	02단	滿洲靑島視察團

일련번호	판명	간행일	단수	기사명
88278	鮮滿版	1918-10-04	02단	滯貨と物價騰貴
88279	鮮滿版	1918-10-04	02단	上林長官の談
88280	鮮滿版	1918-10-04	03단	演習準備
88281	鮮滿版	1918-10-04	03단	慶南の簡閱點呼
88282	鮮滿版	1918-10-04	03단	晉州電燈
88283	鮮滿版	1918-10-04	03단	忠北の牛籍
88284	鮮滿版	1918-10-04	03단	實習敎育成績佳良
88285	鮮滿版	1918-10-04	03단	東拓職員異動
88286	鮮滿版	1918-10-04	04단	桑原長官赴任
88287	鮮滿版	1918-10-04	04단	大田警察地均工事
88288	鮮滿版	1918-10-04	04단	繭屋殺し逮捕まで/犯人は九州族館主/巧たる犯罪準備/裏面に潜む毒婦忠信/非常線內で高枕/搜査隊の苦心大阪で逮捕/二萬圓は押收す(端緒を得る迄/兇行の前後/逮捕する迄/都野川と忠信)
88289	鮮滿版	1918-10-04	06단	朝日歌壇
88290	鮮滿版	1918-10-05	01단	廬山めぐり(四)/豹軒學人
88291	鮮滿版	1918-10-05	02단	仁川築港落成式/十月廿七日擧行に決す
88292	鮮滿版	1918-10-05	02단	如是我聞(十)/一記者
88293	鮮滿版	1918-10-05	03단	安東航路急務
88294	鮮滿版	1918-10-05	03단	山東の日本人
88295	鮮滿版	1918-10-05	04단	濟南商埠地の賦課金滯納處分
88296	鮮滿版	1918-10-05	04단	島津家の寄附/城趾を學校基本財産に
88297	鮮滿版	1918-10-05	05단	殖銀重役任命
88298	鮮滿版	1918-10-05	05단	慶北共進會彙報(敎育品展覽會/美術品展覽會/出品物倒着/衛生館)
88299	鮮滿版	1918-10-05	05단	小金融缺乏
88300	鮮滿版	1918-10-05	06단	御眞影奉藏庫竣成
88301	鮮滿版	1918-10-05	06단	京城の風紀問題/市民漸く覺醒す
88302	鮮滿版	1918-10-05	06단	案外樂な鮮人/生活上の打擊は少し
88303	鮮滿版	1918-10-05	07단	燃料に籾殼を
88304	鮮滿版	1918-10-05	07단	演習と奸商
88305	鮮滿版	1918-10-05	07단	朝日俳壇
88306	鮮滿版	1918-10-06	01단	廬山めぐり(五)/豹軒學人
88307	鮮滿版	1918-10-06	02단	電力供給紛議/相手は東洋鑛業と大倉組
88308	鮮滿版	1918-10-06	03단	朝鮮西海岸航路船/仁川穀物協會の自營

일련번호	판명	간행일	단수	기사명
88309	鮮滿版	1918-10-06	03단	如是我聞(十一)/一記者
88310	鮮滿版	1918-10-06	04단	魚族濫漁の弊
88311	鮮滿版	1918-10-06	04단	面長排斥紛糾
88312	鮮滿版	1918-10-06	05단	麗水水産學校
88313	鮮滿版	1918-10-06	05단	浦項發展策
88314	鮮滿版	1918-10-06	05단	桑原長官赴任
88315	鮮滿版	1918-10-06	05단	農銀解散と慰勞金
88316	鮮滿版	1918-10-06	06단	夏大豆出廻
88317	鮮滿版	1918-10-06	06단	鮮銀券發行週報
88318	鮮滿版	1918-10-06	06단	藝妓忠信の罪/どうなるかと大評判
88319	鮮滿版	1918-10-06	07단	朝鮮の狩獵
88320	鮮滿版	1918-10-06	07단	共進會と飛行
88321	鮮滿版	1918-10-07	01단	撫順炭供給力
88322	鮮滿版	1918-10-07	01단	黑鉛界の悲況
88323	鮮滿版	1918-10-07	01단	郵便規則改正
88324	鮮滿版	1918-10-07	01단	鑛石運搬遲延
88325	鮮滿版	1918-10-07	01단	江景電氣會社創立
88326	鮮滿版	1918-10-07	02단	煙草の不作
88327	鮮滿版	1918-10-07	02단	大田驛倉庫擴張
88328	鮮滿版	1918-10-07	02단	薪炭調節問題
88329	鮮滿版	1918-10-07	02단	籾舊高値に復す
88330	鮮滿版	1918-10-07	02단	鐵道殉職者弔魂祭
88331	鮮滿版	1918-10-07	02단	大豆粒選成績
88332	鮮滿版	1918-10-07	03단	鎭南浦貿易額
88333	鮮滿版	1918-10-07	03단	朝鮮神社建築技師
88334	鮮滿版	1918-10-07	03단	殖銀監督官任命
88335	鮮滿版	1918-10-07	03단	東拓支店長任命
88336	鮮滿版	1918-10-07	03단	議員選擧取消
88337	鮮滿版	1918-10-07	03단	犒軍費決算
88338	鮮滿版	1918-10-07	03단	共進會と自動車
88339	鮮滿版	1918-10-07	03단	施米人員
88340	鮮滿版	1918-10-07	03단	仁川神社大祭
88341	鮮滿版	1918-10-07	03단	喫茶店移轉
88342	鮮滿版	1918-10-07	03단	三阪小學校認可

일련번호	판명	간행일	단수	기사명
88343	鮮滿版	1918-10-08	01단	廬山めぐり(六)/豹軒學人
88344	鮮滿版	1918-10-08	02단	如是我聞(十二)/一記者
88345	鮮滿版	1918-10-08	03단	國境方面の石炭鑛
88346	鮮滿版	1918-10-08	03단	膠州沿岸の製鹽
88347	鮮滿版	1918-10-08	04단	忠北道の陸地棉
88348	鮮滿版	1918-10-08	04단	大道路敷地決定
88349	鮮滿版	1918-10-08	04단	指定の金融組合
88350	鮮滿版	1918-10-08	04단	白隱元豆好況
88351	鮮滿版	1918-10-08	05단	高等小學科復活
88352	鮮滿版	1918-10-08	05단	北鮮の鱈漁
88353	鮮滿版	1918-10-08	05단	共同販賣開始
88354	鮮滿版	1918-10-08	06단	死美人事件上場
88355	鮮滿版	1918-10-08	06단	通信部電話新設
88356	鮮滿版	1918-10-08	06단	朝日歌壇
88357	鮮滿版	1918-10-08	06단	新刊紹介(節儉食料並に救荒食物/しぼりの畫案/少年野球術)
88358	鮮滿版	1918-10-09	01단	廬山めぐり(七)/豹軒學人
88359	鮮滿版	1918-10-09	02단	大連航路開始
88360	鮮滿版	1918-10-09	02단	金融組合監督規程
88361	鮮滿版	1918-10-09	03단	朝鮮古墳發掘/濱田京大敎授の近信
88362	鮮滿版	1918-10-09	03단	棉作品評會成功
88363	鮮滿版	1918-10-09	03단	如是我聞(十三)/一記者
88364	鮮滿版	1918-10-09	04단	長電話線增設
88365	鮮滿版	1918-10-09	04단	市外電話輻湊
88366	鮮滿版	1918-10-09	04단	學校組合議員競爭愈よ激烈
88367	鮮滿版	1918-10-09	05단	安東小學校落成
88368	鮮滿版	1918-10-09	05단	仁川築港竣成式/祝賀餘興決定
88369	鮮滿版	1918-10-09	05단	殖銀馬山支店
88370	鮮滿版	1918-10-09	05단	仁川稅關長更迭
88371	鮮滿版	1918-10-09	05단	金貸の惡辣の手段/恩給證書を失って泣く
88372	鮮滿版	1918-10-09	06단	消防隊に自動車
88373	鮮滿版	1918-10-09	07단	鬱陵島矯風會
88374	鮮滿版	1918-10-09	07단	天聽地說
88375	鮮滿版	1918-10-09	07단	朝日俳壇
88376	鮮滿版	1918-10-10	01단	覺醒された朝鮮人思想界/儒者と靑年の論爭

일련번호	판명	간행일	단수	기사명
88377	鮮滿版	1918-10-10	02단	滿靑學事視察團/朝鮮の教育家を網維す
88378	鮮滿版	1918-10-10	03단	殖銀職制發表
88379	鮮滿版	1918-10-10	03단	生牛移出狀況
88380	鮮滿版	1918-10-10	03단	馬山に於ける殖銀と鮮銀
88381	鮮滿版	1918-10-10	03단	忠淸の杞柳獎勵
88382	鮮滿版	1918-10-10	04단	芙江の挽回策
88383	鮮滿版	1918-10-10	04단	鎭釜間道路
88384	鮮滿版	1918-10-10	04단	鮮銀手當增給
88385	鮮滿版	1918-10-10	04단	馬山地方の米價
88386	鮮滿版	1918-10-10	04단	演習軍隊宿營地
88387	鮮滿版	1918-10-10	04단	慶北共進會彙報(嶺南館/會場沿道/飛行先發隊/共進會道路)
88388	鮮滿版	1918-10-10	05단	遊山的運動會/教育思想の缺た保護者/運動界(講道館支部開設)/往來(小原長官/荻田局長)
88389	鮮滿版	1918-10-10	06단	天聽地說
88390	鮮滿版	1918-10-11	01단	廬山めぐり(八)/豹軒學人
88391	鮮滿版	1918-10-11	02단	宮尾長官談
88392	鮮滿版	1918-10-11	03단	朱安採鹽狀況
88393	鮮滿版	1918-10-11	03단	慶北共進會場(上)朝鮮式の嶺南館(下)/第一號館と審勢館
88394	鮮滿版	1918-10-11	03단	大倉組電氣廢業/東洋鑛業との交涉隊に破裂
88395	鮮滿版	1918-10-11	04단	新穀期と海運
88396	鮮滿版	1918-10-11	05단	間島中學設置/英國後家さんの寄附で
88397	鮮滿版	1918-10-11	05단	國有地排下却下
88398	鮮滿版	1918-10-11	05단	非國民事件公判/損害賠償的四千圓
88399	鮮滿版	1918-10-11	06단	大邱神社大祭餘興
88400	鮮滿版	1918-10-11	06단	天聽地說
88401	鮮滿版	1918-10-11	06단	朝日歌壇
88402	鮮滿版	1918-10-11	07단	肥料界の進展
88403	鮮滿版	1918-10-12	01단	廬山めぐり(九)/豹軒學人
88404	鮮滿版	1918-10-12	02단	平元線速成熱/西鮮の人氣頓に緊張す
88405	鮮滿版	1918-10-12	02단	忠北の棉花
88406	鮮滿版	1918-10-12	02단	內地行貨物輸送狀況
88407	鮮滿版	1918-10-12	03단	慶北道の炭問題/道當局の失態と物議
88408	鮮滿版	1918-10-12	03단	檢查所と鳥致院
88409	鮮滿版	1918-10-12	03단	京畿道國稅徵收狀況
88410	鮮滿版	1918-10-12	04단	釜山九月貿易

일련번호	판명	간행일	단수	기사명
88411	鮮滿版	1918-10-12	05단	持地長官支那出張
88412	鮮滿版	1918-10-12	05단	遠山氏鮮銀に入る
88413	鮮滿版	1918-10-12	05단	高等科特設決定
88414	鮮滿版	1918-10-12	05단	物價騰貴と調節策
88415	鮮滿版	1918-10-12	05단	正米昂騰
88416	鮮滿版	1918-10-12	05단	火藥爆發原因
88417	鮮滿版	1918-10-12	05단	漁業漸く盛況
88418	鮮滿版	1918-10-12	06단	朝鮮狩獵便り
88419	鮮滿版	1918-10-12	06단	椒井理の炭酸泉
88420	鮮滿版	1918-10-12	06단	朝日俳壇
88421	鮮滿版	1918-10-13	01단	渡航勞動者/調節法通牒
88422	鮮滿版	1918-10-13	01단	兵營の反古(陣中手記中より)/出征步兵七十二聯隊長田所大佐
88423	鮮滿版	1918-10-13	02단	鎭海灣の鰮魚
88424	鮮滿版	1918-10-13	03단	咸北農作況/近年になき豊作
88425	鮮滿版	1918-10-13	04단	朝鮮種馬購入/陸軍鮮馬調査班
88426	鮮滿版	1918-10-13	04단	慶北共進會彙報(他道觀覽團/道內觀覽團/各種會議/郵便局出張所)
88427	鮮滿版	1918-10-13	05단	鮮人少女の板飛遊戲
88428	鮮滿版	1918-10-13	05단	普通學校規改正/優秀兒童進級制
88429	鮮滿版	1918-10-13	05단	滿鐵倉庫建設協議
88430	鮮滿版	1918-10-13	05단	淸溪川改修工事
88431	鮮滿版	1918-10-13	06단	咸北森林經營
88432	鮮滿版	1918-10-13	06단	九月朝鮮貿易概況
88433	鮮滿版	1918-10-13	07단	辭令
88434	鮮滿版	1918-10-13	07단	鮮銀員異動
88435	鮮滿版	1918-10-13	07단	秋季消防演習
88436	鮮滿版	1918-10-13	07단	朝日歌壇
88437	鮮滿版	1918-10-14	01단	仁川築港竣成式
88438	鮮滿版	1918-10-14	01단	間島木材販賣契約
88439	鮮滿版	1918-10-14	01단	間島農作豫想
88440	鮮滿版	1918-10-14	01단	忠南の收繭激增
88441	鮮滿版	1918-10-14	01단	學校議員選擧
88442	鮮滿版	1918-10-14	01단	倉庫事業有望
88443	鮮滿版	1918-10-14	02단	寄附殘金處分

일련번호	판명	간행일	단수	기사명
88444	鮮滿版	1918-10-14	02단	仁川貿易額
88445	鮮滿版	1918-10-14	02단	煙草稅務會議
88446	鮮滿版	1918-10-14	02단	鮮人組織商事會社
88447	鮮滿版	1918-10-14	02단	水産輸出會社事業
88448	鮮滿版	1918-10-14	02단	朝鮮の秋/京畿道水原烽火臺附近
88449	鮮滿版	1918-10-14	03단	商工金融組合創立
88450	鮮滿版	1918-10-14	03단	一百里を五十二時間/羅南騎兵の斥候競爭
88451	鮮滿版	1918-10-14	03단	劇場の維持難/娛樂場煙草倉庫となる
88452	鮮滿版	1918-10-14	04단	水産組合總代會
88453	鮮滿版	1918-10-14	04단	暴風警報所新設
88454	鮮滿版	1918-10-14	04단	米炭益騰貴
88455	鮮滿版	1918-10-15	01단	火保協定破綻(再保險問題/工場保險)
88456	鮮滿版	1918-10-15	01단	慶北共進會第一號館
88457	鮮滿版	1918-10-15	02단	製陶事業進行/松風社長來釜す
88458	鮮滿版	1918-10-15	03단	濟州米穀取引市場
88459	鮮滿版	1918-10-15	03단	釜山最近戶口/合計六萬一千餘人
88460	鮮滿版	1918-10-15	03단	慶州佛國寺間輕鐵開通期
88461	鮮滿版	1918-10-15	03단	忠南輕鐵進陟
88462	鮮滿版	1918-10-15	03단	慶北共進會彙報(第一號館/第二號館/第三號館/鐵道割引)
88463	鮮滿版	1918-10-15	04단	朝鮮の秋/水原訪花隨柳亭華虹門附近
88464	鮮滿版	1918-10-15	04단	東畜創立總會
88465	鮮滿版	1918-10-15	04단	東畜社長決定
88466	鮮滿版	1918-10-15	05단	外人會社新設米國紐育
88467	鮮滿版	1918-10-15	05단	芙江檢査所設置
88468	鮮滿版	1918-10-15	05단	鐵道學校進陟
88469	鮮滿版	1918-10-15	05단	肥料作付段別
88470	鮮滿版	1918-10-15	05단	實棉共同販賣
88471	鮮滿版	1918-10-15	05단	秋季運動會
88472	鮮滿版	1918-10-15	06단	慰問袋の寄贈/六千七百個を發送す
88473	鮮滿版	1918-10-15	06단	米買占押らる
88474	鮮滿版	1918-10-15	06단	怨みの出刃庖丁/前妻の後妻斬
88475	鮮滿版	1918-10-15	06단	朝日俳壇
88476	鮮滿版	1918-10-15	06단	新刊紹介(Memoirs of the College of Engineering)
88477	鮮滿版	1918-10-16	01단	譚吳の通電(上海十一日發)

일련번호	판명	간행일	단수	기사명
88478	鮮滿版	1918-10-16	01단	日本中傷(上海十一日發)
88479	鮮滿版	1918-10-16	01단	學校から家庭へ(一)二種の惡少年/南大門小學校訪問記(上)
88480	鮮滿版	1918-10-16	02단	諸民族の公債應募(國際桑港十二日發)
88481	鮮滿版	1918-10-16	02단	十餘哩前進(國際軍盛賴十三日發)
88482	鮮滿版	1918-10-16	02단	太田領事歡迎會(國際桑港十三日發)
88483	鮮滿版	1918-10-16	02단	獨軍兩港閉塞(ルーター十四日發)
88484	鮮滿版	1918-10-16	03단	朝鮮の秋(京元線釋王寺奧の院)
88485	鮮滿版	1918-10-16	03단	下村長官談片
88486	鮮滿版	1918-10-16	04단	市街建築取締
88487	鮮滿版	1918-10-16	05단	モンド瓦斯提出/來春より試驗に着手
88488	鮮滿版	1918-10-16	05단	大邱炭價調節策
88489	鮮滿版	1918-10-16	05단	朝鮮の秋(京元線釋王寺斷俗門)
88490	鮮滿版	1918-10-16	05단	舍音矯弊協定
88491	鮮滿版	1918-10-16	06단	米豆檢查成績
88492	鮮滿版	1918-10-16	06단	殖銀と貸出
88493	鮮滿版	1918-10-16	06단	禮山の貿易
88494	鮮滿版	1918-10-16	06단	大田米豆檢查成績
88495	鮮滿版	1918-10-16	06단	大邱小學運動會
88496	鮮滿版	1918-10-17	01단	有望なる西伯利木材
88497	鮮滿版	1918-10-17	02단	限外發行許可
88498	鮮滿版	1918-10-17	02단	膠州灣の製鹽/豊作的十萬噸
88499	鮮滿版	1918-10-17	02단	學校から家庭へ(二)不健全な性的發達/南大門小學校訪問記(下)
88500	鮮滿版	1918-10-17	03단	朝鮮の秋(海の金剛)
88501	鮮滿版	1918-10-17	03단	木炭取引取締
88502	鮮滿版	1918-10-17	03단	平壤製鐵計劃
88503	鮮滿版	1918-10-17	03단	仁川對靑島貿易
88504	鮮滿版	1918-10-17	04단	內外綿靑島工場
88505	鮮滿版	1918-10-17	05단	私設保稅倉庫
88506	鮮滿版	1918-10-17	05단	美湖川改修工事
88507	鮮滿版	1918-10-17	05단	平壤と天長祝日
88508	鮮滿版	1918-10-17	05단	大田警察新築工事
88509	鮮滿版	1918-10-17	05단	大邱小學開校式
88510	鮮滿版	1918-10-17	05단	糸崎船渠株募集
88511	鮮滿版	1918-10-17	05단	退去命令を受し/獨逸の技師

일련번호	판명	간행일	단수	기사명
88512	鮮滿版	1918-10-17	06단	鮮人の誣告罪/警部を怨み中傷す
88513	鮮滿版	1918-10-17	06단	慰問袋募集
88514	鮮滿版	1918-10-17	06단	新刊紹介(海産動物油/婦人運動)
88515	鮮滿版	1918-10-17	06단	朝日歌壇
88516	鮮滿版	1918-10-18	01단	朝鮮蠶業發展
88517	鮮滿版	1918-10-18	01단	軍醫の不平/慈惠醫院長同盟辭職
88518	鮮滿版	1918-10-18	01단	學校から家庭へ(三)溫味と冷さ/女子技藝學校訪問記(上)
88519	鮮滿版	1918-10-18	02단	麥播種の缺乏/生活難で種麥を喰た爲
88520	鮮滿版	1918-10-18	02단	橫斷航路と釜山/此冬季如何對準備策
88521	鮮滿版	1918-10-18	03단	事務官會議
88522	鮮滿版	1918-10-18	03단	朝鮮郵船總會
88523	鮮滿版	1918-10-18	03단	府郡參事諮問會
88524	鮮滿版	1918-10-18	03단	東拓移民募集
88525	鮮滿版	1918-10-18	04단	白隱元豆暴落
88526	鮮滿版	1918-10-18	04단	鮮鐵輸送槪況
88527	鮮滿版	1918-10-18	04단	小原部長鐵山視察
88528	鮮滿版	1918-10-18	04단	仁川道路改修
88529	鮮滿版	1918-10-18	04단	新刊紹介(滿濟淮后日記卷一/Memoris of the College of Science)
88530	鮮滿版	1918-10-19	01단	日支通信聯絡協定/靑島井出生
88531	鮮滿版	1918-10-19	01단	聯絡運輸貨物運賃
88532	鮮滿版	1918-10-19	02단	朝鮮米で戰捷/朝鮮農民の力大なり
88533	鮮滿版	1918-10-19	02단	靑島定期船問題
88534	鮮滿版	1918-10-19	02단	學校から家庭へ(四)媒介でない媒介口/女子技藝學校訪問記(下)
88535	鮮滿版	1918-10-19	03단	山東小麥輸出手續
88536	鮮滿版	1918-10-19	03단	城津驛位置決定
88537	鮮滿版	1918-10-19	03단	朝鮮の秋(澄める水汲み)
88538	鮮滿版	1918-10-19	03단	蔚山線と會議所
88539	鮮滿版	1918-10-19	04단	慶南銀行增資
88540	鮮滿版	1918-10-19	04단	醫師試驗合格者
88541	鮮滿版	1918-10-19	05단	長春行受託停止
88542	鮮滿版	1918-10-19	05단	高等法院長巡視
88543	鮮滿版	1918-10-19	05단	共同貿易會社
88544	鮮滿版	1918-10-19	05단	記念品贈呈

일련번호	판명	간행일	단수	기사명
88545	鮮滿版	1918-10-19	05단	鮮銀券發行高
88546	鮮滿版	1918-10-19	05단	農家の大福々/慘目なは高利貸の不景氣
88547	鮮滿版	1918-10-19	05단	奇拔な自殺
88548	鮮滿版	1918-10-20	01단	大平壤の行詰り(上)附平壤の三大失政/京城一記者(大平壤は孫の代/期成會の僭稱沙汰/中心のない平壤/新聞の無のも其罪/七問題の公會堂)
88549	鮮滿版	1918-10-20	03단	橫斷航路情況
88550	鮮滿版	1918-10-20	03단	日支合辦經營の老頭兒溝炭鑛
88551	鮮滿版	1918-10-20	04단	鐵道社宅の敷地
88552	鮮滿版	1918-10-20	04단	朝日公産會社
88553	鮮滿版	1918-10-20	04단	慶北共進會彙報(全鮮記者大會/白日場/聯合大賣出/驛前接待所/飛行機/慶州協贊會)
88554	鮮滿版	1918-10-20	05단	人夫の爭鬪
88555	鮮滿版	1918-10-20	05단	新刊紹介(增修日本數學史/湖沼めぐり)
88556	鮮滿版	1918-10-21	01단	大平壤の行詰り(下)附平壤の三大失政/京城一記者(血路は保存會/南門通問題/要らぬ義理立/果菜市場問題/奇怪な市場料/以上を要するにだ
88557	鮮滿版	1918-10-21	02단	總督巡視
88558	鮮滿版	1918-10-21	02단	仁川阪神間航路/商船尼ヶ崎兩社に廻船交涉中
88559	鮮滿版	1918-10-21	03단	連貨輸送狀況
88560	鮮滿版	1918-10-21	03단	平壤兵器製造所近況
88561	鮮滿版	1918-10-21	03단	大邱浦項鐵輕開通
88562	鮮滿版	1918-10-21	03단	松崎大尉記念祭
88563	鮮滿版	1918-10-21	04단	平南各郡品評會
88564	鮮滿版	1918-10-21	04단	慶北共進會彙報(園藝大會/記者大會/飛行機/藝妓の演舞)
88565	鮮滿版	1918-10-21	04단	航路標識規則
88566	鮮滿版	1918-10-21	04단	銀行利子引上說
88567	鮮滿版	1918-10-21	04단	大邱府の內地人
88568	鮮滿版	1918-10-21	05단	校舍落成式
88569	鮮滿版	1918-10-21	05단	自轉車遠乘競走
88570	鮮滿版	1918-10-21	05단	仁川の街燈增設/幹燈の點火を勸誘す
88571	鮮滿版	1918-10-21	05단	新刊紹介(科學槪論)
88572	鮮滿版	1918-10-21	05단	朝日俳壇
88573	鮮滿版	1918-10-22	01단	問題の總督府醫院(上)軍閥學閥の暗鬪慈惠醫院長の總辭職に及ぶ/院內事務紊亂(總督府醫院/兩派の暗鬪/氷炭相容れぬ)

일련번호	판명	간행일	단수	기사명
88574	鮮滿版	1918-10-22	03단	御眞影御着
88575	鮮滿版	1918-10-22	03단	長谷川總督視察
88576	鮮滿版	1918-10-22	03단	移出無說となったしむはなヌキス
88577	鮮滿版	1918-10-22	03단	覺溪隧道開通
88578	鮮滿版	1918-10-22	04단	出廻期と輸送力/久保警官局長談
88579	鮮滿版	1918-10-22	04단	十九日開校式を擧けたる大邱第二尋常小學校
88580	鮮滿版	1918-10-22	04단	着筏六千二百臺
88581	鮮滿版	1918-10-22	04단	淸州銀行認可如何
88582	鮮滿版	1918-10-22	05단	安東信託公所創設
88583	鮮滿版	1918-10-22	05단	慶北共進會彙報(審査官決定/警務部の出品)
88584	鮮滿版	1918-10-22	05단	總督府附武官更迭
88585	鮮滿版	1918-10-22	05단	慰問袋送附
88586	鮮滿版	1918-10-22	05단	京管局員轢死
88587	鮮滿版	1918-10-23	01단	問題の總督府醫院(中)/權勢に阿附/患者にも異ふ/陸軍側の激怒/手腕者は逃げる/舊式材料を用ふ
88588	鮮滿版	1918-10-23	03단	講和と財界/成瀬正恭氏談
88589	鮮滿版	1918-10-23	03단	東京直通線急設
88590	鮮滿版	1918-10-23	04단	慶北の産業政策
88591	鮮滿版	1918-10-23	04단	忠南産米改善
88592	鮮滿版	1918-10-23	04단	朝鮮の秋(水原華西門附近)
88593	鮮滿版	1918-10-23	05단	大田中學修學旅行
88594	鮮滿版	1918-10-23	05단	天安の屠畜數
88595	鮮滿版	1918-10-23	05단	學校組合費滯納
88596	鮮滿版	1918-10-23	05단	鮮人の生活難/餓死者頻々と起る
88597	鮮滿版	1918-10-23	06단	朝日歌壇
88598	鮮滿版	1918-10-23	06단	新刊紹介(我書道觀/恩給總監)
88599	鮮滿版	1918-10-24	01단	問題の總督府醫院(下)冷な患者取扱/死でから醫者/死人に賄が出る/患者の特遇が違ふ/醫師法違反/瀕死に鹽魚/血啖が其儘
88600	鮮滿版	1918-10-24	03단	軍司令官交任
88601	鮮滿版	1918-10-24	03단	鮮牛移出說眞相
88602	鮮滿版	1918-10-24	03단	靑島と朝鮮航路
88603	鮮滿版	1918-10-24	03단	新葉莨輸送開始
88604	鮮滿版	1918-10-24	04단	鳥淸輕鐵工事
88605	鮮滿版	1918-10-24	04단	膠州鹽納入額

일련번호	판명	간행일	단수	기사명
88606	鮮滿版	1918-10-24	04단	米價漸く低落/石油は益暴騰
88607	鮮滿版	1918-10-24	04단	朝日俳壇
88608	鮮滿版	1918-10-25	01단	木炭買占/京城にて十萬俵
88609	鮮滿版	1918-10-25	01단	大港埋立工事/契約を破棄す
88610	鮮滿版	1918-10-25	01단	産金非減退說/總督府は一割減觀
88611	鮮滿版	1918-10-25	02단	土地調査終了期
88612	鮮滿版	1918-10-25	02단	東拓移民應募數
88613	鮮滿版	1918-10-25	02단	鐵道と築港問題
88614	鮮滿版	1918-10-25	03단	昭義學校復活譚(上)莫說僅た二萬八千圓と/水泡に歸したポロイ儲けの思出話もある
88615	鮮滿版	1918-10-25	05단	鐵嶺製紛分工場
88616	鮮滿版	1918-10-25	05단	生牛特定運賃改正
88617	鮮滿版	1918-10-25	05단	憲兵分隊長會議
88618	鮮滿版	1918-10-25	05단	高郡守退職
88619	鮮滿版	1918-10-25	05단	列車運轉一部改正
88620	鮮滿版	1918-10-25	05단	聯合大運動
88621	鮮滿版	1918-10-25	05단	農林會社申請
88622	鮮滿版	1918-10-25	05단	鮮銀卷發行高
88623	鮮滿版	1918-10-25	05단	秋季弓術大會
88624	鮮滿版	1918-10-25	05단	山東土匪/山東土匪は根絶せず
88625	鮮滿版	1918-10-25	06단	共進會と飛行
88626	鮮滿版	1918-10-25	06단	平安丸の損傷
88627	鮮滿版	1918-10-26	01단	朝鮮鐵道運賃改正/遠距離遞減法を
88628	鮮滿版	1918-10-26	01단	鐵道局と蔚山線
88629	鮮滿版	1918-10-26	02단	梨津の將來/城津港の大打擊
88630	鮮滿版	1918-10-26	02단	陸棉收穫豫想
88631	鮮滿版	1918-10-26	02단	産米改良方法
88632	鮮滿版	1918-10-26	03단	淸州の炭調節
88633	鮮滿版	1918-10-26	03단	苦汁より製出する/膠州灣の製藥
88634	鮮滿版	1918-10-26	03단	土耳其莨栽培好績
88635	鮮滿版	1918-10-26	03단	朝鮮棉花會社擴張
88636	鮮滿版	1918-10-26	03단	慶北共進會彙報(大噴水池/卽賣館/美術展覽會/大邱の摸型)
88637	鮮滿版	1918-10-26	04단	米出廻り
88638	鮮滿版	1918-10-26	04단	昭義學校復活譚(下)內地は有難いもんや/大倉男の向ふを張る譯ではない

일련번호	판명	간행일	단수	기사명
88639	鮮滿版	1918-10-26	05단	土地調査局減員
88640	鮮滿版	1918-10-26	05단	滿洲視察團出發
88641	鮮滿版	1918-10-26	05단	黃色葉莨價格
88642	鮮滿版	1918-10-26	06단	天聽地說
88643	鮮滿版	1918-10-26	06단	新刊紹介(東海道九十三次名所圖會/夢の心理)
88644	鮮滿版	1918-10-27	01단	鯖漁發達
88645	鮮滿版	1918-10-27	01단	久原鐵鑛採掘
88646	鮮滿版	1918-10-27	01단	城津築港期成會
88647	鮮滿版	1918-10-27	01단	朝鮮の秋(釋王寺不二門)
88648	鮮滿版	1918-10-27	02단	眠れる南浦有志/新事業はお流れ乎
88649	鮮滿版	1918-10-27	02단	慶南棉業好成績
88650	鮮滿版	1918-10-27	02단	大田米の優良
88651	鮮滿版	1918-10-27	03단	學校から家庭へ(五)近視眼が多い/鐘路小學校訪問
88652	鮮滿版	1918-10-27	03단	鎭南浦米と大連
88653	鮮滿版	1918-10-27	03단	大田と木炭問題
88654	鮮滿版	1918-10-27	03단	慶北共進會彙報(開會式/停車場裝飾/驛の喫茶店)
88655	鮮滿版	1918-10-27	04단	輕鐵車輛新製
88656	鮮滿版	1918-10-27	04단	城津購買組合
88657	鮮滿版	1918-10-27	05단	稻の病蟲害發生
88658	鮮滿版	1918-10-27	05단	補助貨の拂底
88659	鮮滿版	1918-10-27	05단	埋軌紛擾解決
88660	鮮滿版	1918-10-27	05단	小學生の稗拔取
88661	鮮滿版	1918-10-27	06단	天聽地說
88662	鮮滿版	1918-10-27	06단	朝日俳壇
88663	鮮滿版	1918-10-28	01단	朝鮮會議所の經濟視察
88664	鮮滿版	1918-10-28	01단	航海學校新設
88665	鮮滿版	1918-10-28	01단	釜山の製鹽力/一日四十五萬斤
88666	鮮滿版	1918-10-28	02단	朝郵船の大貨
88667	鮮滿版	1918-10-28	02단	位記傳達式
88668	鮮滿版	1918-10-28	02단	臨時手當規則發表
88669	鮮滿版	1918-10-28	03단	南浦西部發展
88670	鮮滿版	1918-10-28	03단	西鮮繰棉開始期
88671	鮮滿版	1918-10-28	03단	警務總監巡視
88672	鮮滿版	1918-10-28	03단	朝鮮牛輸入計劃

일련번호	판명	간행일	단수	기사명
88673	鮮滿版	1918-10-28	03단	慰問袋寄贈
88674	鮮滿版	1918-10-28	03단	慶北共進會彙報(展覽美術品/理髮大會/演藝)
88675	鮮滿版	1918-10-28	04단	鐵道營業收入
88676	鮮滿版	1918-10-28	04단	釜屋武官出發
88677	鮮滿版	1918-10-28	04단	金融組合協議
88678	鮮滿版	1918-10-28	04단	林野調査施行規則改正
88679	鮮滿版	1918-10-28	04단	特種煉炭好評
88680	鮮滿版	1918-10-28	04단	釜山の自動車
88681	鮮滿版	1918-10-28	05단	天聽地說
88682	鮮滿版	1918-10-28	05단	朝日歌壇
88683	鮮滿版	1918-10-29	01단	特定運賃/十一月一日より改正
88684	鮮滿版	1918-10-29	01단	鮮人教員/內地視察團
88685	鮮滿版	1918-10-29	01단	仁川築港/工事竣成式
88686	鮮滿版	1918-10-29	02단	銀の買占取締
88687	鮮滿版	1918-10-29	02단	仁川傭船組合
88688	鮮滿版	1918-10-29	02단	釜山灣と防波堤
88689	鮮滿版	1918-10-29	02단	演習部隊縮小
88690	鮮滿版	1918-10-29	02단	薪炭組合成立
88691	鮮滿版	1918-10-29	03단	南浦船渠利用增加
88692	鮮滿版	1918-10-29	03단	倉庫問題の經過
88693	鮮滿版	1918-10-29	03단	慶北共進會彙報(夜間開場/遞信局出品/藝妓の演舞)
88694	鮮滿版	1918-10-29	04단	廿年前の預金/元韓國大藏大臣の孫から第一銀行へ支拂請求
88695	鮮滿版	1918-10-29	04단	南浦玄米崩落
88696	鮮滿版	1918-10-29	04단	鎭南浦の斷水/來月一日から夜間のみ
88697	鮮滿版	1918-10-29	05단	釜山救濟事業打切
88698	鮮滿版	1918-10-29	05단	ツルチク採取
88699	鮮滿版	1918-10-29	05단	薪炭の調節
88700	鮮滿版	1918-10-29	05단	蔬菜の不作
88701	鮮滿版	1918-10-29	05단	大邱の結氷
88702	鮮滿版	1918-10-29	05단	天聽地說
88703	鮮滿版	1918-10-30	01단	北鮮部隊機動演習
88704	鮮滿版	1918-10-30	01단	平壤製鐵所
88705	鮮滿版	1918-10-30	01단	釜山港と冬季
88706	鮮滿版	1918-10-30	02단	木材界活況

일련번호	판명	간행일	단수	기사명
88707	鮮滿版	1918-10-30	02단	慶北共進會彙報(共進會デー/夜間餘興/白日場/生花大會/盆栽展覽會/武術大會/妓生の舞/庭球戰/自動車運轉)
88708	鮮滿版	1918-10-30	03단	近く木炭は安くなる/大學演習林から大々的供給
88709	鮮滿版	1918-10-30	04단	軍用品輸送混雜
88710	鮮滿版	1918-10-30	04단	淸州慈惠醫院批難/知らぬ間に患者が死んだ
88711	鮮滿版	1918-10-30	05단	釜山の野球界
88712	鮮滿版	1918-10-30	05단	咸北道の鰊漁
88713	鮮滿版	1918-10-30	05단	朝日俳壇
88714	鮮滿版	1918-10-31	01단	天長祝日觀兵式豫行演習に於る(廿八日東京にて)/李王世子殿下(中央の先頭に小隊長として)
88715	鮮滿版	1918-10-31	01단	妥協を排す/孫洪伊の痛論(上海二十六日發)
88716	鮮滿版	1918-10-31	02단	戰後の影響/井上辰九郎博士談
88717	鮮滿版	1918-10-31	03단	釜山鐵道貨物
88718	鮮滿版	1918-10-31	03단	圖們江口輕鐵
88719	鮮滿版	1918-10-31	03단	市區改正について/露店に根が出た京城の街/櫻井町は川の中から
88720	鮮滿版	1918-10-31	04단	釜山と電信
88721	鮮滿版	1918-10-31	04단	平壤の道路問題
88722	鮮滿版	1918-10-31	04단	新米出廻多し
88723	鮮滿版	1918-10-31	05단	叺の好況
88724	鮮滿版	1918-10-31	05단	落成式と運動會
88725	鮮滿版	1918-10-31	05단	瓦電の新經營
88726	鮮滿版	1918-10-31	05단	木炭の廉賣
88727	鮮滿版	1918-10-31	05단	日用品の自力自給
88728	鮮滿版	1918-10-31	06단	篤志寄附金
88729	鮮滿版	1918-10-31	06단	新刊紹介(武信和英大辭典/社會問題管見/英字新聞讀破自在)

1918년 11월 (선만판)

일련번호	판명	간행일	단수	기사명
88730	鮮滿版	1918-11-01	01단	仁川築港物語(一)/祝賀に連った信濃川丸/思出話に訥辯な船長さん
88731	鮮滿版	1918-11-01	02단	葉煙草買付高/山束の英米煙草會社
88732	鮮滿版	1918-11-01	02단	北鮮の石炭鑛
88733	鮮滿版	1918-11-01	03단	元山の移出牛
88734	鮮滿版	1918-11-01	03단	鐵道軌條到着
88735	鮮滿版	1918-11-01	03단	成金感冒/各地に猖獗を極む(平安南道/黃海道/忠淸南道)
88736	鮮滿版	1918-11-01	04단	大阪局から逆捻/賞與の利目覿面
88737	鮮滿版	1918-11-01	04단	國華(三百四十一號)
88738	鮮滿版	1918-11-02	01단	仁川築港物語(二)/仁川築港の芽生/何れを見ても素人衆の小田原評定
88739	鮮滿版	1918-11-02	01단	朝鮮郵船貿易狀況(上)/船成金の多い今日に朝郵の成績は麼うか(航路狀況/近海航路)
88740	鮮滿版	1918-11-02	03단	大邱共進會/天長祝日に開會式
88741	鮮滿版	1918-11-02	03단	總督邸の饗宴
88742	鮮滿版	1918-11-02	03단	鮮輕鐵聯貨開始
88743	鮮滿版	1918-11-02	04단	大邱蠶絲大會
88744	鮮滿版	1918-11-02	04단	兼二浦と指定面
88745	鮮滿版	1918-11-02	04단	金融組合準備/進捗し近く株式發行
88746	鮮滿版	1918-11-02	04단	鮮銀券發行高/一日平均八千六百萬圓
88747	鮮滿版	1918-11-02	04단	恤兵金の寄附
88748	鮮滿版	1918-11-02	04단	生柿生産本道一
88749	鮮滿版	1918-11-02	04단	製鹽內地輸送豫定
88750	鮮滿版	1918-11-02	04단	警察官服裝規則
88751	鮮滿版	1918-11-02	05단	官廳執務時間改正
88752	鮮滿版	1918-11-02	05단	特種金融組合申請
88753	鮮滿版	1918-11-02	05단	保險勸誘員橫領
88754	鮮滿版	1918-11-02	05단	南浦の流行感冒
88755	鮮滿版	1918-11-02	05단	往來
88756	鮮滿版	1918-11-02	05단	高女音樂會
88757	鮮滿版	1918-11-02	05단	運動界(全鮮庭球戰/乘馬大會)
88758	鮮滿版	1918-11-03	01단	仁川築港物語(三)/肝付中將の築港設計/牡丹餅で頰邊の叩かれ損
88759	鮮滿版	1918-11-03	03단	撤廢贊成/若槻禮次郎氏談

일련번호	판명	간행일	단수	기사명
88760	鮮滿版	1918-11-03	04단	朝鮮郵船貿易狀況(下)/(東沿岸航路/南沿岸航路/西沿岸航路/計算と配當案)
88761	鮮滿版	1918-11-03	04단	黑鉛産出夥多/小宮黑鉛組織變更
88762	鮮滿版	1918-11-03	04단	木炭再輸出
88763	鮮滿版	1918-11-03	04단	殖銀支店長會議
88764	鮮滿版	1918-11-03	04단	美はしき救助/傳道會の佳話
88765	鮮滿版	1918-11-03	06단	釜山の世界風/將棋倒の狀態
88766	鮮滿版	1918-11-04	01단	仁川築港物語(四)/目賀田男の肱鐵砲/築港蹉跌に耳寄りな話
88767	鮮滿版	1918-11-04	02단	共進會開會式
88768	鮮滿版	1918-11-04	03단	黑鉛の前途
88769	鮮滿版	1918-11-04	03단	平壤金融機關增設
88770	鮮滿版	1918-11-04	03단	第二回慶北共進會開會式の光景
88771	鮮滿版	1918-11-04	04단	城津史料發見
88772	鮮滿版	1918-11-04	04단	面長の曲事
88773	鮮滿版	1918-11-05	01단	仁川築港物語(五)/二千萬圓の糠喜び/舞臺は漸く活躍して來る
88774	鮮滿版	1918-11-05	02단	最近の浦潮
88775	鮮滿版	1918-11-05	03단	郵便貯金激增
88776	鮮滿版	1918-11-05	04단	朝鮮輕鐵全通
88777	鮮滿版	1918-11-05	04단	大貨運賃改正
88778	鮮滿版	1918-11-05	04단	院線大豆運賃改正
88779	鮮滿版	1918-11-05	04단	警務長檢閱
88780	鮮滿版	1918-11-05	04단	鮮教員視察團/出發を延期す
88781	鮮滿版	1918-11-05	04단	慶北共進會見物(一)
88782	鮮滿版	1918-11-05	05단	百萬圓請求事件兩當事者の主張(既に全部拂出濟 第一銀行京城支店長竹村利三郎氏談/銀行を信賴す 李鐘浩氏談)
88783	鮮滿版	1918-11-05	06단	感冒猖獗(群山も熾烈)
88784	鮮滿版	1918-11-05	06단	往來
88785	鮮滿版	1918-11-05	07단	天聽地設
88786	鮮滿版	1918-11-05	07단	朝日俳壇
88787	鮮滿版	1918-11-06	01단	仁川築港物語(六)/築港案の議會通過/椋十老の出齒を吹き折さうな鼻息
88788	鮮滿版	1918-11-06	02단	大豆の大豊作
88789	鮮滿版	1918-11-06	02단	生牛の騰貴

일련번호	판명	간행일	단수	기사명
88790	鮮滿版	1918-11-06	02段	總督共進會視察
88791	鮮滿版	1918-11-06	02段	支那酒醸造取締
88792	鮮滿版	1918-11-06	02段	外國電報料金改正/山東省內聯絡實施に依る
88793	鮮滿版	1918-11-06	02段	煉瓦代用品製造
88794	鮮滿版	1918-11-06	03段	參禮の發展
88795	鮮滿版	1918-11-06	03段	慶北共進會見物(二)
88796	鮮滿版	1918-11-06	04段	釜山教育機關閉鎖/流行性感冒の爲め
88797	鮮滿版	1918-11-06	04段	瓦電の補助機關
88798	鮮滿版	1918-11-06	04段	モリソン博士來青
88799	鮮滿版	1918-11-06	04段	兒島警務總長來釜
88800	鮮滿版	1918-11-06	04段	佛國戰場より/山東苦力還る
88801	鮮滿版	1918-11-06	04段	朝鮮の流行感冒(城津/釜山)
88802	鮮滿版	1918-11-06	05段	面長伐木事件後聞
88803	鮮滿版	1918-11-06	05段	慰問袋募集
88804	鮮滿版	1918-11-06	05段	俗離山の探楓
88805	鮮滿版	1918-11-06	05段	演習地から逃走
88806	鮮滿版	1918-11-06	05段	新聞代金の義に付き謹告
88807	鮮滿版	1918-11-07	01段	仁川築港物語(七)/商議會頭と府尹の對話/踊る拍子に褌の弛まぬ御用心
88808	鮮滿版	1918-11-07	02段	北鮮鰊漁昨年に劣らぬ豐漁
88809	鮮滿版	1918-11-07	02段	靑島の人口/獨逸時代よりは增加せり
88810	鮮滿版	1918-11-07	03段	琿春材出廻
88811	鮮滿版	1918-11-07	03段	芝罘銅貨相場昂騰
88812	鮮滿版	1918-11-07	03段	旅費臨時增給
88813	鮮滿版	1918-11-07	03段	元山會議所怒る/西伯利視察に除外され
88814	鮮滿版	1918-11-07	04段	警察官異動
88815	鮮滿版	1918-11-07	04段	慶北共進會見物(三)
88816	鮮滿版	1918-11-07	05段	釜山の不健康/原因は汚物掃除の不行届
88817	鮮滿版	1918-11-07	05段	住民途方に迷ふ
88818	鮮滿版	1918-11-07	06段	憲兵の服を盜む
88819	鮮滿版	1918-11-07	06段	往來
88820	鮮滿版	1918-11-07	06段	朝日俳壇
88821	鮮滿版	1918-11-08	01段	國境露領貿易
88822	鮮滿版	1918-11-08	01段	海産檢査狀況
88823	鮮滿版	1918-11-08	01段	忠南牛皮好況

일련번호	판명	간행일	단수	기사명
88824	鮮滿版	1918-11-08	02단	土耳其莨良好
88825	鮮滿版	1918-11-08	02단	平壤銀行申請
88826	鮮滿版	1918-11-08	02단	新米相場漸落
88827	鮮滿版	1918-11-08	02단	大豆出廻狀況
88828	鮮滿版	1918-11-08	02단	救濟補給打切
88829	鮮滿版	1918-11-08	02단	大田の金融
88830	鮮滿版	1918-11-08	03단	米穀檢査成績
88831	鮮滿版	1918-11-08	03단	機動演習終了
88832	鮮滿版	1918-11-08	03단	慶北共進會見物(四)
88833	鮮滿版	1918-11-08	04단	簡易水道起工
88834	鮮滿版	1918-11-08	04단	城津十月貿易
88835	鮮滿版	1918-11-08	04단	時疫軍隊を襲ふ
88836	鮮滿版	1918-11-08	04단	學校休業繼續
88837	鮮滿版	1918-11-08	04단	潤雨臻る
88838	鮮滿版	1918-11-08	05단	銅貨の拂底
88839	鮮滿版	1918-11-08	05단	猛者揃ひ/京城乘馬大會記
88840	鮮滿版	1918-11-08	05단	藝妓若葉の死に就て
88841	鮮滿版	1918-11-08	06단	軍用米の紛失
88842	鮮滿版	1918-11-09	01단	大邱見物記(一)/疎星冠
88843	鮮滿版	1918-11-09	02단	鮮線內特別輸送
88844	鮮滿版	1918-11-09	02단	南浦工業用水
88845	鮮滿版	1918-11-09	03단	鮮鐵聯貨輸送狀況
88846	鮮滿版	1918-11-09	03단	南浦水産好況
88847	鮮滿版	1918-11-09	03단	畜牛增殖と肥料改善
88848	鮮滿版	1918-11-09	03단	魚類賣行好況
88849	鮮滿版	1918-11-09	03단	九月の釜山貿易
88850	鮮滿版	1918-11-09	04단	陸地棉共同販賣
88851	鮮滿版	1918-11-09	04단	朝鮮製絲分工場
88852	鮮滿版	1918-11-09	04단	鮮銀券發行週報
88853	鮮滿版	1918-11-09	04단	往來
88854	鮮滿版	1918-11-09	04단	學校又休學
88855	鮮滿版	1918-11-09	04단	水道新設許可
88856	鮮滿版	1918-11-09	04단	朝日歌壇
88857	鮮滿版	1918-11-10	01단	下水設計變更/工費豫算二百十三萬六千圓/七年間の繼續事業となる

일련번호	판명	간행일	단수	기사명
88858	鮮滿版	1918-11-10	01단	特別移送開始
88859	鮮滿版	1918-11-10	01단	朝鮮の發掘物/濱田京大敎授談
88860	鮮滿版	1918-11-10	02단	大興電氣增資
88861	鮮滿版	1918-11-10	02단	東淸列車脫線
88862	鮮滿版	1918-11-10	02단	釜山は不利益ならず/鐵道賃金改正の影響
88863	鮮滿版	1918-11-10	02단	小春日(西湖半の牧羊)
88864	鮮滿版	1918-11-10	03단	校長の軍務見學
88865	鮮滿版	1918-11-10	03단	朝鮮大學林近況/川瀨敎授談
88866	鮮滿版	1918-11-10	04단	除入隊兵輸送
88867	鮮滿版	1918-11-10	04단	釜山荷主の迷惑
88868	鮮滿版	1918-11-10	04단	天安金融機關
88869	鮮滿版	1918-11-10	04단	南浦斷水と一說
88870	鮮滿版	1918-11-10	04단	救濟事業の跡
88871	鮮滿版	1918-11-10	05단	實棉の賣澁り
88872	鮮滿版	1918-11-10	05단	慶北共進會見物(五)
88873	鮮滿版	1918-11-10	06단	砂防植林講習
88874	鮮滿版	1918-11-10	06단	通信事業槪況
88875	鮮滿版	1918-11-10	06단	自動車賃値上
88876	鮮滿版	1918-11-10	06단	慈惠醫院長免官
88877	鮮滿版	1918-11-10	06단	朝日俳壇
88878	鮮滿版	1918-11-11	01단	京畿林野調査
88879	鮮滿版	1918-11-11	01단	沿岸滯貨整理/忠淸丸の臨時就航
88880	鮮滿版	1918-11-11	01단	朝鮮師團入除隊兵
88881	鮮滿版	1918-11-11	01단	學校管理者改選/後任者推薦の紛擾
88882	鮮滿版	1918-11-11	02단	慶北共進會見物(六)
88883	鮮滿版	1918-11-11	03단	百萬圓の行方判る/銀行の古帳簿に依りて
88884	鮮滿版	1918-11-11	04단	京管局經理課長更任
88885	鮮滿版	1918-11-11	04단	保安林解除
88886	鮮滿版	1918-11-11	04단	平安南道燃料の調節/道■が上枝な■下て
88887	鮮滿版	1918-11-11	04단	中毒百餘名
88888	鮮滿版	1918-11-11	04단	江原道の大山火
88889	鮮滿版	1918-11-11	04단	大鱶を捕る
88890	鮮滿版	1918-11-12	01단	稻作豫想愈よ大豐作
88891	鮮滿版	1918-11-12	01단	極東代官

일련번호	판명	간행일	단수	기사명
88892	鮮滿版	1918-11-12	02단	史學研究會
88893	鮮滿版	1918-11-12	02단	鐵買鑛の困難
88894	鮮滿版	1918-11-12	03단	朝鮮貿易槪況/二億三千八百餘萬圓
88895	鮮滿版	1918-11-12	03단	天台宗學制問題
88896	鮮滿版	1918-11-12	04단	紫雲英を獎勵す
88897	鮮滿版	1918-11-12	04단	新停車場設置
88898	鮮滿版	1918-11-12	04단	罌粟栽培出願
88899	鮮滿版	1918-11-12	04단	濟南醫院新築
88900	鮮滿版	1918-11-12	04단	十月中京城貿易
88901	鮮滿版	1918-11-12	04단	往來
88902	鮮滿版	1918-11-12	05단	江蘇米が朝鮮米を壓倒せんとす
88903	鮮滿版	1918-11-12	05단	歐洲戰地より還った苦力の病氣
88904	鮮滿版	1918-11-12	05단	流行感冒漸減
88905	鮮滿版	1918-11-12	06단	朝日歌壇
88906	鮮滿版	1918-11-12	06단	新刊紹介(立憲非立憲/漱石全集第七卷)
88907	鮮滿版	1918-11-13	01단	鮮米低落
88908	鮮滿版	1918-11-13	01단	軍票間島流入
88909	鮮滿版	1918-11-13	01단	西鮮對支貿易/大連航路の有望
88910	鮮滿版	1918-11-13	01단	間島白豆出廻/運搬力不足の打擊
88911	鮮滿版	1918-11-13	01단	靑島守備管內の支那人施療數
88912	鮮滿版	1918-11-13	02단	安藤氏當選/京都市長問題落着
88913	鮮滿版	1918-11-13	02단	栃木山の橫綱授與式土俵入/露拂御■西山太刀持當の花
88914	鮮滿版	1918-11-13	03단	山東省財政窮乏
88915	鮮滿版	1918-11-13	03단	奉公袋官給
88916	鮮滿版	1918-11-13	03단	感冒と學校休業
88917	鮮滿版	1918-11-13	03단	舍音弊害改善
88918	鮮滿版	1918-11-13	04단	凱旋部隊歸東
88919	鮮滿版	1918-11-13	04단	教育品展覽會
88920	鮮滿版	1918-11-13	04단	荒れ果た煙秋子の建築王/日支の國境に三十年間邦語を忘る棟梁の態公
88921	鮮滿版	1918-11-13	04단	病院と火葬場/何も大改造を要す
88922	鮮滿版	1918-11-13	05단	湖銀支店開業
88923	鮮滿版	1918-11-13	05단	忠南商業株式會社
88924	鮮滿版	1918-11-13	05단	感冒稍や衰ふ/倂し死亡者は多し
88925	鮮滿版	1918-11-13	05단	模型飛行機競技會

일련번호	판명	간행일	단수	기사명
88926	鮮滿版	1918-11-14	01단	大邱を中心として(二)/疎星冠
88927	鮮滿版	1918-11-14	02단	城津築港一案
88928	鮮滿版	1918-11-14	02단	凱旋兵士/似島檢疫所にて檢疫を終り宇品陸軍運輸本部へ向はんとす(十一日正午撮影)
88929	鮮滿版	1918-11-14	03단	金融組合聯合會
88930	鮮滿版	1918-11-14	03단	城津學校と裁判所/鐵道で位置變更
88931	鮮滿版	1918-11-14	04단	城津走大豆/品質頗る良好
88932	鮮滿版	1918-11-14	04단	悲慘を極む流行性感冒商店軒竝に閉鎖
88933	鮮滿版	1918-11-14	05단	流行感冒と死者/京城のみで二百七十人
88934	鮮滿版	1918-11-14	05단	感冒築港な阻む
88935	鮮滿版	1918-11-14	05단	調節炭木賣出
88936	鮮滿版	1918-11-14	05단	娛樂的避病院
88937	鮮滿版	1918-11-14	06단	漸く冬季に入る/城津の氣候
88938	鮮滿版	1918-11-14	06단	受負人に賞金
88939	鮮滿版	1918-11-14	06단	往來
88940	鮮滿版	1918-11-15	01단	大邱を中心として(三)/疎星冠
88941	鮮滿版	1918-11-15	02단	海陸電線工事
88942	鮮滿版	1918-11-15	03단	鮮人教員視察團
88943	鮮滿版	1918-11-15	03단	新米廻着鈍/安値見越に買進ます
88944	鮮滿版	1918-11-15	03단	緬羊を獎勵せん/桑原忠南長官談
88945	鮮滿版	1918-11-15	04단	城津の不評判
88946	鮮滿版	1918-11-15	04단	京畿市場稅
88947	鮮滿版	1918-11-15	04단	鐵道枕木納入獎勵/北海材は咸興材たらん
88948	鮮滿版	1918-11-15	04단	購買組合開始
88949	鮮滿版	1918-11-15	05단	農業技術官打合會
88950	鮮滿版	1918-11-15	05단	教員補缺
88951	鮮滿版	1918-11-15	05단	感冒依然(金泉患者一萬/各學校又休學/天安と休校/感冒除に土を喰)
88952	鮮滿版	1918-11-15	05단	大根白菜暴騰/昨年より三倍高
88953	鮮滿版	1918-11-15	06단	慶北の初雪
88954	鮮滿版	1918-11-15	06단	朝日歌壇
88955	鮮滿版	1918-11-15	06단	新刊紹介(布哇日本人年鑑第十五回/工業簿記)
88956	鮮滿版	1918-11-16	01단	大邱を中心として(四)/疎星冠
88957	鮮滿版	1918-11-16	01단	滿洲輸送狀況
88958	鮮滿版	1918-11-16	02단	李太王殿下御東上は嘘報？

일련번호	판명	간행일	단수	기사명
88959	鮮滿版	1918-11-16	03단	靑島仁川航路/補助金十五萬圓
88960	鮮滿版	1918-11-16	03단	鮮米は漸落
88961	鮮滿版	1918-11-16	03단	靑島占領記念祝賀會
88962	鮮滿版	1918-11-16	03단	實棉と陸地棉/實棉の栽培を望む鮮人陸地棉の獎勵に反して
88963	鮮滿版	1918-11-16	04단	模範桑園造成
88964	鮮滿版	1918-11-16	04단	鐵道運賃と論議/釜山の影響と區々の議論
88965	鮮滿版	1918-11-16	04단	靑島の標準時
88966	鮮滿版	1918-11-16	05단	萩野博士一行來靑
88967	鮮滿版	1918-11-16	05단	團氏一行來靑
88968	鮮滿版	1918-11-16	05단	大阪製鐵靑島出張所
88969	鮮滿版	1918-11-16	05단	米豆檢査成績
88970	鮮滿版	1918-11-16	05단	農業技術員打合延期
88971	鮮滿版	1918-11-16	05단	新に發行された正銀の五十錢券/六日から發行された
88972	鮮滿版	1918-11-16	06단	釜山感冒稍や衰ふ
88973	鮮滿版	1918-11-16	06단	釜山の淸潔事業/私人の營利に委すべからず
88974	鮮滿版	1918-11-17	01단	大邱を中心として(五)/疎星冠
88975	鮮滿版	1918-11-17	01단	奉天の祝賀會
88976	鮮滿版	1918-11-17	02단	安東の祝賀會
88977	鮮滿版	1918-11-17	03단	戰時輸出取締令十五日より改正實施
88978	鮮滿版	1918-11-17	03단	初て山東に出來た日華協信公司/資本金五十萬圓
88979	鮮滿版	1918-11-17	03단	使用料煥品價格
88980	鮮滿版	1918-11-17	03단	全鮮獸醫大會
88981	鮮滿版	1918-11-17	03단	朝鮮運賃値上實施/約二割上ならん
88982	鮮滿版	1918-11-17	04단	關屋局長出張
88983	鮮滿版	1918-11-17	04단	三韓時代の古墳發見/九州に居住せし倭人の遺塋？
88984	鮮滿版	1918-11-17	04단	淄川炭礦の礦山祭
88985	鮮滿版	1918-11-17	04단	輕鐵脫線墜落
88986	鮮滿版	1918-11-17	04단	木浦元山の飛行
88987	鮮滿版	1918-11-17	04단	朝日俳壇
88988	鮮滿版	1918-11-17	05단	京龍間臨時列車
88989	鮮滿版	1918-11-17	05단	倉庫營業開始
88990	鮮滿版	1918-11-17	05단	新刊紹介(戰時の各國海軍政策/絹絲紡績と屑物整理/罪と罰前篇)
88991	鮮滿版	1918-11-18	01단	大邱を中心として(六)/疎星冠

일련번호	판명	간행일	단수	기사명
88992	鮮滿版	1918-11-18	02단	各領事の祝電
88993	鮮滿版	1918-11-18	02단	大邱の休戰祝賀
88994	鮮滿版	1918-11-18	02단	陸軍工事進陟
88995	鮮滿版	1918-11-18	02단	山縣政務總監
88996	鮮滿版	1918-11-18	02단	海電敷設船來る
88997	鮮滿版	1918-11-18	02단	鎭海要港部異動
88998	鮮滿版	1918-11-18	02단	馬山線の新驛
88999	鮮滿版	1918-11-18	03단	共進會授賞式
89000	鮮滿版	1918-11-18	03단	優良面長表彰
89001	鮮滿版	1918-11-18	03단	共進會延期願
89002	鮮滿版	1918-11-18	03단	校長會と鮮語講習
89003	鮮滿版	1918-11-18	03단	軍人會と植林
89004	鮮滿版	1918-11-18	04단	往來
89005	鮮滿版	1918-11-18	04단	山東土匪の棟梁省內に踪跡を晦す
89006	鮮滿版	1918-11-18	04단	嚴寒襲來
89007	鮮滿版	1918-11-19	01단	大邱を中心として(七)/疎星冠
89008	鮮滿版	1918-11-19	02단	群山休戰祝賀
89009	鮮滿版	1918-11-19	02단	平壤の休戰祝賀
89010	鮮滿版	1918-11-19	02단	安東工業品産額
89011	鮮滿版	1918-11-19	02단	城津築港期成會
89012	鮮滿版	1918-11-19	03단	西伯利物資供給と平安北道
89013	鮮滿版	1918-11-19	03단	京義線貨車增加
89014	鮮滿版	1918-11-19	03단	大阪商船と配船/何程でも運送する意氣込
89015	鮮滿版	1918-11-19	03단	內地行貨物輸送狀況
89016	鮮滿版	1918-11-19	04단	爲替規則改正
89017	鮮滿版	1918-11-19	04단	京畿米檢查所改正
89018	鮮滿版	1918-11-19	04단	釜山電報の增加
89019	鮮滿版	1918-11-19	05단	叺檢查規則發布
89020	鮮滿版	1918-11-19	05단	道路改修計劃
89021	鮮滿版	1918-11-19	05단	秋鯖豊漁/二千萬尾、百萬圓
89022	鮮滿版	1918-11-19	05단	埋軌堀出/時價三萬三千圓
89023	鮮滿版	1918-11-19	06단	朝鮮の感冒(吉州方面/感冒と死亡/大邱方面漸熄)
89024	鮮滿版	1918-11-19	06단	朝日俳句大會一(十一月十日於嵯峨天龍寺)兼題『火鉢』
89025	鮮滿版	1918-11-20	01단	平壤と製絲

일련번호	판명	간행일	단수	기사명
89026	鮮滿版	1918-11-20	01단	天圖輕鐵經路/延長五十一哩
89027	鮮滿版	1918-11-20	01단	生牛移出休止/靑島牛に壓れて
89028	鮮滿版	1918-11-20	02단	牛皮益昂騰
89029	鮮滿版	1918-11-20	02단	棉米出廻遲し/農家の懷温き爲め
89030	鮮滿版	1918-11-20	02단	炭價調節期待/馬山地方へ廿萬貫賣出說
89031	鮮滿版	1918-11-20	02단	罌粟の栽培に就て/製産過多の虞あり
89032	鮮滿版	1918-11-20	03단	城津黑鉛現況
89033	鮮滿版	1918-11-20	03단	九回東拓移民成績
89034	鮮滿版	1918-11-20	03단	赤十字社愛國婦人會支部總會
89035	鮮滿版	1918-11-20	03단	二十周年記念展覽會
89036	鮮滿版	1918-11-20	04단	勤續十周年表彰
89037	鮮滿版	1918-11-20	04단	北鮮の燃料問題/運搬力不足の大打擊
89038	鮮滿版	1918-11-20	04단	感冒猛烈/藥品缺乏、農事に支障
89039	鮮滿版	1918-11-20	04단	乘合自動車で郵便物の遞送
89040	鮮滿版	1918-11-20	04단	大黑山の捕鯨/時期尚ほ早し
89041	鮮滿版	1918-11-20	05단	朝日俳句大會二(十一月十日於嵯峨天龍寺)兼題『火鉢』
89042	鮮滿版	1918-11-21	01단	大邱を中心として(八)/疎星冠
89043	鮮滿版	1918-11-21	02단	釜山の祝賀會
89044	鮮滿版	1918-11-21	02단	南浦休戰祝賀
89045	鮮滿版	1918-11-21	02단	鳥致院の發展/小工業の勃興頻々
89046	鮮滿版	1918-11-21	02단	慶北共進會閉會
89047	鮮滿版	1918-11-21	03단	平壤と道長官/官民一致が六ケ敷
89048	鮮滿版	1918-11-21	04단	淸津港の偉觀/白隱元豆山積/但相場は弱含み
89049	鮮滿版	1918-11-21	04단	出穀と配船準備/多少の競爭あらん
89050	鮮滿版	1918-11-21	04단	北鮮の教育機關/羅南女學校は立消え
89051	鮮滿版	1918-11-21	05단	平南飛行大會/開市以來の壯擧
89052	鮮滿版	1918-11-21	05단	淸州市況
89053	鮮滿版	1918-11-21	05단	瓦電の自動車
89054	鮮滿版	1918-11-21	05단	土地買占失敗
89055	鮮滿版	1918-11-21	05단	淸津の新劇場/全鮮第一だらう
89056	鮮滿版	1918-11-21	06단	釜山各學校開始/病勢大に衰へり
89057	鮮滿版	1918-11-21	06단	往來
89058	鮮滿版	1918-11-21	06단	新刊紹介(社會政策學會諭叢第十一冊小工業問題/本化聖典大辭林第四分冊/相牛大鑑)
89059	鮮滿版	1918-11-22	01단	大邱を中心として(九)/疎星冠

일련번호	판명	간행일	단수	기사명
89060	鮮滿版	1918-11-22	02단	靑島の農業/前途極て有望
89061	鮮滿版	1918-11-22	02단	滯貨問題/安藤運輸課長談
89062	鮮滿版	1918-11-22	03단	運賃復舊請願/鐵道特定運賃を
89063	鮮滿版	1918-11-22	04단	全鮮酒造業大會
89064	鮮滿版	1918-11-22	04단	平壤の大祝賀會
89065	鮮滿版	1918-11-22	04단	大邱の休戰祝賀/聯合各國人も參加す
89066	鮮滿版	1918-11-22	04단	馬山の休戰祝賀
89067	鮮滿版	1918-11-22	04단	柱燈立標新設
89068	鮮滿版	1918-11-22	04단	珠算競技會/血眠の百九十三名
89069	鮮滿版	1918-11-22	05단	櫻井博士と體操/紳士體操を講習す
89070	鮮滿版	1918-11-22	05단	感冒と藥賣切
89071	鮮滿版	1918-11-22	05단	往來
89072	鮮滿版	1918-11-22	05단	朝日歌壇
89073	鮮滿版	1918-11-23	01단	大邱を中心として(十)/疎星冠
89074	鮮滿版	1918-11-23	02단	奮起の機/今後の朝鮮財界/加藤鮮銀副總裁談
89075	鮮滿版	1918-11-23	03단	馬山の休戰祝賀
89076	鮮滿版	1918-11-23	03단	日支記者交驩
89077	鮮滿版	1918-11-23	03단	大型漁船に補助
89078	鮮滿版	1918-11-23	03단	牛脂の昂騰
89079	鮮滿版	1918-11-23	03단	學校組合管理者推薦難/組合議員の總辭職
89080	鮮滿版	1918-11-23	04단	昨年の魚市場
89081	鮮滿版	1918-11-23	04단	京城藝妓の健康診-察/或は竿頭百步を進めん？
89082	鮮滿版	1918-11-23	04단	往來
89083	鮮滿版	1918-11-23	04단	朝日俳句大會三(十一月十日於嵯峨天龍寺)席上題『卽景』
89084	鮮滿版	1918-11-23	05단	各道二部長出張
89085	鮮滿版	1918-11-23	05단	憲兵警察官更送
89086	鮮滿版	1918-11-24	01단	大邱を中心として(十一)/破翁
89087	鮮滿版	1918-11-24	02단	共進會の成績
89088	鮮滿版	1918-11-24	02단	鮮銀の戰後發展
89089	鮮滿版	1918-11-24	02단	大港埋立解約
89090	鮮滿版	1918-11-24	02단	鑛區稅と減廢業/鑛業權者の注意を要す
89091	鮮滿版	1918-11-24	03단	玄米檢査規則改正
89092	鮮滿版	1918-11-24	03단	水産輸出販路
89093	鮮滿版	1918-11-24	03단	京仁外人團の旗行列/戰勝を祝ふ五百の在留外人

일련번호	판명	간행일	단수	기사명
89094	鮮滿版	1918-11-24	03단	靑島に殘留せる獨逸人の生活狀態
89095	鮮滿版	1918-11-24	04단	靑島でも本月末より小包の關稅賦課
89096	鮮滿版	1918-11-24	04단	木浦の休戰祝賀
89097	鮮滿版	1918-11-24	04단	兒島總長歸期
89098	鮮滿版	1918-11-24	04단	酒造講習會
89099	鮮滿版	1918-11-24	04단	簡閱點呼
89100	鮮滿版	1918-11-24	04단	朝鮮人の生活向上す/憂ふべき奢侈の傾向
89101	鮮滿版	1918-11-24	05단	一萬五千圓拐帶の郵便局員逮捕
89102	鮮滿版	1918-11-24	05단	郵便局員の橫領/自己の保管金四千五百圓
89103	鮮滿版	1918-11-24	06단	二萬圓の藝妓
89104	鮮滿版	1918-11-24	06단	朝日歌壇
89105	鮮滿版	1918-11-24	06단	新刊紹介(支那政黨結社史/國譯大藏經第九卷)
89106	鮮滿版	1918-11-26	01단	大邱を中心として(十二)/破翁
89107	鮮滿版	1918-11-26	02단	將來有望なる北鮮と仁川/持地遞信局長官視察談
89108	鮮滿版	1918-11-26	02단	大塚參事官の二大光榮/眉目淸秀の大塚總監/人見局長の隨行員となる
89109	鮮滿版	1918-11-26	04단	間島白豆暴落/農家商人大恐慌
89110	鮮滿版	1918-11-26	04단	大滯貨輸送計劃/當分具體的成案なし
89111	鮮滿版	1918-11-26	04단	荷造改善運動/大阪神戶より同感回答
89112	鮮滿版	1918-11-26	05단	運輸收入激增
89113	鮮滿版	1918-11-26	05단	全道傳染病狀況
89114	鮮滿版	1918-11-26	05단	金融組合役員任命
89115	鮮滿版	1918-11-26	05단	莨收納所開設
89116	鮮滿版	1918-11-26	05단	鐵道の現金預と補助貨の緩和
89117	鮮滿版	1918-11-26	06단	切桝制の屬行穀物業者大打擊
89118	鮮滿版	1918-11-26	06단	新刊紹介(靑年團及處女會/新田氏研究)
89119	鮮滿版	1918-11-27	01단	大邱を中心として(十三)/破翁
89120	鮮滿版	1918-11-27	02단	朝鮮の補助貨緩和/歲末にも不足を告げざるべし/倉富鮮銀國庫課長談
89121	鮮滿版	1918-11-27	03단	咸鏡線北部工事
89122	鮮滿版	1918-11-27	03단	北鮮馬の移出
89123	鮮滿版	1918-11-27	03단	靑島公學堂の支那女生徒授業
89124	鮮滿版	1918-11-27	03단	晉州の祝賀會
89125	鮮滿版	1918-11-27	04단	列車運轉一部休止
89126	鮮滿版	1918-11-27	04단	漁場競爭入札/前日より五培の增額

일련번호	판명	간행일	단수	기사명
89127	鮮滿版	1918-11-27	04단	釜山の貨物現狀
89128	鮮滿版	1918-11-27	04단	石炭の大缺乏
89129	鮮滿版	1918-11-27	04단	陸地棉販賣問題
89130	鮮滿版	1918-11-27	05단	鐵道運輸の影響
89131	鮮滿版	1918-11-27	05단	京畿養豚事業
89132	鮮滿版	1918-11-27	05단	司令官榮轉說
89133	鮮滿版	1918-11-27	05단	釜山十月貨客
89134	鮮滿版	1918-11-27	05단	天安驛擴張
89135	鮮滿版	1918-11-27	05단	女學校新設準備
89136	鮮滿版	1918-11-27	05단	改良種鷄配付
89137	鮮滿版	1918-11-27	05단	米價暴騰と米商
89138	鮮滿版	1918-11-27	06단	食鹽の大拂底
89139	鮮滿版	1918-11-27	06단	木浦府の感冒死亡者
89140	鮮滿版	1918-11-27	06단	後妻斬は一年半
89141	鮮滿版	1918-11-27	06단	新刊紹介(實用蒙古語初步/織物用機械カタログ集/犯罪心理學講話)
89142	鮮滿版	1918-11-28	01단	京城外人團の旗行列(總督府前の萬歲)
89143	鮮滿版	1918-11-28	01단	通し引換證發行問題/當分現在の儘に持續されん
89144	鮮滿版	1918-11-28	01단	築港完成運動
89145	鮮滿版	1918-11-28	01단	山東絹紬改良
89146	鮮滿版	1918-11-28	01단	工業品輸出改正
89147	鮮滿版	1918-11-28	02단	釜山埠頭の貨物/奧地の滯貨、埠頭の閑寂
89148	鮮滿版	1918-11-28	03단	蔚山輕鐵交涉/兩會社の折衝如何
89149	鮮滿版	1918-11-28	03단	在鄕軍人表彰
89150	鮮滿版	1918-11-28	03단	學事視察團我社來訪
89151	鮮滿版	1918-11-28	04단	築港期成會總會
89152	鮮滿版	1918-11-28	04단	卅萬圓の損害賠償訴訟/仁川の世昌洋行を相手取て一般に之が成行を注目せり
89153	鮮滿版	1918-11-28	04단	軍建築課雇員の瀆職/其筋にて目下取調中
89154	鮮滿版	1918-11-28	05단	築港期成會委員
89155	鮮滿版	1918-11-28	05단	水利組合と冒耕者
89156	鮮滿版	1918-11-28	06단	新刊紹介(徹底個人主義/十九世紀以後の戰爭と講和條約/大正七年度用日本無線電信年鑑/能狂言畫第一輯)
89157	鮮滿版	1918-11-29	01단	大邱を中心として(十四)/破翁
89158	鮮滿版	1918-11-29	01단	東京、京城線竣成/是迄と違て電報が速くなる

일련번호	판명	간행일	단수	기사명
89159	鮮滿版	1918-11-29	02단	勞働問題と土工/勞働者緩和と工事進陟
89160	鮮滿版	1918-11-29	03단	石油一箱廿圓/京城地方一升八十錢永興地方一箱二十錢
89161	鮮滿版	1918-11-29	03단	感冒猖獗/一村全部罹病の有樣、醫藥缺乏/臥て死を待つ
89162	鮮滿版	1918-11-29	04단	新刊紹介(明賢扇面書畫/擧國一家論/カヂヨリ數學史講義五卷/韻偶大成/金は金を生む/密敎硏究第一卷第一號)
89163	鮮滿版	1918-11-30	01단	普成學校の紛擾/百萬圓の本尊李氏と天道敎/近く解決されん
89164	鮮滿版	1918-11-30	02단	各地休戰祝賀(營口/奉天/安東縣)
89165	鮮滿版	1918-11-30	02단	殖銀舍宅敷地/李王職より買收
89166	鮮滿版	1918-11-30	02단	黑鉛買收計劃
89167	鮮滿版	1918-11-30	02단	京義急行列車永休
89168	鮮滿版	1918-11-30	03단	繭商殺豫審決定/第一回公判は來月上旬
89169	鮮滿版	1918-11-30	04단	凱旋軍の將卒/松崎大尉を弔す
89170	鮮滿版	1918-11-30	04단	木炭調節實施

1918년 12월 (선만판)

일련번호	판명	간행일	단수	기사명
89171	鮮滿版	1918-12-01	01단	失職鮮勞働者救濟/內地事業界の警戒と朝鮮勞働者失職多し
89172	鮮滿版	1918-12-01	01단	警務署長會議
89173	鮮滿版	1918-12-01	01단	鄭家屯の祝賀會
89174	鮮滿版	1918-12-01	01단	籾正味受渡
89175	鮮滿版	1918-12-01	02단	城津大豆商況
89176	鮮滿版	1918-12-01	02단	物價の暴騰
89177	鮮滿版	1918-12-01	03단	本年度紅蔘製造高
89178	鮮滿版	1918-12-01	03단	城津港の新商域
89179	鮮滿版	1918-12-01	03단	輕鐵と大邱商勢
89180	鮮滿版	1918-12-01	03단	葉莨等級の價格
89181	鮮滿版	1918-12-01	03단	蔚山輕鐵と兩社/釜山の公益上重大問題
89182	鮮滿版	1918-12-01	04단	小野田工場進陟/來年五月製品發賣
89183	鮮滿版	1918-12-01	04단	仁川酒釀造高
89184	鮮滿版	1918-12-01	04단	三菱製鐵原鑛缺乏/買鑛に腐心中
89185	鮮滿版	1918-12-01	05단	仁川の廻米狀況例年より遲延/原因は賣惜と感冒の爲め
89186	鮮滿版	1918-12-01	05단	振貯納稅成績不良
89187	鮮滿版	1918-12-01	05단	內地行貨物輸送狀況
89188	鮮滿版	1918-12-01	05단	大邱經濟會
89189	鮮滿版	1918-12-01	06단	大邱協議會員補缺
89190	鮮滿版	1918-12-01	06단	悲慘を極む/流行感冒
89191	鮮滿版	1918-12-01	06단	馬山附近も猖獗
89192	鮮滿版	1918-12-01	06단	仁川の健康診斷/成績は良好なり
89193	鮮滿版	1918-12-01	06단	新刊紹介(兒童學槪論/理想的家の造り方/震災豫防調査會報告八十七號八十九號/漫畫雙紙酒の蟲/修養問答/東亞經濟時報創刊號)
89194	鮮滿版	1918-12-02	01단	時局と商勢
89195	鮮滿版	1918-12-02	01단	釜山の移出牛/三萬頭以上百四十萬圓
89196	鮮滿版	1918-12-02	01단	陶器工場近況/明春四月事業開始
89197	鮮滿版	1918-12-02	01단	滿洲大學を創設せよ(上)/奉天岡山雲介
89198	鮮滿版	1918-12-02	02단	入渠船の輻湊/每日入渠十數隻
89199	鮮滿版	1918-12-02	02단	新道長官と道路
89200	鮮滿版	1918-12-02	03단	小包郵便の迂路
89201	鮮滿版	1918-12-02	03단	鳥致院金融
89202	鮮滿版	1918-12-02	03단	出穀と倉庫不足/臨時野積所新設

일련번호	판명	간행일	단수	기사명
89203	鮮滿版	1918-12-02	04단	組合管理者決定
89204	鮮滿版	1918-12-02	04단	杞柳栽培增加
89205	鮮滿版	1918-12-02	04단	體操講習會
89206	鮮滿版	1918-12-02	04단	慶北畜牛共濟會
89207	鮮滿版	1918-12-02	04단	蠶繭品評會
89208	鮮滿版	1918-12-02	04단	慶寶丸引揚/本年中に完了せん
89209	鮮滿版	1918-12-02	04단	苹果の輸送難/途中で凍結する
89210	鮮滿版	1918-12-02	04단	小貨拂底
89211	鮮滿版	1918-12-03	01단	陸軍地均工事放擲 朝鮮土木請負業者の悲境 今後同一不祥事續出せん？/同情に直す 建築科黑田技師談/不祥事續出せんか 一請負業者談
89212	鮮滿版	1918-12-03	01단	釜山の請願に就て/鐵道新運賃制撤廢請願と當局の意向
89213	鮮滿版	1918-12-03	03단	朝鮮米の改良/在來種は一二割となる
89214	鮮滿版	1918-12-03	03단	馬匹價格騰貴/一昨年より三匹倍高し
89215	鮮滿版	1918-12-03	03단	驛の改築進陟/起工期は明春四月
89216	鮮滿版	1918-12-03	03단	煎子の移出高/其價格約百萬圓
89217	鮮滿版	1918-12-03	04단	朝鮮玄米の移出/仕向地は大阪へ
89218	鮮滿版	1918-12-03	04단	學校一炭調/是が大邱の二問題
89219	鮮滿版	1918-12-03	04단	棉作の兩面觀/意外の不作況
89220	鮮滿版	1918-12-03	05단	蠶絲業者決議/組合設置を檄す
89221	鮮滿版	1918-12-03	05단	高商設置建議準備
89222	鮮滿版	1918-12-03	05단	モンド瓦斯實現/西鮮動力の統一
89223	鮮滿版	1918-12-03	05단	新刊紹介(支那研究叢書第八卷/樹木百話)
89224	鮮滿版	1918-12-04	01단	滿洲大學を創設せよ(下)/奉天岡山雲介
89225	鮮滿版	1918-12-04	01단	清津築港問題/經濟力北進の爲め
89226	鮮滿版	1918-12-04	01단	忠南輕鐵進陟/資本金四百萬圓
89227	鮮滿版	1918-12-04	02단	大砂防工事/十一箇年繼續事業
89228	鮮滿版	1918-12-04	03단	朝鮮馬匹調査/中等馬匹多し
89229	鮮滿版	1918-12-04	03단	南浦一般斷水/水源枯渴の處あり
89230	鮮滿版	1918-12-04	03단	白豆出廻盛況/清津港頭に山積す
89231	鮮滿版	1918-12-04	03단	莨作不況/平年の八九分作
89232	鮮滿版	1918-12-04	03단	鴨綠紅橋開閉中止
89233	鮮滿版	1918-12-04	03단	雄基港埠頭修築
89234	鮮滿版	1918-12-04	04단	稻作多收穫品評會
89235	鮮滿版	1918-12-04	04단	忠北物産組合

일련번호	판명	간행일	단수	기사명
89236	鮮滿版	1918-12-04	04단	金融組合設立
89237	鮮滿版	1918-12-04	04단	小學校舍落成
89238	鮮滿版	1918-12-04	04단	捉米を金納/狡獲な小作民
89239	鮮滿版	1918-12-04	05단	霧氷發生/大邱開闢以來始めての事
89240	鮮滿版	1918-12-04	05단	全南の葬祭費/公課金の倍額
89241	鮮滿版	1918-12-04	05단	娘子軍引揚げ
89242	鮮滿版	1918-12-05	01단	朝鮮の女學生(一)/窮屈な儒教主義/女の權能は絶對認められぬ
89243	鮮滿版	1918-12-05	03단	*時間外豫習の弊 近く校長會議開かれん/監督者側の意見/擔任敎師曰く/父兄側の言分に/中學敎師の談*
89244	鮮滿版	1918-12-05	04단	露國債權乘換/鮮內約三百萬圓
89245	鮮滿版	1918-12-05	04단	船腹俄に激增/遂に競爭を免れず
89246	鮮滿版	1918-12-05	04단	新聞發行請願
89247	鮮滿版	1918-12-05	05단	酒稅令改正請願/全鮮酒造業者一致にて
89248	鮮滿版	1918-12-05	05단	郵便所新設
89249	鮮滿版	1918-12-05	05단	巡査志願者十三名/採川試驗頗る不況
89250	鮮滿版	1918-12-05	05단	木浦飛行會/山縣氏の大成功
89251	鮮滿版	1918-12-05	05단	調節炭到來/價格は從來の半額
89252	鮮滿版	1918-12-05	06단	電燈申込激增/石油の暴騰から
89253	鮮滿版	1918-12-05	06단	藝妓と酌婦に生命保險/藝妓若が葉死んでから
89254	鮮滿版	1918-12-05	06단	流行感冒の崇り
89255	鮮滿版	1918-12-05	06단	朝日俳壇
89256	鮮滿版	1918-12-06	01단	朝鮮の女學生(二)/良妻賢母主義と個人發達主義？
89257	鮮滿版	1918-12-06	02단	穀類運賃と元山/船腹の用意如何
89258	鮮滿版	1918-12-06	04단	最近の鞍山製鐵所
89259	鮮滿版	1918-12-06	04단	鮮海有望漁業/水揚高約三千萬圓
89260	鮮滿版	1918-12-06	04단	城津港の歷史/築港の一策
89261	鮮滿版	1918-12-06	06단	仁川校上棟式
89262	鮮滿版	1918-12-06	06단	郵便物の延着/自動車を輕鐵に換て
89263	鮮滿版	1918-12-06	06단	大邱乘馬會試乘
89264	鮮滿版	1918-12-07	01단	朝鮮の女學生(三)/家庭小説を愛讀/理想とする彼等の良人は何？
89265	鮮滿版	1918-12-07	03단	總督訓示/農業技術官會同席上にて
89266	鮮滿版	1918-12-07	04단	滯貨一掃の良策/安藤京管運輸課長談
89267	鮮滿版	1918-12-07	06단	陸路輸送

일련번호	판명	간행일	단수	기사명
89268	鮮滿版	1918-12-07	06단	新穀出廻激增/仁川港頭大段賑
89269	鮮滿版	1918-12-07	06단	傭船料と收入/不引合となった
89270	鮮滿版	1918-12-07	06단	朝日俳壇
89271	鮮滿版	1918-12-08	01단	朝鮮の女學生(四)/ハイカラなミッションスクール音樂の旨いのは東洋の覇者？
89272	鮮滿版	1918-12-08	02단	淸津築港問題市民大會/飽迄期成の決議
89273	鮮滿版	1918-12-08	03단	壹億圓如何/釜山本年の貿易額
89274	鮮滿版	1918-12-08	03단	東拓總裁歸京/五日上海發九日歸京
89275	鮮滿版	1918-12-08	03단	船腹增加請願
89276	鮮滿版	1918-12-08	03단	畜工博と朝鮮/五百餘點の出品豫定
89277	鮮滿版	1918-12-08	04단	淸潔法と渡航
89278	鮮滿版	1918-12-08	04단	練習艦隊入港
89279	鮮滿版	1918-12-08	04단	橫斷航鐵道聯絡
89280	鮮滿版	1918-12-08	04단	時間及科程輕減/小學兒童豫習問題解決
89281	鮮滿版	1918-12-08	04단	信號所設置
89282	鮮滿版	1918-12-08	04단	金融組合會議
89283	鮮滿版	1918-12-08	04단	鮮銀券發行高
89284	鮮滿版	1918-12-08	04단	炭調に道普請/運賃を安くせん爲
89285	鮮滿版	1918-12-08	05단	十萬圓の新本堂
89286	鮮滿版	1918-12-08	05단	自動車營業開始
89287	鮮滿版	1918-12-09	01단	放擲工事解決難/陸軍の處置如何は注意の的/刺戟されたる土木界と其影響
89288	鮮滿版	1918-12-09	01단	棉花の調節/陸地棉獎勵策
89289	鮮滿版	1918-12-09	01단	慶北の陸地棉
89290	鮮滿版	1918-12-09	01단	公會堂問題解決せん/五年に亙る平壤の懸案
89291	鮮滿版	1918-12-09	02단	朝郵運賃引揚反對
89292	鮮滿版	1918-12-09	03단	鳥致院と電燈
89293	鮮滿版	1918-12-09	03단	鞍山小學の開校
89294	鮮滿版	1918-12-09	03단	米豆輸出狀況
89295	鮮滿版	1918-12-09	03단	新入兵來着
89296	鮮滿版	1918-12-09	03단	吏員年末賞與
89297	鮮滿版	1918-12-09	03단	兩道路改修
89298	鮮滿版	1918-12-09	04단	他愛なき忘年會/成金に罰金を徵收して
89299	鮮滿版	1918-12-09	04단	北方婦人の特質
89300	鮮滿版	1918-12-09	04단	奸商の石油買占

일련번호	판명	간행일	단수	기사명
89301	鮮滿版	1918-12-10	01단	鮮海漁業好況
89302	鮮滿版	1918-12-10	01단	船腹增加切迫/運賃の高下を問ず
89303	鮮滿版	1918-12-10	01단	在鄕軍人の活動/無智鮮人の流言迷信
89304	鮮滿版	1918-12-10	02단	戰時輸出取締改規
89305	鮮滿版	1918-12-10	02단	沿岸航路好況
89306	鮮滿版	1918-12-10	02단	朝鮮の國際貨物
89307	鮮滿版	1918-12-10	02단	臨時救濟事業淸算
89308	鮮滿版	1918-12-10	03단	米質改良と精米/精百の水車を應用
89309	鮮滿版	1918-12-10	03단	米豆檢查成績
89310	鮮滿版	1918-12-10	03단	連貨輸送狀況
89311	鮮滿版	1918-12-10	03단	釜山府起債計劃
89312	鮮滿版	1918-12-10	04단	商議副會頭認可
89313	鮮滿版	1918-12-10	04단	吉田氏の鹽田經營
89314	鮮滿版	1918-12-10	04단	石油の暴騰
89315	鮮滿版	1918-12-10	04단	勞働者不足
89316	鮮滿版	1918-12-10	04단	高利貨收監さる
89317	鮮滿版	1918-12-10	04단	朝日俳壇
89318	鮮滿版	1918-12-11	01단	朝鮮の女學生(五)/敎會行を唯一の樂みに
89319	鮮滿版	1918-12-11	02단	京城神社獨立運動/近く具體的に運動開始
89320	鮮滿版	1918-12-11	02단	東拓山東投資
89321	鮮滿版	1918-12-11	02단	靑島航路運賃値下/綿絲は四割餘
89322	鮮滿版	1918-12-11	03단	仁川市況引立つ
89323	鮮滿版	1918-12-11	03단	白米輸出激增
89324	鮮滿版	1918-12-11	04단	仁川の漁況
89325	鮮滿版	1918-12-11	04단	朝鮮銑鐵創立/資本金一萬圓にて
89326	鮮滿版	1918-12-11	04단	平壤公會堂
89327	鮮滿版	1918-12-11	04단	淸州の商況/石油は相變ず暴騰
89328	鮮滿版	1918-12-11	04단	補助貨拂底
89329	鮮滿版	1918-12-11	05단	艀船人夫の收入三百圓/安月級取りは跣足だ
89330	鮮滿版	1918-12-11	05단	鰆流網の好況/一尾八十五殘乃至一圓
89331	鮮滿版	1918-12-11	05단	野菜の不作
89332	鮮滿版	1918-12-11	05단	苹果賣行好況
89333	鮮滿版	1918-12-11	06단	感冒罹病者數
89334	鮮滿版	1918-12-11	06단	朝日俳壇

일련번호	판명	간행일	단수	기사명
89335	鮮滿版	1918-12-12	01단	朝鮮の女學生(六)/名代のオールド·ミス
89336	鮮滿版	1918-12-12	01단	ミッションスクール卒業生
89337	鮮滿版	1918-12-12	02단	朝鮮通過の林男/日本國民も新聞も可けぬ
89338	鮮滿版	1918-12-12	04단	繋航料の引下
89339	鮮滿版	1918-12-12	04단	鎭海灣の鰮漁
89340	鮮滿版	1918-12-12	04단	南浦貿易增進/四千萬圓超過
89341	鮮滿版	1918-12-12	04단	木浦も一千萬圓
89342	鮮滿版	1918-12-12	04단	避難獨人歸靑期
89343	鮮滿版	1918-12-12	05단	釜山電燈値上說
89344	鮮滿版	1918-12-12	05단	達成郡廳移轉請願
89345	鮮滿版	1918-12-12	05단	鞍山市に電燈/營口水電の經營
89346	鮮滿版	1918-12-12	05단	鱈漁況
89347	鮮滿版	1918-12-12	05단	金泉の石油缺乏/一家一日ビールに一本料理屋旅館は五合宛
89348	鮮滿版	1918-12-12	06단	妻を燒き殺す/慘酷なる責折檻
89349	鮮滿版	1918-12-12	06단	朝日俳壇
89350	鮮滿版	1918-12-13	01단	列車復舊/來る廿五日より
89351	鮮滿版	1918-12-13	01단	釜山府三計劃
89352	鮮滿版	1918-12-13	01단	勃興せる全南
89353	鮮滿版	1918-12-13	01단	忠南輕鐵出願/群山對岸より天安迄延長八十三哩餘
89354	鮮滿版	1918-12-13	01단	淸津白豆滯貨/船腹不足の困難
89355	鮮滿版	1918-12-13	02단	省峴隧道工事
89356	鮮滿版	1918-12-13	02단	警務總長南鮮巡視
89357	鮮滿版	1918-12-13	02단	輸移出織物原料/綿絲輸入稅免除
89358	鮮滿版	1918-12-13	02단	山東財政廳長更任
89359	鮮滿版	1918-12-13	03단	鮮魚輸送の增加
89360	鮮滿版	1918-12-13	03단	運賃割引延長
89361	鮮滿版	1918-12-13	03단	生活法の改良に燃料の節約
89362	鮮滿版	1918-12-13	04단	釜山の電話狀況
89363	鮮滿版	1918-12-13	04단	屠獸塲面經營
89364	鮮滿版	1918-12-13	04단	鮮銀出長所引揚
89365	鮮滿版	1918-12-13	04단	金融組合指定中改正
89366	鮮滿版	1918-12-13	04단	馬山救濟會決算
89367	鮮滿版	1918-12-13	04단	山東巨匪/顧德隣の勢力增大
89368	鮮滿版	1918-12-13	05단	大邱の木炭調節/全北茂朱より供給

일련번호	판명	간행일	단수	기사명
89369	鮮滿版	1918-12-13	05단	狩獵界盛況
89370	鮮滿版	1918-12-13	05단	仁川の天然痘
89371	鮮滿版	1918-12-13	05단	新刊紹介(王帝教育思想史/科學叢活自然の美と恵/露國革命記)
89372	鮮滿版	1918-12-14	01단	賣價より不評の陸地棉/栽培大に減せん
89373	鮮滿版	1918-12-14	01단	船貨輻湊/仁川の出穀旺盛
89374	鮮滿版	1918-12-14	01단	船腹の激增運賃値下/社外船も商船も
89375	鮮滿版	1918-12-14	02단	朝郵運賃値上/荷物爭奪豫防策
89376	鮮滿版	1918-12-14	02단	新航路開く
89377	鮮滿版	1918-12-14	02단	釜山船渠問題
89378	鮮滿版	1918-12-14	02단	大豆移出激增
89379	鮮滿版	1918-12-14	02단	倉庫會社新設
89380	鮮滿版	1918-12-14	03단	釜山の起債計劃
89381	鮮滿版	1918-12-14	03단	面長推薦
89382	鮮滿版	1918-12-14	03단	銀行設立協議
89383	鮮滿版	1918-12-14	03단	株式の共同組合
89384	鮮滿版	1918-12-14	03단	大邱の年賀會
89385	鮮滿版	1918-12-14	03단	鮮銀券發行高
89386	鮮滿版	1918-12-14	03단	城津十一月貿易
89387	鮮滿版	1918-12-14	04단	交迭頻繁
89388	鮮滿版	1918-12-14	04단	粟の大拂底/食料にも困難
89389	鮮滿版	1918-12-14	04단	郵便事務競技
89390	鮮滿版	1918-12-14	04단	石油緩和す
89391	鮮滿版	1918-12-14	04단	牛疫の發行歟
89392	鮮滿版	1918-12-14	04단	城津の寒氣
89393	鮮滿版	1918-12-14	05단	愛婦會慰勞會
89394	鮮滿版	1918-12-14	05단	病に付入る高利貨の惡辣なる所業
89395	鮮滿版	1918-12-14	05단	新刊紹介(博文館發行日記類/五箇年繼續當用日記/緣の地平/露西亞史論/韵偶大成並姓氏錄)
89396	鮮滿版	1918-12-15	01단	來年の希望(一)/御役御免を蒙ると破顔一笑の釘本商業會議所副會頭
89397	鮮滿版	1918-12-15	01단	總督府の水利事業/工費二千萬圓十箇年計劃
89398	鮮滿版	1918-12-15	01단	官有地の新家屋
89399	鮮滿版	1918-12-15	02단	年賀郵便規則改正
89400	鮮滿版	1918-12-15	03단	元町校と善後策

일련번호	판명	간행일	단수	기사명
89401	鮮滿版	1918-12-15	03단	協成神學校失火
89402	鮮滿版	1918-12-15	03단	乘馬駄話/韓君の敵馬
89403	鮮滿版	1918-12-15	04단	平南石油暴騰
89404	鮮滿版	1918-12-15	04단	行方不明となれる海事局員等
89405	鮮滿版	1918-12-15	04단	白人戰死者の記念館建設計劃
89406	鮮滿版	1918-12-15	05단	感冒患者數
89407	鮮滿版	1918-12-15	05단	凍死
89408	鮮滿版	1918-12-16	01단	來年の希望(二)/電燈料の値下げとは手嚴しいとムツツリした木本京城電氣會社專務
89409	鮮滿版	1918-12-16	01단	釜山の起債計劃/學校組合より八萬圓/釜山府より七萬圓
89410	鮮滿版	1918-12-16	01단	釜山貿易總額/豫想高一億圓に不足
89411	鮮滿版	1918-12-16	01단	內鮮商店の消長
89412	鮮滿版	1918-12-16	02단	列車增發と郵便
89413	鮮滿版	1918-12-16	03단	官有地貨下面積
89414	鮮滿版	1918-12-16	03단	五州輕鐵調査
89415	鮮滿版	1918-12-16	03단	定租收納
89416	鮮滿版	1918-12-16	03단	煙草收納量
89417	鮮滿版	1918-12-16	03단	叺檢查成績
89418	鮮滿版	1918-12-16	03단	警務總長巡閱
89419	鮮滿版	1918-12-16	03단	湖南片信
89420	鮮滿版	1918-12-16	04단	八年度煙草增植
89421	鮮滿版	1918-12-16	04단	新刊紹介(Memoris of College Engineering/冬の夜はなし/詩文研究)
89422	鮮滿版	1918-12-17	01단	來年の希望(三)/鐵道統一第一の春と意氣込んだ京管安藤運輸課長
89423	鮮滿版	1918-12-17	02단	朝鮮拓殖鐵道
89424	鮮滿版	1918-12-17	02단	出穀稍や增加
89425	鮮滿版	1918-12-17	02단	醫療機關普及
89426	鮮滿版	1918-12-17	03단	改正鑛業令發布
89427	鮮滿版	1918-12-17	03단	鮮鐵運輸成績
89428	鮮滿版	1918-12-17	03단	京城陶器設立許可
89429	鮮滿版	1918-12-17	03단	陸棉出廻不振
89430	鮮滿版	1918-12-17	03단	金融組合成る
89431	鮮滿版	1918-12-17	04단	鈴木長官東上
89432	鮮滿版	1918-12-17	04단	給水僅か四時間/共用栓が却って高い水代を拂ふ

일련번호	판명	간행일	단수	기사명
89433	鮮滿版	1918-12-17	04단	補助貨拂底
89434	鮮滿版	1918-12-17	04단	調節炭の到着で市民愁眉を開く
89435	鮮滿版	1918-12-17	04단	新刊紹介(二葉亭全集/大隈言道)
89436	鮮滿版	1918-12-18	01단	釜山活牛貿易
89437	鮮滿版	1918-12-18	01단	棉花代用菅藻生産高
89438	鮮滿版	1918-12-18	01단	客月京城商況(米穀/綿絲布/大豆/牛皮/貿易)
89439	鮮滿版	1918-12-18	02단	朝鮮製粉操業期
89440	鮮滿版	1918-12-18	02단	京畿米豆檢査狀況(玄米檢査成績/中白米檢査成績/大豆檢査成績)
89441	鮮滿版	1918-12-18	02단	府協議會の結果
89442	鮮滿版	1918-12-18	02단	釜山金融組合設立
89443	鮮滿版	1918-12-18	03단	馬山金融組合進陟
89444	鮮滿版	1918-12-18	03단	鎭海米作實收高
89445	鮮滿版	1918-12-18	03단	日の丸市場繼續許可
89446	鮮滿版	1918-12-18	03단	東萊道路開道式
89447	鮮滿版	1918-12-18	03단	殖銀統營支店長更送
89448	鮮滿版	1918-12-18	03단	小作料金納/一方では籾の買占
89449	鮮滿版	1918-12-18	04단	溫突の燃料不足/到る處悲觀說煉炭供給足らず
89450	鮮滿版	1918-12-18	04단	金光教遷座式
89451	鮮滿版	1918-12-18	04단	新刊紹介(Memoris of the College Engineering/冬の夜はなし)
89452	鮮滿版	1918-12-19	01단	來年の希望(四)/總督政治を積極的ならしめんと叫ぶ/牧山代議士
89453	鮮滿版	1918-12-19	02단	鳥致院方面の出穀旺盛
89454	鮮滿版	1918-12-19	02단	取引所新設促進
89455	鮮滿版	1918-12-19	03단	國勢調査事務打合會
89456	鮮滿版	1918-12-19	03단	馬山繩叺改良組合
89457	鮮滿版	1918-12-19	03단	讓受後の殖銀支店
89458	鮮滿版	1918-12-19	03단	兩銀行披露會
89459	鮮滿版	1918-12-19	04단	長坂死刑に處せらる
89460	鮮滿版	1918-12-19	04단	大同江の結氷
89461	鮮滿版	1918-12-19	04단	新刊紹介(詩文研究/都市及村落の研究帝都と近郊/支那研究叢書第九卷/動物の心/內外織物組織及製造學/文化に現はれたる我國民思想の研究平民文學の時代上)

일련번호	판명	간행일	단수	기사명
89462	鮮滿版	1918-12-20	01단	來年の希望(五)/大陸發展の足場だとメートルをあげた/服部京城郵便局長
89463	鮮滿版	1918-12-20	01단	運賃改正の打擊
89464	鮮滿版	1918-12-20	02단	葉莨採培擴張
89465	鮮滿版	1918-12-20	02단	陸棉出荷少し
89466	鮮滿版	1918-12-20	03단	大邱の炭價調節
89467	鮮滿版	1918-12-20	03단	金泉電燈工事
89468	鮮滿版	1918-12-20	03단	燈社値上申請
89469	鮮滿版	1918-12-20	03단	鞍山商事會社設立
89470	鮮滿版	1918-12-20	04단	水道工費激增す/總額七百八十五萬
89471	鮮滿版	1918-12-20	04단	鰊の初漁/昨年に比し一尾約十錢の高値
89472	鮮滿版	1918-12-20	04단	校長と郡書記排斥
89473	鮮滿版	1918-12-20	04단	情婦を追って來て自殺す/元旅順衛戍病院勤務者
89474	鮮滿版	1918-12-20	05단	飛行家志望者
89475	鮮滿版	1918-12-20	05단	朝日俳壇
89476	鮮滿版	1918-12-21	01단	來年の希望(六)/恐慌か大恐慌か之に處する祕訣は何/三島殖銀頭取談
89477	鮮滿版	1918-12-21	02단	繭絲移出六百萬圓に上らむ/昨年度に比し倍額の激增
89478	鮮滿版	1918-12-21	02단	北滿殖産計劃進陟/創立事務所は京城に
89479	鮮滿版	1918-12-21	03단	割當地價引上と東拓/反對論と東拓の辯明
89480	鮮滿版	1918-12-21	04단	內地行貨物受託改正/空荷發送申込防止策
89481	鮮滿版	1918-12-21	05단	物資供納交涉
89482	鮮滿版	1918-12-21	05단	驛倉庫業開始
89483	鮮滿版	1918-12-21	05단	黃海道の自動車
89484	鮮滿版	1918-12-21	05단	總督暗殺陰謀連類者/出獄後排日鼓吹
89485	鮮滿版	1918-12-21	05단	朝鮮一の監獄/敷地面積八千坪
89486	鮮滿版	1918-12-22	01단	籾賣買法改正
89487	鮮滿版	1918-12-22	01단	滯貨緩和策
89488	鮮滿版	1918-12-22	01단	葉煙草買收
89489	鮮滿版	1918-12-22	01단	靑島港則改正/近く公布あらん
89490	鮮滿版	1918-12-22	01단	米友派の勝利/群山米穀組合總會
89491	鮮滿版	1918-12-22	02단	輕鐵兩線竣工
89492	鮮滿版	1918-12-22	02단	廳舍交換問題
89493	鮮滿版	1918-12-22	02단	釜山船渠會社
89494	鮮滿版	1918-12-22	02단	甲山道路工事

일련번호	판명	간행일	단수	기사명
89495	鮮滿版	1918-12-22	03단	山東貧民收容工廠
89496	鮮滿版	1918-12-22	03단	京龍間電話の度數制/長い通話に便益を得る
89497	鮮滿版	1918-12-22	04단	釜山ホテル改築
89498	鮮滿版	1918-12-22	04단	羅南市民大會/淸津築港問題に呼應す
89499	鮮滿版	1918-12-22	04단	出穀禁止で大迷惑
89500	鮮滿版	1918-12-22	04단	滿洲在留禁止
89501	鮮滿版	1918-12-23	01단	議會と朝鮮問題/牧山代議士談
89502	鮮滿版	1918-12-23	01단	總額三億圓
89503	鮮滿版	1918-12-23	02단	白豆と臨時船
89504	鮮滿版	1918-12-23	02단	慶北の米豆
89505	鮮滿版	1918-12-23	03단	歲末
89506	鮮滿版	1918-12-23	03단	北鮮製粉會社計劃
89507	鮮滿版	1918-12-23	03단	藥會社設立
89508	鮮滿版	1918-12-23	03단	貨客車連結
89509	鮮滿版	1918-12-23	03단	大豆出廻盛況
89510	鮮滿版	1918-12-23	03단	練習艦隊入港/來る二十五日仁川に
89511	鮮滿版	1918-12-24	01단	朝鮮市場狀況/賣買高千百五十六萬餘圓增加
89512	鮮滿版	1918-12-24	01단	私營造林業槪況
89513	鮮滿版	1918-12-24	01단	北鮮粟拂底
89514	鮮滿版	1918-12-24	02단	發送預り制限
89515	鮮滿版	1918-12-24	02단	木材業大會計劃
89516	鮮滿版	1918-12-24	02단	張道官の諭告
89517	鮮滿版	1918-12-24	02단	銀行貸出旺盛
89518	鮮滿版	1918-12-24	03단	群山米穀集散高
89519	鮮滿版	1918-12-24	03단	麗水電燈計劃
89520	鮮滿版	1918-12-24	03단	天寶鑛山近況
89521	鮮滿版	1918-12-24	03단	明太の豊漁
89522	鮮滿版	1918-12-24	04단	自動車運轉
89523	鮮滿版	1918-12-24	04단	馬鹿にならぬ朝鮮の柴草/郡內一年の取引額十五萬圓
89524	鮮滿版	1918-12-24	04단	無煙炭鑛發見/一千萬坪の採掘許可
89525	鮮滿版	1918-12-24	04단	朝日俳壇

아사히신문 외지판(조선판) 기사명 색인

1919년

1919년 3월 (선만판)

일련번호	판명	간행일	단수	기사명
89526	鮮滿版	1919-03-01	01단	京畿地方費豫算/不定額五萬九千圓の資源は結局地稅賦課稅率の引上か
89527	鮮滿版	1919-03-01	01단	國葬彙報(靈柩遷奉/參列者注意)
89528	鮮滿版	1919-03-01	02단	鮮銀券發行高
89529	鮮滿版	1919-03-01	02단	米延取引開始/今一日より
89530	鮮滿版	1919-03-01	02단	露國義艦積荷
89531	鮮滿版	1919-03-01	03단	咸北社設立許可
89532	鮮滿版	1919-03-01	03단	保安林編入
89533	鮮滿版	1919-03-01	03단	雨天の時は國葬當日の天候や如何前年來の同日の天候/多分雨の氣支はあるまいが
89534	鮮滿版	1919-03-01	04단	二弾を受けて雜木林に悶死せる大豹を拾得物として
89535	鮮滿版	1919-03-01	04단	通信土の參考室
89536	鮮滿版	1919-03-01	04단	大大阪の建設(六)/建築物は都市の筋肉
89537	鮮滿版	1919-03-01	05단	釜山の鵝口瘡猖獗を極む/牛肉の價格昂騰
89538	鮮滿版	1919-03-02	01단	*國葬彙報 參列さるべき諸員/全南の望哭式*
89539	鮮滿版	1919-03-02	01단	大邱光州兩電合併反對/光州電燈側の反對
89540	鮮滿版	1919-03-02	01단	軍馬ローマンス/物言はぬ馬の哀れさ凱旋の結びも知らで競賣せられる中には名譽の負傷もある
89541	鮮滿版	1919-03-02	02단	釜山電燈値上/近く許可されん
89542	鮮滿版	1919-03-02	02단	水産組合總代會
89543	鮮滿版	1919-03-02	02단	白豆暴落と城津
89544	鮮滿版	1919-03-02	02단	改善されたる市場町
89545	鮮滿版	1919-03-02	03단	郵船木浦寄港
89546	鮮滿版	1919-03-02	03단	大豆出荷減少/鵝口瘡流行の爲
89547	鮮滿版	1919-03-02	03단	學校評議員改選
89548	鮮滿版	1919-03-02	03단	大田の地價昂騰
89549	鮮滿版	1919-03-02	03단	鐵道連帶受拂額
89550	鮮滿版	1919-03-02	04단	倉庫業計劃
89551	鮮滿版	1919-03-02	04단	ポプラアカシヤの成育狀況(ポプラ/ニセアカシヤ)
89552	鮮滿版	1919-03-02	04단	全鮮傳染病狀況
89553	鮮滿版	1919-03-02	04단	一筆京城
89554	鮮滿版	1919-03-02	05단	繭屋殺し遂に死刑/控訴棄却
89555	鮮滿版	1919-03-02	05단	警察の力で薪の調節/薪市を設ける
89556	鮮滿版	1919-03-02	05단	大大阪の建設(七)/木造都市の危險
89557	鮮滿版	1919-03-02	06단	天然氷の不良

일련번호	판명	간행일	단수	기사명
89558	鮮滿版	1919-03-02	06단	强盜は六人組
89559	鮮滿版	1919-03-03	01단	賜誅の御儀/德光殿にて擧行
89560	鮮滿版	1919-03-03	01단	總督の諭告
89561	鮮滿版	1919-03-03	01단	朝鮮輕鐵事業/增資と計劃
89562	鮮滿版	1919-03-03	03단	先頭の係員と黃龍旗
89563	鮮滿版	1919-03-03	04단	鮮人思惑師の大痛手/盲目的買煽りの果
89564	鮮滿版	1919-03-04	01단	延取引の開始と三銀行/暗鬪益激烈
89565	鮮滿版	1919-03-04	01단	鮮銀利率値上に就て
89566	鮮滿版	1919-03-04	02단	殖銀と常磐生命
89567	鮮滿版	1919-03-04	02단	京畿事業趨勢
89568	鮮滿版	1919-03-04	02단	牛市場禁止影響
89569	鮮滿版	1919-03-04	03단	釜山煙草狀況
89570	鮮滿版	1919-03-04	03단	元山沿岸貿易
89571	鮮滿版	1919-03-04	04단	釜山中旬貿易
89572	鮮滿版	1919-03-04	04단	郵便局長更迭
89573	鮮滿版	1919-03-04	04단	大大阪の建設(八)/中樞地區の建築物
89574	鮮滿版	1919-03-04	05단	大大阪の建設(九)
89575	鮮滿版	1919-03-04	05단	議員と府尹の紛議/仲裁で一段落
89576	鮮滿版	1919-03-04	05단	大邱巡回診療
89577	鮮滿版	1919-03-05	01단	城鏡間鐵道速成運動
89578	鮮滿版	1919-03-05	01단	吉會線測量隊
89579	鮮滿版	1919-03-05	01단	連袂辭職問題/忠北黃澗學校組合
89580	鮮滿版	1919-03-05	01단	露國船舶自由
89581	鮮滿版	1919-03-05	02단	主要問題協議/十日頃市民大會開催
89582	鮮滿版	1919-03-05	02단	朝鮮土地創立
89583	鮮滿版	1919-03-05	02단	朝鮮瓦電總會
89584	鮮滿版	1919-03-05	02단	三南殖産增資
89585	鮮滿版	1919-03-05	02단	鮮人敎育機關增設
89586	鮮滿版	1919-03-05	02단	鎭南浦組合豫算
89587	鮮滿版	1919-03-05	03단	城津學校組合會
89588	鮮滿版	1919-03-05	03단	土木出張長會同
89589	鮮滿版	1919-03-05	03단	道土木主任會同
89590	鮮滿版	1919-03-05	03단	農産物品評會
89591	鮮滿版	1919-03-05	03단	朝鮮輕鐵拂込

일련번호	판명	간행일	단수	기사명
89592	鮮滿版	1919-03-05	03단	甘藷栽培獎勵
89593	鮮滿版	1919-03-05	03단	大田の外米移入
89594	鮮滿版	1919-03-05	03단	淸州の地價騰貴
89595	鮮滿版	1919-03-05	04단	果物組合總會
89596	鮮滿版	1919-03-05	04단	電燈企劃の其後
89597	鮮滿版	1919-03-05	04단	兼二浦道路着手
89598	鮮滿版	1919-03-05	04단	城津の醫院增加
89599	鮮滿版	1919-03-05	04단	女子敎員合格
89600	鮮滿版	1919-03-05	04단	會(刑事講習會)
89601	鮮滿版	1919-03-05	04단	所謂自作自給の獻立/頗る振つたもの
89602	鮮滿版	1919-03-05	05단	貨物拔取/頻々たる釜山
89603	鮮滿版	1919-03-05	05단	大邱に五萬圓の藝妓會社を設けんと思案最中
89604	鮮滿版	1919-03-05	05단	大大阪の建設(十)/大問題は尿屎の處分
89605	鮮滿版	1919-03-05	06단	現地戰術演習
89606	鮮滿版	1919-03-05	06단	大田消防の改善
89607	鮮滿版	1919-03-05	06단	大田の白米値下
89608	鮮滿版	1919-03-05	06단	林歌子女史一行
89609	鮮滿版	1919-03-06	01단	七年朝鮮經濟槪況(上)/運輸と貿易
89610	鮮滿版	1919-03-06	01단	學校組合補缺選擧
89611	鮮滿版	1919-03-06	01단	馬山金融組合總會
89612	鮮滿版	1919-03-06	01단	艦隊入港期
89613	鮮滿版	1919-03-06	01단	京城より(一)/破翁生
89614	鮮滿版	1919-03-06	02단	資金供給の途を絶たれた白南信/遂に屈服す
89615	鮮滿版	1919-03-06	03단	延取引再開の初日不活潑/鮮人側姿を見せず
89616	鮮滿版	1919-03-06	03단	湖南線と時間
89617	鮮滿版	1919-03-06	04단	淸酒醬油値上
89618	鮮滿版	1919-03-06	04단	外米廉賣の怪聞/群山に於ける指定商の惡辣手段か
89619	鮮滿版	1919-03-06	04단	大大阪の建設(十一)/內容の改善が肝要
89620	鮮滿版	1919-03-07	01단	七年朝鮮經濟槪況(下)/事業と財界
89621	鮮滿版	1919-03-07	02단	朝鮮精米移出檢査/來年度から實施か
89622	鮮滿版	1919-03-07	03단	淸津三期埋築
89623	鮮滿版	1919-03-07	03단	穩城水田計劃
89624	鮮滿版	1919-03-07	03단	迎日灌漑改修
89625	鮮滿版	1919-03-07	04단	咸北森林有望

일련번호	판명	간행일	단수	기사명
89626	鮮滿版	1919-03-07	04단	大田中學校舍
89627	鮮滿版	1919-03-07	04단	朝鮮金融機關總況
89628	鮮滿版	1919-03-07	04단	元山商銀創立
89629	鮮滿版	1919-03-07	05단	米豆檢査成績
89630	鮮滿版	1919-03-07	05단	大邱高女新設備
89631	鮮滿版	1919-03-07	05단	湖西銀行增資認可
89632	鮮滿版	1919-03-07	05단	大邱驛收入增加
89633	鮮滿版	1919-03-07	05단	東拓種子採取獎勵
89634	鮮滿版	1919-03-07	05단	京城より(二)/破翁生
89635	鮮滿版	1919-03-07	06단	淸州正米崩落/怪しからぬ白米相場
89636	鮮滿版	1919-03-07	06단	學藝品展覽會
89637	鮮滿版	1919-03-07	06단	江頭免訴となる
89638	鮮滿版	1919-03-08	01단	京城府新豫算/難關は汚物事業費約六萬圓膨脹問題か
89639	鮮滿版	1919-03-08	01단	咸鏡線北部八年度工事
89640	鮮滿版	1919-03-08	01단	南浦築港完成の急務
89641	鮮滿版	1919-03-08	02단	特別手當に課税/目下審査中
89642	鮮滿版	1919-03-08	02단	米穀運賃低下
89643	鮮滿版	1919-03-08	03단	面財源と築港
89644	鮮滿版	1919-03-08	03단	群山寄港決定
89645	鮮滿版	1919-03-08	03단	國境貿易高/前年より六十五萬四千餘圓增加
89646	鮮滿版	1919-03-08	03단	淸津白豆輸出額/崩落の影響多大
89647	鮮滿版	1919-03-08	04단	支那側吉長線踏査/總督府鐵道局工務課長新田技師談
89648	鮮滿版	1919-03-08	04단	朝郵連帶運賃改正
89649	鮮滿版	1919-03-08	04단	機關車組立終了期
89650	鮮滿版	1919-03-08	04단	吉長鐵路局歡送會
89651	鮮滿版	1919-03-08	04단	東拓煙草栽培獎勵
89652	鮮滿版	1919-03-08	06단	賴母子からぬ賴母子講/悲劇と弊害の釀成
89653	鮮滿版	1919-03-08	06단	一筆京城
89654	鮮滿版	1919-03-09	01단	貨物引換責任問題/奈何に落着するか或は更に問題生ぜん
89655	鮮滿版	1919-03-09	02단	慶北道新豫算/二十萬圓の增加
89656	鮮滿版	1919-03-09	02단	慶北道新事業
89657	鮮滿版	1919-03-09	03단	資金需要增加
89658	鮮滿版	1919-03-09	03단	鮮銀券發行高
89659	鮮滿版	1919-03-09	03단	電興株公募

일련번호	판명	간행일	단수	기사명
89660	鮮滿版	1919-03-09	04단	釜山最近戶口
89661	鮮滿版	1919-03-09	04단	學校組合議員當選
89662	鮮滿版	1919-03-09	04단	大邱學校組合豫算
89663	鮮滿版	1919-03-09	04단	大邱學費課率改正
89664	鮮滿版	1919-03-09	04단	大田米豆檢査成績
89665	鮮滿版	1919-03-09	04단	鐵道學校授業期
89666	鮮滿版	1919-03-09	04단	馬鈴薯栽培獎勵
89667	鮮滿版	1919-03-09	04단	印紙收入槪況
89668	鮮滿版	1919-03-09	05단	驅逐艦柏入港
89669	鮮滿版	1919-03-09	05단	京城より(三)/破翁生
89670	鮮滿版	1919-03-09	05단	人(野田檢事、林通譯)
89671	鮮滿版	1919-03-09	07단	安全確實に儲かる/四百圓で二千圓內外の利益/此の期間僅かに三月間事實が之れを證明する/疑ひ深い人は儲からぬ
89672	鮮滿版	1919-03-10	01단	釜山を中心とする沿岸貿易施設大計劃/五箇年繼續事業
89673	鮮滿版	1919-03-10	01단	朝鮮の蠶業と乾繭/施設の前途尙遼遠
89674	鮮滿版	1919-03-10	01단	殖銀內容/三島頭取談
89675	鮮滿版	1919-03-10	03단	米國へ鹽鯖/第二回輸出
89676	鮮滿版	1919-03-10	04단	忠北各郡勞銀
89677	鮮滿版	1919-03-10	04단	橫濱航路寄港
89678	鮮滿版	1919-03-10	04단	琿春土里西水/連結計劃
89679	鮮滿版	1919-03-10	04단	京釜線改良工事中の最大難所馬達嶺の嶮を拔く/來る廿日貫通の增若隧道請負幾度か匙を投げた
89680	鮮滿版	1919-03-10	05단	釜山二月貿易
89681	鮮滿版	1919-03-10	05단	釜山學校組合の請願
89682	鮮滿版	1919-03-10	06단	龍田の完成と今後の輕巡洋艦
89683	鮮滿版	1919-03-11	01단	愛林思想涵養の學校實習林槪況/其成績見るべきものあり(所在地及面積/地況/植栽及管理/成績)
89684	鮮滿版	1919-03-11	01단	砂防工事と植林事業
89685	鮮滿版	1919-03-11	01단	城津面長問題
89686	鮮滿版	1919-03-11	02단	學校組合內議
89687	鮮滿版	1919-03-11	02단	淸州經濟狀況
89688	鮮滿版	1919-03-11	03단	北鮮菜豆狀況/未曾有の好況
89689	鮮滿版	1919-03-11	03단	大田の經濟界
89690	鮮滿版	1919-03-11	04단	水産檢査成績/漸子良好

일련번호	판명	간행일	단수	기사명
89691	鮮滿版	1919-03-11	04단	昨年中木浦貿易
89692	鮮滿版	1919-03-11	05단	捕鯨好況
89693	鮮滿版	1919-03-11	05단	木材聯合大會
89694	鮮滿版	1919-03-11	05단	木浦病院擴張
89695	鮮滿版	1919-03-11	05단	繰綿終了期
89696	鮮滿版	1919-03-11	05단	女學校試驗終了
89697	鮮滿版	1919-03-11	05단	酒煙草講習會
89698	鮮滿版	1919-03-11	05단	體操講習會
89699	鮮滿版	1919-03-11	05단	精神修養講演會
89700	鮮滿版	1919-03-11	05단	噫政池中尉/前途有爲の靑年將校
89701	鮮滿版	1919-03-11	06단	喝采を博した都踊演舞會/在天津邦人官民合同主催
89702	鮮滿版	1919-03-11	06단	荷拔遭難と届出
89703	鮮滿版	1919-03-11	06단	吳服類の高値は奸商の手段
89704	鮮滿版	1919-03-11	06단	大田の佛心會
89705	鮮滿版	1919-03-11	06단	大田の家賃値上
89706	鮮滿版	1919-03-12	01단	元山騷擾と其の經濟界に及ぼせる影響/咸興方面の情況
89707	鮮滿版	1919-03-12	02단	鮮銀浦潮支店設置に就て/股野鮮銀浦港主任談
89708	鮮滿版	1919-03-12	03단	殖銀債券發行奈何/頭取理事の東上
89709	鮮滿版	1919-03-12	03단	永陸丸と貨物/永久持續を懸念
89710	鮮滿版	1919-03-12	03단	瓦電會社拂込
89711	鮮滿版	1919-03-12	04단	連貨輸送狀況/鮮線在荷數量
89712	鮮滿版	1919-03-12	04단	朝鮮黑松佳良
89713	鮮滿版	1919-03-12	04단	朝鮮航路開港/連帶輸送も復舊
89714	鮮滿版	1919-03-12	04단	元山穀物狀況
89715	鮮滿版	1919-03-12	05단	大正七年中の咸南の出稼鮮人二千五百餘名
89716	鮮滿版	1919-03-12	05단	解決せんとして又もや故障生ず/黃澗學校問題
89717	鮮滿版	1919-03-12	05단	學校卒業式
89718	鮮滿版	1919-03-12	05단	全南と農林會社
89719	鮮滿版	1919-03-12	05단	全南竹林奬勵
89720	鮮滿版	1919-03-12	06단	鮮鐵二月收入
89721	鮮滿版	1919-03-12	06단	輸出食品支店許可
89722	鮮滿版	1919-03-12	06단	殖銀司事異動
89723	鮮滿版	1919-03-12	06단	龍山出征軍人の戰死
89724	鮮滿版	1919-03-12	06단	釜山の記念祝賀

일련번호	판명	간행일	단수	기사명
89725	鮮滿版	1919-03-13	01단	最近歐洲の衛生狀態/新歸朝の光州慈惠醫院長談
89726	鮮滿版	1919-03-13	02단	船渠計劃變更/三千萬圓の合資
89727	鮮滿版	1919-03-13	02단	本年の黑鉛事業/噸四百圓說あり
89728	鮮滿版	1919-03-13	03단	硬質陶器始業/運賃割引の請願
89729	鮮滿版	1919-03-13	03단	露領鰊漁近づく/北鮮よりの積取船
89730	鮮滿版	1919-03-13	03단	大豆下落の影響/貿易業の打擊
89731	鮮滿版	1919-03-13	04단	慶南淸酒品評會
89732	鮮滿版	1919-03-13	04단	米價暴落と群山 大打擊を受けた米商/釜山
89733	鮮滿版	1919-03-13	05단	薪炭缺乏甚大/鵞口瘡の影響
89734	鮮滿版	1919-03-13	05단	李王世子釜山御着發
89735	鮮滿版	1919-03-13	05단	大邱の學校休業/登校生徒少き爲
89736	鮮滿版	1919-03-13	05단	朝鮮輕鐵の出火/大邱倉庫の燒失
89737	鮮滿版	1919-03-13	05단	咸北生牛の騰貴/牛肉の値も上る
89738	鮮滿版	1919-03-13	05단	騷擾臨時賞
89739	鮮滿版	1919-03-14	01단	奇怪なる宣教師等の行動/京城破翁生
89740	鮮滿版	1919-03-14	02단	鮮鐵輸送力增設/連絡列車約二時間の短縮特急列車は四月一日より
89741	鮮滿版	1919-03-14	02단	二月の朝鮮貿易/入超二百八十萬圓
89742	鮮滿版	1919-03-14	04단	國葬と鐵道旅客/驚くべき激增
89743	鮮滿版	1919-03-14	04단	忠南農事協議會
89744	鮮滿版	1919-03-14	04단	東拓と教育資金/學田の設置
89745	鮮滿版	1919-03-14	05단	平壤の暴動續報/警備せる在鄉軍人の殊功
89746	鮮滿版	1919-03-14	05단	佐藤憲兵妻女の健げなる働き/總督より贈金
89747	鮮滿版	1919-03-14	05단	教會を脫する者頻出/騷擾の餘波
89748	鮮滿版	1919-03-14	06단	朝鮮から來た少女三人を下關で取押へる
89749	鮮滿版	1919-03-14	06단	鳥致院の米價/得手勝手の相場
89750	鮮滿版	1919-03-14	06단	研究家の好資料/京大圖書館へ來た戰爭書
89751	鮮滿版	1919-03-14	08단	大利益ある緬羊/牛馬一頭飼ふ飼料で年に六百圓以上の利益(緬羊とは如何/ナゼ獎勵するか/飼育の現況/飼養の利益/緬羊の特長/飼養希望の者は)
89752	鮮滿版	1919-03-15	01단	朝鮮兵器の作業方針(上)/陸路朝鮮兵器製造所長談
89753	鮮滿版	1919-03-15	02단	朝鮮統治に關する質問書/朝鮮統治に關する質問主意書
89754	鮮滿版	1919-03-15	03단	京城に高商/設置建議
89755	鮮滿版	1919-03-15	03단	鮮鐵延長敷地解決
89756	鮮滿版	1919-03-15	03단	京城記者團會同/騷擾事件に就て

일련번호	판명	간행일	단수	기사명
89757	鮮滿版	1919-03-15	04단	郵便局長更迭
89758	鮮滿版	1919-03-15	04단	大邱二月財況
89759	鮮滿版	1919-03-15	04단	移入の滿洲粟/賣行良好
89760	鮮滿版	1919-03-15	04단	鮮銀發行週報
89761	鮮滿版	1919-03-15	04단	商銀設立許可失效
89762	鮮滿版	1919-03-15	04단	長岡拓殖支店許可
89763	鮮滿版	1919-03-15	05단	警戒慰勞寄附
89764	鮮滿版	1919-03-15	05단	各地の騷擾(鎭南浦/城津/光州/全南)
89765	鮮滿版	1919-03-15	05단	忠北永同地方の地價狂騰/百圓の田地が五六百圓
89766	鮮滿版	1919-03-15	05단	不都合な小賣米商/當然七錢下ぐべきのを僅かに一二錢しか下げぬ
89767	鮮滿版	1919-03-15	06단	大田愛國婦人會
89768	鮮滿版	1919-03-15	06단	鴨江開閉開始/今十五日より
89769	鮮滿版	1919-03-15	06단	光州の火事/全燒五戶
89770	鮮滿版	1919-03-15	06단	白晝の强盜は十六歲の小忰
89771	鮮滿版	1919-03-15	06단	記念日の大田
89772	鮮滿版	1919-03-16	01단	朝鮮兵器の作業方針(下)/陸路朝鮮兵器製造所長談
89773	鮮滿版	1919-03-16	01단	運送荷物出廻不況/四五月頃より順調に向はん
89774	鮮滿版	1919-03-16	01단	滿鐵對澤山貨物運送改正
89775	鮮滿版	1919-03-16	02단	城津學校豫算
89776	鮮滿版	1919-03-16	03단	城津の三大問題/道長官の意見
89777	鮮滿版	1919-03-16	03단	城津電燈問題/市民總會開會
89778	鮮滿版	1919-03-16	03단	輕鐵敷設許可
89779	鮮滿版	1919-03-16	03단	商郵船賃改正/木日より實施
89780	鮮滿版	1919-03-16	03단	露貨換算率變更
89781	鮮滿版	1919-03-16	03단	國境輸出生牛/三千三百餘頭
89782	鮮滿版	1919-03-16	04단	大豆檢査成績(咸北/城津)
89783	鮮滿版	1919-03-16	04단	城津二月貿易/十年前の一年分
89784	鮮滿版	1919-03-16	04단	兩中學志願數
89785	鮮滿版	1919-03-16	05단	國葬殘務處理
89786	鮮滿版	1919-03-16	05단	米棉取引所不許可
89787	鮮滿版	1919-03-16	05단	朝鮮窯業設立許可
89788	鮮滿版	1919-03-16	05단	朝鮮特有の灌木で酒を/葡萄酒に似て美味/資本二百萬の圓釀造會社設立
89789	鮮滿版	1919-03-16	05단	新移住地吉備村/第一回移住者今月下旬出發

일련번호	판명	간행일	단수	기사명
89790	鮮滿版	1919-03-16	05단	廣島縣下の朝鮮人/故國の暴動を笑って居る
89791	鮮滿版	1919-03-16	06단	學校組合設置許可
89792	鮮滿版	1919-03-16	06단	鐵道學校志望者
89793	鮮滿版	1919-03-16	06단	人(農商工部長官小原新三氏)
89794	鮮滿版	1919-03-16	06단	釜山の狩獵界/官海と民間の猛者連
89795	鮮滿版	1919-03-16	06단	特急改正料金
89796	鮮滿版	1919-03-17	01단	大正六年度滿鐵運輸成績/前年度に比し非常の增加
89797	鮮滿版	1919-03-17	02단	鐵道增收廿萬圓
89798	鮮滿版	1919-03-17	03단	忠南の新道路/工事中と新計劃
89799	鮮滿版	1919-03-17	03단	忠南造林計劃/面積と植樹數
89800	鮮滿版	1919-03-17	03단	鞍山移住者縣別/福岡が最も多い
89801	鮮滿版	1919-03-17	04단	銀鐵鑛採掘開始
89802	鮮滿版	1919-03-17	04단	日鮮鑛業創立
89803	鮮滿版	1919-03-17	04단	平壤郊外謎の部落/奇怪なるの群
89804	鮮滿版	1919-03-17	05단	卒業式(大邱)
89805	鮮滿版	1919-03-17	05단	警備整ふ/漸く靜穩なり
89806	鮮滿版	1919-03-17	06단	百四名の首謀者逮捕さる
89807	鮮滿版	1919-03-17	06단	警戒應援の爲め軍隊派遣/大邱聯隊より
89808	鮮滿版	1919-03-17	06단	猛虎を生擒る/身長五尺六寸
89809	鮮滿版	1919-03-17	06단	通行中股を斬らる/三名の鮮人から
89810	鮮滿版	1919-03-17	06단	鎭南浦の夜間斷水
89811	鮮滿版	1919-03-18	01단	滿鐵京管局新企劃/第一着手大改良(機關車到着/急行列車制/釜奉間直通/寢臺料改正/共通食堂車)
89812	鮮滿版	1919-03-18	01단	嶺北地方の大炭田/鐵道速成の熱望
89813	鮮滿版	1919-03-18	01단	露領海の外國船舶關係規則/煉積取朝鮮船の注意
89814	鮮滿版	1919-03-18	02단	長谷川總督の騷擾實況視察
89815	鮮滿版	1919-03-18	02단	過料は獨立生計者に限る/學校組合令改正
89816	鮮滿版	1919-03-18	03단	制令發布施行/家屋稅法及勅令第三十號廢止
89817	鮮滿版	1919-03-18	03단	取付は訛傳
89818	鮮滿版	1919-03-18	03단	延取引期日變更/群山米穀商組合に對する銀行の希望
89819	鮮滿版	1919-03-18	03단	釜山船渠會社/三十萬圓の合資組織
89820	鮮滿版	1919-03-18	03단	水産組合總代會
89821	鮮滿版	1919-03-18	03단	城津諸工業の勃興
89822	鮮滿版	1919-03-18	04단	大邱の米況
89823	鮮滿版	1919-03-18	04단	大邱の徵兵檢査

일련번호	판명	간행일	단수	기사명
89824	鮮滿版	1919-03-18	04단	城津面長問題
89825	鮮滿版	1919-03-18	04단	學校組合區域變更
89826	鮮滿版	1919-03-18	04단	告示二件
89827	鮮滿版	1919-03-18	04단	滿鐵朝鮮線の時間改正(京釜線/京義線/京元線/湖南線)
89828	鮮滿版	1919-03-18	05단	小切手を竊取し三千五百餘圓詐取す/陶太い鮮人
89829	鮮滿版	1919-03-19	01단	鮮鐵荷動概況/前年に比し出荷增加(米/石炭/鹽)
89830	鮮滿版	1919-03-19	02단	朝鮮漁業の趨勢/過去八年間に十七割の增加
89831	鮮滿版	1919-03-19	02단	貨物減少と滿粟
89832	鮮滿版	1919-03-19	02단	國境北寄貝漁業/近年異常の發展
89833	鮮滿版	1919-03-19	03단	忠南農作改良
89834	鮮滿版	1919-03-19	03단	全北産米優良/農場米の聲價
89835	鮮滿版	1919-03-19	03단	大田經濟膨脹
89836	鮮滿版	1919-03-19	03단	群山の精米業
89837	鮮滿版	1919-03-19	03단	慶南二月檢米狀況
89838	鮮滿版	1919-03-19	04단	平壤學校組合豫算
89839	鮮滿版	1919-03-19	04단	馬山府協議會
89840	鮮滿版	1919-03-19	04단	鎭海水産創立總會
89841	鮮滿版	1919-03-19	04단	卒業式(馬山府)
89842	鮮滿版	1919-03-19	05단	大田市場擴張
89843	鮮滿版	1919-03-19	05단	精米所新設計劃
89844	鮮滿版	1919-03-19	05단	保安林解除
89845	鮮滿版	1919-03-19	05단	三坂校開校式
89846	鮮滿版	1919-03-19	05단	叺競技會
89847	鮮滿版	1919-03-19	05단	モンド瓦斯募株
89848	鮮滿版	1919-03-19	05단	持地長官出張
89849	鮮滿版	1919-03-19	05단	全道の鵝口瘡/各道別狀況
89850	鮮滿版	1919-03-19	05단	全州でも騷擾/六十餘名檢擧さる
89851	鮮滿版	1919-03-19	06단	城津の暴徒拘引/一般概ね歸順
89852	鮮滿版	1919-03-19	06단	各地の白米値段/昨年來の調査
89853	鮮滿版	1919-03-19	06단	淸州の白米激落/大豆も下落
89854	鮮滿版	1919-03-20	01단	西伯利鐵道管區に就て/九州鐵道管理局長大道良太氏談
89855	鮮滿版	1919-03-20	03단	騷擾と兵器使用/某武官談
89856	鮮滿版	1919-03-20	03단	鮮人の自覺/平壤有識者の安寧保持策
89857	鮮滿版	1919-03-20	03단	滿洲に於ける邦人の事業/田中末雄氏談

일련번호	판명	간행일	단수	기사명
89858	鮮滿版	1919-03-20	04단	鎭海面長の辭任/裏面の經過
89859	鮮滿版	1919-03-20	05단	金肥使用の傾向/慶北農家と道當局の通牒
89860	鮮滿版	1919-03-20	05단	交涉員更迭
89861	鮮滿版	1919-03-20	05단	大邱の騷擾/首謀者二十二名逮捕
89862	鮮滿版	1919-03-21	01단	學生の妄動に就て/關屋總督府學務局長談(遺憾なり/別事のみ/憂ふなし/甄別せよ)
89863	鮮滿版	1919-03-21	01단	十七日午後一時騷擾事件に關聯して家宅搜索を受けたる米人經營のセベランス病院及附屬醫學專門學校/京城南大門通
89864	鮮滿版	1919-03-21	02단	貨物主任會議
89865	鮮滿版	1919-03-21	02단	水産組合總代會
89866	鮮滿版	1919-03-21	02단	京城公會堂敷地拂下
89867	鮮滿版	1919-03-21	02단	米價崩落と滯貨一掃
89868	鮮滿版	1919-03-21	03단	籾を玄米に改む/小作米の納入
89869	鮮滿版	1919-03-21	03단	苗木の需要夥し/驛頭山を成す
89870	鮮滿版	1919-03-21	03단	釜山地方在米
89871	鮮滿版	1919-03-21	03단	鮮鐵收入槪況
89872	鮮滿版	1919-03-21	03단	釜山上旬貿易
89873	鮮滿版	1919-03-21	04단	寡婦孤兒救濟會解散
89874	鮮滿版	1919-03-21	04단	叙任辭令
89875	鮮滿版	1919-03-21	04단	現業員名稱變更
89876	鮮滿版	1919-03-21	04단	第一支店長更迭
89877	鮮滿版	1919-03-21	04단	電氣興業株申込
89878	鮮滿版	1919-03-21	05단	全南の騷擾/警戒嚴重を極む
89879	鮮滿版	1919-03-21	05단	群山の自身番/深夜鮮人の徘徊が滅切り減った
89880	鮮滿版	1919-03-21	05단	改正時間と適宜運轉
89881	鮮滿版	1919-03-21	05단	急行券の注意
89882	鮮滿版	1919-03-21	05단	人(關屋學務局長■任/米山東拓支店庶務課長)
89883	鮮滿版	1919-03-22	01단	政府提出の朝鮮輕鐵補助法
89884	鮮滿版	1919-03-22	01단	京城の商況/商業會議所調査
89885	鮮滿版	1919-03-22	01단	林野調査指定地域改正
89886	鮮滿版	1919-03-22	02단	慶北の棉栽培/自給自決の必要
89887	鮮滿版	1919-03-22	02단	水産物試驗場/釜山に新設請願
89888	鮮滿版	1919-03-22	03단	大邱中學設置/意見書提出
89889	鮮滿版	1919-03-22	03단	郵便所設置

일련번호	판명	간행일	단수	기사명
89890	鮮滿版	1919-03-22	03단	朝鮮輕鐵大邱收入
89891	鮮滿版	1919-03-22	03단	蠶業講習所開設
89892	鮮滿版	1919-03-22	03단	公立小學校認可
89893	鮮滿版	1919-03-22	04단	二月全南檢米
89894	鮮滿版	1919-03-22	04단	米豆檢査成績
89895	鮮滿版	1919-03-22	04단	混沌たる群山の米界/解合捗々しからず鮮人側の損害五十萬圓
89896	鮮滿版	1919-03-22	04단	蠅の驅除に四千圓/京城府豫算計上
89897	鮮滿版	1919-03-22	04단	警備船の進水式/試運轉を兼ねて
89898	鮮滿版	1919-03-22	05단	辭令(十五日附)
89899	鮮滿版	1919-03-22	05단	褒章傳達式(高根信禮氏に對し)
89900	鮮滿版	1919-03-22	05단	李載完候邸へ放火/不逞鮮人の所爲か
89901	鮮滿版	1919-03-22	06단	一萬五千圓寄附
89902	鮮滿版	1919-03-22	06단	南北代表の研究
89903	鮮滿版	1919-03-22	06단	最近の門司港/各方面に現はれたる商業的發展
89904	鮮滿版	1919-03-22	07단	唐氏と國會代表
89905	鮮滿版	1919-03-22	07단	北軍益攻擊
89906	鮮滿版	1919-03-22	07단	王督軍と和局
89907	鮮滿版	1919-03-23	01단	輸送力增大と滯貨減殺
89908	鮮滿版	1919-03-23	01단	大田河川整理問題と本間技師の談
89909	鮮滿版	1919-03-23	01단	石炭供給不足/配給方を陳情
89910	鮮滿版	1919-03-23	01단	東亞煙草事業狀況
89911	鮮滿版	1919-03-23	02단	米穀檢査規則改正
89912	鮮滿版	1919-03-23	02단	藥草栽培熱流行
89913	鮮滿版	1919-03-23	03단	鐵道學校講師詮議
89914	鮮滿版	1919-03-23	03단	專用輕鐵許可
89915	鮮滿版	1919-03-23	03단	不正漁業根絶
89916	鮮滿版	1919-03-23	04단	學務局長訓話
89917	鮮滿版	1919-03-23	04단	府令一件發布
89918	鮮滿版	1919-03-23	04단	參事面長手當增給
89919	鮮滿版	1919-03-23	04단	三菱鐵山不況/續々解傭
89920	鮮滿版	1919-03-23	05단	怪火頻々/女看守の家から
89921	鮮滿版	1919-03-23	05단	商店閉鎖影響
89922	鮮滿版	1919-03-23	05단	鵝口瘡病終熄

일련번호	판명	간행일	단수	기사명
89923	鮮滿版	1919-03-24	01단	流れ込む朝鮮労働者昨今俄に殖え出した/九分が男で一分が女
89924	鮮滿版	1919-03-24	02단	三月上半貿易/貿易累計額六千三百五十五萬九千二百十三圓に達す(上半貿易/本年累計額/出入金銀)
89925	鮮滿版	1919-03-24	03단	鎭南浦沿岸貿易(千七百に萬圓に達す)
89926	鮮滿版	1919-03-24	03단	京畿會社事業現況/成立會社四十一社此公稱資本金總額二千四百○五萬圓
89927	鮮滿版	1919-03-24	03단	上海航路と釜山
89928	鮮滿版	1919-03-24	04단	銀行は愼重の態度
89929	鮮滿版	1919-03-24	04단	位記傳達式擧行
89930	鮮滿版	1919-03-24	04단	會社設立許可(統營重要物産/濟州物産會社/京城窯業會社)
89931	鮮滿版	1919-03-24	04단	共益社目的變更
89932	鮮滿版	1919-03-24	05단	學齡兒童届出數
89933	鮮滿版	1919-03-24	05단	關東軍醫部長入城
89934	鮮滿版	1919-03-24	05단	專門學術研究員
89935	鮮滿版	1919-03-24	05단	高島師團長訪府
89936	鮮滿版	1919-03-24	05단	ガイルス氏入城
89937	鮮滿版	1919-03-24	05단	慶北浦項より/獻心生
89938	鮮滿版	1919-03-24	05단	廢止せられる西大門驛/當初南大門驛よりも賑はった
89939	鮮滿版	1919-03-24	06단	道參與官の訓話/鮮人に誤解なき様
89940	鮮滿版	1919-03-24	06단	內地行鮮人勞働者狀況/渡航者より歸還者幾分多き現勢
89941	鮮滿版	1919-03-24	06단	大邱高女卒業式
89942	鮮滿版	1919-03-24	06단	哈長間列車時刻改正
89943	鮮滿版	1919-03-25	01단	長春の滯貨
89944	鮮滿版	1919-03-25	01단	學校組合議員選擧執行
89945	鮮滿版	1919-03-25	02단	七年麥實收高
89946	鮮滿版	1919-03-25	02단	滿鐵豫算發表期
89947	鮮滿版	1919-03-25	02단	群山に大精米所
89948	鮮滿版	1919-03-25	02단	第十九師團移動期
89949	鮮滿版	1919-03-25	02단	南水間工事概況
89950	鮮滿版	1919-03-25	03단	護岸工事施行
89951	鮮滿版	1919-03-25	03단	慶北産業組合組織
89952	鮮滿版	1919-03-25	03단	果樹園と害蟲
89953	鮮滿版	1919-03-25	04단	滿鐵社員貯金
89954	鮮滿版	1919-03-25	04단	鐵道學校志願者

일련번호	판명	간행일	단수	기사명
89955	鮮滿版	1919-03-25	04단	陳列場で委託販賣
89956	鮮滿版	1919-03-25	04단	府內各小學校卒業日割
89957	鮮滿版	1919-03-25	05단	卒業式(東洋協會/公立高女/京城工專)
89958	鮮滿版	1919-03-25	05단	朝鮮線貨車新造
89959	鮮滿版	1919-03-25	05단	小學校設置認可
89960	鮮滿版	1919-03-25	05단	學校組合設置許可
89961	鮮滿版	1919-03-25	05단	輕鐵假運輸開始
89962	鮮滿版	1919-03-26	01단	吉會鐵道の經路/鐵道局工務課長新田技師談
89963	鮮滿版	1919-03-26	01단	鮮銀利上未だし/財界安定せず
89964	鮮滿版	1919-03-26	01단	御苑の春/京城昌慶宮動物園
89965	鮮滿版	1919-03-26	03단	京城の會社/總數百○一
89966	鮮滿版	1919-03-26	03단	朝鮮海未開漁場の開拓と岡山縣漁民
89967	鮮滿版	1919-03-26	04단	比島より/孤嘯生(ダバオ山林實査/西貢米輸入期/總督對獨立運動/新會社法調印濟)
89968	鮮滿版	1919-03-27	01단	京電料率引上撤回/當局と會社と懇談の結果
89969	鮮滿版	1919-03-27	01단	面目を一新する鳥致院驛/擴張改築
89970	鮮滿版	1919-03-27	01단	北鮮浦潮新航路/東和汽船の開始
89971	鮮滿版	1919-03-27	02단	手形支拂場所厲行/場所の記入なき者は任意記入不拂者は取引停止
89972	鮮滿版	1919-03-27	03단	朝鮮瓦電改善/五千基の發動機購入
89973	鮮滿版	1919-03-27	03단	水産組合總大會終了
89974	鮮滿版	1919-03-27	03단	城津市民總會
89975	鮮滿版	1919-03-27	03단	鳥致院倉庫の增設
89976	鮮滿版	1919-03-27	03단	忠南輕鐵工事變更
89977	鮮滿版	1919-03-27	04단	露領練の輸入開始
89978	鮮滿版	1919-03-27	04단	叺の製造獎勵
89979	鮮滿版	1919-03-27	04단	滿洲粟の漸落/需要は依然旺盛
89980	鮮滿版	1919-03-27	04단	淸津白豆扱高
89981	鮮滿版	1919-03-27	05단	卒業式(東洋協會/鳥致院普通校)
89982	鮮滿版	1919-03-27	05단	今次の騷擾に關し宣教師の言明/その諭示の效果多大
89983	鮮滿版	1919-03-27	06단	花臺騷擾詳報/花嫁怨みの防火
89984	鮮滿版	1919-03-27	07단	警察署と郡廳を燒くとの流言
89985	鮮滿版	1919-03-27	07단	駐在所を襲ふ大邱地方の騷擾
89986	鮮滿版	1919-03-27	07단	耶蘇病院の搜索/證據物件押收
89987	鮮滿版	1919-03-27	07단	收監後の騷擾者/頸を垂れて沈默

일련번호	판명	간행일	단수	기사명
89988	鮮滿版	1919-03-27	07단	放還者百五名
89989	鮮滿版	1919-03-27	07단	川柳會發會式
89990	鮮滿版	1919-03-27	07단	人(忠北淸州消防組組頭岡田七藏氏/忠南警察部長神田憲兵中佐)
89991	鮮滿版	1919-03-28	01단	廉資よりも多く物資を供給せよ/西伯利歸客談
89992	鮮滿版	1919-03-28	01단	慶北八年度の敎育施設/改善普及徹底
89993	鮮滿版	1919-03-28	01단	間島騷擾の財界影響/頗る甚大
89994	鮮滿版	1919-03-28	01단	鳥致院經由の穀類移出狀況
89995	鮮滿版	1919-03-28	02단	淸津築港基本調査終了
89996	鮮滿版	1919-03-28	03단	府及組合豫算
89997	鮮滿版	1919-03-28	03단	殖銀勸業金融/一千萬圓に上る
89998	鮮滿版	1919-03-28	03단	國境鮮人經濟/頗る裕福
89999	鮮滿版	1919-03-28	03단	濟州物産創立
90000	鮮滿版	1919-03-28	04단	金融組合設立協議
90001	鮮滿版	1919-03-28	04단	滿洲粟下落と大手筋の頭痛/損失莫大
90002	鮮滿版	1919-03-28	04단	淸州穀價漸高
90003	鮮滿版	1919-03-28	04단	忠南麥作良好
90004	鮮滿版	1919-03-28	04단	忠南棉花栽培/米棉種子註文
90005	鮮滿版	1919-03-28	04단	鮮銀浦港支店
90006	鮮滿版	1919-03-28	05단	電興株應募數/百二十倍に達す
90007	鮮滿版	1919-03-28	05단	鐵道保線係增設
90008	鮮滿版	1919-03-28	05단	在鄕軍人會發會式
90009	鮮滿版	1919-03-28	05단	淸州金融組合長辭任
90010	鮮滿版	1919-03-28	05단	卒業式(鳥致院普通校)
90011	鮮滿版	1919-03-28	05단	守備兵增派警戒嚴重/安東盈德兩郡
90012	鮮滿版	1919-03-28	05단	妄動學生の悔悟謹愼/六十餘名放還
90013	鮮滿版	1919-03-28	06단	休校中なりし大邱高等普通學校/二十五日より開校
90014	鮮滿版	1919-03-28	06단	新嘗祭獻穀/耕作人の選定
90015	鮮滿版	1919-03-28	06단	新設龍山鐵道學校徒弟科志望者鮮人側に多い
90016	鮮滿版	1919-03-28	06단	大阪教育の二大缺陷(一)/小學校師の不足
90017	鮮滿版	1919-03-28	07단	淸州の消防改善/設備の完成を期す
90018	鮮滿版	1919-03-28	07단	安奉線寢臺料改正
90019	鮮滿版	1919-03-28	07단	陰鋒の鵝口瘡
90020	鮮滿版	1919-03-28	07단	群山普通學校燒失
90021	鮮滿版	1919-03-28	07단	食堂聯結車と區間

일련번호	판명	간행일	단수	기사명
90022	鮮滿版	1919-03-29	01단	金剛山下より(一)
90023	鮮滿版	1919-03-29	02단	大邱中學設置請願/意見書提出
90024	鮮滿版	1919-03-29	03단	京城學校費膨脹
90025	鮮滿版	1919-03-29	03단	金融組合設置運動
90026	鮮滿版	1919-03-29	03단	輕鐵運輸開始
90027	鮮滿版	1919-03-29	03단	支那教育視察團
90028	鮮滿版	1919-03-29	03단	鳥致院市場狀況
90029	鮮滿版	1919-03-29	03단	公州の殖銀業狀
90030	鮮滿版	1919-03-29	03단	大田造林事業進陟
90031	鮮滿版	1919-03-29	03단	新年度の大田桑園
90032	鮮滿版	1919-03-29	03단	果樹栽培組合創立
90033	鮮滿版	1919-03-29	04단	殖産の水利事業計劃
90034	鮮滿版	1919-03-29	04단	鳥致院附近地價
90035	鮮滿版	1919-03-29	04단	忠南燕岐郡麥作
90036	鮮滿版	1919-03-29	04단	城津測候所の位置
90037	鮮滿版	1919-03-29	04단	水門郵便所新設
90038	鮮滿版	1919-03-29	04단	燕岐郡の救貧事業
90039	鮮滿版	1919-03-29	04단	商事組合と商事株式
90040	鮮滿版	1919-03-29	05단	印紙稅令發布
90041	鮮滿版	1919-03-29	05단	酒稅令改正
90042	鮮滿版	1919-03-29	05단	辭令
90043	鮮滿版	1919-03-29	05단	東拓社員昇級
90044	鮮滿版	1919-03-29	05단	卒業式(京城工專)
90045	鮮滿版	1919-03-29	05단	大邱より/監獄移轉問題
90046	鮮滿版	1919-03-29	05단	工業學校の火災/化學實驗室全燒
90047	鮮滿版	1919-03-29	06단	大規模の蜆の養殖/通丁里の干潟に
90048	鮮滿版	1919-03-29	06단	鳥致院附近の妄動團/踵を返して逃ぐ
90049	鮮滿版	1919-03-29	06단	城津警備の軍隊
90050	鮮滿版	1919-03-29	06단	大邱高女卒業生志望
90051	鮮滿版	1919-03-29	06단	謨範店員の表彰
90052	鮮滿版	1919-03-29	06단	貨車のみ運轉
90053	鮮滿版	1919-03-30	01단	一躍壹千萬圓に增資せる/日本紙器會社の解剖(資本金一擧二十倍/設備の迅速が急進の因/將來に對する種々の憂慮/材料は自給自足の必要あり/壹千萬圓增資は當部旣定の計劃/同社製品の種類と上半期の豫想)

일련번호	판명	간행일	단수	기사명
90054	鮮滿版	1919-03-30	01단	自動車製造販賣業の先驅者/梁瀨商會の發展
90055	鮮滿版	1919-03-30	06단	古川家事業概況(古河合名會社/古河鑛業株式會社/古河商事株式會社/株式東京古河銀行)
90056	鮮滿版	1919-03-31	01단	陸地棉の一頓挫/技師の引責辭職
90057	鮮滿版	1919-03-31	01단	粟界の頭痛/暴落の狀態で
90058	鮮滿版	1919-03-31	01단	鳥致院金融界(朝鮮殖産/京城銀行)
90059	鮮滿版	1919-03-31	02단	山東鹽輸入と鹽價/今後は一層下落
90060	鮮滿版	1919-03-31	02단	釜山の將來/野手稅關長談
90061	鮮滿版	1919-03-31	03단	未開墾地に速成造林/薪炭調節策として
90062	鮮滿版	1919-03-31	03단	砂糖消費稅施行規則
90063	鮮滿版	1919-03-31	03단	浮標碇置及撤去
90064	鮮滿版	1919-03-31	03단	八年度徵兵身體檢査日決定
90065	鮮滿版	1919-03-31	03단	大田學費豫算
90066	鮮滿版	1919-03-31	04단	鳥致院送電期/七月上旬點燈
90067	鮮滿版	1919-03-31	04단	忠淸興業創立
90068	鮮滿版	1919-03-31	04단	學校組合議員改選
90069	鮮滿版	1919-03-31	04단	鮮人造林資金供給
90070	鮮滿版	1919-03-31	04단	城津商事會社許可
90071	鮮滿版	1919-03-31	04단	稅印押捺申請府令
90072	鮮滿版	1919-03-31	04단	金口莨耕作指導
90073	鮮滿版	1919-03-31	05단	大田中學合格數
90074	鮮滿版	1919-03-31	05단	高瀨東拓理事
90075	鮮滿版	1919-03-31	05단	大邱より/不可思議
90076	鮮滿版	1919-03-31	05단	將來の禍根を絶たん/有罪と決定せし不逞鮮人二百六十七名は豫審廻し/京城地方法院鄕津檢事正談
90077	鮮滿版	1919-03-31	05단	群山の警戒/臨時駐屯警備
90078	鮮滿版	1919-03-31	05단	下賜金に浴した珍しい農夫/感心な行爲
90079	鮮滿版	1919-03-31	06단	大田の消防改善/市民の寄附金で
90080	鮮滿版	1919-03-31	06단	中毒で人事不省/X光線撮影試驗と硫酸バリウム服用
90081	鮮滿版	1919-03-31	06단	腦脊髓膜炎發生

1919년 4월 (선만판)

일련번호	판명	간행일	단수	기사명
90082	鮮滿版	1919-04-01	01단	印紙稅令制定/水口稅務課長談
90083	鮮滿版	1919-04-01	02단	全北穀物檢查不統一非難
90084	鮮滿版	1919-04-01	02단	京畿市場現勢/總賣買高年額一千三百〇六萬六千七十八圓
90085	鮮滿版	1919-04-01	03단	內地種葉煙草/耕作地の狀況
90086	鮮滿版	1919-04-01	03단	國稅犯則處分令施行改規
90087	鮮滿版	1919-04-01	03단	相談役を置く面指定の件
90088	鮮滿版	1919-04-01	04단	釜山船渠進行
90089	鮮滿版	1919-04-01	04단	鮮鐵營業收入槪算
90090	鮮滿版	1919-04-01	04단	各國鐵鑛數量
90091	鮮滿版	1919-04-01	04단	商議と支那視察
90092	鮮滿版	1919-04-01	04단	鳥致院學校組合會議
90093	鮮滿版	1919-04-01	04단	朝鮮窯業株式募集
90094	鮮滿版	1919-04-01	04단	行金八千圓を費消す
90095	鮮滿版	1919-04-01	05단	暴漢の取締には斷乎たる處置を執らん/國澤警務部長談
90096	鮮滿版	1919-04-01	05단	半島の運動界/動季節を迎へ/健兒の意氣昂る
90097	鮮滿版	1919-04-01	05단	大阪教育の二大缺陷/中等教育機關の不足
90098	鮮滿版	1919-04-02	01단	八年度新規土木事業(一)/京城水道擴張工事(現在設備/斷水/擴張計劃)
90099	鮮滿版	1919-04-02	02단	規則改正三件
90100	鮮滿版	1919-04-02	02단	鳥致院學校組合會議(竹下管理者曰く)
90101	鮮滿版	1919-04-02	03단	露貨又復暴落
90102	鮮滿版	1919-04-02	03단	忠南原種畓增設
90103	鮮滿版	1919-04-02	03단	淸州米油相場
90104	鮮滿版	1919-04-02	03단	忠南道の屠牛數/牛皮成績良好
90105	鮮滿版	1919-04-02	03단	東拓の植樹面積
90106	鮮滿版	1919-04-02	03단	蠶絲會社出額
90107	鮮滿版	1919-04-02	04단	純良油製出と販路
90108	鮮滿版	1919-04-02	04단	土地測量講習終了
90109	鮮滿版	1919-04-02	04단	移民募集認可申請
90110	鮮滿版	1919-04-02	04단	平壤監獄の收監七百名/澁谷檢事談
90111	鮮滿版	1919-04-02	04단	眞の暴民ならば假借せじ/神田忠南警務部長
90112	鮮滿版	1919-04-02	05단	全南の大火三十八戶全燒/少女の大火傷豚二頭鷄百二十二羽燒失
90113	鮮滿版	1919-04-02	05단	米屋が儲け過ぎる/非難の聲が昂まる

일련번호	판명	간행일	단수	기사명
90114	鮮滿版	1919-04-02	05단	惡事の共鳴から/相手の家に放火
90115	鮮滿版	1919-04-03	01단	八年度新規土木事業(二)/釜山築港二期工事(現在の設備/擴張の必要/二期計劃/北濱設備)
90116	鮮滿版	1919-04-03	03단	酒稅令改正要旨/水口稅務課長談
90117	鮮滿版	1919-04-03	05단	十九師團司令部/羅南移轉期
90118	鮮滿版	1919-04-03	05단	鵝口瘡の經濟影響甚大
90119	鮮滿版	1919-04-03	05단	保線管理變更
90120	鮮滿版	1919-04-03	05단	大田中學新校舍
90121	鮮滿版	1919-04-03	05단	大邱より/憲兵の大持て
90122	鮮滿版	1919-04-03	06단	淸津開港十年記念祝賀會/盛會を極む
90123	鮮滿版	1919-04-03	06단	首謨者檢擧
90124	鮮滿版	1919-04-03	06단	豆江沿岸は平穩
90125	鮮滿版	1919-04-03	06단	大阪敎育の二大缺陷(三)/徒弟敎育の振興を要す
90126	鮮滿版	1919-04-03	07단	大邱高普再休校/三月二十七より
90127	鮮滿版	1919-04-03	07단	豆滿江の解氷
90128	鮮滿版	1919-04-03	07단	愛婦の出動隊慰問
90129	鮮滿版	1919-04-03	07단	東拓移民追悼會
90130	鮮滿版	1919-04-04	01단	八年度新規土木事業(三)/元山陸上設備(連絡設備/付替工事/陸上設備)
90131	鮮滿版	1919-04-04	01단	普通學校增設/當分延期さる
90132	鮮滿版	1919-04-04	01단	白豆相場恢復
90133	鮮滿版	1919-04-04	01단	杞柳栽培漸盛
90134	鮮滿版	1919-04-04	02단	滿洲粟北鮮廻着
90135	鮮滿版	1919-04-04	02단	大邱倉庫現在米
90136	鮮滿版	1919-04-04	03단	城津大豆大打擊
90137	鮮滿版	1919-04-04	03단	大邱圖書館開設
90138	鮮滿版	1919-04-04	03단	鳥致院月末市場況
90139	鮮滿版	1919-04-04	03단	果實酒成績良好
90140	鮮滿版	1919-04-04	04단	大田電氣新株應募數
90141	鮮滿版	1919-04-04	04단	陸地棉栽培案內書
90142	鮮滿版	1919-04-04	04단	鮮滿工築改題
90143	鮮滿版	1919-04-04	04단	各地の騷擾(市日を覘ひて/喊聲絶えず/巡査部長を慘殺/會寧の學生妄動/馬山)
90144	鮮滿版	1919-04-04	05단	騷擾熄まず(長官警告/義州/烏山/京城)
90145	鮮滿版	1919-04-05	01단	新設第二十師團要員

일련번호	판명	간행일	단수	기사명
90146	鮮滿版	1919-04-05	02단	印紙稅令の制定と影響/鐵道が最も甚大
90147	鮮滿版	1919-04-05	02단	京畿追加豫算
90148	鮮滿版	1919-04-05	02단	鮮鐵運債改正か
90149	鮮滿版	1919-04-05	02단	城津黑鉛の全滅
90150	鮮滿版	1919-04-05	03단	慶北麥作良好
90151	鮮滿版	1919-04-05	03단	總督天機奉伺
90152	鮮滿版	1919-04-05	03단	林野申告期日變更
90153	鮮滿版	1919-04-05	03단	屠獸加工場竣成
90154	鮮滿版	1919-04-05	03단	鐵道學校志望者
90155	鮮滿版	1919-04-05	03단	釜山船渠相談會
90156	鮮滿版	1919-04-05	03단	師團司令部送別會
90157	鮮滿版	1919-04-05	03단	憲兵に採用
90158	鮮滿版	1919-04-05	04단	貰ったと思った桑苗木/お金が要ると知らなかった/遂に陳情
90159	鮮滿版	1919-04-05	04단	反抗の氣勢を示せば斷乎武器を把らん/富塚聯隊長談(八十六名起訴/星州の死傷/米院/淸津)
90160	鮮滿版	1919-04-05	04단	谷城の山火事/枕木六百本燒失
90161	鮮滿版	1919-04-05	04단	故金山氏追悼會
90162	鮮滿版	1919-04-06	01단	八年度新規土木事業(四)/水利組合獎勵補助(現況/有望地點/獎勵補助)
90163	鮮滿版	1919-04-06	01단	新に成れる臺灣總督府
90164	鮮滿版	1919-04-06	04단	東拓と殖銀
90165	鮮滿版	1919-04-06	04단	外人記者續々京城に來る
90166	鮮滿版	1919-04-06	04단	紡織工場は釜山に決定せん
90167	鮮滿版	1919-04-06	05단	兩師團所屬部隊
90168	鮮滿版	1919-04-06	05단	硬質陶器始業/四月末か五月上旬
90169	鮮滿版	1919-04-06	05단	鮮銀券發行高
90170	鮮滿版	1919-04-06	05단	土地熱稍冷却/米價下落の爲
90171	鮮滿版	1919-04-06	05단	露貨又暴落
90172	鮮滿版	1919-04-06	05단	商業學校設置認可
90173	鮮滿版	1919-04-06	05단	小原長官動靜
90174	鮮滿版	1919-04-06	05단	鐵道學校入學試驗
90175	鮮滿版	1919-04-06	05단	兩中學入學式
90176	鮮滿版	1919-04-06	06단	辭令
90177	鮮滿版	1919-04-06	06단	全鮮に及ぼせる騷擾の影響/一般的觀察

일련번호	판명	간행일	단수	기사명
90178	鮮滿版	1919-04-06	06단	人材登用の途を聞く/試補見習採用制度の改正
90179	鮮滿版	1919-04-06	07단	電話の申込激增/既設電話數は橫濱の次位
90180	鮮滿版	1919-04-06	07단	大邱陜川間十八里/自動を通じ得べし
90181	鮮滿版	1919-04-07	01단	間島と水稻/二宮東拓移民課長談
90182	鮮滿版	1919-04-07	01단	地主組合擴張す
90183	鮮滿版	1919-04-07	01단	京城元山間電話架設/新年度に實施か
90184	鮮滿版	1919-04-07	01단	慶尙南道の金融組合狀況/鮮人も餘澤に喜ふ
90185	鮮滿版	1919-04-07	02단	電車乘務員に內地人を採用/騷擾勃發の爲め
90186	鮮滿版	1919-04-07	02단	莨耕作の改良/內地種は有望
90187	鮮滿版	1919-04-07	02단	京釜間特急車/發着時間變更
90188	鮮滿版	1919-04-07	02단	全南地稅增徵
90189	鮮滿版	1919-04-07	02단	大邱金融組合開業
90190	鮮滿版	1919-04-07	02단	平壤近信
90191	鮮滿版	1919-04-07	03단	忠淸道より
90192	鮮滿版	1919-04-07	03단	大邱より/卒業のお禮廻り
90193	鮮滿版	1919-04-07	04단	船夫の遭難
90194	鮮滿版	1919-04-07	04단	日本品不評/濠州歸客談
90195	鮮滿版	1919-04-07	04단	路面改良案/寄附收用法調査
90196	鮮滿版	1919-04-07	05단	被服部凱旋期
90197	鮮滿版	1919-04-07	05단	肥後菊池神社櫻馬場
90198	鮮滿版	1919-04-07	06단	師範補缺/第二學年補缺は最初
90199	鮮滿版	1919-04-08	01단	元山港の設備/築港と八年度以降工事
90200	鮮滿版	1919-04-08	01단	師團司令部編成 開廳式は五月十日頃/管轄地域
90201	鮮滿版	1919-04-08	01단	橫斷航路貨物激減と微弱なる鐵道輸送力
90202	鮮滿版	1919-04-08	01단	公立普通學校 設置認可/慶尙南道/忠淸南道
90203	鮮滿版	1919-04-08	02단	騷擾の影響/忠南に及ぼせる
90204	鮮滿版	1919-04-08	03단	淨法寺師團長/來月五月着任
90205	鮮滿版	1919-04-08	03단	朝鮮醫師開業試驗
90206	鮮滿版	1919-04-08	03단	指定銀行決定
90207	鮮滿版	1919-04-08	03단	商議評議員當選
90208	鮮滿版	1919-04-08	03단	高普學校設置
90209	鮮滿版	1919-04-08	04단	殖銀水原支店設置
90210	鮮滿版	1919-04-08	04단	馬鈴薯耕作奬勵
90211	鮮滿版	1919-04-08	04단	叙勳御沙汰

일련번호	판명	간행일	단수	기사명
90212	鮮滿版	1919-04-08	04단	私立病院の設備が完全になる/取締規則發布
90213	鮮滿版	1919-04-08	04단	耶蘇病院の全滅/內地醫師之に代る
90214	鮮滿版	1919-04-08	04단	戒告遂に休市の發令となる/李伯戒告文を配布す/軍隊駐屯/牧師の引揚/警戒嚴重
90215	鮮滿版	1919-04-08	05단	自動車營義計畫
90216	鮮滿版	1919-04-08	05단	騷擾事件と醵金
90217	鮮滿版	1919-04-08	05단	辭令
90218	鮮滿版	1919-04-08	05단	運動界(優勝旗爭奪野球戰)
90219	鮮滿版	1919-04-09	01단	朝鮮騷擾に就きて(一)/京城閔元植寄
90220	鮮滿版	1919-04-09	01단	海軍界の奇現象客船本位/貨物船依然不振
90221	鮮滿版	1919-04-09	01단	家屋稅額消長
90222	鮮滿版	1919-04-09	01단	鎭南浦府豫算
90223	鮮滿版	1919-04-09	01단	電報規則改正
90224	鮮滿版	1919-04-09	01단	朝鮮民曆發賣規程
90225	鮮滿版	1919-04-09	02단	滿洲線一部竣工
90226	鮮滿版	1919-04-09	02단	鮮鐵連貨物送狀況
90227	鮮滿版	1919-04-09	02단	鮮鐵滯貨激減
90228	鮮滿版	1919-04-09	03단	貨物出廻狀況
90229	鮮滿版	1919-04-09	03단	杞柳細工獎勵
90230	鮮滿版	1919-04-09	03단	海外貿易勸誘
90231	鮮滿版	1919-04-09	04단	叺改良成功
90232	鮮滿版	1919-04-09	04단	畜産興業成績
90233	鮮滿版	1919-04-09	04단	儲かる整理案/虫の好い仁川米豆取引所(其筋に內相談/儲かる整理案)
90234	鮮滿版	1919-04-09	05단	線區司令部改稱
90235	鮮滿版	1919-04-09	05단	面相談役任命
90236	鮮滿版	1919-04-09	05단	畜産組合設置認可
90237	鮮滿版	1919-04-09	05단	東拓株主總會期
90238	鮮滿版	1919-04-09	05단	殉職警官に弔慰金
90239	鮮滿版	1919-04-09	05단	基督教有志より宣教師へ交涉
90240	鮮滿版	1919-04-09	06단	三階建の最新式/殖銀の增築
90241	鮮滿版	1919-04-09	06단	普通學校に女教員需要多し/女教員養成所規程の發布
90242	鮮滿版	1919-04-09	06단	各地の騷擾(慶北檢擧數)
90243	鮮滿版	1919-04-09	06단	特急車の成績良好
90244	鮮滿版	1919-04-09	01단	さくら

일련번호	판명	간행일	단수	기사명
90245	鮮滿版	1919-04-10	01단	總督府に於ける朝鮮語辭典の編纂/中樞院書記官小田幹次郎氏談
90246	鮮滿版	1919-04-10	01단	朝鮮騷擾に就きて(二)/京城閔元植寄
90247	鮮滿版	1919-04-10	05단	元山府新豫算
90248	鮮滿版	1919-04-10	06단	釜山と築港工事
90249	鮮滿版	1919-04-10	06단	上陸した春の女神
90250	鮮滿版	1919-04-10	06단	釜山三月貿易
90251	鮮滿版	1919-04-10	06단	大田三月金融
90252	鮮滿版	1919-04-10	07단	殖銀濟州支店貨出高
90253	鮮滿版	1919-04-10	07단	忠北麥作增加
90254	鮮滿版	1919-04-10	07단	大邱徵兵檢查結果
90255	鮮滿版	1919-04-10	07단	騷擾の及ぼせる土木工事支障/元山方面
90256	鮮滿版	1919-04-11	01단	撫順炭價問題/滿鐵の希望奈何
90257	鮮滿版	1919-04-11	01단	繭增收(忠南/忠北)
90258	鮮滿版	1919-04-11	01단	朝鮮騷擾に就きて(三)/京城閔元植寄
90259	鮮滿版	1919-04-11	02단	朝鮮線收入增加/急行券の委託販賣
90260	鮮滿版	1919-04-11	03단	滿鐵の社友會
90261	鮮滿版	1919-04-11	03단	海藻採取活況
90262	鮮滿版	1919-04-11	03단	檢查手數料改正
90263	鮮滿版	1919-04-11	03단	學校醫規定/制定成る
90264	鮮滿版	1919-04-11	04단	傳染病豫防規則
90265	鮮滿版	1919-04-11	04단	大邱三月貿易
90266	鮮滿版	1919-04-11	04단	陸地棉耕作(忠北/慶北)
90267	鮮滿版	1919-04-11	05단	忠北馬鈴薯種分配
90268	鮮滿版	1919-04-11	05단	淸州金融役員補選
90269	鮮滿版	1919-04-11	05단	大邱在鄉軍人分會
90270	鮮滿版	1919-04-11	05단	主要驛長更迭
90271	鮮滿版	1919-04-11	05단	叙位
90272	鮮滿版	1919-04-11	05단	大田の學事
90273	鮮滿版	1919-04-11	05단	各地の騷擾(其筋發表/就學兒童には影響なし/靑年の戒告文/公州郡部落閉市/戒告)
90274	鮮滿版	1919-04-11	06단	三ツの特徵ある急行車/日本料理新設/三等客優遇/一二等客も利便
90275	鮮滿版	1919-04-11	07단	間島移住/續々增加
90276	鮮滿版	1919-04-11	07단	人(章公使通過期)

일련번호	판명	간행일	단수	기사명
90277	鮮滿版	1919-04-12	01단	朝鮮騷擾に就きて(四)/京城閔元植寄
90278	鮮滿版	1919-04-12	01단	京城局爲替貯金受拂狀況
90279	鮮滿版	1919-04-12	01단	京城學校組合會議
90280	鮮滿版	1919-04-12	01단	鵝口瘡防疫規則改正
90281	鮮滿版	1919-04-12	01단	鮮銀券發行高
90282	鮮滿版	1919-04-12	02단	北鮮航路運賃引下/來る十六日より
90283	鮮滿版	1919-04-12	02단	活牛移出解禁
90284	鮮滿版	1919-04-12	02단	公立普通學校設立
90285	鮮滿版	1919-04-12	02단	小學校設立認可
90286	鮮滿版	1919-04-12	02단	大田實科高女開校
90287	鮮滿版	1919-04-12	03단	大田營業稅徵收
90288	鮮滿版	1919-04-12	03단	西伯利派遣徵兵
90289	鮮滿版	1919-04-12	03단	忠北道長官招宴
90290	鮮滿版	1919-04-12	03단	京城より/一記者
90291	鮮滿版	1919-04-12	04단	上戶黨が追々贅澤になった/濁酒よりも淸酒
90292	鮮滿版	1919-04-12	05단	蝟島漁期來る/豊漁の見込
90293	鮮滿版	1919-04-12	05단	醉狂の殺人/加害者の女房申請なしとて自殺を企つ
90294	鮮滿版	1919-04-12	05단	木浦店員運動會
90295	鮮滿版	1919-04-12	05단	米商店員慰勞
90296	鮮滿版	1919-04-12	05단	各地騷擾(騷擾情況/自制團規約/忠北の論告/騷擾民の取調/死刑囚の控訴)
90297	鮮滿版	1919-04-13	01단	朝鮮人同胞に檄す/速に反省自覺せよ/京城は靜平/民は其業に勵みつゝあり/京城橘破翁
90298	鮮滿版	1919-04-13	01단	朝鮮騷擾に就きて(五)/京城閔元植寄
90299	鮮滿版	1919-04-13	03단	仁川米豆取引所/整理案如何
90300	鮮滿版	1919-04-13	04단	春の京城/パゴダ塔公園
90301	鮮滿版	1919-04-13	04단	米豆檢査(鳥致院檢査高/檢査當局談/大田檢査高)
90302	鮮滿版	1919-04-13	06단	白米値上の根柢/注目を要す
90303	鮮滿版	1919-04-13	06단	仁川府新豫算
90304	鮮滿版	1919-04-13	06단	鐵工業盛況
90305	鮮滿版	1919-04-13	06단	遣支艦隊動靜
90306	鮮滿版	1919-04-13	06단	人(島田志良氏(遞信事務官)/三浦惟一氏(道事務官)/成田遞信局技師)
90307	鮮滿版	1919-04-14	01단	滿洲炭値上に就き全鮮會議所蹶起す/滿鐵本社に陳情書提出

일련번호	판명	간행일	단수	기사명
90308	鮮滿版	1919-04-14	01단	群山開港記念祝賀會
90309	鮮滿版	1919-04-14	01단	金谷府尹主催の內鮮人懇談會
90310	鮮滿版	1919-04-14	01단	日本基敎徒の奮起か/日本總會基敎朝鮮本部員の懇談會
90311	鮮滿版	1919-04-14	01단	增設學校建設地
90312	鮮滿版	1919-04-14	01단	原料小麥免稅
90313	鮮滿版	1919-04-14	02단	平壤商議增員
90314	鮮滿版	1919-04-14	02단	大田徵兵檢查成績
90315	鮮滿版	1919-04-14	02단	南浦靑年會役員
90316	鮮滿版	1919-04-14	02단	公立普通學校設置
90317	鮮滿版	1919-04-14	03단	京城劇場/愈設立の運び
90318	鮮滿版	1919-04-14	03단	凹んだ日步貸業者/騷擾の餘波で借手もない
90319	鮮滿版	1919-04-14	03단	騷擾の影響最も甚大な耶蘇學校/生徒が續々轉校する
90320	鮮滿版	1919-04-14	04단	各地騷擾(平壤外人宅に潛伏の鮮人と押收の證據物件/首魁以下判決/其筋發表(京城發))
90321	鮮滿版	1919-04-14	05단	繭屋殺し遂に死刑/上告棄却
90322	鮮滿版	1919-04-14	05단	鳥致院德島縣人會の敬老會
90323	鮮滿版	1919-04-14	05단	自動車時間改正
90324	鮮滿版	1919-04-14	05단	人(大塚參事官/原田朝郵社長/久保京管局長)
90325	鮮滿版	1919-04-15	01단	內地人も今少し考へよ/山縣總監談
90326	鮮滿版	1919-04-15	01단	龍山に設置の無線電信/八月中に完成
90327	鮮滿版	1919-04-15	02단	滿鐵運賃値上說/事實ならば運輸の一大恐慌
90328	鮮滿版	1919-04-15	02단	滿鐵の積極支出
90329	鮮滿版	1919-04-15	02단	橫斷航路配船
90330	鮮滿版	1919-04-15	02단	朝鮮民曆發賣規定
90331	鮮滿版	1919-04-15	02단	朝鮮騷擾に就きて(六)/京城閔元植寄
90332	鮮滿版	1919-04-15	03단	商議役員選擧
90333	鮮滿版	1919-04-15	04단	前例なき移民申込/旣に百三十八戶に及ぶ
90334	鮮滿版	1919-04-15	04단	愛婦慰問金募集
90335	鮮滿版	1919-04-15	04단	京城學校組合豫算
90336	鮮滿版	1919-04-15	04단	憲補規定改正
90337	鮮滿版	1919-04-15	05단	三月中大豆檢查高
90338	鮮滿版	1919-04-15	05단	厄介な外字紙
90339	鮮滿版	1919-04-15	05단	騷擾學生判決/懲役十箇月とご箇月
90340	鮮滿版	1919-04-15	06단	全鮮在監因人數/騷擾で激增
90341	鮮滿版	1919-04-15	06단	各地騷擾(其筋發表)

일련번호	판명	간행일	단수	기사명
90342	鮮滿版	1919-04-15	06단	全鮮鵝口瘡狀況
90343	鮮滿版	1919-04-15	06단	鎭南浦大運動會
90344	鮮滿版	1919-04-16	01단	三月朝鮮貿易槪況/前年同期に比して八百七十三萬餘圓入超
90345	鮮滿版	1919-04-16	01단	朝鮮騷擾に就きて(七)/京城閔元植寄
90346	鮮滿版	1919-04-16	02단	朝鮮輕鐵增資
90347	鮮滿版	1919-04-16	02단	城津三月貿易
90348	鮮滿版	1919-04-16	03단	巖南道路着手
90349	鮮滿版	1919-04-16	03단	課長の民情視察
90350	鮮滿版	1919-04-16	04단	平壤記者團の米國宣敎師へ/會見申込
90351	鮮滿版	1919-04-16	04단	引揚の見込なきゆたか丸の解體
90352	鮮滿版	1919-04-16	05단	元山の閉店と騷擾事件公判
90353	鮮滿版	1919-04-16	05단	各地騷擾(忠南四十餘の市場停止/其筋發表)
90354	鮮滿版	1919-04-16	06단	人(美濃部鮮銀總裁/三島殖銀頭取/石塚東拓總裁/木谷少將)
90355	鮮滿版	1919-04-17	01단	遲蒔ながら日本組合基敎の蹶起/唯一の朝鮮人布敎の日本組合基督敎團/全道に亘って時局對應運動を起す
90356	鮮滿版	1919-04-17	02단	大阪佛敎記者團より在鮮宣敎師に警告
90357	鮮滿版	1919-04-17	02단	粟卅萬巖/續々輸入中
90358	鮮滿版	1919-04-17	02단	警官採用給與令改正
90359	鮮滿版	1919-04-17	02단	畜牛移出港/指定に關する意見上申
90360	鮮滿版	1919-04-17	03단	鳥致院に送電
90361	鮮滿版	1919-04-17	03단	釜山商專移轉運動
90362	鮮滿版	1919-04-17	03단	共同增資計劃
90363	鮮滿版	1919-04-17	03단	群山取引所無活氣/延取引期間短縮影響
90364	鮮滿版	1919-04-17	04단	迎日灣鰊漁に收獲
90365	鮮滿版	1919-04-17	04단	輸送貨物增加
90366	鮮滿版	1919-04-17	04단	看守採用規則改正
90367	鮮滿版	1919-04-17	04단	達城郡廳舍移轉
90368	鮮滿版	1919-04-17	04단	群山普通校新築
90369	鮮滿版	1919-04-17	05단	鳥致院の穀價
90370	鮮滿版	1919-04-17	05단	滿洲學校組合評議員會
90371	鮮滿版	1919-04-17	05단	忠淸興業創立總會延期
90372	鮮滿版	1919-04-17	05단	槐山騷擾公判
90373	鮮滿版	1919-04-17	06단	各地騷擾(自制會の組織/人心少しく安定/釜山救護所設置)
90374	鮮滿版	1919-04-17	06단	天然痘の猖獗

일련번호	판명	간행일	단수	기사명
90375	鮮滿版	1919-04-17	06단	人(原田朝鮮社長/南代議士/渡邊侍從武官/國友警務課長)
90376	鮮滿版	1919-04-18	01단	朝鮮産業界の一問題たる/石炭問題の歸結奈何/早晩曲りなりにも解決せん
90377	鮮滿版	1919-04-18	01단	殖銀債券/近く發行せん
90378	鮮滿版	1919-04-18	01단	浦潮航路殷賑/各社の競爭
90379	鮮滿版	1919-04-18	01단	仁川米豆新株募集不成績
90380	鮮滿版	1919-04-18	02단	安東縣の柞蠶絲活況
90381	鮮滿版	1919-04-18	02단	鮮銀理事增置虛說
90382	鮮滿版	1919-04-18	02단	東拓理事增置か
90383	鮮滿版	1919-04-18	03단	地方費徵收成績
90384	鮮滿版	1919-04-18	03단	持越糖酒稅額
90385	鮮滿版	1919-04-18	03단	延賣買保證金引上
90386	鮮滿版	1919-04-18	03단	騷擾報告機關設置
90387	鮮滿版	1919-04-18	03단	金泉學校新豫算
90388	鮮滿版	1919-04-18	04단	教員試驗規則改正
90389	鮮滿版	1919-04-18	04단	大田金融組合總會
90390	鮮滿版	1919-04-18	04단	大邱下水工事着手
90391	鮮滿版	1919-04-18	04단	朝鮮線車輛數
90392	鮮滿版	1919-04-18	04단	大田中學入學式
90393	鮮滿版	1919-04-18	04단	各地騷擾(其筋發表)
90394	鮮滿版	1919-04-19	01단	軍隊の暴動鎭壓方針/長野八十聯隊長談
90395	鮮滿版	1919-04-19	01단	內定せる仁川米豆整理內容/近く認可されん
90396	鮮滿版	1919-04-19	01단	忠南新豫算
90397	鮮滿版	1919-04-19	02단	土地熱の冷却/三割方下値
90398	鮮滿版	1919-04-19	02단	殖銀の聯合會貸出高
90399	鮮滿版	1919-04-19	03단	京城三月商況/不活潑に越月す
90400	鮮滿版	1919-04-19	03단	騷擾實況視察
90401	鮮滿版	1919-04-19	03단	甫吉島林野讓與
90402	鮮滿版	1919-04-19	04단	淸州金融組合總會
90403	鮮滿版	1919-04-19	04단	朝鮮人蔘會社創立
90404	鮮滿版	1919-04-19	04단	士耳其葉莨栽培
90405	鮮滿版	1919-04-19	04단	軍人會の記念植樹
90406	鮮滿版	1919-04-19	04단	東拓金肥分配
90407	鮮滿版	1919-04-19	04단	告示二件
90408	鮮滿版	1919-04-19	04단	辭令

일련번호	판명	간행일	단수	기사명
90409	鮮滿版	1919-04-19	04단	大田皮革株主總會
90410	鮮滿版	1919-04-19	04단	鮮鐵社友會の調辨所が出來て困るどいふ龍山商人
90411	鮮滿版	1919-04-19	05단	認可さへあれば直くに建築にかゝる/京城劇場
90412	鮮滿版	1919-04-19	05단	各地騷擾(騷擾豫防策/全南順天)
90413	鮮滿版	1919-04-19	05단	人(美濃部鮮銀總裁)
90414	鮮滿版	1919-04-20	01단	鮮鐵荷動概況/滿洲粟と鑛石出荷增加
90415	鮮滿版	1919-04-20	01단	納稅觀念の向上/京畿租稅徵收成績
90416	鮮滿版	1919-04-20	03단	社友會の事業
90417	鮮滿版	1919-04-20	03단	模範堆肥奬勵
90418	鮮滿版	1919-04-20	04단	電燈面營問題/目下調査中
90419	鮮滿版	1919-04-20	04단	釜山の二大工事
90420	鮮滿版	1919-04-20	04단	鮮銀券發行高
90421	鮮滿版	1919-04-20	04단	巡査の募集に內地まで出掛けて/激しい爭奪戰の中でやっと五十名を募集
90422	鮮滿版	1919-04-20	05단	新師團長申告
90423	鮮滿版	1919-04-20	05단	絹業會社創立計劃/資本金五百萬圓
90424	鮮滿版	1919-04-20	05단	眼が醒めた/李承晩
90425	鮮滿版	1919-04-21	01단	北鮮海軍界の競爭/貨物爭奪戰起らん
90426	鮮滿版	1919-04-21	01단	鑛業出願激減と其原因
90427	鮮滿版	1919-04-21	01단	城津築港問題の其後
90428	鮮滿版	1919-04-21	02단	殖銀支店/群山に設置說
90429	鮮滿版	1919-04-21	03단	輸移入品消費稅取扱改規
90430	鮮滿版	1919-04-21	03단	府郡會計檢査
90431	鮮滿版	1919-04-21	03단	暴動と群山財界/殆んど影響なし
90432	鮮滿版	1919-04-21	03단	新義州港貿易
90433	鮮滿版	1919-04-21	04단	東拓出張所廢止
90434	鮮滿版	1919-04-21	04단	五州輕鐵測量着手
90435	鮮滿版	1919-04-21	04단	稅關支署長更迭
90436	鮮滿版	1919-04-21	04단	鎭海水産開業
90437	鮮滿版	1919-04-21	04단	朝鮮郵船總會
90438	鮮滿版	1919-04-21	04단	大邱より
90439	鮮滿版	1919-04-21	05단	間島移住の鮮民/騷擾事件の影響
90440	鮮滿版	1919-04-21	06단	特急架設電話を申込めば早いが多額の費用を要する
90441	鮮滿版	1919-04-21	06단	全國書畫骨董大會開かる/馬山府都座で
90442	鮮滿版	1919-04-22	01단	群山米穀組合の前途/今や收拾すべからざる狀態

일련번호	판명	간행일	단수	기사명
90443	鮮滿版	1919-04-22	01단	全鮮記者大會
90444	鮮滿版	1919-04-22	01단	京城府新豫算/八十四萬八千百餘圓
90445	鮮滿版	1919-04-22	01단	歲費の辭退/學校議員の大出來
90446	鮮滿版	1919-04-22	02단	東拓理事候補と各課長異動說
90447	鮮滿版	1919-04-22	02단	不動産金融
90448	鮮滿版	1919-04-22	02단	移民の農會組織
90449	鮮滿版	1919-04-22	03단	殖銀と社債/目下形勢觀望
90450	鮮滿版	1919-04-22	03단	電報料後納制/信用にて保證は不用
90451	鮮滿版	1919-04-22	03단	水利補助規程/愈發布さる
90452	鮮滿版	1919-04-22	03단	水底電線保護區域
90453	鮮滿版	1919-04-22	03단	朝鮮人理事/金融組合に採用
90454	鮮滿版	1919-04-22	03단	京城三月金融
90455	鮮滿版	1919-04-22	04단	全北穀物檢査成績
90456	鮮滿版	1919-04-22	04단	彦陽學校組合許可
90457	鮮滿版	1919-04-22	04단	朝鮮雇員採用試驗
90458	鮮滿版	1919-04-22	04단	大田地主會
90459	鮮滿版	1919-04-22	04단	大田金融組合總會
90460	鮮滿版	1919-04-22	04단	殖銀仁川支店新設
90461	鮮滿版	1919-04-22	05단	鐵道學校合格數
90462	鮮滿版	1919-04-22	05단	辭令
90463	鮮滿版	1919-04-22	05단	其後の鮮人學生/九割迄は登校
90464	鮮滿版	1919-04-22	05단	朝鮮では天然痘が年々減じる
90465	鮮滿版	1919-04-22	06단	新嘗祭獻穀「日の出」/五月一日播種
90466	鮮滿版	1919-04-22	06단	たった一人醫師試驗を受けた若い婦人
90467	鮮滿版	1919-04-22	06단	忠北各地の市場開始近し
90468	鮮滿版	1919-04-22	06단	各地騷擾(槐山元兇判決/淸州首魁判決/詐取犯人檢擧)
90469	鮮滿版	1919-04-23	01단	朝鮮繭産出高/三府二十九縣に移出
90470	鮮滿版	1919-04-23	01단	特急車と鮮魚輸送難/馬山其他關係當業者の打擊
90471	鮮滿版	1919-04-23	02단	鮮鐵滯貨整理/近く一掃されん
90472	鮮滿版	1919-04-23	02단	畜牛檢疫所設置希望
90473	鮮滿版	1919-04-23	03단	稚蠶飼育狀況
90474	鮮滿版	1919-04-23	03단	大田永同間鐵道工事
90475	鮮滿版	1919-04-23	03단	忠南の金肥問題
90476	鮮滿版	1919-04-23	04단	火葬場の改築

일련번호	판명	간행일	단수	기사명
90477	鮮滿版	1919-04-23	04단	巡査採用試驗日割
90478	鮮滿版	1919-04-23	04단	鮮鐵營業收入
90479	鮮滿版	1919-04-23	04단	旅客數激增
90480	鮮滿版	1919-04-23	05단	貨物取扱所新設
90481	鮮滿版	1919-04-23	05단	滿洲へ鮮人の移住
90482	鮮滿版	1919-04-23	05단	鮮人兒童/暴動を避けて松江北堀校へ入學
90483	鮮滿版	1919-04-24	01단	鮮鐵運賃値上は疑問/運賃調査は事實
90484	鮮滿版	1919-04-24	01단	朝鮮貿易/累計一億餘萬圓
90485	鮮滿版	1919-04-24	01단	群山貿易激增
90486	鮮滿版	1919-04-24	01단	抵當令發布三件(財團抵當令/工場抵當令/鑛業抵當令)
90487	鮮滿版	1919-04-24	02단	登錄稅令改定
90488	鮮滿版	1919-04-24	02단	淸酒製成步舍/改善を要す
90489	鮮滿版	1919-04-24	03단	巖南道路起工
90490	鮮滿版	1919-04-24	03단	鮮魚輸送問題
90491	鮮滿版	1919-04-24	03단	下等白米解禁
90492	鮮滿版	1919-04-24	03단	忠淸道より
90493	鮮滿版	1919-04-24	03단	未墾地調査員增置
90494	鮮滿版	1919-04-24	04단	名譽表彰記念
90495	鮮滿版	1919-04-24	04단	檢米所の昇格
90496	鮮滿版	1919-04-24	04단	鮮銀職員移動
90497	鮮滿版	1919-04-24	04단	*騷擾餘沫 騷擾と臨時鄕約 總督府發表/排天道教熱/鮮人懇談會/市場の解除/內鮮人融和/騷擾と金融*
90498	鮮滿版	1919-04-24	05단	三十名の女事務員/鮮銀で採用
90499	鮮滿版	1919-04-24	06단	騰寫版摺
90500	鮮滿版	1919-04-24	06단	忠南沖の賑ひ/漁船の集來
90501	鮮滿版	1919-04-24	06단	天然痘で滿員/傳染病院增築
90502	鮮滿版	1919-04-24	06단	助役の轢死
90503	鮮滿版	1919-04-24	06단	新刊紹介(漱石全集第十一卷/日本の寺院と國寶/子をつれて/電氣用代數及幾何)
90504	鮮滿版	1919-04-25	01단	朝鮮工業の發達/六箇年間に六千六百六十三萬餘圓の增加
90505	鮮滿版	1919-04-25	01단	蠶種製造高/大正七年度
90506	鮮滿版	1919-04-25	01단	安東縣の戶口增加
90507	鮮滿版	1919-04-25	01단	特急車盛況/乘客漸次增加
90508	鮮滿版	1919-04-25	01단	海上保險總額/群山よりの輸移出貨物に對する契約高

일련번호	판명	간행일	단수	기사명
90509	鮮滿版	1919-04-25	02단	忠北殖林完了
90510	鮮滿版	1919-04-25	02단	全北米檢增設/本年度に二箇所
90511	鮮滿版	1919-04-25	02단	米檢手數料値上
90512	鮮滿版	1919-04-25	02단	平南楓葉採取
90513	鮮滿版	1919-04-25	02단	*群山在米減少/非常に激增/學生が多い*
90514	鮮滿版	1919-04-25	03단	牧島島民請願
90515	鮮滿版	1919-04-25	03단	大田金融組合總會
90516	鮮滿版	1919-04-25	03단	騷擾關係の有力なる犯人檢擧さる/連類者亦續々逮捕されん
90517	鮮滿版	1919-04-25	03단	*入監中の孫秉熙や其一味は獄房て三十五錢の辨當 學生は教科書を耽讀/辨當約千本*
90518	鮮滿版	1919-04-25	04단	群山金融組合總會
90519	鮮滿版	1919-04-25	04단	平北鮮民の天道教警戒/教徒等の往來を忌避す
90520	鮮滿版	1919-04-25	05단	忠北の首魁/二名は懲役二年
90521	鮮滿版	1919-04-25	05단	水原郡の檢擧數/八百三名に上る
90522	鮮滿版	1919-04-25	05단	盛況を極めし/鎭南浦運動會
90523	鮮滿版	1919-04-25	05단	群山靑年運動會
90524	鮮滿版	1919-04-25	05단	慶北米實收高
90525	鮮滿版	1919-04-25	05단	人(石塚東拓總裁/駐日支那章公使/城京城覆審法院長/金澤文學博士)
90526	鮮滿版	1919-04-26	01단	米價下落が大原因/鮮商の閉店と財界
90527	鮮滿版	1919-04-26	01단	驚くべき出産率/昨年中京畿道內で六萬六千餘人
90528	鮮滿版	1919-04-26	01단	改良農具普及と米質向上策
90529	鮮滿版	1919-04-26	02단	忠南金融組合狀況
90530	鮮滿版	1919-04-26	02단	安東の建築界
90531	鮮滿版	1919-04-26	02단	麥優良種普及狀況
90532	鮮滿版	1919-04-26	02단	鮮鐵特定債金改正
90533	鮮滿版	1919-04-26	02단	鮮鐵連帶受拂
90534	鮮滿版	1919-04-26	03단	開市停止解除
90535	鮮滿版	1919-04-26	03단	殖銀耕地整理增加
90536	鮮滿版	1919-04-26	03단	飼養畜牛增加
90537	鮮滿版	1919-04-26	03단	釜山穀類在荷
90538	鮮滿版	1919-04-26	03단	東拓莨播種狀況
90539	鮮滿版	1919-04-26	04단	大連御安着の梨本師團長宮殿下/船中の御動靜を林田參謀長談る

일련번호	판명	간행일	단수	기사명
90540	鮮滿版	1919-04-26	04단	炭礦線改賃
90541	鮮滿版	1919-04-26	04단	村野氏の視察
90542	鮮滿版	1919-04-26	04단	爆擊參加鮮民諭示/主謀者釋放請願
90543	鮮滿版	1919-04-26	04단	面長暴民を解散せしむ
90544	鮮滿版	1919-04-26	04단	騷擾事件判決/八十五名の結審
90545	鮮滿版	1919-04-26	05단	全南求禮の大火/鮮人一名、牛一頭、豚二頭燒死
90546	鮮滿版	1919-04-26	05단	新刊紹介(模範新英和大辭典/日米住所錄/經濟眼/櫻の實の熟する時/新■■者■譜)
90547	鮮滿版	1919-04-27	01단	關東廳移置問題/旅順より大連へとの議/第一困難なるは廳舍舍宅の設備
90548	鮮滿版	1919-04-27	01단	釜山築港工事の內定
90549	鮮滿版	1919-04-27	01단	朝鮮使節渡佛不許(紐育コンマーシヤル所載)
90550	鮮滿版	1919-04-27	01단	司法府新施設
90551	鮮滿版	1919-04-27	02단	氣象觀測增置
90552	鮮滿版	1919-04-27	02단	南洋出稼鮮人
90553	鮮滿版	1919-04-27	02단	全鮮記者大會
90554	鮮滿版	1919-04-27	02단	記者團と宣敎師
90555	鮮滿版	1919-04-27	02단	店員表彰式
90556	鮮滿版	1919-04-27	03단	鳥致院と米/輕鐵開通の影響
90557	鮮滿版	1919-04-27	03단	豆粕肥料獎勵
90558	鮮滿版	1919-04-27	03단	鮮魚輸送と貨車
90559	鮮滿版	1919-04-27	04단	棉の栽培有望
90560	鮮滿版	1919-04-27	04단	製藥會社出願
90561	鮮滿版	1919-04-27	04단	釜山の釀造現狀
90562	鮮滿版	1919-04-27	04단	紡織會社出願
90563	鮮滿版	1919-04-27	04단	釜山の電話不足
90564	鮮滿版	1919-04-27	05단	朝郵增資問題
90565	鮮滿版	1919-04-27	05단	釜山水産の水揚
90566	鮮滿版	1919-04-27	05단	共成會新設箇所
90567	鮮滿版	1919-04-27	05단	東拓庶務後任
90568	鮮滿版	1919-04-27	05단	鮮銀支店長更迭
90569	鮮滿版	1919-04-27	05단	學校組合設置
90570	鮮滿版	1919-04-27	05단	釜山商業夜學
90571	鮮滿版	1919-04-27	06단	殖銀仁川支店設置
90572	鮮滿版	1919-04-27	06단	騷擾と新學期

일련번호	판명	간행일	단수	기사명
90573	鮮滿版	1919-04-27	06단	臨波の騷擾者/六名者控訴す
90574	鮮滿版	1919-04-27	06단	立神丸受渡
90575	鮮滿版	1919-04-28	01단	朝鮮地方金融界の進展/二箇年度百箇組合增設下層金融界の一大福音
90576	鮮滿版	1919-04-28	01단	騷擾と學校(上)/愈よ開校の時期が近寄った/京城專修學校長吾孫子勝氏談
90577	鮮滿版	1919-04-28	03단	遊金吸收
90578	鮮滿版	1919-04-28	03단	十六師團到着
90579	鮮滿版	1919-04-28	03단	白國領事館再設
90580	鮮滿版	1919-04-28	03단	朝鮮視察團/朝鮮實業會社十五周年記念
90581	鮮滿版	1919-04-28	03단	忠南の植林業/石塚技師談
90582	鮮滿版	1919-04-28	04단	滯貨整理順調
90583	鮮滿版	1919-04-28	05단	忠南の檢米
90584	鮮滿版	1919-04-28	05단	大田皮革總會
90585	鮮滿版	1919-04-28	05단	東拓新理事任期
90586	鮮滿版	1919-04-28	05단	經理部長更迭
90587	鮮滿版	1919-04-28	05단	李秉武氏巡視
90588	鮮滿版	1919-04-28	05단	辭令
90589	鮮滿版	1919-04-28	05단	人(石塚東拓總裁/原田朝郵取締役會長/村野政友會總務/牧山代議士)
90590	鮮滿版	1919-04-28	05단	檢疫所の急務/城津と生牛移出
90591	鮮滿版	1919-04-28	06단	大田と集治監
90592	鮮滿版	1919-04-28	06단	暴民警官に喰って懸る
90593	鮮滿版	1919-04-28	06단	日本婦人殺さる/犯人は支那人が
90594	鮮滿版	1919-04-28	06단	驛夫の殉職
90595	鮮滿版	1919-04-28	06단	明川群尙不穩
90596	鮮滿版	1919-04-28	06단	蒙古通信
90597	鮮滿版	1919-04-29	01단	梨本宮大連御發/諸員奉送裡に遼陽へ向はせらる
90598	鮮滿版	1919-04-29	01단	仁川取引所認可/內容は豫報通り
90599	鮮滿版	1919-04-29	01단	鮮米釀造試驗
90600	鮮滿版	1919-04-29	01단	大田發展策
90601	鮮滿版	1919-04-29	02단	鮮人懇談會
90602	鮮滿版	1919-04-29	02단	警察部長視察
90603	鮮滿版	1919-04-29	02단	高島十九師團長
90604	鮮滿版	1919-04-29	02단	矯風會の組織

일련번호	판명	간행일	단수	기사명
90605	鮮滿版	1919-04-29	02단	金融組合總會
90606	鮮滿版	1919-04-29	02단	水電復舊工事
90607	鮮滿版	1919-04-29	02단	鐵道學校始業式
90608	鮮滿版	1919-04-29	03단	公州慈惠病院の騷擾患者/石藤院長語る
90609	鮮滿版	1919-04-29	03단	再び朝鮮騷}動に就て諸方の駁論に對ふ/在京城閔元植寄
90610	鮮滿版	1919-04-29	04단	奇特な郡民/名の騷}擾者を出さず毎日道路工事
90611	鮮滿版	1919-04-29	04단	誓言して開市/義州批峴市場
90612	鮮滿版	1919-04-29	05단	赤十字と割引
90613	鮮滿版	1919-04-29	05단	騷擾餘沫(禁酒申合/商民の愚痴)
90614	鮮滿版	1919-04-30	01단	東京より/一記者
90615	鮮滿版	1919-04-30	01단	輕便鐵道/續々起る
90616	鮮滿版	1919-04-30	02단	府豫算協議會
90617	鮮滿版	1919-04-30	02단	酒煙草稅發令
90618	鮮滿版	1919-04-30	02단	教育會の豫算
90619	鮮滿版	1919-04-30	02단	獻穀米耕作地
90620	鮮滿版	1919-04-30	02단	騷擾と學校(下)/愈よ開校の時期が近寄った/京城專修學校長吾孫子勝氏談
90621	鮮滿版	1919-04-30	03단	土木協會總會
90622	鮮滿版	1919-04-30	03단	輕鐵敷設認可
90623	鮮滿版	1919-04-30	03단	大邱下水工事
90624	鮮滿版	1919-04-30	03단	忠淸興業創立
90625	鮮滿版	1919-04-30	03단	大興電氣總會
90626	鮮滿版	1919-04-30	03단	木炭供給契約
90627	鮮滿版	1919-04-30	04단	借家難/京城は借家が無い之が解決は緊急事
90628	鮮滿版	1919-04-30	05단	一萬二千圓の公金を費消した上野は前料者/鑛山で失敗が原因
90629	鮮滿版	1919-04-30	05단	電話不足/申込の激增と電話機の不足
90630	鮮滿版	1919-04-30	06단	騷擾餘報(騷擾と在滿鮮人/騷擾と忠南學校)

1919년 5월 (선만판)

일련번호	판명	간행일	단수	기사명
90631	鮮滿版	1919-05-01	01단	朝鮮暴動の眞相/全道に亙って調査した陸軍省兒玉少佐の視察談
90632	鮮滿版	1919-05-01	02단	鴨江沿岸民は現政治を謳歌
90633	鮮滿版	1919-05-01	02단	東拓移民決定
90634	鮮滿版	1919-05-01	03단	鎭海面長更迭
90635	鮮滿版	1919-05-01	03단	普通學校長會
90636	鮮滿版	1919-05-01	03단	鮮魚輸送解決
90637	鮮滿版	1919-05-01	03단	馬山地方麥作
90638	鮮滿版	1919-05-01	04단	杞柳栽培統一
90639	鮮滿版	1919-05-01	04단	忠南の畜産物
90640	鮮滿版	1919-05-01	04단	土地收用認定
90641	鮮滿版	1919-05-01	04단	大田市場の擴張
90642	鮮滿版	1919-05-01	04단	公州都市金融組合
90643	鮮滿版	1919-05-01	04단	大正起業新設
90644	鮮滿版	1919-05-01	04단	滿鐵社友會發會
90645	鮮滿版	1919-05-01	05단	滿洲鑛山藥會社
90646	鮮滿版	1919-05-01	05단	平安北道定州の耶蘇天道兩教/轉た今昔の感あり
90647	鮮滿版	1919-05-01	05단	金州丸忠魂碑/新浦港公園に
90648	鮮滿版	1919-05-01	05단	鮮人の小僧を養成すべしと鹽澤布教師は語る
90649	鮮滿版	1919-05-01	05단	朝鮮線の拔荷/甚だしとの批難
90650	鮮滿版	1919-05-02	01단	滿鐵副社長中西氏/東京に於て語る
90651	鮮滿版	1919-05-02	01단	酒の需給/輸移入の消長
90652	鮮滿版	1919-05-02	02단	鮮銀小額券殘高
90653	鮮滿版	1919-05-02	02단	露貨換算率
90654	鮮滿版	1919-05-02	02단	連絡輸送廢止
90655	鮮滿版	1919-05-02	02단	近距離運賃續行/來る十一月十日迄
90656	鮮滿版	1919-05-02	02단	鮮鐵と滯貨
90657	鮮滿版	1919-05-02	02단	貨物受託開始
90658	鮮滿版	1919-05-02	02단	朝郵株主總會
90659	鮮滿版	1919-05-02	03단	永同附近發展
90660	鮮滿版	1919-05-02	03단	釜山と朝紡工場/設置運動熱烈
90661	鮮滿版	1919-05-02	03단	馬山地方米價
90662	鮮滿版	1919-05-02	03단	慶北新豫算認可
90663	鮮滿版	1919-05-02	03단	忠淸南道の成歡牧場/道內一の設備
90664	鮮滿版	1919-05-02	04단	昌德宮內の大造殿/來春竣工の豫定

일련번호	판명	간행일	단수	기사명
90665	鮮滿版	1919-05-02	04단	手紙に表はれた朝鮮女學生/騷擾を苦にした痛ましき乙女心
90666	鮮滿版	1919-05-02	05단	京城に出来る二大公園/訓練院と獎忠壇
90667	鮮滿版	1919-05-02	05단	雨なき群山米作凶か/地方民の雨祈り
90668	鮮滿版	1919-05-02	06단	天日爲めに暗かりし城津の烈風砂塵/役に立たぬ測候所
90669	鮮滿版	1919-05-02	06단	騷擾に關連した醫專生の停學
90670	鮮滿版	1919-05-02	06단	卒哭の儀
90671	鮮滿版	1919-05-02	06단	安東縣招魂祭
90672	鮮滿版	1919-05-02	06단	宣教師の歸國は例年の事なり
90673	鮮滿版	1919-05-02	06단	京城劇場認可
90674	鮮滿版	1919-05-02	06단	二代目雲來る
90675	鮮滿版	1919-05-02	06단	人(美濃部鮮銀總裁/廣瀨陸軍經理學校長)
90676	鮮滿版	1919-05-03	01단	危機に瀕せる全鮮の果樹栽培業/誤れる設計と病蟲害激甚のため十數年の苦心水泡に歸せんとす
90677	鮮滿版	1919-05-03	02단	位勳記傳達式
90678	鮮滿版	1919-05-03	03단	城津面新豫算
90679	鮮滿版	1919-05-03	03단	官林貸下競爭
90680	鮮滿版	1919-05-03	03단	木電畫間動力供給
90681	鮮滿版	1919-05-03	03단	滿鐵定款改正
90682	鮮滿版	1919-05-03	03단	城津會社熱勃興
90683	鮮滿版	1919-05-03	04단	慶北農産收穫高
90684	鮮滿版	1919-05-03	04단	忠南の春蠶況
90685	鮮滿版	1919-05-03	04단	蝟島石首魚漁況
90686	鮮滿版	1919-05-03	04단	大邱御成年式奉祝
90687	鮮滿版	1919-05-03	04단	新造機關車着期
90688	鮮滿版	1919-05-03	04단	鮮銀券發行週報
90689	鮮滿版	1919-05-03	05단	社友會木浦支部
90690	鮮滿版	1919-05-03	05단	畜産株主總會
90691	鮮滿版	1919-05-03	05단	蠶業令實施
90692	鮮滿版	1919-05-03	05단	一年一度の歡樂日/安東縣の賑ひ
90693	鮮滿版	1919-05-03	05단	火事頻々(山火事/四十三戶燒失/遂安/大學演習林)
90694	鮮滿版	1919-05-03	05단	大邱乘馬會の試乘
90695	鮮滿版	1919-05-04	01단	咸南物産共進會/明年五月開催に決定
90696	鮮滿版	1919-05-04	01단	忠南主要道路/本年度内に完成
90697	鮮滿版	1919-05-04	01단	京畿地方費豫算/十四萬餘圓增加

일련번호	판명	간행일	단수	기사명
90698	鮮滿版	1919-05-04	02단	忠南農林近況/岡林校長談
90699	鮮滿版	1919-05-04	02단	鴨綠江材市況
90700	鮮滿版	1919-05-04	03단	忠南水産狀況
90701	鮮滿版	1919-05-04	03단	上黨金融總會
90702	鮮滿版	1919-05-04	03단	穀價漸次昇騰
90703	鮮滿版	1919-05-04	03단	土木協會新計劃
90704	鮮滿版	1919-05-04	04단	罹災民救助金
90705	鮮滿版	1919-05-04	04단	通信收入成績
90706	鮮滿版	1919-05-04	04단	學校費戶別割
90707	鮮滿版	1919-05-04	04단	官制改正公布
90708	鮮滿版	1919-05-04	04단	鳥致院叺檢査數
90709	鮮滿版	1919-05-04	04단	東拓金肥配給狀況
90710	鮮滿版	1919-05-04	04단	*淸州學校組合豫算/學校組合新設*
90711	鮮滿版	1919-05-04	05단	殖銀支店長異動
90712	鮮滿版	1919-05-04	05단	鳥致院學校組合會
90713	鮮滿版	1919-05-04	05단	世界良馬の祖先純血アラブの優良種を試みんとする成歡牧場/『時が批判を加ふる時期を待つ』と東野場長語る
90714	鮮滿版	1919-05-04	05단	社友會の圖書館/一般に解放す
90715	鮮滿版	1919-05-04	05단	鵝口瘡終熄
90716	鮮滿版	1919-05-04	06단	運輸倉庫總會
90717	鮮滿版	1919-05-04	06단	精米工場全燒/損害廿五萬圓
90718	鮮滿版	1919-05-06	01단	京畿地方費豫算內容
90719	鮮滿版	1919-05-06	01단	忠北錦江上流を水源とする水電計劃/資本五百萬圓
90720	鮮滿版	1919-05-06	01단	鵝口瘡豫防改規
90721	鮮滿版	1919-05-06	02단	標柱夜間表示廢止
90722	鮮滿版	1919-05-06	02단	金融機關增設
90723	鮮滿版	1919-05-06	02단	馬鎭貿易狀況(馬山/鎭海)
90724	鮮滿版	1919-05-06	03단	朝鮮桑田狀況/桑田段當り繭五斗收穫の割
90725	鮮滿版	1919-05-06	04단	繩叺製産增加
90726	鮮滿版	1919-05-06	04단	長距離電話架設
90727	鮮滿版	1919-05-06	04단	橫川小學校設置
90728	鮮滿版	1919-05-06	04단	大邱東雲町山十組製絲場の熱病患者二百名に及ぶ
90729	鮮滿版	1919-05-06	05단	二千五百名に及ばんとする騷擾收監者中には妙齡の美人もある
90730	鮮滿版	1919-05-06	05단	總督府所管の空家から檄文/目下犯人嚴探中

일련번호	판명	간행일	단수	기사명
90731	鮮滿版	1919-05-06	05단	怪しげなる鮮人京城に入込む/宿泊せる五十餘名
90732	鮮滿版	1919-05-06	05단	大邱高普校悔悛生徒の復校
90733	鮮滿版	1919-05-06	05단	人(松平東拓理事/石垣朝郵營業課長/芳澤外務省參事官/千論■兵少佐)
90734	鮮滿版	1919-05-07	01단	巴里講和會議の最近に於ける日本の形勢に鑒みて漸く醒めんとする安動鮮人/彼等は曰く米國は日本と戰 爭を賭してまで朝鮮の獨立の爲めに骨は折るまい
90735	鮮滿版	1919-05-07	01단	官立學校の授業狀況
90736	鮮滿版	1919-05-07	01단	印紙稅の實施は尙早/釜山商業會談所請願
90737	鮮滿版	1919-05-07	01단	再び朝鮮騷動に就て諸方の駁論に對ふ(二)/在京城閔元植寄
90738	鮮滿版	1919-05-07	02단	日滿貨物急行便扱停止(朝鮮經由/浦潮斯德經由)
90739	鮮滿版	1919-05-07	02단	釜山取引所認可運動
90740	鮮滿版	1919-05-07	03단	自省會各支部設置
90741	鮮滿版	1919-05-07	03단	鮮電創立總會/愈成立す
90742	鮮滿版	1919-05-07	03단	朝紡と期成會/釜山の運動
90743	鮮滿版	1919-05-07	04단	醫師試驗合格者
90744	鮮滿版	1919-05-07	04단	戰時利得稅改正
90745	鮮滿版	1919-05-07	04단	辭令
90746	鮮滿版	1919-05-07	04단	元山より
90747	鮮滿版	1919-05-07	05단	表彰された優良店員/十八年間に五千圓
90748	鮮滿版	1919-05-07	05단	群山靑年大運動會/マラソン競走の優勝者
90749	鮮滿版	1919-05-07	05단	人(杉山■東■事務總長)
90750	鮮滿版	1919-05-08	01단	騷擾事件の産業に及ぼせる影響/小原農商工部長官談
90751	鮮滿版	1919-05-08	03단	慶北穀類檢査と集散趨勢
90752	鮮滿版	1919-05-08	04단	釜山四月貿易
90753	鮮滿版	1919-05-08	04단	木浦四月貿易
90754	鮮滿版	1919-05-08	04단	大田實業協會新役員
90755	鮮滿版	1919-05-08	04단	金融組合理事會
90756	鮮滿版	1919-05-08	04단	昨年木浦府工産
90757	鮮滿版	1919-05-08	05단	四月中の木浦檢米
90758	鮮滿版	1919-05-08	05단	大邱圖書館
90759	鮮滿版	1919-05-08	05단	京城辯護士會の紛擾/申合を無視して鮮人辯護士を會長に選擧/內地人側役員の連袂辭任
90760	鮮滿版	1919-05-08	06단	東拓移民募集

일련번호	판명	간행일	단수	기사명
90761	鮮滿版	1919-05-08	06단	大田郡雜事
90762	鮮滿版	1919-05-08	06단	東宮御成年式/馬山の奉祝
90763	鮮滿版	1919-05-08	06단	忠南の鯉の放飼/月落山の麓に
90764	鮮滿版	1919-05-08	06단	消防設備の擴張
90765	鮮滿版	1919-05-09	01단	騷擾の及ぼせる銀行業務の影響/朝鮮總督府の調査(京城/仁川/釜山/群山/大邱/平讓/鎮南浦/新義州/義州/元山/馬山)
90766	鮮滿版	1919-05-09	02단	私學開校/出席步合良好
90767	鮮滿版	1919-05-09	03단	御成年式奉祝(安東縣/營口)
90768	鮮滿版	1919-05-09	03단	航路標識新事業/總工費五萬圓
90769	鮮滿版	1919-05-09	03단	瑞山群山道路元成期
90770	鮮滿版	1919-05-09	04단	鮮産輕鐵延長/松野氏等の運動
90771	鮮滿版	1919-05-09	04단	本社優騰旗爭奪全鮮庭球大會/代表選手を綱羅した大快戰/榮ある鐵道軍中川內藤兩選手
90772	鮮滿版	1919-05-09	05단	內地視察團組織
90773	鮮滿版	1919-05-09	05단	漁季に入った忠南沖の賑ひ/原始的な戀も唄かれる
90774	鮮滿版	1919-05-10	01단	鮮人に膠着せる危險なる謬想/彼等の不平は地方によって異るが差別撤廢待遇平等が共通思想/鮮民有力者は口を揃へて叫ぶ
90775	鮮滿版	1919-05-10	01단	鮮銀券發行高
90776	鮮滿版	1919-05-10	01단	商校設置決定
90777	鮮滿版	1919-05-10	01단	大田監獄設置
90778	鮮滿版	1919-05-10	01단	忠南豚鷄改良計劃
90779	鮮滿版	1919-05-10	02단	岩南道路工事
90780	鮮滿版	1919-05-10	02단	日本海橫斷船
90781	鮮滿版	1919-05-10	02단	忠南産米狀況
90782	鮮滿版	1919-05-10	03단	收入印紙賣高
90783	鮮滿版	1919-05-10	03단	煽動者に讎を報ぜよ/妄動に加擔して前非を悔ゆる者/死に瀕して遺言する鮮人
90784	鮮滿版	1919-05-10	03단	耶蘇教怨まる/一名の禮拜なき教會もある
90785	鮮滿版	1919-05-10	04단	鐵道收入增加
90786	鮮滿版	1919-05-10	04단	大邱四月金融
90787	鮮滿版	1919-05-10	04단	大田叺組合總會
90788	鮮滿版	1919-05-10	04단	發疹窒扶斯の女工脱走/益蔓延の兆あり
90789	鮮滿版	1919-05-10	04단	人(井上滿鐵京管局運輸旅客主任並仁石川同技師)

일련번호	판명	간행일	단수	기사명
90790	鮮滿版	1919-05-11	01단	大錦間の經濟關係/活況を呈す
90791	鮮滿版	1919-05-11	01단	納稅成績/意外に良好
90792	鮮滿版	1919-05-11	01단	再び朝鮮騷動に就て諸方の駁論に對ふ(三)/在京城閔元植寄
90793	鮮滿版	1919-05-11	01단	再び朝鮮騷動に就て諸方の駁論に對ふ(四)/在京城閔元植寄
90794	鮮滿版	1919-05-11	02단	忠北地方豫算增加
90795	鮮滿版	1919-05-11	02단	元山穀物拂底
90796	鮮滿版	1919-05-11	02단	長箭捕鯨成績
90797	鮮滿版	1919-05-11	03단	客月鐵道成績
90798	鮮滿版	1919-05-11	03단	忠北棉耕作段別
90799	鮮滿版	1919-05-11	03단	城津大豆成績
90800	鮮滿版	1919-05-11	04단	養魚事業經營
90801	鮮滿版	1919-05-11	04단	草梁驛移轉
90802	鮮滿版	1919-05-11	04단	朝鮮視察團
90803	鮮滿版	1919-05-11	04단	京城より
90804	鮮滿版	1919-05-11	05단	男裝美人捕はる/京城から密使として乘込んだとの噂/奇怪なる風說頻りに起る
90805	鮮滿版	1919-05-11	05단	初鮮魚/市場に現はる鴨綠江口の漁業
90806	鮮滿版	1919-05-11	05단	釜山活牛不振
90807	鮮滿版	1919-05-11	05단	自動車熱高し
90808	鮮滿版	1919-05-11	06단	汽船乘客減少
90809	鮮滿版	1919-05-11	06단	大田市場擴張
90810	鮮滿版	1919-05-11	06단	降雪
90811	鮮滿版	1919-05-11	06단	人(三島朝鮮殖銀頭取)
90812	鮮滿版	1919-05-13	01단	內定せる取引所理事長問題/南鮮某奏任の就職を見ん/理事長が飯米供給の用具か
90813	鮮滿版	1919-05-13	02단	郡名管區變更/十五日より施行
90814	鮮滿版	1919-05-13	02단	咸南移出米檢査/澱粉檢査希望
90815	鮮滿版	1919-05-13	02단	郵便規則改正
90816	鮮滿版	1919-05-13	02단	東拓造林植栽
90817	鮮滿版	1919-05-13	03단	春蠶掃立開始
90818	鮮滿版	1919-05-13	03단	麥作狀況不良
90819	鮮滿版	1919-05-13	03단	百萬圓怪火事件/滿鐵の見舞金で一段落？/支那人は神の祟りと稱して祈禱やら芝居やらで大騷ぎ

일련번호	판명	간행일	단수	기사명
90820	鮮滿版	1919-05-13	03단	忠南海岸線の夥しき遺利/まづ漁法の改善に留意せよ
90821	鮮滿版	1919-05-13	04단	府令二件
90822	鮮滿版	1919-05-13	04단	簡易工業校認可
90823	鮮滿版	1919-05-13	04단	再び朝鮮騷動に就いて諸方の駁論に對ふ(五)/在京城閔元植寄
90824	鮮滿版	1919-05-13	04단	再び朝鮮騷動に就いて諸方の駁論に對ふ(六)/在京城閔元植寄
90825	鮮滿版	1919-05-13	05단	簡便になった切手別納の郵便新制度/指定局に限り
90826	鮮滿版	1919-05-13	06단	午砲臺の移轉/孝昌園附近へ
90827	鮮滿版	1919-05-13	06단	儒城溫泉試鑿/大田繁榮策として
90828	鮮滿版	1919-05-13	06단	天然痘京城に入る
90829	鮮滿版	1919-05-13	06단	人(笠野鐵道院技師、古川副參事/芳澤外務省參事官/川上東拓理事/三島植銀總裁)
90830	鮮滿版	1919-05-14	01단	盛なる朝鮮貿易/輸移出入共增加したが結局前月のみで輸移入超過一千萬圓に達した
90831	鮮滿版	1919-05-14	01단	活氣漲る忠南西海岸/前途益多望
90832	鮮滿版	1919-05-14	01단	十九師團司令部移轉歡迎會
90833	鮮滿版	1919-05-14	01단	柞蠶飼養良好/總督府調査
90834	鮮滿版	1919-05-14	02단	鮮米混入物調査
90835	鮮滿版	1919-05-14	03단	朝鮮牛皮の聲價
90836	鮮滿版	1919-05-14	03단	鐵道倉庫成績
90837	鮮滿版	1919-05-14	03단	米豆品質檢查
90838	鮮滿版	1919-05-14	03단	工場設置運動良好
90839	鮮滿版	1919-05-14	03단	麥作柄不良
90840	鮮滿版	1919-05-14	04단	慶北民有地面積
90841	鮮滿版	1919-05-14	04단	大邱酒造會社計劃
90842	鮮滿版	1919-05-14	04단	血湧き肉躍る白熱的大接戰/本社奇贈優勝旗爭奪/全鮮野球リーグ最終戰/鐵道野球軍美事復讐す
90843	鮮滿版	1919-05-14	04단	不逞漢檢擧さる/血を染めて良民を煽動した安東生れの基督教牧師
90844	鮮滿版	1919-05-14	05단	大田川護岸工事
90845	鮮滿版	1919-05-14	05단	監獄職員增置
90846	鮮滿版	1919-05-14	05단	忠南煙草講習會
90847	鮮滿版	1919-05-14	05단	學校基本金寄附
90848	鮮滿版	1919-05-14	05단	鮮民入亂れて大搦鬪/暴行者捕はる

일련번호	판명	간행일	단수	기사명
90849	鮮滿版	1919-05-14	06단	騷擾取調進行/死傷七十四名
90850	鮮滿版	1919-05-14	06단	配偶者より觀た京城と仁川/夫のない女は少く妻帶せぬ男が多い
90851	鮮滿版	1919-05-14	06단	人(鮮銀木浦支店長/三島殖銀頭取)
90852	鮮滿版	1919-05-15	01단	滿鐵の新舞臺(一)/大連岡山雲介
90853	鮮滿版	1919-05-15	02단	仁川取引所新理事長/若松釜山府尹か
90854	鮮滿版	1919-05-15	02단	仁川取引所臨時總會/重役補缺選擧
90855	鮮滿版	1919-05-15	02단	大興電氣發電所設置進陟
90856	鮮滿版	1919-05-15	03단	群山普通學校建築決定
90857	鮮滿版	1919-05-15	03단	騷擾と經濟關係
90858	鮮滿版	1919-05-15	03단	現物取引所出願
90859	鮮滿版	1919-05-15	03단	荷物出廻復舊
90860	鮮滿版	1919-05-15	04단	紡織敷地運動
90861	鮮滿版	1919-05-15	04단	水力電氣計劃
90862	鮮滿版	1919-05-15	04단	大邱貿易成績
90863	鮮滿版	1919-05-15	04단	市場續々解禁さる/妄動に加擔せし鮮民前非を悔ひ誓約書を作りて嘆願す
90864	鮮滿版	1919-05-15	04단	營舍跡へ公設市場日用食料品雜貨類が廉價に買へる參考品陳列所も併置する/現物市場設置
90865	鮮滿版	1919-05-15	05단	關稅調査員派遣
90866	鮮滿版	1919-05-15	05단	干潟地開墾許可
90867	鮮滿版	1919-05-15	05단	忠南喇酒會延期
90868	鮮滿版	1919-05-15	05단	忠北金融總會
90869	鮮滿版	1919-05-15	05단	學校設置認可
90870	鮮滿版	1919-05-15	06단	活氣を呈した忠南漁業/水揚七萬餘圓
90871	鮮滿版	1919-05-15	06단	沈沒船は解體に決定/群山のゆたか丸
90872	鮮滿版	1919-05-15	06단	間島より
90873	鮮滿版	1919-05-15	07단	京城神より/回顧三十年/前田府議事課長談
90874	鮮滿版	1919-05-16	01단	滿鐵の新舞臺(二)/大連岡山雲介
90875	鮮滿版	1919-05-16	02단	石炭缺乏交涉陟らず/將來の解決果して如何
90876	鮮滿版	1919-05-16	03단	釜山取引所設立運動
90877	鮮滿版	1919-05-16	03단	會寧地方の民情
90878	鮮滿版	1919-05-16	03단	北鮮商況不振
90879	鮮滿版	1919-05-16	03단	營業稅賦課額
90880	鮮滿版	1919-05-16	03단	黑鉛業再興

일련번호	판명	간행일	단수	기사명
90881	鮮滿版	1919-05-16	04단	大邱高普校授業
90882	鮮滿版	1919-05-16	04단	派遺隊交代
90883	鮮滿版	1919-05-16	04단	凄烈なる戰跡を見よ/代表的兩雄の大接戰記錄/本社寄贈優勝旗爭奪/全鮮野球リーグ最終戰
90884	鮮滿版	1919-05-16	05단	警官練習卒業式
90885	鮮滿版	1919-05-16	05단	東畜株主總會
90886	鮮滿版	1919-05-16	05단	連絡乘車船券發賣
90887	鮮滿版	1919-05-16	05단	懸案問題の群山公會堂/愈建設に決定
90888	鮮滿版	1919-05-16	06단	京城圖書館寄附取消/中村氏時局の影響を受けて
90889	鮮滿版	1919-05-16	06단	稀らしい千年藤/京釜線の名所にすると滿鐵の力■
90890	鮮滿版	1919-05-16	06단	發疹窒扶斯終熄
90891	鮮滿版	1919-05-16	06단	人(漢城銀行大田支店支配人/野手釜山稅關長/人見總督府報道局長/淨法寺第二十師團長/浅田公洲地方法院長)
90892	鮮滿版	1919-05-17	01단	滿鐵の新舞臺(三)/大連岡山雲介
90893	鮮滿版	1919-05-17	02단	陸地棉作十年計劃/慶北道廳發表
90894	鮮滿版	1919-05-17	02단	咸北種馬所/設置の新計劃
90895	鮮滿版	1919-05-17	03단	群山取引所設置運動
90896	鮮滿版	1919-05-17	03단	清津支廳合議制實施/六月一日より實施
90897	鮮滿版	1919-05-17	03단	鮮鐵滯貨問題
90898	鮮滿版	1919-05-17	03단	殖銀支店設置
90899	鮮滿版	1919-05-17	03단	朝鮮工業打擊/滿鐵炭値上影響
90900	鮮滿版	1919-05-17	04단	鮮銀券發行週報
90901	鮮滿版	1919-05-17	04단	具さに嘗むる辛酸/公散配備の事とて衣食住とも不便だ、表面静穏に歸したが配備は解けずと騷擾地視察の內野旅團長語る
90902	鮮滿版	1919-05-17	04단	守備隊の配備を見て迷夢を覺す鮮民
90903	鮮滿版	1919-05-17	04단	ヶ紙幣で大恐慌/交換の爲め態態上海へ渡航
90904	鮮滿版	1919-05-17	04단	鬱陵島の海藻食害激甚
90905	鮮滿版	1919-05-17	04단	降雨と農作物
90906	鮮滿版	1919-05-17	05단	捕鯨成績不良
90907	鮮滿版	1919-05-17	05단	工專生修學旅行
90908	鮮滿版	1919-05-17	05단	朝紡工場敷地は釜山か
90909	鮮滿版	1919-05-17	05단	運動界(京城乘馬大會/釜龍野球戰/庭球試合)
90910	鮮滿版	1919-05-17	05단	人(釜山府尹若松兎三郎氏/松平東拓理事/マーブル博士一行/松永京畿道長官/井口軍事參謀官/上野博士)

일련번호	판명	간행일	단수	기사명
90911	鮮滿版	1919-05-18	01단	滿鐵の新舞臺(四)/大連岡山雲介
90912	鮮滿版	1919-05-18	02단	騷擾と産業方面の影響
90913	鮮滿版	1919-05-18	03단	釜山水産學校設立計劃
90914	鮮滿版	1919-05-18	03단	全道傳道會議
90915	鮮滿版	1919-05-18	03단	蔚山釜山輕鐵不有望
90916	鮮滿版	1919-05-18	03단	釜山輸出入品
90917	鮮滿版	1919-05-18	03단	晝間電力供給
90918	鮮滿版	1919-05-18	04단	忠南の酒造增加
90919	鮮滿版	1919-05-18	04단	仁川取引所疑獄事件/開業不可能？
90920	鮮滿版	1919-05-18	04단	依然猖獗/釜山の天然痘强制種痘屬行
90921	鮮滿版	1919-05-18	04단	演習林の火事/燒失二萬町步/損害二萬餘圓
90922	鮮滿版	1919-05-18	04단	藥品誤用問題/種々流說あり
90923	鮮滿版	1919-05-18	04단	人(村田鑛務課長辭任)
90924	鮮滿版	1919-05-20	01단	猛烈な勢ひで擡頭した取引所設置運動/釜山取引所の許否如何/各地共虎視耽々機を覘ふ
90925	鮮滿版	1919-05-20	02단	釜山取引所愈不認可/折角の運動も是にて一段落
90926	鮮滿版	1919-05-20	02단	下水施設/本年度支出額廿四萬九千圓
90927	鮮滿版	1919-05-20	03단	慶北米豆檢査所增設
90928	鮮滿版	1919-05-20	03단	城津四月貿易
90929	鮮滿版	1919-05-20	03단	群山貿易激增
90930	鮮滿版	1919-05-20	03단	金融業者疎隔
90931	鮮滿版	1919-05-20	04단	不二社債と殖銀
90932	鮮滿版	1919-05-20	04단	殖銀社債公募
90933	鮮滿版	1919-05-20	04단	大田市場擴張
90934	鮮滿版	1919-05-20	04단	燒酎製成步合
90935	鮮滿版	1919-05-20	05단	忠南麥作良好
90936	鮮滿版	1919-05-20	05단	殖林樹苗成績
90937	鮮滿版	1919-05-20	05단	憲兵教養終了
90938	鮮滿版	1919-05-20	05단	土木技師增員
90939	鮮滿版	1919-05-20	05단	朝鮮輕鐵善後策
90940	鮮滿版	1919-05-20	05단	小荷物檢廳施行
90941	鮮滿版	1919-05-20	05단	動植物果樹配附
90942	鮮滿版	1919-05-20	06단	信號所新設
90943	鮮滿版	1919-05-20	06단	元教員共謀して不正を働く
90944	鮮滿版	1919-05-20	06단	汽船賣買の紛擾

일련번호	판명	간행일	단수	기사명
90945	鮮滿版	1919-05-20	06단	遠乘會
90946	鮮滿版	1919-05-20	06단	送電工事着手
90947	鮮滿版	1919-05-20	06단	人(在京支郡總領事富士英氏/東拓奉天支店長笹岡一養氏/齊藤朝紡重役/淨法寺二十師團長)
90948	鮮滿版	1919-05-21	01단	滿鐵の新舞臺(五)/大連岡山雲介
90949	鮮滿版	1919-05-21	02단	納稅成績は槪して良好/松本京畿道二部長談
90950	鮮滿版	1919-05-21	03단	總督府豫算編成期
90951	鮮滿版	1919-05-21	03단	鐵道小荷物荷造規則
90952	鮮滿版	1919-05-21	04단	淸州金融狀況
90953	鮮滿版	1919-05-21	04단	躊躇なく登校せよ/登校せば逮捕せられると誤解せる學生が多いが早々登校者は罰せぬ
90954	鮮滿版	1919-05-21	04단	西海岸の石首魚漁業稀な豊漁/半面に漁夫拂底と醜業婦の跋扈
90955	鮮滿版	1919-05-21	05단	木浦産米盛況
90956	鮮滿版	1919-05-21	05단	豊富な鑛量/慶北靑松郡一帶
90957	鮮滿版	1919-05-21	05단	騷擾防止の講話
90958	鮮滿版	1919-05-21	05단	女短刀で自殺/病苦に悩みて
90959	鮮滿版	1919-05-21	05단	人(淨法寺二十師團長幕寮一行/浅田公洲地方法院長)
90960	鮮滿版	1919-05-22	01단	滿鐵の新舞臺(六)/大連岡山雲介
90961	鮮滿版	1919-05-22	02단	京城現物取引所內容
90962	鮮滿版	1919-05-22	03단	忠州莨耕作段別增加
90963	鮮滿版	1919-05-22	03단	釜山貿易激增
90964	鮮滿版	1919-05-22	03단	慶北道路不完全
90965	鮮滿版	1919-05-22	04단	明巖堤竣工期
90966	鮮滿版	1919-05-22	04단	叺製造業好況
90967	鮮滿版	1919-05-22	04단	端境期と出穀
90968	鮮滿版	1919-05-22	04단	果樹豊作見込
90969	鮮滿版	1919-05-22	04단	煙草講習會開始
90970	鮮滿版	1919-05-22	04단	慶北會社現況
90971	鮮滿版	1919-05-22	05단	無盡藏の『スカ藻』/製紙原料となすべく試驗中
90972	鮮滿版	1919-05-22	05단	大邱府の圖書館/六月一日開館
90973	鮮滿版	1919-05-22	05단	露貨から邦貨へ/流通の奇現象
90974	鮮滿版	1919-05-22	05단	忠南の有志懇談會/殘れるは二郡
90975	鮮滿版	1919-05-22	05단	忠州では矯風會組織

일련번호	판명	간행일	단수	기사명
90976	鮮滿版	1919-05-22	06단	不逞學生は語學生/愚にもつかぬ流言を放ちて遂に逮捕さる
90977	鮮滿版	1919-05-22	06단	咸北春漁不振/但し鰊魚は不漁
90978	鮮滿版	1919-05-22	06단	萬箭
90979	鮮滿版	1919-05-23	01단	滿鐵の新舞臺(七)/大連岡山雲介
90980	鮮滿版	1919-05-23	02단	正米市場と忠南米の聲價及缺點と注意の數々
90981	鮮滿版	1919-05-23	04단	忠南淸酒唎酒會
90982	鮮滿版	1919-05-23	04단	大田の工業熱
90983	鮮滿版	1919-05-23	05단	釜山と諸工業
90984	鮮滿版	1919-05-23	05단	琿春經濟不振
90985	鮮滿版	1919-05-23	05단	野球團創立
90986	鮮滿版	1919-05-23	05단	蔬菜新物出づ
90987	鮮滿版	1919-05-23	05단	農學校師留任運動/裏面に秘密
90988	鮮滿版	1919-05-24	01단	滿鐵の新舞臺(八)/大連岡山雲介
90989	鮮滿版	1919-05-24	02단	淸州産業計劃
90990	鮮滿版	1919-05-24	03단	組合費と負擔/年々增額す
90991	鮮滿版	1919-05-24	03단	大田と錦山/移出入貨物激增
90992	鮮滿版	1919-05-24	03단	鮮紡工場候補地視察
90993	鮮滿版	1919-05-24	04단	慶北養蠶好況
90994	鮮滿版	1919-05-24	04단	臨時手當支給/鮮人警官其他に
90995	鮮滿版	1919-05-24	04단	自省會支部設置
90996	鮮滿版	1919-05-24	04단	殖銀頭取一行
90997	鮮滿版	1919-05-24	04단	金融組合の懇談
90998	鮮滿版	1919-05-24	05단	石粉單獨經營
90999	鮮滿版	1919-05-24	05단	天道教中央總部を訪ふ/『捉はれた鳥が悲しい羽叩きをするやうな現狀の天道教』と典制觀長は語る
91000	鮮滿版	1919-05-24	06단	官服の强盜/民情視察と僞る
91001	鮮滿版	1919-05-24	06단	京城の火事
91002	鮮滿版	1919-05-24	06단	其後の忠淸/至って平靜
91003	鮮滿版	1919-05-25	01단	錦朝鐵道愈實現？/滿鐵に及ぼす影響如何/看過し得ざる重要問題
91004	鮮滿版	1919-05-25	01단	鑛産額の年別比較/內地人經營增加
91005	鮮滿版	1919-05-25	01단	滿鐵京管局退職手當問題/贊不兩論
91006	鮮滿版	1919-05-25	02단	工業區域設定/釜山會議所より開陳書提出
91007	鮮滿版	1919-05-25	02단	群山米穀市場/公認されん

일련번호	판명	간행일	단수	기사명
91008	鮮滿版	1919-05-25	03단	五月上半貿易
91009	鮮滿版	1919-05-25	03단	浦潮出貨盛況
91010	鮮滿版	1919-05-25	03단	清津錬輸入額
91011	鮮滿版	1919-05-25	04단	忠南春蠶狀況
91012	鮮滿版	1919-05-25	04단	羅南の酒造業
91013	鮮滿版	1919-05-25	04단	全道に亙る兇暴の跡/騷擾事件と被害官公署
91014	鮮滿版	1919-05-25	04단	元兇續々擧げらる/京城に潛伏せし牧師二名
91015	鮮滿版	1919-05-25	04단	天道敎の末路/脫敎者續出
91016	鮮滿版	1919-05-25	04단	女學校入學激增/校舍新設の必要
91017	鮮滿版	1919-05-25	05단	鮮南勸業株主總會
91018	鮮滿版	1919-05-25	05단	鮮銀券發行週報
91019	鮮滿版	1919-05-25	06단	三千名の潛水女/盛なる海藻取り
91020	鮮滿版	1919-05-25	06단	辯護士會長問題陳情
91021	鮮滿版	1919-05-25	06단	鵝口瘡屛息近し
91022	鮮滿版	1919-05-25	06단	大邱の朝火事
91023	鮮滿版	1919-05-25	06단	運動界(乘馬會員募集)
91024	鮮滿版	1919-05-25	06단	人(池田日淸生命保險專務/木村鮮銀理事/久保京管署長/大野軍參謀長)
91025	鮮滿版	1919-05-27	01단	工業專門校設置請願/平讓商業會議所の運動
91026	鮮滿版	1919-05-27	01단	忠南錦江水電事業/愈經營出願
91027	鮮滿版	1919-05-27	01단	平南の棉花十年計劃本年度より着手
91028	鮮滿版	1919-05-27	01단	邱安輕鐵期成
91029	鮮滿版	1919-05-27	02단	現株取引所出願の其後/一先づ出願取下
91030	鮮滿版	1919-05-27	02단	朝鮮輕鐵縮小
91031	鮮滿版	1919-05-27	02단	水電經營出願
91032	鮮滿版	1919-05-27	02단	咸北國境草生地有望
91033	鮮滿版	1919-05-27	03단	平南春蠶狀況
91034	鮮滿版	1919-05-27	03단	慶南檢米成績
91035	鮮滿版	1919-05-27	03단	韓一銀行增資
91036	鮮滿版	1919-05-27	03단	京城商議決算
91037	鮮滿版	1919-05-27	03단	忠南金融活況
91038	鮮滿版	1919-05-27	03단	朝鮮畜牛調査
91039	鮮滿版	1919-05-27	04단	悔恨の涙に咽ぶ鮮民/漸次自省の色濃かなるも/尙陰謨團の暗中飛躍あり/容易に樂觀を許さず
91040	鮮滿版	1919-05-27	04단	海軍記念日/鎭海の賑ひ

일련번호	판명	간행일	단수	기사명
91041	鮮滿版	1919-05-27	04단	紡績敷地問題/平讓の運動開始
91042	鮮滿版	1919-05-27	04단	牛疫蔓延の兆
91043	鮮滿版	1919-05-27	05단	繭の走り
91044	鮮滿版	1919-05-27	05단	三島氏の寄附
91045	鮮滿版	1919-05-27	05단	鳥致院より
91046	鮮滿版	1919-05-28	01단	行惱める輕鐵問題/五州輕便鐵道立消の風說/發起人敷設斷行を聲明す
91047	鮮滿版	1919-05-28	01단	實測開始/例の五州輕鐵
91048	鮮滿版	1919-05-28	01단	伊領事館/事務取扱開始
91049	鮮滿版	1919-05-28	01단	會寧商況不振
91050	鮮滿版	1919-05-28	01단	釜山動力增加
91051	鮮滿版	1919-05-28	02단	忠北春蠶良好
91052	鮮滿版	1919-05-28	02단	寺院が多過ぎる/とて苦み拔いてる元山
91053	鮮滿版	1919-05-28	03단	一萬圓拐帶犯人/僅か十六圓を費消して捕はる
91054	鮮滿版	1919-05-28	03단	海陸ともに賑はった/海軍記念日の鎭海の催し物
91055	鮮滿版	1919-05-28	03단	店員徒弟の獨立自修を圖る/釜山商人の調査
91056	鮮滿版	1919-05-28	03단	釜山の取引所設置運動
91057	鮮滿版	1919-05-28	03단	大田も運動開始/朝紡敷地問題
91058	鮮滿版	1919-05-28	04단	桝切れは事實か/釜山商人の信用問題
91059	鮮滿版	1919-05-28	04단	同盟休校事件/退校處分で落着
91060	鮮滿版	1919-05-28	04단	果實類は豊作
91061	鮮滿版	1919-05-28	04단	新繭
91062	鮮滿版	1919-05-28	04단	人(宇都宮軍司令官)
91063	鮮滿版	1919-05-29	01단	地方費豫算膨脹(上)/八年度豫算總額七百五十萬圓/前年に比し百六十萬圓の增加(歲入)
91064	鮮滿版	1919-05-29	01단	高商設置請願(前途の曙光)
91065	鮮滿版	1919-05-29	01단	金融組合媒介貸付激增
91066	鮮滿版	1919-05-29	03단	慶北酒造增加
91067	鮮滿版	1919-05-29	03단	辯護士資格附與制令
91068	鮮滿版	1919-05-29	03단	大邱穀物移出
91069	鮮滿版	1919-05-29	03단	慶北果物搬出數
91070	鮮滿版	1919-05-29	03단	京畿道の春蠶
91071	鮮滿版	1919-05-29	03단	慶北春繭豫想
91072	鮮滿版	1919-05-29	03단	大邱海軍記念日
91073	鮮滿版	1919-05-29	04단	煙草講習生見學

일련번호	판명	간행일	단수	기사명
91074	鮮滿版	1919-05-29	04단	濃霧皆無/暖湖の關係乎
91075	鮮滿版	1919-05-29	04단	淨水設備/惡疫豫防の爲淸州の新計劃
91076	鮮滿版	1919-05-29	04단	馬山灣埋築計劃/市街地を現出せん計劃
91077	鮮滿版	1919-05-29	05단	敵國人所有の不動産/京城、仁川で百三十萬圓(京城府管內/仁川府管內)
91078	鮮滿版	1919-05-29	05단	トーマス氏毆打事件落着
91079	鮮滿版	1919-05-29	05단	大邱より
91080	鮮滿版	1919-05-29	05단	人(宇都宮軍司令官/淨法寺師團長/大阪北區小學校長團)
91081	鮮滿版	1919-05-30	01단	地方費豫算膨脹(下)/八年度豫算總額七百五十萬圓/前年に比し百六十萬圓の增加(歲出)
91082	鮮滿版	1919-05-30	01단	淸津支廳合議制/實施結果と管轄區域
91083	鮮滿版	1919-05-30	01단	郡廳移轉請願
91084	鮮滿版	1919-05-30	01단	行政區劃變更
91085	鮮滿版	1919-05-30	02단	淸津商業會議所設立申請に決定
91086	鮮滿版	1919-05-30	02단	邱安輕鐵/期成會の運動
91087	鮮滿版	1919-05-30	03단	洛東江流域砂防工事
91088	鮮滿版	1919-05-30	03단	勸業資金貸出漸增
91089	鮮滿版	1919-05-30	03단	咸北種馬所計劃の大要
91090	鮮滿版	1919-05-30	03단	咸北の白豆
91091	鮮滿版	1919-05-30	04단	藁保存奬勵
91092	鮮滿版	1919-05-30	04단	紫雲英良好
91093	鮮滿版	1919-05-30	04단	煙草事務講習會
91094	鮮滿版	1919-05-30	04단	大電臨時總會
91095	鮮滿版	1919-05-30	04단	辭令
91096	鮮滿版	1919-05-30	05단	警察署の門前で深更の兇行事件/鮮人太刀を揮って公醫を斬る意外なる犯人現はれん
91097	鮮滿版	1919-05-30	05단	釜山高女校長引責辭職/辭表提出
91098	鮮滿版	1919-05-30	05단	全鮮に亙る喇酒/京城が第一等馬山槪して良好
91099	鮮滿版	1919-05-30	06단	派遣隊冬營の支度
91100	鮮滿版	1919-05-30	06단	眞因を調査/倉荷證券紛議
91101	鮮滿版	1919-05-30	06단	咸北地方の騷擾と生産界/何等影響無し
91102	鮮滿版	1919-05-30	06단	人(デ救世軍司令官)

일련번호	판명	간행일	단수	기사명
91103	鮮滿版	1919-05-31	01단	朝鮮關稅撤廢問題(上)/明年九月を以て期限滿了/撤廢實行と及ぼす影響如何(當路者は曰く豫定の事實のみ/內鮮關稅統一至難なる大問題/關稅撤廢の影響考慮すべき諸點)
91104	鮮滿版	1919-05-31	02단	忠南道生産狀態/養蠶業の發達/製筵事業勃興
91105	鮮滿版	1919-05-31	03단	東拓社債と米資本家
91106	鮮滿版	1919-05-31	03단	錦江水電期成
91107	鮮滿版	1919-05-31	03단	産米改良裝勵
91108	鮮滿版	1919-05-31	03단	『甲板に五月雪見る山淡し』『忠南、咸北共に學術上にも施政上にも興味津々盡きざるものあり』と/桑原忠南道長官の風懷振り
91109	鮮滿版	1919-05-31	04단	忠北麥作樂觀
91110	鮮滿版	1919-05-31	04단	莨作增收見込
91111	鮮滿版	1919-05-31	05단	鮮銀券發行週報
91112	鮮滿版	1919-05-31	05단	金融課長異動
91113	鮮滿版	1919-05-31	05단	大田高女開校式
91114	鮮滿版	1919-05-31	05단	偉大なり感化の力/この教員してこの生徒あり/模範的教育者
91115	鮮滿版	1919-05-31	06단	彼等の迷妄度す可からず/中村檢事長談

1919년 6월 (선만판)

일련번호	판명	간행일	단수	기사명
91116	鮮滿版	1919-06-01	01단	朝鮮關稅撤廢問題(下) 特殊工業と保護政策/關稅收入補塡 構究すべき其方法/保護稅と專賣品 時期を持つ方針
91117	鮮滿版	1919-06-01	01단	高等商業設置問題/當路者曰く設置頗る可、東洋協會京城專門校引直しが良策
91118	鮮滿版	1919-06-01	02단	道長官異動說/其他可成り廣汎に互る模樣
91119	鮮滿版	1919-06-01	03단	朝鮮經濟協會
91120	鮮滿版	1919-06-01	03단	生繭共同販賣
91121	鮮滿版	1919-06-01	03단	石炭界の大福音/滿鐵との交涉は失敗に終ったが有望なる咸興炭が發見せられた/斯て事業界經濟界救はれん
91122	鮮滿版	1919-06-01	03단	電話の需用激增/平壤局の擴張
91123	鮮滿版	1919-06-01	04단	大邱金融狀況
91124	鮮滿版	1919-06-01	04단	憲兵巡查の志望者が多い
91125	鮮滿版	1919-06-01	05단	銀行移轉要望
91126	鮮滿版	1919-06-01	05단	元山の火事/燒失三戶
91127	鮮滿版	1919-06-01	05단	元山より
91128	鮮滿版	1919-06-03	01단	不可解なる/主要工事頓挫說/寄附金取消問題の眞相責任は三菱か總督府か
91129	鮮滿版	1919-06-03	02단	水電計劃/京電の調査準備
91130	鮮滿版	1919-06-03	02단	鮮銀臨時派出所廢止
91131	鮮滿版	1919-06-03	02단	獨人の不動産賣却頻々
91132	鮮滿版	1919-06-03	03단	執達吏手數料立替金增額
91133	鮮滿版	1919-06-03	03단	財團抵當登記/取扱規則發布
91134	鮮滿版	1919-06-03	03단	錦江水電期成
91135	鮮滿版	1919-06-03	03단	江景電氣計劃
91136	鮮滿版	1919-06-03	03단	錦江水電期成會組織
91137	鮮滿版	1919-06-03	03단	府尹大更迭
91138	鮮滿版	1919-06-03	04단	辭令
91139	鮮滿版	1919-06-03	04단	天道教蛇蝎視せらる/耶蘇教は相變らず不評判
91140	鮮滿版	1919-06-03	04단	兇漢豪農を襲ふ/例の脅迫文句を並べて三百餘圓を强奪して悠々逃去る
91141	鮮滿版	1919-06-03	04단	鴨綠江口に密漁船/現はるとの風說
91142	鮮滿版	1919-06-03	05단	共立倉庫總會
91143	鮮滿版	1919-06-03	05단	取引所役員認可
91144	鮮滿版	1919-06-03	05단	鑛務課長後任
91145	鮮滿版	1919-06-03	05단	海賊船/發砲しつゝ襲擊/漁船の遭難

일련번호	판명	간행일	단수	기사명
91146	鮮滿版	1919-06-03	05단	天然痘/蔓延の兆
91147	鮮滿版	1919-06-03	06단	列車中の患者/大田驛の混雜
91148	鮮滿版	1919-06-03	06단	浸水二十町步/田畑の損害夥し
91149	鮮滿版	1919-06-03	06단	大田送電工事/點燈は八月一日
91150	鮮滿版	1919-06-03	06단	鮮民の慰問袋/守備隊に對して
91151	鮮滿版	1919-06-03	06단	寄附
91152	鮮滿版	1919-06-03	06단	人(三島殖産銀行頭取/木村鮮銀理事)
91153	鮮滿版	1919-06-04	01단	土地增價稅規則公布/都市に於ける好財源
91154	鮮滿版	1919-06-04	01단	東鮮運賃引下運動/元山會議所の交涉と理由
91155	鮮滿版	1919-06-04	02단	忠南道生産狀態/苧布機織挽回
91156	鮮滿版	1919-06-04	03단	印紙稅法稅印規定
91157	鮮滿版	1919-06-04	03단	商工界の發展
91158	鮮滿版	1919-06-04	04단	慶山收繭增加
91159	鮮滿版	1919-06-04	04단	頭を擡げた手數料引上問題/取引所は折半と云い仲買人は六割を主張する重役の技倆の見せ所
91160	鮮滿版	1919-06-04	04단	續々開校/学生中には日和見運が多い
91161	鮮滿版	1919-06-04	04단	奇特な資産家
91162	鮮滿版	1919-06-04	04단	相變らず教員拂底困った問題
91163	鮮滿版	1919-06-04	05단	果樹類の出來が良い
91164	鮮滿版	1919-06-04	05단	苗代も良好
91165	鮮滿版	1919-06-04	05단	人(村田素ノ郎氏)
91166	鮮滿版	1919-06-05	01단	米價問題と朝鮮米/政府の放任主義と影響
91167	鮮滿版	1919-06-05	01단	忠淸北道棉作奬勵計劃/旣往の成績と將來の豫想(上)
91168	鮮滿版	1919-06-05	02단	元山海運界
91169	鮮滿版	1919-06-05	03단	淸州發展策/岡田商業會長談
91170	鮮滿版	1919-06-05	03단	鼈繭出荷增加
91171	鮮滿版	1919-06-05	04단	釜山商銀增資
91172	鮮滿版	1919-06-05	04단	大田水電期成
91173	鮮滿版	1919-06-05	05단	幹部演習/侍從武官御差遣
91174	鮮滿版	1919-06-05	05단	野砲演習行軍/踏破一百餘里
91175	鮮滿版	1919-06-05	05단	困難な賭博狩/チー八賭博また盛返す
91176	鮮滿版	1919-06-05	06단	若葉の金剛山/裝成った天下の絶勝/旅館も交通通信の便も
91177	鮮滿版	1919-06-05	06단	京阪神より(內務省の新方針/市營長屋の福音)

일련번호	판명	간행일	단수	기사명
91178	鮮滿版	1919-06-06	01단	關稅撤廢問題經過/全鮮商業會議所の諮問果して回答あるや否や
91179	鮮滿版	1919-06-06	01단	忠淸北道棉作獎勵計劃/旣往の成績と將來の豫想(下)
91180	鮮滿版	1919-06-06	02단	米豆移出增加
91181	鮮滿版	1919-06-06	02단	梨本宮御檢閱(鐵嶺特電四日發)
91182	鮮滿版	1919-06-06	02단	東拓金融好況
91183	鮮滿版	1919-06-06	03단	錦江水電期成
91184	鮮滿版	1919-06-06	03단	東拓移民應募
91185	鮮滿版	1919-06-06	03단	浦潮出荷順調
91186	鮮滿版	1919-06-06	03단	救濟事業協議
91187	鮮滿版	1919-06-06	03단	辭令
91188	鮮滿版	1919-06-06	03단	人夫缺乏/京城市內では一層甚だしい
91189	鮮滿版	1919-06-06	04단	農事視察團/來る九日出發
91190	鮮滿版	1919-06-06	04단	米は生産地へ逆戻り/變った現象
91191	鮮滿版	1919-06-06	04단	現物取引所に就いて(上)/京城岩本善文(寄)
91192	鮮滿版	1919-06-06	05단	記者團チーム組織
91193	鮮滿版	1919-06-06	05단	神と佛
91194	鮮滿版	1919-06-07	01단	繭輸制限撤廢運動/全鮮繭絲業者の蹶起運動方法と請願趣旨
91195	鮮滿版	1919-06-07	01단	京城府廳愈新策/明年度豫算は計上建築費百萬圓餘
91196	鮮滿版	1919-06-07	01단	有望なる釜山鎭の將來/紡織工場決定
91197	鮮滿版	1919-06-07	01단	産米檢査成績/中白米不評判
91198	鮮滿版	1919-06-07	02단	咸北畜牛去勢
91199	鮮滿版	1919-06-07	02단	梨本宮殿下/御檢閱繰上げ
91200	鮮滿版	1919-06-07	02단	橫斷航路狀況
91201	鮮滿版	1919-06-07	02단	瓦電動力增加
91202	鮮滿版	1919-06-07	02단	新舊釜山府尹
91203	鮮滿版	1919-06-07	03단	忠南校長方面會議
91204	鮮滿版	1919-06-07	03단	在群新潟縣人會
91205	鮮滿版	1919-06-07	03단	朝鮮總督を相手取り/國有林引渡の訴訟を提起す
91206	鮮滿版	1919-06-07	03단	客車に通風設備/幾分涼しくなる
91207	鮮滿版	1919-06-07	03단	鷲口瘡/發生も多いが斃死も夥しい(京畿/忠南/慶北/慶南/黃海/平南/江原/咸南/咸北)
91208	鮮滿版	1919-06-07	03단	忙しい獨逸生れの女家內/來住三十五年間/浪浸的な主人の死/娘の身の振り方/呪はれた母子の運命

일련번호	판명	간행일	단수	기사명
91209	鮮滿版	1919-06-07	04단	繭の共同販賣/忠南忠北兩道の各地で行ふ
91210	鮮滿版	1919-06-07	05단	群山の商取引期日一定
91211	鮮滿版	1919-06-07	05단	東西合併相撲
91212	鮮滿版	1919-06-07	05단	喜雨
91213	鮮滿版	1919-06-08	01단	*國勢調査 規制發布/國勢調査規則*
91214	鮮滿版	1919-06-08	02단	精米檢査對抗策/當業者の奔走
91215	鮮滿版	1919-06-08	02단	警察部長會議/來十七日召集
91216	鮮滿版	1919-06-08	02단	京城商業會議所評議員會(第一號/第二號)
91217	鮮滿版	1919-06-08	02단	水電實現希望
91218	鮮滿版	1919-06-08	02단	列車時間改正交涉
91219	鮮滿版	1919-06-08	03단	穀物先物取引
91220	鮮滿版	1919-06-08	03단	春繭解舒良好
91221	鮮滿版	1919-06-08	03단	慶北麥作不良
91222	鮮滿版	1919-06-08	03단	慶北現在戶口數
91223	鮮滿版	1919-06-08	04단	例の國勢調査は恰も併合記念日に相當する十月一日にやる/內地同樣眞夜中夜に一齊調査/朝鮮では除外例がある/荻田總務局長談(調査の時期/調査の區域/調査の事項/ 調査の方法/監理調査員/特殊の調査)
91224	鮮滿版	1919-06-08	05단	海藻採取の帆船/岩礁に乘揚げ沈沒/五十五名海上に漂ひ二十五名は行方不明
91225	鮮滿版	1919-06-08	05단	群山延取引/復活近し/其筋の調査
91226	鮮滿版	1919-06-08	05단	漁師の當り年/鱈も鰆も豊漁
91227	鮮滿版	1919-06-08	06단	グレーソン困る
91228	鮮滿版	1919-06-10	01단	矛盾せる對米價策/朝鮮米一時移出は困難/米價問題と鮮米の關係
91229	鮮滿版	1919-06-10	02단	鮮米移出は交涉中/未だ具體的成案に到達せず
91230	鮮滿版	1919-06-10	02단	西海岸航路問題協議會
91231	鮮滿版	1919-06-10	02단	國勢調査方法
91232	鮮滿版	1919-06-10	03단	山梨次官の視察車中談
91233	鮮滿版	1919-06-10	03단	輕鐵補助有望
91234	鮮滿版	1919-06-10	04단	殖銀社債應募
91235	鮮滿版	1919-06-10	04단	五月釜山貿易
91236	鮮滿版	1919-06-10	04단	鮮銀限外發行
91237	鮮滿版	1919-06-10	04단	平壤の市區改正/一氣呵成に工事を進め結氷期前に完成の豫定

일련번호	판명	간행일	단수	기사명
91238	鮮滿版	1919-06-10	04단	居留民會長囚はる/支那巡警が難なく取返す/馬鹿げた鮮民の盲動
91239	鮮滿版	1919-06-10	04단	恐犬病と氣候の關係/昨金が最も恐い
91240	鮮滿版	1919-06-10	05단	活牛檢疫十年記念
91241	鮮滿版	1919-06-10	05단	改良方案當選發表
91242	鮮滿版	1919-06-10	05단	警備から歸って/朝鮮暴動の鎭壓に從事した/小泉高級通譯の土産談
91243	鮮滿版	1919-06-10	06단	紡織工場敷地/八萬坪買收
91244	鮮滿版	1919-06-10	06단	群山の痘瘡終熄
91245	鮮滿版	1919-06-10	06단	降雹
91246	鮮滿版	1919-06-11	01단	淸州の簡易水道/設計變更
91247	鮮滿版	1919-06-11	01단	忠南の閑地利用策
91248	鮮滿版	1919-06-11	01단	咸鏡鐵道工事/羅南は十月開通
91249	鮮滿版	1919-06-11	01단	京畿三稅不良(家屋稅第一期分/戶別稅/戶稅第一期分)
91250	鮮滿版	1919-06-11	02단	北鮮軍營工事
91251	鮮滿版	1919-06-11	02단	殖銀業務成績
91252	鮮滿版	1919-06-11	02단	慶北産米餘剩
91253	鮮滿版	1919-06-11	02단	規則改正二件
91254	鮮滿版	1919-06-11	02단	商銀增資內定
91255	鮮滿版	1919-06-11	03단	災害復舊工事
91256	鮮滿版	1919-06-11	03단	朝鮮對支貿易
91257	鮮滿版	1919-06-11	03단	忠南春蠶經過良好
91258	鮮滿版	1919-06-11	03단	要港部が率先して共濟組合を設けた
91259	鮮滿版	1919-06-11	04단	鎭昌鐵道/實測班來期
91260	鮮滿版	1919-06-11	04단	群山公會堂建設問題
91261	鮮滿版	1919-06-11	04단	三菱の契約解除/鑛業家の凝議
91262	鮮滿版	1919-06-11	04단	京畿道の走繭/昨年より三日早い
91263	鮮滿版	1919-06-11	04단	鎭海寄港出願
91264	鮮滿版	1919-06-11	04단	人(鎭海海軍要港部參謀長)
91265	鮮滿版	1919-06-12	01단	官吏增俸問題の其後/こゝにも財政獨立の崇りが付いて廻る/困るのは下級官吏
91266	鮮滿版	1919-06-12	02단	精米輸出檢査と當業者
91267	鮮滿版	1919-06-12	02단	全鮮商業會議所聯合會
91268	鮮滿版	1919-06-12	03단	精米業者大會/群山商人の申合(申合規約)
91269	鮮滿版	1919-06-12	03단	鎭南浦穀物組合

일련번호	판명	간행일	단수	기사명
91270	鮮滿版	1919-06-12	03단	平壤貿易增進
91271	鮮滿版	1919-06-12	04단	平壤銀行問題
91272	鮮滿版	1919-06-12	04단	釜山方面海運
91273	鮮滿版	1919-06-12	04단	稗拔取獎勵
91274	鮮滿版	1919-06-12	05단	商議會員異動
91275	鮮滿版	1919-06-12	05단	畜産同業組合
91276	鮮滿版	1919-06-12	05단	殖銀群山支店と影響
91277	鮮滿版	1919-06-12	05단	用途減ぜる朝鮮馬の利用
91278	鮮滿版	1919-06-12	05단	外人を泊めた場合/届出規則が改正/幾分便利になった
91279	鮮滿版	1919-06-12	06단	豪雨增水/漢江沿岸被害あらん
91280	鮮滿版	1919-06-12	06단	釜山の天然痘/尚終熄せず
91281	鮮滿版	1919-06-12	06단	釜山驛の工事
91282	鮮滿版	1919-06-12	06단	合併相撲巡業
91283	鮮滿版	1919-06-12	06단	運動界(京釜對抗野球戰/二流チーム戰)
91284	鮮滿版	1919-06-12	06단	人(山梨陸軍次官/村田素一郎氏/野村滿鐵社長)
91285	鮮滿版	1919-06-13	01단	太膨脹の朝鮮貿易/戰後の形勢に伴ふ變化もあり/輸移入貿易は空前の膨脹
91286	鮮滿版	1919-06-13	01단	忠南の農業別自作農激減
91287	鮮滿版	1919-06-13	02단	特殊銀行增資說/鮮銀では打消
91288	鮮滿版	1919-06-13	03단	殖林獎勵/慶北の二十年に亙る大計劃
91289	鮮滿版	1919-06-13	03단	京畿事業勃興
91290	鮮滿版	1919-06-13	03단	朝鮮活牛有望
91291	鮮滿版	1919-06-13	04단	慶北製紙獎勵
91292	鮮滿版	1919-06-13	04단	鎭海養魚組合設立
91293	鮮滿版	1919-06-13	04단	忠北麥作豫想
91294	鮮滿版	1919-06-13	04단	輸移出米再檢査は稅關と打合せた上で/勵行する然らざれば鮮米の聲價は失墜するばかり/全北米穀檢査所の警告
91295	鮮滿版	1919-06-13	04단	玄海洋に心ゆくばかり尺八を吹奏する『死の曲』/『鎭守の社の戀に育くまれて海に消えゆく』/若き男女の數奇な運命
91296	鮮滿版	1919-06-13	04단	大田の積善會と懇話會
91297	鮮滿版	1919-06-13	05단	林野保護規則改正
91298	鮮滿版	1919-06-13	05단	昌原麥作狀況
91299	鮮滿版	1919-06-13	05단	棉作組合補助

일련번호	판명	간행일	단수	기사명
91300	鮮滿版	1919-06-13	06단	在鄉軍人馬山分會總會/これを機會に將來の發展を圖る
91301	鮮滿版	1919-06-13	06단	慶北果實良好
91302	鮮滿版	1919-06-13	06단	東西合併相撲
91303	鮮滿版	1919-06-13	06단	會(朝鮮語講習會/慶南校長會)
91304	鮮滿版	1919-06-13	06단	高校志願數
91305	鮮滿版	1919-06-14	01단	朝鮮阿片取締令發布　六月十五日より施行/施行細則發布/賣下價額と定價(醫藥用阿片賣下價額/醫藥用阿片定價/モヒ含量と賠償金額
91306	鮮滿版	1919-06-14	02단	銑鐵解契問題解決/總督の陳謝と其の條件
91307	鮮滿版	1919-06-14	03단	『豈獨り日本娼婦のみならや』/滑稽な日本娘非買同盟の一齣劇
91308	鮮滿版	1919-06-14	04단	紙幣束を燃したり/鼻紙代りに使って見たり有頂天の朝鮮農家の成金振り
91309	鮮滿版	1919-06-14	04단	現物取引所に就いて(下)/京城岩本善文(寄)
91310	鮮滿版	1919-06-15	01단	京城辯護士會會長問題/長谷川總督に陳情書提出(陳情書)
91311	鮮滿版	1919-06-15	02단	木浦紡織工場設置計劃
91312	鮮滿版	1919-06-15	03단	浦潮の近況
91313	鮮滿版	1919-06-15	03단	釜山高校移轉希望
91314	鮮滿版	1919-06-15	03단	官鹽生産減收
91315	鮮滿版	1919-06-15	04단	圖們輕鐵認可
91316	鮮滿版	1919-06-15	04단	釜山米豆檢査
91317	鮮滿版	1919-06-15	04단	朝鮮相撲の廢止/城津商人の打擊
91318	鮮滿版	1919-06-15	04단	支拂一定困難
91319	鮮滿版	1919-06-15	04단	喜雨
91320	鮮滿版	1919-06-15	04단	土地賣却入札
91321	鮮滿版	1919-06-15	04단	運動界(體育協會組織變更協議/力士野球團來る)
91322	鮮滿版	1919-06-15	04단	人(野村滿鐵社長/垂井鎭海要塞司令官)
91323	鮮滿版	1919-06-15	04단	間島より
91324	鮮滿版	1919-06-17	01단	馬賊跋扈の實狀(上)　馬賊に墮する動機と經路　驚くべき暴狀と其の實相　暴路されたる彼等の實生活/馬賊激增の主因　脫走　阿片成金の夢　細民から馬賊へ/馬賊の系統　小白龍　王林舊部ト　土着馬賊　小馬賊/市內の被害　兩贊雜貨商を片ツ端から訴へれば怨む/市外の被害　市內既に前の如し唯々金品を供給す
91325	鮮滿版	1919-06-17	02단	繭輸取扱改正
91326	鮮滿版	1919-06-17	03단	久原鑛業縮小

일련번호	판명	간행일	단수	기사명
91327	鮮滿版	1919-06-17	03단	臨時手當增給
91328	鮮滿版	1919-06-17	03단	城津大豆檢査
91329	鮮滿版	1919-06-17	03단	大田の繭取引
91330	鮮滿版	1919-06-17	04단	思想轉換の過渡期の顯現が支那の騷ぎでせう/劉參事の談
91331	鮮滿版	1919-06-17	04단	不逞鮮人判決/金東植外二十名
91332	鮮滿版	1919-06-17	04단	工業區域施設/釜山鎭一帶に
91333	鮮滿版	1919-06-17	04단	人(原田十衛氏/小泉策太郎氏/山口恒太郎氏)
91334	鮮滿版	1919-06-17	04단	記者對辯護士の會見顚末/京城辯護士會曹長問題(續)
91335	鮮滿版	1919-06-18	01단	朝鮮西海岸航路問題　全鮮商業會議所の請願/朝鮮西南岸開港地對阪神間/關門經由北九州中國朝鮮間/朝鮮對橫濱間/南支那との關係/滯貨輸送問題
91336	鮮滿版	1919-06-18	02단	西海寄港と鮮米積出其筋の勸奬
91337	鮮滿版	1919-06-18	02단	馬賊跋扈の實狀(下)　馬賊に墮する動機と經路　驚くべき暴狀と其の實相　暴露されたる彼等の實生活/交通を脅す賊　電の如く風の如し日本軍服が質屋に/馬賊團の強迫要求やら強迫やら巡官の生■頻なり/討伐の狀況　衝突遭遇戰　弔　合戰　恰もこれ實戰場裡/死刑十八名　頭目の救命を嘆願　弔　合戰と稱し跋扈/官憲の保護、警戒　被害を隱蔽する風　保衛團砲手自衛團
91338	鮮滿版	1919-06-18	03단	京釜線の難工事/四箇年繼續の省峴隧道
91339	鮮滿版	1919-06-18	03단	日本海橫斷航路盛況
91340	鮮滿版	1919-06-18	04단	群山穀物商組合組織
91341	鮮滿版	1919-06-18	04단	鐵道用地買收
91342	鮮滿版	1919-06-18	04단	他校生徒の迫害を懼れて同盟休校/私立養正義塾生徒百四十名風說と罵倒から免れたさに
91343	鮮滿版	1919-06-18	04단	不逞漢/京城に入込み逮捕さる
91344	鮮滿版	1919-06-18	05단	繭絲相傷昻上
91345	鮮滿版	1919-06-18	05단	支那人經營の學校へ/轉校の新傾向
91346	鮮滿版	1919-06-18	06단	貧兒救濟事業
91347	鮮滿版	1919-06-18	06단	不便な郵便局
91348	鮮滿版	1919-06-18	06단	運動界(西鮮の野球界)
91349	鮮滿版	1919-06-19	01단	森林鐵道の使命/朝鮮森林、兩江拓林兩鐵道/無盡の寶庫開かれん
91350	鮮滿版	1919-06-19	01단	鮮銀本店移轉說/結局形式上の問題のみ
91351	鮮滿版	1919-06-19	01단	釜山買附米運賃引下希望

일련번호	판명	간행일	단수	기사명
91352	鮮滿版	1919-06-19	02단	城津五月貿易
91353	鮮滿版	1919-06-19	02단	京畿金融狀況
91354	鮮滿版	1919-06-19	03단	鳥川改修踏査
91355	鮮滿版	1919-06-19	03단	國境方面は先づ平靜に歸した/鈴木警務部長談
91356	鮮滿版	1919-06-19	03단	大同江の大鐵橋/大正十一年度に完成の豫定
91357	鮮滿版	1919-06-19	04단	鹽業取締違反者嚴罰
91358	鮮滿版	1919-06-19	04단	春繭共同販賣
91359	鮮滿版	1919-06-19	04단	特急列車好績
91360	鮮滿版	1919-06-19	04단	運動界(平壤庭球會組織)
91361	鮮滿版	1919-06-20	01단	朝鮮會社令適用の轉機/全南法聖浦に目的を等ふする會社三個の設立許可/事實上會社令は撤廢の形也
91362	鮮滿版	1919-06-20	01단	中學校設置問題/豫算編成前に運動せよ
91363	鮮滿版	1919-06-20	01단	撫順炭値上と京城電氣會社の死活問題
91364	鮮滿版	1919-06-20	02단	中學規則改正
91365	鮮滿版	1919-06-20	02단	鳥川改修問題/測量は今秋着手する
91366	鮮滿版	1919-06-20	02단	人參耕作納稅
91367	鮮滿版	1919-06-20	03단	穀物大會提案
91368	鮮滿版	1919-06-20	03단	果樹移入改正
91369	鮮滿版	1919-06-20	03단	平壤建築勃興
91370	鮮滿版	1919-06-20	03단	全羅農作狀況
91371	鮮滿版	1919-06-20	03단	慶北産繭豫想額/二萬一千六百四十餘石
91372	鮮滿版	1919-06-20	04단	慶北插秧狀況/麥作は比較的良好
91373	鮮滿版	1919-06-20	04단	製粉と製鋼成績
91374	鮮滿版	1919-06-20	04단	牛皮販賣不況
91375	鮮滿版	1919-06-20	04단	淸州より
91376	鮮滿版	1919-06-20	05단	ホクホク者の高級官吏/臨時手當支給規則は有難くない下級官吏
91377	鮮滿版	1919-06-20	06단	不平の多い小額紙幣/持ってゐて氣持が惡い
91378	鮮滿版	1919-06-20	06단	癩者は怎すればよいか新令發布と違反者續出の兆
91379	鮮滿版	1919-06-20	07단	遽に增した痘瘡患者/防疫に手が廻らず
91380	鮮滿版	1919-06-20	07단	淸津漁業盛況
91381	鮮滿版	1919-06-20	08단	南滿事業紹介/其十一/滿洲に於ける鈴木商店の活躍
91382	鮮滿版	1919-06-20	10단	旅順唯一の金融機關/旅順銀行/旅順■島町
91383	鮮滿版	1919-06-20	10단	宅島回漕店
91384	鮮滿版	1919-06-20	11단	邦人の手に經營さるゝ豆素麵/中大利粉干株式會社

일련번호	판명	간행일	단수	기사명
91385	鮮滿版	1919-06-20	11단	山東肉輸出の嚆矢/山口上會本店
91386	鮮滿版	1919-06-20	11단	有望視せらるゝ/滿洲澱粉株式會社
91387	鮮滿版	1919-06-20	11단	華信洋行
91388	鮮滿版	1919-06-21	01단	東拓と水利計劃/資金六百萬圓
91389	鮮滿版	1919-06-21	01단	文官普通試驗
91390	鮮滿版	1919-06-21	01단	鮮鐵輸送狀態
91391	鮮滿版	1919-06-21	01단	煙草輸移出高
91392	鮮滿版	1919-06-21	01단	釜山行政施設
91393	鮮滿版	1919-06-21	02단	淸州罌粟栽培
91394	鮮滿版	1919-06-21	02단	忠南農産良好
91395	鮮滿版	1919-06-21	02단	朝鮮燒酎會社
91396	鮮滿版	1919-06-21	02단	會社設立認可(南鮮貿易會社/全州興業會社/朝鮮材木會社/龍山工作會社)
91397	鮮滿版	1919-06-21	02단	靡れ落ちさうな「官帖」物語/慘しい皮肉/下落を續けて一吊三錢三厘/押へきれぬ潛勢力/僞造が多いので記名捺印
91398	鮮滿版	1919-06-21	03단	辭令
91399	鮮滿版	1919-06-21	04단	朝鮮第一の小學校舍/平壤に新築
91400	鮮滿版	1919-06-21	04단	兒童が殖えて校舍に困る/京城の難問題
91401	鮮滿版	1919-06-21	05단	鮮海ローマンス/娘子軍の跋扈
91402	鮮滿版	1919-06-21	05단	巷より
91403	鮮滿版	1919-06-22	01단	便法を開く電話規則/十月一日より改正實施
91404	鮮滿版	1919-06-22	01단	臨時手當辯明/荻田總務局長談
91405	鮮滿版	1919-06-22	02단	騷擾の跡を逐うて(一)/三民生
91406	鮮滿版	1919-06-22	03단	三島殖銀頭取歸來談
91407	鮮滿版	1919-06-22	03단	偕行社開築工事進捗
91408	鮮滿版	1919-06-22	03단	朝紡敷地買收交涉
91409	鮮滿版	1919-06-22	04단	公州金融狀況
91410	鮮滿版	1919-06-22	04단	穀物協議建築
91411	鮮滿版	1919-06-22	05단	二期檢閱開始
91412	鮮滿版	1919-06-22	05단	忠北産繭輸送
91413	鮮滿版	1919-06-22	05단	船舶業者に物議起る/露義勇艦の荷客吸收と取締方法
91414	鮮滿版	1919-06-22	06단	玄海洋の藻屑と消ゆる人間/中には人を喰た/狂言の死もある
91415	鮮滿版	1919-06-22	06단	人(本堂■町警察署長)

일련번호	판명	간행일	단수	기사명
91416	鮮滿版	1919-06-24	01단	朝鮮總督府中學規則/改正に就て/關尾學務局長談
91417	鮮滿版	1919-06-24	01단	騷擾の跡を逐うて(二)/三民生
91418	鮮滿版	1919-06-24	02단	忠南道の臨時稅/調査施行方法/井上忠南第二部長談
91419	鮮滿版	1919-06-24	04단	朝鮮貿易
91420	鮮滿版	1919-06-24	04단	普試受驗講習
91421	鮮滿版	1919-06-24	04단	郡守更迭
91422	鮮滿版	1919-06-24	04단	商人の破産頻出
91423	鮮滿版	1919-06-24	05단	鯖の中毒患者
91424	鮮滿版	1919-06-24	05단	京城より/一記者/薄給者の悲哀
91425	鮮滿版	1919-06-25	01단	改善されたる朝鮮養蠶業/石塚拔師談
91426	鮮滿版	1919-06-25	01단	全鮮穀物商大會(議案)
91427	鮮滿版	1919-06-25	01단	鑛業警察法制定
91428	鮮滿版	1919-06-25	01단	富士製鐵閉鎖
91429	鮮滿版	1919-06-25	02단	鮮銀券增發
91430	鮮滿版	1919-06-25	02단	釜山貿易狀況
91431	鮮滿版	1919-06-25	02단	忠北陸棉好況
91432	鮮滿版	1919-06-25	02단	騷擾の跡を逐うて(三)/三民生
91433	鮮滿版	1919-06-25	03단	北鮮鯖魚況
91434	鮮滿版	1919-06-25	03단	繭共同賣上高
91435	鮮滿版	1919-06-25	03단	忠北養蠶狀況
91436	鮮滿版	1919-06-25	04단	鳥致院金融/貸出弊忙の豫想
91437	鮮滿版	1919-06-25	04단	淸州米相場
91438	鮮滿版	1919-06-25	05단	平壤の家屋拂底/會議所にて調節策講究中
91439	鮮滿版	1919-06-25	05단	宣敎師集る
91440	鮮滿版	1919-06-25	05단	釜山遊廓の情死
91441	鮮滿版	1919-06-25	05단	妓生騷いで懲役六箇月
91442	鮮滿版	1919-06-26	01단	地質調査/事業進捗完成は十五箇年
91443	鮮滿版	1919-06-26	01단	春蠶豫想/掃立は減少收繭は增加
91444	鮮滿版	1919-06-26	02단	道森林主事特別任用と資格
91445	鮮滿版	1919-06-26	02단	公設市場と下水工事補助/中野大邱府尹談
91446	鮮滿版	1919-06-26	02단	朝鮮の鄕土傳說/全南『相思巖』物語(上)/美女と下僕の戀/失戀の死/蛇と化した若者娘と蛇との因緣/生命に懸けての祈禱
91447	鮮滿版	1919-06-26	03단	淸津海事事務取扱激增
91448	鮮滿版	1919-06-26	03단	緬羊飼育裝勵/蒙古羊の試驗

일련번호	판명	간행일	단수	기사명
91449	鮮滿版	1919-06-26	03단	湖南線の改良/列車增發計劃
91450	鮮滿版	1919-06-26	04단	蠶種製造豫定
91451	鮮滿版	1919-06-26	04단	輕鐵敷設出願
91452	鮮滿版	1919-06-26	04단	大田金融狀況
91453	鮮滿版	1919-06-26	05단	普通學校新設申請
91454	鮮滿版	1919-06-26	05단	種馬所位置名稱
91455	鮮滿版	1919-06-26	05단	輸出向の眞向割鹽漬/元山で盛に製造北鮮漁業界
91456	鮮滿版	1919-06-26	06단	駄々ッ子の如き朝鮮學生/機を見て斷然たる處置に出でむ
91457	鮮滿版	1919-06-26	06단	自動車營業出願
91458	鮮滿版	1919-06-26	06단	苹果の走り
91459	鮮滿版	1919-06-26	06단	京城より
91460	鮮滿版	1919-06-27	01단	京城市區大改正/豫定計劃路線愈發表
91461	鮮滿版	1919-06-27	01단	石炭需要家の不安/滿鐵の供給炭交涉捗らず
91462	鮮滿版	1919-06-27	01단	全鮮米穀大會/次回會場決定
91463	鮮滿版	1919-06-27	01단	質屋業者大會
91464	鮮滿版	1919-06-27	01단	平壤の二事業
91465	鮮滿版	1919-06-27	02단	朝鮮の鄕土傳說全南/『相思巖』物語(中)/恐ろしい妄執の地/大蛇退散の祈禱/淵に吊下られた龍の娘/あァ遂に甲妻なかりき
91466	鮮滿版	1919-06-27	03단	忠南柔苗植栽
91467	鮮滿版	1919-06-27	03단	殖銀支店設置準備
91468	鮮滿版	1919-06-27	03단	土地會社設立計劃
91469	鮮滿版	1919-06-27	03단	普通校設置認可
91470	鮮滿版	1919-06-27	03단	阿片販賣人指定
91471	鮮滿版	1919-06-27	04단	騷擾の跡を遂うて(四)/三民生
91472	鮮滿版	1919-06-27	04단	辭令
91473	鮮滿版	1919-06-27	04단	內地人は鮮人より結核患者が餘程多い
91474	鮮滿版	1919-06-27	04단	神秘流催眠術/催眠術の話
91475	鮮滿版	1919-06-27	06단	鎭南浦の給水設備
91476	鮮滿版	1919-06-27	06단	鳥致院米相場
91477	鮮滿版	1919-06-27	06단	元山より
91478	鮮滿版	1919-06-28	01단	結局均一制が/五錢と四錢五厘、五厘が問題/京城電車賃金問題の其後

일련번호	판명	간행일	단수	기사명
91479	鮮滿版	1919-06-28	01단	朝鮮の鄕土傳說/全南『相思巖』物語(下)/怪奇な噂/誠しやかに警察の取調べ/噂の出所/事實無根だが追想的至境が
91480	鮮滿版	1919-06-28	02단	開墾會社計劃
91481	鮮滿版	1919-06-28	02단	群山公會堂資金
91482	鮮滿版	1919-06-28	02단	馬山經濟不振
91483	鮮滿版	1919-06-28	03단	群山貿易激增
91484	鮮滿版	1919-06-28	03단	馬山煎子盛況
91485	鮮滿版	1919-06-28	04단	鎭海分校設置
91486	鮮滿版	1919-06-28	04단	豆滿材流筏
91487	鮮滿版	1919-06-28	04단	金融事務打合會
91488	鮮滿版	1919-06-28	04단	辭令
91489	鮮滿版	1919-06-28	04단	城津開港二十年記念計劃
91490	鮮滿版	1919-06-28	04단	西本願寺釜山別院建築
91491	鮮滿版	1919-06-28	05단	雲母今度は有望らし
91492	鮮滿版	1919-06-28	05단	鮮米積取と群山
91493	鮮滿版	1919-06-28	05단	人(森■領事赴任期)
91494	鮮滿版	1919-06-28	05단	京城より
91495	鮮滿版	1919-06-29	01단	市場趨勢
91496	鮮滿版	1919-06-29	01단	鐵道學校/新築計劃進行
91497	鮮滿版	1919-06-29	01단	龍山滿鐵病院/工事請負入札
91498	鮮滿版	1919-06-29	01단	淸州慈惠醫院建築
91499	鮮滿版	1919-06-29	01단	全鮮淸酒品評會
91500	鮮滿版	1919-06-29	01단	官鹽生産狀況
91501	鮮滿版	1919-06-29	02단	忠南參事諮問會
91502	鮮滿版	1919-06-29	02단	危險な鴨綠江冷筋/楊西面江岸に近くに從ひ漸次水深を增し船舶の通過が頻繁になって來たので水面の動搖で土地崩落の虞があり地方農民竊に逃出して轉住を企つ
91503	鮮滿版	1919-06-29	02단	京城は晝間斷水?/水難來らむ斷水は土曜か日曜を選んで
91504	鮮滿版	1919-06-29	02단	騷擾の跡を遂うて(五)/三民生
91505	鮮滿版	1919-06-29	04단	果して陰謀か/學校放火の鮮人少年捕はる

1919년 7월 (선만판)

일련번호	판명	간행일	단수	기사명
91506	鮮滿版	1919-07-01	01단	朝鮮唯一の水利事業/工費三百萬圓全北高山川利用灌漑區域一萬町
91507	鮮滿版	1919-07-01	01단	群山引込線實現近し/久しき懸案なりし停車場より稅關波止場に至る船車聯絡線
91508	鮮滿版	1919-07-01	01단	臨時船回航不履行と當業者
91509	鮮滿版	1919-07-01	02단	輸出米再檢查と積出
91510	鮮滿版	1919-07-01	03단	外人宿泊届出の便法
91511	鮮滿版	1919-07-01	03단	龍山校舍再築
91512	鮮滿版	1919-07-01	03단	騷擾の跡を逐うて(六)/三民生
91513	鮮滿版	1919-07-01	04단	鎭海繭價昂騰
91514	鮮滿版	1919-07-01	04단	鮮銀司事更迭
91515	鮮滿版	1919-07-01	04단	內倉川改修工事
91516	鮮滿版	1919-07-01	04단	騷擾事件の收監者/全鮮を通じ七千名/何分大事件なので取調が手間取る公判は初秋の頃から順次開廷
91517	鮮滿版	1919-07-01	05단	金融組合講習會
91518	鮮滿版	1919-07-01	05단	祝賀會/元山では報告祭と大祝宴會
91519	鮮滿版	1919-07-01	05단	五十錢の贋造紙幣/盛に行使するが犯人未だ擧らず
91520	鮮滿版	1919-07-01	06단	恐ろしい松毛蟲/被害甚だし
91521	鮮滿版	1919-07-01	06단	米價また昂る
91522	鮮滿版	1919-07-01	06단	忠北繭販賣高
91523	鮮滿版	1919-07-02	01단	京城東京間/直通電線開通期/七月上旬開通の豫定
91524	鮮滿版	1919-07-02	01단	滿鐵朝鮮線未曾有の好成績/收入一千八百萬圓前年の三倍
91525	鮮滿版	1919-07-02	02단	安銀增資/五十萬圓を二百萬圓に
91526	鮮滿版	1919-07-02	02단	民間煎熬製造減少
91527	鮮滿版	1919-07-02	03단	鮮銀發行激增
91528	鮮滿版	1919-07-02	03단	忠北金融狀況
91529	鮮滿版	1919-07-02	03단	忠南金融好況
91530	鮮滿版	1919-07-02	03단	忠北米作良好
91531	鮮滿版	1919-07-02	04단	忠南産麥作柄
91532	鮮滿版	1919-07-02	04단	苗木植栽狀況
91533	鮮滿版	1919-07-02	04단	年々棄る二十萬圓/平南の楓葉利用策を講ぜ
91534	鮮滿版	1919-07-02	04단	獵官運動の朝鮮貴族/其野心に乘じた退役將校
91535	鮮滿版	1919-07-02	05단	支那勞働者續々歸國
91536	鮮滿版	1919-07-02	05단	莨赤星病發生

일련번호	판명	간행일	단수	기사명
91537	鮮滿版	1919-07-02	05단	各地祝賀(馬山/大邱/鎭海/公州)
91538	鮮滿版	1919-07-02	05단	會(教員講習會/忠南第二部校長會/米穀檢查打合會)
91539	鮮滿版	1919-07-03	01단	土地査定に際し境界の紛爭/所有者の不服申立と城津郡廳の自家撞着
91540	鮮滿版	1919-07-03	01단	米延賣買禁止
91541	鮮滿版	1919-07-03	01단	清州地方金融
91542	鮮滿版	1919-07-03	02단	大田中學新築工事
91543	鮮滿版	1919-07-03	02단	委任權限審査
91544	鮮滿版	1919-07-03	02단	忠北廳舍增築
91545	鮮滿版	1919-07-03	03단	騷擾の跡を逐うて(七)/三民生
91546	鮮滿版	1919-07-03	03단	各地の祝賀(大田/釜山/群山)
91547	鮮滿版	1919-07-03	03단	臨時船廻航請願
91548	鮮滿版	1919-07-03	04단	電力自給實行/釜山大工業用動力
91549	鮮滿版	1919-07-03	04단	デニキン好評
91550	鮮滿版	1919-07-03	04단	運動界(體育協會役員會)
91551	鮮滿版	1919-07-03	05단	京城より
91552	鮮滿版	1919-07-03	05단	後醍醐帝行在所と發見の實物((上證)御位牌と御神鑑(三十日本紙『國分寺洞中の實物』參證)
91553	鮮滿版	1919-07-04	01단	忠南に於ける企業勃興(忠南輕鐵/錦江水電/江景電氣/大正企業支店)
91554	鮮滿版	1919-07-04	01단	春繭輸送狀況
91555	鮮滿版	1919-07-04	02단	小學教員講習會
91556	鮮滿版	1919-07-04	02단	滿鮮浦潮視察團一行
91557	鮮滿版	1919-07-04	02단	仁川商議役員當選
91558	鮮滿版	1919-07-04	02단	鳥致院祝賀會
91559	鮮滿版	1919-07-04	02단	鮮銀券發行高
91560	鮮滿版	1919-07-04	02단	勞働能率/內鮮人の比較
91561	鮮滿版	1919-07-04	03단	騷擾の跡を逐うて(八)/三民生
91562	鮮滿版	1919-07-04	04단	囚人の萬歲和唱/西大門本監と分監
91563	鮮滿版	1919-07-04	04단	弱い兒童で一學級(上) 全國無比の新しい試み二箇月で目覺しい成績 櫻井博士が力瘤入れて/悉くが瘰癧「弱い子供」と銘打たれて最初は悄げる/何時も旗持 急にピソピソ飛び廻るので親が吃驚
91564	鮮滿版	1919-07-04	05단	大相撲前景氣
91565	鮮滿版	1919-07-05	01단	釜山東別院/血染天井の悲話/禁制を破って斬られた憐れな鮮女の怨恨

일련번호	판명	간행일	단수	기사명
91566	鮮滿版	1919-07-05	01단	騷擾の跡を逐うて(九)/三民生
91567	鮮滿版	1919-07-05	03단	鎭南浦寄港請願
91568	鮮滿版	1919-07-05	03단	忠南輕鐵區域/附帶事業として群山水東間海上運輸を
91569	鮮滿版	1919-07-05	04단	野積場整理
91570	鮮滿版	1919-07-05	04단	淸州より
91571	鮮滿版	1919-07-05	05단	弱い兒童で一學級(下) 全國無比の新しい試み二箇月で目覺しい成績 櫻井博士が力瘤入れて/全國へ普及 徵兵檢査に甲種合格が殖えやう/重い鞄の祟 昔風に腰の上へ結付るのが一番/夏休中には林間學校は輕輕々にやると害あり
91572	鮮滿版	1919-07-05	06단	靑年自殺未遂/薄給と不如意から
91573	鮮滿版	1919-07-06	01단	朝鮮に於ける獨墺人の私有財産/沒收說流布の爲賣却す
91574	鮮滿版	1919-07-06	01단	大豆の共同荷造所/設置を唱道す
91575	鮮滿版	1919-07-06	01단	上流速成造林
91576	鮮滿版	1919-07-06	02단	京城各行成績
91577	鮮滿版	1919-07-06	02단	慶北收繭豫想
91578	鮮滿版	1919-07-06	02단	大邱の杞柳栽培/大に發展の望あり
91579	鮮滿版	1919-07-06	03단	朝鮮銀行指定
91580	鮮滿版	1919-07-06	03단	京釜線改修完成
91581	鮮滿版	1919-07-06	03단	蜆養殖繼續
91582	鮮滿版	1919-07-06	03단	慶北學校組合數
91583	鮮滿版	1919-07-06	04단	公州の廉賣組合/復活して規模を擴張す
91584	鮮滿版	1919-07-06	04단	內鮮官民合同の平和克復祝賀
91585	鮮滿版	1919-07-06	04단	鰊の大漁
91586	鮮滿版	1919-07-08		缺號
91587	鮮滿版	1919-07-09	01단	怖るべき牛疫/國境間島地方は常に北鮮の脅威たり
91588	鮮滿版	1919-07-09	01단	有望漁業/移住漁業者の發展
91589	鮮滿版	1919-07-09	02단	京城高女擴張案
91590	鮮滿版	1919-07-09	02단	騷擾の跡を逐うて(十一)/三民生
91591	鮮滿版	1919-07-09	03단	忠南造林狀況
91592	鮮滿版	1919-07-09	03단	公設市場計劃進捗/簡易食堂も開設
91593	鮮滿版	1919-07-09	03단	大邱下水工事
91594	鮮滿版	1919-07-09	04단	商業會役員改選
91595	鮮滿版	1919-07-09	04단	陸棉發育狀況
91596	鮮滿版	1919-07-09	04단	罌粟栽培狀況

일련번호	판명	간행일	단수	기사명
91597	鮮滿版	1919-07-09	04단	朝鮮總督には宮殿下を奉戴したい/森本代議士視察談
91598	鮮滿版	1919-07-09	05단	夏蠶掃立狀況
91599	鮮滿版	1919-07-09	05단	殖産支店開始期
91600	鮮滿版	1919-07-09	05단	秋蠶掃立
91601	鮮滿版	1919-07-09	05단	浦項盈德自動車
91602	鮮滿版	1919-07-09	06단	輕鐵車中で女兒を安産
91603	鮮滿版	1919-07-09	06단	久留米絣を逆輸出/平壤監獄の製品
91604	鮮滿版	1919-07-10	01단	小學校教員增俸問題/近く實現せん
91605	鮮滿版	1919-07-10	01단	鐵道工事請負契約變更/物價昂騰のため
91606	鮮滿版	1919-07-10	02단	忠南漁獲高
91607	鮮滿版	1919-07-10	02단	阪神行船腹不足/各社運賃引上
91608	鮮滿版	1919-07-10	02단	騷擾の跡を逐うて(十二)/三民生
91609	鮮滿版	1919-07-10	03단	朝鮮輕鐵增資
91610	鮮滿版	1919-07-10	03단	米穀出廻旺盛
91611	鮮滿版	1919-07-10	04단	製紙原料增殖計劃
91612	鮮滿版	1919-07-10	04단	福井縣議視察團
91613	鮮滿版	1919-07-10	04단	苹果新物出現/昨年より十日早し
91614	鮮滿版	1919-07-10	04단	郡廳舍移築
91615	鮮滿版	1919-07-10	04단	罌粟栽培失敗
91616	鮮滿版	1919-07-10	04단	貨物輸送高
91617	鮮滿版	1919-07-10	05단	蠶種製造高
91618	鮮滿版	1919-07-10	05단	厭世で自殺
91619	鮮滿版	1919-07-10	05단	赤痢蔓延
91620	鮮滿版	1919-07-10	05단	京城より
91621	鮮滿版	1919-07-11	01단	仁川米豆取引所/手數料金引上
91622	鮮滿版	1919-07-11	01단	食料共同購入/成績甚だ良好
91623	鮮滿版	1919-07-11	01단	朝鮮經濟槪況
91624	鮮滿版	1919-07-11	01단	騷擾の跡を逐うて(十三)/三民生
91625	鮮滿版	1919-07-11	02단	茛耕作組合組織
91626	鮮滿版	1919-07-11	03단	發見した化石は巨象の臼齒/氷期の初期に日本に棲息したもの/田中萩中學校教諭の談
91627	鮮滿版	1919-07-11	03단	叺原料大拂底
91628	鮮滿版	1919-07-11	04단	■■春蠶收繭豫想
91629	鮮滿版	1919-07-11	04단	船引揚不成功
91630	鮮滿版	1919-07-11	04단	鐵鑛滓引締る

일련번호	판명	간행일	단수	기사명
91631	鮮滿版	1919-07-11	05단	魚場賣揚高
91632	鮮滿版	1919-07-11	05단	朝鮮海運狀況
91633	鮮滿版	1919-07-11	05단	酒造會社創立
91634	鮮滿版	1919-07-11	05단	人事(東大教授森庄三郎氏)
91635	鮮滿版	1919-07-11	05단	鎭南浦水害/浸水二百餘戶
91636	鮮滿版	1919-07-11	06단	京阪神より(禁酒運動京阪神聯合して)
91637	鮮滿版	1919-07-12	01단	將來益多事なる松江元山海底電線/西伯利南滿等の軍事上にも重要
91638	鮮滿版	1919-07-12	01단	輕鐵線路豫測圖改正/企業者の便宜
91639	鮮滿版	1919-07-12	02단	六月中の朝鮮貿易
91640	鮮滿版	1919-07-12	03단	前年度の主要畜産物
91641	鮮滿版	1919-07-12	04단	朝鮮銀行紐育出張所設置/滿洲對米爲替取扱
91642	鮮滿版	1919-07-12	04단	私立普通學校建設
91643	鮮滿版	1919-07-12	04단	種貝採取狀況
91644	鮮滿版	1919-07-12	04단	鮮銀券發行高
91645	鮮滿版	1919-07-12	04단	司法官異動
91646	鮮滿版	1919-07-12	05단	京城より
91647	鮮滿版	1919-07-12	05단	三國盟約の效力(東京電話)
91648	鮮滿版	1919-07-12	05단	北九州大都市計劃/必ずしも夢想に非ず/池田都市計劃課長の意見
91649	鮮滿版	1919-07-12	05단	松樹林全滅/忠南の松蛄螺問題
91650	鮮滿版	1919-07-12	06단	史學地理講習
91651	鮮滿版	1919-07-13	01단	何故貨物事故が多いか/寄託者と受託者が協力して防止せねばならぬ/安藤運輸課長談
91652	鮮滿版	1919-07-13	02단	決潰せる小井里の堤防視察/澁谷忠南第一部長
91653	鮮滿版	1919-07-13	02단	騷擾の跡を逐うて(十四)/三民生
91654	鮮滿版	1919-07-13	03단	鮮商增資內定/舊株一株に新株一株
91655	鮮滿版	1919-07-13	03단	優良なる城津産の藁繩/原料少きが遺憾
91656	鮮滿版	1919-07-13	04단	北鮮水産失效
91657	鮮滿版	1919-07-13	04단	單級教授講習
91658	鮮滿版	1919-07-13	04단	總督府執務時間
91659	鮮滿版	1919-07-13	04단	不逞鮮人の脅喝/圖々しい手段中に妙齡の女もある
91660	鮮滿版	1919-07-13	05단	忠南の水害狀況/地方に依って悲喜いろいろ
91661	鮮滿版	1919-07-13	05단	鮮人の好きな水産物製造/昨年は四十四萬餘圓
91662	鮮滿版	1919-07-13	06단	群山沖で難破/乘組員全部溺死

일련번호	판명	간행일	단수	기사명
91663	鮮滿版	1919-07-13	06단	唐米袋の利用/屋根やトタンの代用に
91664	鮮滿版	1919-07-13	06단	戰病者追弔會
91665	鮮滿版	1919-07-13	06단	滿洲實業會社設立
91666	鮮滿版	1919-07-15	01단	五州輕鐵期成運動/先づ釜山有志者より起る
91667	鮮滿版	1919-07-15	01단	貿易狀況(大邱/馬山/鎭海)
91668	鮮滿版	1919-07-15	01단	官吏賞與說と在鮮官吏/朝鮮は別物
91669	鮮滿版	1919-07-15	02단	忠南棉作狀況
91670	鮮滿版	1919-07-15	02단	判任講習開設/十四日開會式擧行
91671	鮮滿版	1919-07-15	02단	騷擾の跡を逐うて(十五)/三民生
91672	鮮滿版	1919-07-15	03단	鮮銀定時總會
91673	鮮滿版	1919-07-15	03단	鮮南大邱兩銀行總會
91674	鮮滿版	1919-07-15	03단	滿鮮農林會社創立
91675	鮮滿版	1919-07-15	04단	水災各地の被害夥し/古老曰く『三十年來の大雨』
91676	鮮滿版	1919-07-15	04단	浸水、死者、家屋流失/忠州附近の慘害
91677	鮮滿版	1919-07-15	05단	麗瑠倶樂部
91678	鮮滿版	1919-07-15	05단	大邱驛の玄米腐る/損害約四千圓
91679	鮮滿版	1919-07-15	05단	大邱慈惠院長辭表を提出す/辭意の眞因は?
91680	鮮滿版	1919-07-15	05단	米の代用に滿洲粟
91681	鮮滿版	1919-07-15	05단	人(太田大藏省主計官)
91682	鮮滿版	1919-07-16	01단	國境方面騷擾の跡/『萬歲』より假政府樹立を夢み漸次惡化したが遂に鎭定した/國境守備某將校談
91683	鮮滿版	1919-07-16	02단	在鮮教員待遇向上內議決す
91684	鮮滿版	1919-07-16	02단	金融聯合會不成立/當局の通牒で
91685	鮮滿版	1919-07-16	03단	獸畜輸入停止
91686	鮮滿版	1919-07-16	03단	廣川鑛脈採掘
91687	鮮滿版	1919-07-16	03단	水利組合設立
91688	鮮滿版	1919-07-16	03단	製絲工場新設
91689	鮮滿版	1919-07-16	03단	群山米價昂騰
91690	鮮滿版	1919-07-16	03단	朝鮮大豆好況
91691	鮮滿版	1919-07-16	04단	虎疫流行警戒
91692	鮮滿版	1919-07-16	04단	吉林近信/新官帖發行
91693	鮮滿版	1919-07-16	04단	海の季節を控へて松島半島の新設備/大公園を設け交通機關を整へ何やら彼やら避暑客を吸收せんとする/釜山府の大々的意氣込み
91694	鮮滿版	1919-07-16	04단	賑ひ始めた『外人村』/元山海水浴場の設備成る

일련번호	판명	간행일	단수	기사명
91695	鮮滿版	1919-07-16	05단	砂糖商人に警告を/發せんと群山當局調査を進む
91696	鮮滿版	1919-07-16	05단	慶北學校の暑中休暇
91697	鮮滿版	1919-07-16	06단	臨時列車を增發して浴客の便宜を圖る
91698	鮮滿版	1919-07-16	06단	朝鮮でも薯飯の奬勵
91699	鮮滿版	1919-07-16	06단	米宣敎師の上告公判/八月十一日開廷
91700	鮮滿版	1919-07-16	06단	南鮮降雨適順
91701	鮮滿版	1919-07-17	01단	騷擾と北鮮影響/經濟界の打擊比較的尠し
91702	鮮滿版	1919-07-17	01단	滿鐵職制變更/新制度は十六日より實施
91703	鮮滿版	1919-07-17	01단	元山經濟情勢
91704	鮮滿版	1919-07-17	02단	群山金融狀況
91705	鮮滿版	1919-07-17	03단	全南檢米增加
91706	鮮滿版	1919-07-17	03단	粟麥需用增加
91707	鮮滿版	1919-07-17	03단	平南稻作良好
91708	鮮滿版	1919-07-17	03단	慶北養鷄計劃
91709	鮮滿版	1919-07-17	04단	活牛貿易盛況
91710	鮮滿版	1919-07-17	04단	平壤公會堂設計
91711	鮮滿版	1919-07-17	04단	朝鮮最初の地下道/大田驛構內に掘鑿する
91712	鮮滿版	1919-07-17	04단	米價暴騰/群山市場に於ける農民の餘裕
91713	鮮滿版	1919-07-17	05단	守備營舍建築
91714	鮮滿版	1919-07-17	05단	五州輕鐵敷設延期
91715	鮮滿版	1919-07-17	05단	昌原棉作豫想
91716	鮮滿版	1919-07-17	05단	好景氣の反映/藝娼妓がウンと增ねた
91717	鮮滿版	1919-07-17	06단	牛を豚に乘替る/食肉の需用增加と慶北道の養豚計劃
91718	鮮滿版	1919-07-17	06단	自動車營業出願
91719	鮮滿版	1919-07-17	06단	人(中井理學博士)
91720	鮮滿版	1919-07-18	01단	中央試驗所の紛擾/豐永博士辭任說
91721	鮮滿版	1919-07-18	01단	元山の衛生問題/時節柄鼻つまみ
91722	鮮滿版	1919-07-18	02단	釜山商議建議
91723	鮮滿版	1919-07-18	02단	米豆檢查協議
91724	鮮滿版	1919-07-18	03단	益沃水利組合倂合問題/地主を集めて說明
91725	鮮滿版	1919-07-18	03단	忠北の農業
91726	鮮滿版	1919-07-18	03단	耕地面積調查
91727	鮮滿版	1919-07-18	03단	忠南穀物好績
91728	鮮滿版	1919-07-18	04단	慶北家畜增加

일련번호	판명	간행일	단수	기사명
91729	鮮滿版	1919-07-18	04段	大田監獄署工事進捗
91730	鮮滿版	1919-07-18	04段	朝紡地均工事/丸山拔師來釜準備中
91731	鮮滿版	1919-07-18	04段	瓦電會社擴張
91732	鮮滿版	1919-07-18	05段	大邱內地人戶口
91733	鮮滿版	1919-07-18	05段	朝鮮輕鐵成績
91734	鮮滿版	1919-07-18	05段	湖南線收入成績
91735	鮮滿版	1919-07-18	05段	鮮人強盜團の橫行/白晝棍棒を携へて荒し廻る
91736	鮮滿版	1919-07-18	05段	慶北米商の活躍/釜山商人の手を經ずして直接輸送
91737	鮮滿版	1919-07-18	05段	釜山水泳會開始
91738	鮮滿版	1919-07-18	06段	鳥致院貨物發着
91739	鮮滿版	1919-07-18	06段	忠北淸州商業會
91740	鮮滿版	1919-07-18	06段	講習證書授與式
91741	鮮滿版	1919-07-18	06段	游泳中に溺死/平壤中學校の生徒
91742	鮮滿版	1919-07-18	06段	組合事務所新築
91743	鮮滿版	1919-07-18	06段	大田警察落成
91744	鮮滿版	1919-07-19	01段	京城に於て米廉賣は考慮を要す/金府尹の談
91745	鮮滿版	1919-07-19	01段	地方費賦課
91746	鮮滿版	1919-07-19	01段	鮮銀券發行高減退
91747	鮮滿版	1919-07-19	02段	關稅撤廢問題/群山會議所の協議
91748	鮮滿版	1919-07-19	02段	平壤貯蓄組合解散
91749	鮮滿版	1919-07-19	02段	城津六月貿易
91750	鮮滿版	1919-07-19	03段	慶北棉成績
91751	鮮滿版	1919-07-19	03段	騷擾の跡を逐うて(十五)/三民生
91752	鮮滿版	1919-07-19	04段	鮮人巡査採用
91753	鮮滿版	1919-07-19	04段	水産課長任命
91754	鮮滿版	1919-07-19	04段	辭令
91755	鮮滿版	1919-07-19	04段	大邱と電話/需要の激增賣買價格飛び騰る
91756	鮮滿版	1919-07-19	05段	傳說の朝鮮(不思議な絹/日本の小島の王樣になった夫婦もの)
91757	鮮滿版	1919-07-20	01段	忠淸北道の罌粟不成績
91758	鮮滿版	1919-07-20	02段	組合豫算更正/教員の臨時手當四千餘圓
91759	鮮滿版	1919-07-20	02段	忠北秋蠶掃立
91760	鮮滿版	1919-07-20	02段	兵營建築工事
91761	鮮滿版	1919-07-20	02段	證書授與式と入學
91762	鮮滿版	1919-07-20	02段	騷擾の跡を逐うて(十六)/三民生

일련번호	판명	간행일	단수	기사명
91763	鮮滿版	1919-07-20	03단	共同倉庫增資
91764	鮮滿版	1919-07-20	03단	局員缺乏と臨時補助雇員採用
91765	鮮滿版	1919-07-20	04단	敎員と生活難/何となく不穩の形勢
91766	鮮滿版	1919-07-20	04단	困った電話
91767	鮮滿版	1919-07-22	01단	博來の耕地を失ふとて五百の土民騷ぐ/元來禁伐林を侵耕したもので國有林編入は僅かに三分通り/噂ほどの事實でないと當局は云ふ
91768	鮮滿版	1919-07-22	01단	釜山高女校問題
91769	鮮滿版	1919-07-22	01단	大邱中學設立問題/漸く曙光を認む
91770	鮮滿版	1919-07-22	01단	土地買收着手
91771	鮮滿版	1919-07-22	02단	淸津會議所/設立許可の意響
91772	鮮滿版	1919-07-22	02단	埋立一部の變更/釜山築港補修工事
91773	鮮滿版	1919-07-22	02단	外米移入請願
91774	鮮滿版	1919-07-22	03단	据置貯金開始
91775	鮮滿版	1919-07-22	03단	京城電氣成績/電車收入減にて減配
91776	鮮滿版	1919-07-22	03단	東洋葉莨募株
91777	鮮滿版	1919-07-22	03단	商事會社成立
91778	鮮滿版	1919-07-22	03단	江景電氣計劃/水力電氣に變更
91779	鮮滿版	1919-07-22	03단	繭共同販賣好況
91780	鮮滿版	1919-07-22	04단	忠北洪水被害
91781	鮮滿版	1919-07-22	04단	龍山倉庫の兼業
91782	鮮滿版	1919-07-22	04단	鎭川産業會社設立
91783	鮮滿版	1919-07-22	04단	煉瓦及瓦製造
91784	鮮滿版	1919-07-22	04단	稻作良好/水害は輕微
91785	鮮滿版	1919-07-22	04단	六百萬尾の鰺と鯖/氷藏して內地へ輸送/靑山島の漁況
91786	鮮滿版	1919-07-22	05단	水攻に遭った龍山から京城へ/水道鐵管を接續
91787	鮮滿版	1919-07-22	05단	忠南沖は不漁/魚價著るしく騰貴
91788	鮮滿版	1919-07-22	05단	內訌の噂は無根/試驗所長辭任せず
91789	鮮滿版	1919-07-22	05단	忠南の署熱酷烈
91790	鮮滿版	1919-07-22	06단	自動車畑の中に落つ/乘客三名重輕傷
91791	鮮滿版	1919-07-22	06단	米價調節/目的の一部を達す
91792	鮮滿版	1919-07-22	06단	嶺南館を移築して公會堂に
91793	鮮滿版	1919-07-22	06단	光州慈惠醫院建築
91794	鮮滿版	1919-07-23	01단	鐵道工事の請負/新規契約方法に對する意見
91795	鮮滿版	1919-07-23	02단	課稅地調査/調査員講習會

일련번호	판명	간행일	단수	기사명
91796	鮮滿版	1919-07-23	02단	滿鐵職制改正と京管局制
91797	鮮滿版	1919-07-23	02단	殖銀特種貸付
91798	鮮滿版	1919-07-23	02단	鎭南浦倉庫會社設立計劃/資本金百萬圓
91799	鮮滿版	1919-07-23	03단	朝鮮農業者數
91800	鮮滿版	1919-07-23	03단	旅客運輸成績
91801	鮮滿版	1919-07-23	03단	敵國人財産管理令適用
91802	鮮滿版	1919-07-23	03단	銀行創立計劃
91803	鮮滿版	1919-07-23	03단	穀物商組合成立
91804	鮮滿版	1919-07-23	04단	醫師藥劑師試驗
91805	鮮滿版	1919-07-23	04단	憲兵分遣所長送別
91806	鮮滿版	1919-07-23	04단	馬山より
91807	鮮滿版	1919-07-23	04단	大邱圖書館/來月中旬より開館
91808	鮮滿版	1919-07-23	04단	金允植李容植の服罪と失爵
91809	鮮滿版	1919-07-23	04단	虎と牛の戰鬪/牛遂に■る虎は山中へ
91810	鮮滿版	1919-07-23	04단	運動界(興味ある庭球戰)
91811	鮮滿版	1919-07-24	01단	城津の水源地/摩天嶺の荒廢と其影響
91812	鮮滿版	1919-07-24	01단	大規模の水利事業
91813	鮮滿版	1919-07-24	01단	文幕水利組合
91814	鮮滿版	1919-07-24	01단	干潟地調査/天日製鹽と開墾
91815	鮮滿版	1919-07-24	02단	咸鏡線と石炭/靑木鐵道局長談
91816	鮮滿版	1919-07-24	03단	京城矯風會設立
91817	鮮滿版	1919-07-24	03단	第七尋常新設/釜山鎭地方の發展
91818	鮮滿版	1919-07-24	03단	全州商業銀行設立
91819	鮮滿版	1919-07-24	03단	元山より
91820	鮮滿版	1919-07-24	04단	辭令
91821	鮮滿版	1919-07-24	04단	判事轉任
91822	鮮滿版	1919-07-24	05단	龍山の住宅拂底/移住者は激增し家屋新築は皆無
91823	鮮滿版	1919-07-24	05단	派遣隊兵舍新築と候補地
91824	鮮滿版	1919-07-24	06단	守備隊設置と營舍改築
91825	鮮滿版	1919-07-24	06단	米移出と注意
91826	鮮滿版	1919-07-24	06단	肥料運賃値上/才取を斤量取に
91827	鮮滿版	1919-07-25	01단	辯護士分離の經緯/內鮮人感情の衝突
91828	鮮滿版	1919-07-25	03단	家畜基本調査
91829	鮮滿版	1919-07-25	03단	國勢調査講習會/八月二十七日より京城高女校に於て

일련번호	판명	간행일	단수	기사명
91830	鮮滿版	1919-07-25	03단	慶南學校長會/馬山に於て開催
91831	鮮滿版	1919-07-25	03단	鮮人敎育私立學校數
91832	鮮滿版	1919-07-25	04단	米穀檢査所新設開始
91833	鮮滿版	1919-07-25	04단	米穀檢査成績/一般に向上仕向地は釜山が大部分
91834	鮮滿版	1919-07-25	04단	稻立毛品評會/忠南の稻作改良
91835	鮮滿版	1919-07-25	04단	忠南の鼈況
91836	鮮滿版	1919-07-25	05단	漢城銀行成績/預金貸出千萬圓突破
91837	鮮滿版	1919-07-25	05단	敎員檢定豫備試驗
91838	鮮滿版	1919-07-25	05단	米代用物の栽培獎勵と滿洲粟の購入廉賣
91839	鮮滿版	1919-07-25	05단	八幡丸船客の虎列拉
91840	鮮滿版	1919-07-25	05단	海水浴場開き
91841	鮮滿版	1919-07-26	01단	朝鮮貿易/輸移出、輸移入共に增加
91842	鮮滿版	1919-07-26	01단	鮮銀券發行高
91843	鮮滿版	1919-07-26	01단	國勢調査協議
91844	鮮滿版	1919-07-26	01단	鑛業界不振/石炭のみは恪別
91845	鮮滿版	1919-07-26	02단	各港に於ける/內外人出入狀況
91846	鮮滿版	1919-07-26	02단	內地人巡査增俸
91847	鮮滿版	1919-07-26	02단	東拓會社の計劃/濟南にも支店新設
91848	鮮滿版	1919-07-26	02단	釜山敎育方針/調査硏究と意見取纏め
91849	鮮滿版	1919-07-26	03단	高商設置問題
91850	鮮滿版	1919-07-26	03단	政府の鮮米買付/朝鮮橫濱間無賃輸送の計劃
91851	鮮滿版	1919-07-26	03단	城津地方の旱魃/水田龜裂し蔬菜枯る
91852	鮮滿版	1919-07-26	04단	龍山舊練兵場埋立工事/拂下希望者多し
91853	鮮滿版	1919-07-26	04단	沙川事件公判/憲兵四名を殺害し暴れ廻りたる暴徒傍聽禁止
91854	鮮滿版	1919-07-26	05단	城津測候所/理想的の位置に建築
91855	鮮滿版	1919-07-26	05단	關釜聯絡船から女の投身/原因は不明
91856	鮮滿版	1919-07-26	05단	小學兒童の水泳/八月六日より開始
91857	鮮滿版	1919-07-26	05단	運動界(早大高商庭球團/柔道土用稽古)
91858	鮮滿版	1919-07-27	01단	總督府豫算編成
91859	鮮滿版	1919-07-27	01단	群山港貿易/前年よりも增加
91860	鮮滿版	1919-07-27	01단	滿洲粟輸移入數量增加
91861	鮮滿版	1919-07-27	01단	釜山の在米高
91862	鮮滿版	1919-07-27	01단	縮果病驅除
91863	鮮滿版	1919-07-27	01단	國語を解する鮮人數

일련번호	판명	간행일	단수	기사명
91864	鮮滿版	1919-07-27	01단	預金取扱擴張
91865	鮮滿版	1919-07-27	02단	辭令
91866	鮮滿版	1919-07-27	02단	十數年來の暑氣と旱魃
91867	鮮滿版	1919-07-27	02단	米と群山/薄給者の因窮救濟方法協議
91868	鮮滿版	1919-07-27	03단	功勞の巡査/最初の名譽を擔ふ
91869	鮮滿版	1919-07-27	03단	忠南の鮎/八月一日より川開き蕃殖組合組織
91870	鮮滿版	1919-07-27	03단	釜山水泳會盛況
91871	鮮滿版	1919-07-27	04단	南面地方に豺の出沒
91872	鮮滿版	1919-07-27	04단	「黃金」劇/八月一日より京城黃金館に映寫
91873	鮮滿版	1919-07-27	04단	運動界(柔道選手の出張/游泳の實習)
91874	鮮滿版	1919-07-29	01단	稻作狀況(移植後の生育狀況/平年及前年との比較/旱水害の實況)
91875	鮮滿版	1919-07-29	01단	國勢調査協議
91876	鮮滿版	1919-07-29	02단	活牛貿易盛況/約五千頭の停滯
91877	鮮滿版	1919-07-29	02단	硬質陶器進涉
91878	鮮滿版	1919-07-29	02단	染織博出品好績
91879	鮮滿版	1919-07-29	02단	忠南産大麥/トンボリ種と麥酒製造
91880	鮮滿版	1919-07-29	03단	故鄕を飾る佐賀錦/東京で大隈候令姪の改良した/誇るべき日本の美術織物/傳授を受けた實踐女學校敎諭/峰谷麟子女史の話
91881	鮮滿版	1919-07-29	04단	重砲大隊檢閱
91882	鮮滿版	1919-07-29	04단	釜山水道の斷水/二十四日以來時間給水
91883	鮮滿版	1919-07-29	05단	城津の旱魃/異常の暑熱
91884	鮮滿版	1919-07-29	05단	虎疫豫防と當局の計劃
91885	鮮滿版	1919-07-29	06단	明川にも兵舍建築
91886	鮮滿版	1919-07-29	06단	支那軍艦入港
91887	鮮滿版	1919-07-29	06단	寢臺車の直通/八月一日第一、二列車から
91888	鮮滿版	1919-07-30	01단	西本寺建築地問題は奇妙にも迷官に入った
91889	鮮滿版	1919-07-30	01단	事業資金の需要增加
91890	鮮滿版	1919-07-30	01단	米輸送優先權と陳情
91891	鮮滿版	1919-07-30	01단	組合費賦課の減等
91892	鮮滿版	1919-07-30	02단	晉州都市/金融組合總會
91893	鮮滿版	1919-07-30	02단	東拓の豆搾油事業/製油所設立計劃
91894	鮮滿版	1919-07-30	03단	北鮮醬油創立
91895	鮮滿版	1919-07-30	03단	大邱六月中貿易

일련번호	판명	간행일	단수	기사명
91896	鮮滿版	1919-07-30	03단	馬山地方の稻作/天候順調にして發育良好
91897	鮮滿版	1919-07-30	03단	木浦移出米激增
91898	鮮滿版	1919-07-30	03단	慶北の夏秋蠶/掃立豫想約二萬枚
91899	鮮滿版	1919-07-30	03단	五州輕鐵延期許可
91900	鮮滿版	1919-07-30	04단	慶尚普通學校長會
91901	鮮滿版	1919-07-30	04단	鎭海汽船會社許可
91902	鮮滿版	1919-07-30	04단	鎭海秋蠶豫想
91903	鮮滿版	1919-07-30	04단	朝鮮棉花總會
91904	鮮滿版	1919-07-30	04단	淸津築港懇談會
91905	鮮滿版	1919-07-30	05단	鎭海要塞司令官更送
91906	鮮滿版	1919-07-30	05단	釜山の渡船と淸潔/愈近々に改善
91907	鮮滿版	1919-07-30	05단	瓦斯汽罐の取替
91908	鮮滿版	1919-07-30	05단	大邱商業會議所/新築の敷地變更
91909	鮮滿版	1919-07-30	05단	鎭海面の小作組合と貯蓄
91910	鮮滿版	1919-07-30	05단	馬山振興會設立
91911	鮮滿版	1919-07-30	06단	南浦の大暑會/熟爛で鋤燒隱し藝と演說
91912	鮮滿版	1919-07-30	06단	平壤の米價/一升五十錢に上るべき形勢
91913	鮮滿版	1919-07-30	06단	元山行の納涼列車
91914	鮮滿版	1919-07-30	06단	黃金の場面
91915	鮮滿版	1919-07-31	01단	關東憲兵隊長に榮轉の前田大佐
91916	鮮滿版	1919-07-31	01단	鮮人と事業
91917	鮮滿版	1919-07-31	01단	馬山の會社熱
91918	鮮滿版	1919-07-31	01단	繩叺需要旺盛/品質改良が緊要
91919	鮮滿版	1919-07-31	03단	酒造組合と請願
91920	鮮滿版	1919-07-31	03단	咸南木炭調節計劃
91921	鮮滿版	1919-07-31	03단	馬山地方の交通機關/自動車の大流行
91922	鮮滿版	1919-07-31	04단	平壤の人口激增と建築界の活況
91923	鮮滿版	1919-07-31	05단	鎭南浦と米價/穀物商に懇談上白米四十五錢
91924	鮮滿版	1919-07-31	05단	慶北農家の思惑/容易に手持米を放さず
91925	鮮滿版	1919-07-31	05단	物價と賃金/ズンズン躍る一方
91926	鮮滿版	1919-07-31	06단	元山守備兵營の改築
91927	鮮滿版	1919-07-31	06단	遊廓移轉延期の再請願/當業者の思惑外れ
91928	鮮滿版	1919-07-31	06단	ローズガーデンの繁昌

1919년 8월 (선만판)

일련번호	판명	간행일	단수	기사명
91929	鮮滿版	1919-08-01	01단	罌粟栽培/面積と阿片實收
91930	鮮滿版	1919-08-01	01단	鹽生産狀況
91931	鮮滿版	1919-08-01	02단	益沃水利/明春工事着手の豫定
91932	鮮滿版	1919-08-01	02단	産業に關する法人
91933	鮮滿版	1919-08-01	02단	內地農事見學/會社經營の農場に使用せる鮮人
91934	鮮滿版	1919-08-01	02단	敵國人財産/管理全部終了
91935	鮮滿版	1919-08-01	03단	傳染病患者數
91936	鮮滿版	1919-08-01	03단	大邱の大景氣/諸物品賣行良し
91937	鮮滿版	1919-08-01	04단	咸北の旱魃/水火の苦しみ/流行病蔓延
91938	鮮滿版	1919-08-01	04단	割烹講習會
91939	鮮滿版	1919-08-01	04단	人(宇都宮軍司令官/佐藤軍醫部長/內野中將)
91940	鮮滿版	1919-08-01	05단	馬賊頻に跳梁
91941	鮮滿版	1919-08-01	05단	各地たより(飛行再擧(奈良)/學制解決(高野山)/貨物停滯(尾道)/增給解決(福岡)/仲仕組合(名古屋)/將棋兎段(岡山))
91942	鮮滿版	1919-08-01	05단	新刊紹介(フランス大革命史論前篇/鮮譯國語大辭典)
91943	鮮滿版	1919-08-02	01단	忠南の工産/産額種別
91944	鮮滿版	1919-08-02	01단	稻作狀況
91945	鮮滿版	1919-08-02	02단	材木業聯合大會/一日より三日間
91946	鮮滿版	1919-08-02	02단	淸州忠州各地の守備
91947	鮮滿版	1919-08-02	02단	增資と設立(新義州木材會社/合名會社開城社/楠田商事會社)
91948	鮮滿版	1919-08-02	02단	鮮銀券發行高
91949	鮮滿版	1919-08-02	02단	潛水艦巡航/九月中旬頃釜山着
91950	鮮滿版	1919-08-02	03단	虎疫豫防/檢疫實施の場所(京畿道/忠淸南道/全羅北道/全羅南道/慶尙北道/慶尙南道/黃海道/平安南道/平安北道/江原道/咸鏡南道/咸鏡北道)
91951	鮮滿版	1919-08-02	03단	忠南思津郡の旱魃
91952	鮮滿版	1919-08-02	03단	遊廓に崇る/市中の藝妓白首か
91953	鮮滿版	1919-08-02	04단	珍植物發見/中井理學博士談
91954	鮮滿版	1919-08-02	04단	省峴隧道工事/着手は兩三年延期
91955	鮮滿版	1919-08-02	04단	狂犬の發生季/注意を要す
91956	鮮滿版	1919-08-02	04단	銀行から騙取し逃亡した店員/大阪で捕はる
91957	鮮滿版	1919-08-02	04단	車輪に手頸

일련번호	판명	간행일	단수	기사명
91958	鮮滿版	1919-08-02	05단	浪咽ぶ玄界の眞中/其處に靜かな死の床を求めて投身自殺者が激增した/今年に入って旣に十一人/男より女が多い/哀れな母娘や夫婦諸共に/多いのは夜航船/不思議に屍體が揚らぬ
91959	鮮滿版	1919-08-03	01단	米殘存高
91960	鮮滿版	1919-08-03	01단	輕鐵補給增加/總督府豫算計上
91961	鮮滿版	1919-08-03	02단	ゴールデンメロン價格引上交涉
91962	鮮滿版	1919-08-03	02단	慶北蠶室新築/朝鮮第一の完備
91963	鮮滿版	1919-08-03	02단	材木聯合大會
91964	鮮滿版	1919-08-03	02단	忠南管內徵收成績
91965	鮮滿版	1919-08-03	02단	共同倉庫增資
91966	鮮滿版	1919-08-03	03단	秋蠶掃立
91967	鮮滿版	1919-08-03	03단	京城の風紀頹廢/白晝に遊蕩兒の癡態
91968	鮮滿版	1919-08-03	03단	別府印象記(一)
91969	鮮滿版	1919-08-03	04단	京阪神より(貸家と低資/木南大阪市庶務課長談)
91970	鮮滿版	1919-08-05	01단	慶尙北道の大造林/計劃案成る/總面積二十餘萬町步
91971	鮮滿版	1919-08-05	01단	郡廳移轉運動/邑內と龜尾の爭奪
91972	鮮滿版	1919-08-05	01단	大田の果樹園
91973	鮮滿版	1919-08-05	02단	朝鮮銀行成績
91974	鮮滿版	1919-08-05	02단	稅關收入激增/仁川貿易の殷盛
91975	鮮滿版	1919-08-05	02단	石炭運賃特定/八月一日より實施
91976	鮮滿版	1919-08-05	02단	海軍大將齋藤男夫人春子
91977	鮮滿版	1919-08-05	03단	仁川夏季講習
91978	鮮滿版	1919-08-05	03단	釜山府起債募請
91979	鮮滿版	1919-08-05	03단	玄米移出增加
91980	鮮滿版	1919-08-05	03단	慶北棉作好況
91981	鮮滿版	1919-08-05	03단	前季城津貿易
91982	鮮滿版	1919-08-05	03단	憲兵整理と南鮮
91983	鮮滿版	1919-08-05	04단	月尾島賑ふ/納凉客の激增
91984	鮮滿版	1919-08-05	04단	仁川米豆取引高
91985	鮮滿版	1919-08-05	04단	辭令
91986	鮮滿版	1919-08-05	05단	大旱魃/未曾有の激暑にて凶作を虞る
91987	鮮滿版	1919-08-05	05단	支那軍艦拔錨/當の外れた損水補充
91988	鮮滿版	1919-08-05	05단	長崎縣當局の社會問題研究/實際的解決を期す/徹底的に/永久的に

일련번호	판명	간행일	단수	기사명
91989	鮮滿版	1919-08-05	06단	錦江の游泳場/本年始めての試み
91990	鮮滿版	1919-08-06	01단	移民應募/頗る好成績/二種移民の增加
91991	鮮滿版	1919-08-06	01단	秋蠶掃立/枚數收繭とも增加
91992	鮮滿版	1919-08-06	01단	電信回線增設/京城下關間其他
91993	鮮滿版	1919-08-06	01단	慶北煙草作況/降雨にて快復
91994	鮮滿版	1919-08-06	01단	大邱木材市況
91995	鮮滿版	1919-08-06	02단	平南兩地大會/發展策協議
91996	鮮滿版	1919-08-06	02단	藥山金鑛買收
91997	鮮滿版	1919-08-06	02단	兩銀行の增資(朝鮮商銀/大邱銀行)
91998	鮮滿版	1919-08-06	02단	運の大神宮地獄(上)/デモクラシーの御本尊
91999	鮮滿版	1919-08-06	03단	罌粟栽培區域
92000	鮮滿版	1919-08-06	03단	鐵道豫算膨脹
92001	鮮滿版	1919-08-06	03단	先物取引申請
92002	鮮滿版	1919-08-06	03단	兼二浦と電話
92003	鮮滿版	1919-08-06	03단	滿鐵社員增給
92004	鮮滿版	1919-08-06	03단	忠北巡查補卒業式
92005	鮮滿版	1919-08-06	04단	辭令
92006	鮮滿版	1919-08-06	04단	前年の慘害に懲りて虎疫豫防/警務總監部から周到な告諭
92007	鮮滿版	1919-08-06	05단	發見された古城址/半月形の土城/鵲に化けた百濟王女のロマンス
92008	鮮滿版	1919-08-06	06단	別府印象記(二)
92009	鮮滿版	1919-08-07	01단	薪炭調節/昨冬の拙策に鑒みよ
92010	鮮滿版	1919-08-07	01단	學校資金/約二十萬圓起債
92011	鮮滿版	1919-08-07	01단	楮發育良好
92012	鮮滿版	1919-08-07	02단	放資高激增
92013	鮮滿版	1919-08-07	02단	學校組合議員選擧
92014	鮮滿版	1919-08-07	02단	千潟會社計劃
92015	鮮滿版	1919-08-07	02단	學校建築費補塡
92016	鮮滿版	1919-08-07	02단	運の大神宮地獄(下)/知事さんが無罪に
92017	鮮滿版	1919-08-07	03단	繩叺製産減退
92018	鮮滿版	1919-08-07	03단	群山公普新築
92019	鮮滿版	1919-08-07	03단	年額二億圓/釜山港貿易高
92020	鮮滿版	1919-08-07	04단	硬質陶器開業
92021	鮮滿版	1919-08-07	04단	會(舒川校同窓會)

일련번호	판명	간행일	단수	기사명
92022	鮮滿版	1919-08-07	04단	淸州の火事
92023	鮮滿版	1919-08-07	05단	百濟の舊時を偲ばしめる施設/古蹟保存會の計劃
92024	鮮滿版	1919-08-07	05단	中央線尙不通
92025	鮮滿版	1919-08-07	05단	別府印象記(三)
92026	鮮滿版	1919-08-07	06단	嘘のやうな廉い貸家/燈數無制限の無料電燈に電氣扇までつけて/四室に廣い庭園に畑家賃タツタ五圓
92027	鮮滿版	1919-08-08	01단	兵營建築/城津外三箇所
92028	鮮滿版	1919-08-08	01단	金融機關好調/組合數員數とも增加
92029	鮮滿版	1919-08-08	01단	甛菜耕作計劃
92030	鮮滿版	1919-08-08	01단	日糖支社近況
92031	鮮滿版	1919-08-08	02단	南浦倉庫進捗
92032	鮮滿版	1919-08-08	02단	果樹綿蟲發生
92033	鮮滿版	1919-08-08	02단	滿鐵用地埋立
92034	鮮滿版	1919-08-08	02단	朝鮮式の雨乞始る/恐しい昔語りから樣々の蜚語
92035	鮮滿版	1919-08-08	02단	東京は鈴掛樹の葉蔭/凉しい日吉町に在る/九州倶樂部松方內閣時代の遺物/會員は寄りつかぬ元老株ばかり
92036	鮮滿版	1919-08-08	03단	龍山百態(一)/人口四萬の所謂龍山村
92037	鮮滿版	1919-08-08	04단	準備成れる豫防網/日近まで押寄せた虎列拉に對して/板東衛生課長談
92038	鮮滿版	1919-08-08	06단	危險な新義州/虎軍襲來に備ふ
92039	鮮滿版	1919-08-08	06단	旱害に乘じて/奸商の買煽り
92040	鮮滿版	1919-08-08	06단	商人の賣惜み/購買組合の必要
92041	鮮滿版	1919-08-08	06단	電氣瓦斯値上/現行の一割程度か目下審査中
92042	鮮滿版	1919-08-08	07단	露國公報
92043	鮮滿版	1919-08-08	07단	墨國鐵道移管/桑港特電二日發
92044	鮮滿版	1919-08-08	07단	別府印象記(四)
92045	鮮滿版	1919-08-09	01단	廣東の水時計/在廣東一淸生/上
92046	鮮滿版	1919-08-09	02단	狩獵規則改正/目下其筋で審議中
92047	鮮滿版	1919-08-09	02단	京畿管內阿片收納
92048	鮮滿版	1919-08-09	02단	煙作稻作悲觀/旱害多からん
92049	鮮滿版	1919-08-09	02단	群山の住宅大拂底/由々しき風紀上の問題/女學校寄宿舍/料理屋/銀行員合宿所同一宅地に一集團
92050	鮮滿版	1919-08-09	03단	朝紡第一期工事
92051	鮮滿版	1919-08-09	03단	電興敷地擴張と住民立退問題
92052	鮮滿版	1919-08-09	03단	防疫設備/各驛に通牒

일련번호	판명	간행일	단수	기사명
92053	鮮滿版	1919-08-09	04단	鄕里で人望の好い齋藤實男/朝鮮總督設と水澤町民の喜び
92054	鮮滿版	1919-08-09	04단	鳥川の氾濫/鳥致院市民の脅威/府の直營として根本改修が出來るか
92055	鮮滿版	1919-08-09	05단	降雨と洪水/慶南蔚山郡の被害
92056	鮮滿版	1919-08-09	05단	警備船無きため沿岸の無警察/騷擾の警備が事後一箇月
92057	鮮滿版	1919-08-09	05단	有望な北鮮航路/實現するとせば明年四月頃/上埜代議士歸來談
92058	鮮滿版	1919-08-09	06단	龍山百態(二)/鐵道部落の細君氣質(上)
92059	鮮滿版	1919-08-10	01단	違法罌粟栽培處置顚末(上)
92060	鮮滿版	1919-08-10	01단	木炭狀況/需給調節の考究
92061	鮮滿版	1919-08-10	02단	煙草豫想/面積收穫激增
92062	鮮滿版	1919-08-10	03단	慶北稻作良好/出穗早し
92063	鮮滿版	1919-08-10	03단	肥料檢查成績
92064	鮮滿版	1919-08-10	03단	食用水産檢查
92065	鮮滿版	1919-08-10	03단	大田地方農況/早天に惱む
92066	鮮滿版	1919-08-10	04단	金剛鑛山休鑛
92067	鮮滿版	1919-08-10	04단	洛東江域の堆洲/數千町步の利用地
92068	鮮滿版	1919-08-10	04단	騷擾事件結審/內亂罪として高等法院に移さる
92069	鮮滿版	1919-08-10	05단	朝鮮現在戶口
92070	鮮滿版	1919-08-10	05단	朝鮮鑄物會社
92071	鮮滿版	1919-08-10	06단	夏の元山/避暑客で市中は大賑ひ
92072	鮮滿版	1919-08-10	07단	早魃に對する注意
92073	鮮滿版	1919-08-10	07단	釜山の傳染病
92074	鮮滿版	1919-08-10	07단	敦賀の北鮮視察團出發期
92075	鮮滿版	1919-08-10	07단	人(前田大佐赴任)
92076	鮮滿版	1919-08-12	01단	關稅撤廢成案に就て/矢鍋關稅調查課長談
92077	鮮滿版	1919-08-12	01단	京管局制度改正
92078	鮮滿版	1919-08-12	01단	三十萬圓の起債
92079	鮮滿版	1919-08-12	01단	內地米に優る朝鮮米/販路擴張計劃
92080	鮮滿版	1919-08-12	02단	土地異動申告/未濟者に申告督勵
92081	鮮滿版	1919-08-12	02단	廣東の水時計/在廣東一淸生/中
92082	鮮滿版	1919-08-12	03단	慶北煙草增收/出水被害は輕微
92083	鮮滿版	1919-08-12	03단	刑事令一部改正/九月より施行
92084	鮮滿版	1919-08-12	03단	商工學生本社見學

일련번호	판명	간행일	단수	기사명
92085	鮮滿版	1919-08-12	03단	龍山百態(三)/鐵道部落の細君氣質(下)
92086	鮮滿版	1919-08-12	04단	大馬賊團現る/掠奪强姦を恣にし人質を拉す/不逞鮮人加はれるか
92087	鮮滿版	1919-08-12	04단	自殺の數/精神錯亂に困る者が最も多い
92088	鮮滿版	1919-08-12	06단	虎疫流行地と船舶の檢疫
92089	鮮滿版	1919-08-12	06단	憤死した巡視/各方面の同情集る弔慰金で土地購入
92090	鮮滿版	1919-08-12	06단	仁川の遊興費/ザツと四十二萬圓
92091	鮮滿版	1919-08-13	01단	違法罌粟栽培處置顚末(下)
92092	鮮滿版	1919-08-13	01단	新朝鮮總督たるべき齋藤の大將夫人春子
92093	鮮滿版	1919-08-13	02단	朝鮮貿易
92094	鮮滿版	1919-08-13	02단	朝鮮輕鐵補給決定
92095	鮮滿版	1919-08-13	04단	夫君を朝鮮に送る新政務總監夫人/男は悠暢で何も言はぬ/心遣ひは新規な土地の世帶子供の健康上から留守居役
92096	鮮滿版	1919-08-13	04단	慶北綿好績
92097	鮮滿版	1919-08-13	04단	東亞煙草擴張
92098	鮮滿版	1919-08-13	04단	風紀問題の持上ってゐる矢先に新券番が出來た
92099	鮮滿版	1919-08-13	05단	龍山百態(四)/陸軍官舍の細君氣質(上)
92100	鮮滿版	1919-08-14	01단	商議會頭不認可/仁川の面目に關する問題
92101	鮮滿版	1919-08-14	01단	忠北管內農作狀況
92102	鮮滿版	1919-08-14	01단	慶北の優良小麥/各道より續々注文
92103	鮮滿版	1919-08-14	01단	大邱出穀減退
92104	鮮滿版	1919-08-14	02단	全南米作豊收
92105	鮮滿版	1919-08-14	02단	順天農事會社
92106	鮮滿版	1919-08-14	02단	七月木浦檢米
92107	鮮滿版	1919-08-14	02단	忠南米豆檢查數
92108	鮮滿版	1919-08-14	02단	總督府豫算編成換
92109	鮮滿版	1919-08-14	02단	木浦商議選擧
92110	鮮滿版	1919-08-14	03단	忠南輕鐵と有志大會
92111	鮮滿版	1919-08-14	03단	湖南銀行設立出願
92112	鮮滿版	1919-08-14	03단	辭令
92113	鮮滿版	1919-08-14	03단	非難さるゝ平澤驛
92114	鮮滿版	1919-08-14	04단	群山の米價/五十錢に騰る/薄給者の救濟
92115	鮮滿版	1919-08-14	04단	清津の旅館不足/寢るに宿なく食ふに店なし
92116	鮮滿版	1919-08-14	04단	高い物價を物とも思はぬ勞動者

일련번호	판명	간행일	단수	기사명
92117	鮮滿版	1919-08-14	04단	官民の安座會/融和一致するやうに
92118	鮮滿版	1919-08-15	01단	各部長官の更迭說
92119	鮮滿版	1919-08-15	01단	煙草專賣制/來年度より實施せらるべし
92120	鮮滿版	1919-08-15	01단	鹽生産狀況
92121	鮮滿版	1919-08-15	02단	元山穀物近況
92122	鮮滿版	1919-08-15	02단	各地の旱魃と善後策考究
92123	鮮滿版	1919-08-15	02단	木浦港貿易
92124	鮮滿版	1919-08-15	02단	山縣前政務總監送別會
92125	鮮滿版	1919-08-15	02단	海員養成と人員募集
92126	鮮滿版	1919-08-15	03단	朝鮮輕鐵總會
92127	鮮滿版	1919-08-15	03단	俄に活氣付く總監府/山縣前政務總監の告別
92128	鮮滿版	1919-08-15	03단	燃料調節と山西炭の輸入
92129	鮮滿版	1919-08-15	04단	朝鮮語の講習
92130	鮮滿版	1919-08-15	04단	國有地拂下/羅南新市街地の第二回競賣
92131	鮮滿版	1919-08-15	05단	檢疫/實施の方法
92132	鮮滿版	1919-08-15	05단	騷擾判決/首魁者三名は死刑/彼等は直に控訴
92133	鮮滿版	1919-08-15	05단	京電車輛の增加
92134	鮮滿版	1919-08-15	05단	度量衡違反
92135	鮮滿版	1919-08-15	06단	富豪連の不評判/利慾一點張り
92136	鮮滿版	1919-08-15	06단	龍山百態(五)/陸軍官舍の細君氣質(下)
92137	鮮滿版	1919-08-16	01단	國勢調査に就て/荻田總務局長談
92138	鮮滿版	1919-08-16	02단	警務機關統一と憲兵
92139	鮮滿版	1919-08-16	02단	平南振興會成る/平壤鎭南浦兩地有力者の會合
92140	鮮滿版	1919-08-16	02단	十三日朝の總督府門前
92141	鮮滿版	1919-08-16	03단	忠北簡閱點呼日割
92142	鮮滿版	1919-08-16	03단	朝鮮鑛業會評議員會
92143	鮮滿版	1919-08-16	03단	協成俱樂部設立(規約)
92144	鮮滿版	1919-08-16	04단	群山米穀取引
92145	鮮滿版	1919-08-16	04단	群山在庫品
92146	鮮滿版	1919-08-16	04단	朝鮮法官異動(十四日)
92147	鮮滿版	1919-08-16	04단	汽車檢疫/全鮮二十一箇所の停車場に於て開始
92148	鮮滿版	1919-08-16	05단	慶南警務部の檢疫
92149	鮮滿版	1919-08-16	05단	全北の旱魃/各地盛に雨乞を行ふ
92150	鮮滿版	1919-08-16	05단	邱浦線の復舊工事/永川西岳間のみ漸く開通

일련번호	판명	간행일	단수	기사명
92151	鮮滿版	1919-08-16	06단	賊に突刺さる/引捕へんとして
92152	鮮滿版	1919-08-16	06단	獨艇回航日割(北廻/南廻)
92153	鮮滿版	1919-08-17	01단	仁川貿易
92154	鮮滿版	1919-08-17	01단	慶北穀物檢查數/米は激增/大頭は減少
92155	鮮滿版	1919-08-17	01단	忠南米檢成績
92156	鮮滿版	1919-08-17	01단	靑島中學生の本社見學
92157	鮮滿版	1919-08-17	02단	慶北新米出廻期/道外移出餘力は約八萬石
92158	鮮滿版	1919-08-17	02단	異常の天候と大凶作/城津地方農民の絶望
92159	鮮滿版	1919-08-17	03단	東京高商庭球團
92160	鮮滿版	1919-08-17	03단	仁川の防疫/印刷物を配布して一層注意
92161	鮮滿版	1919-08-17	03단	廣東の水時計/在廣東一淸生/下
92162	鮮滿版	1919-08-17	04단	變った盆行事/子供の 『盆飯』/二日懸りの飯ごと精進料理に舌戰
92163	鮮滿版	1919-08-17	05단	大邱西岳間も十四日より開通
92164	鮮滿版	1919-08-17	05단	垃川金融組合の親睦
92165	鮮滿版	1919-08-19	01단	外征雜感(お祭騷ぎの伊太利と根氣强い英國/英國と日本/淸潔と規律とは日本の海軍の誇)
92166	鮮滿版	1919-08-19	03단	全北の水利/關谷氏視察談
92167	鮮滿版	1919-08-19	03단	靑島學生の見學/體育運動はミッシリとやって居る/一行の感想/內地の學生は顔の色が白い
92168	鮮滿版	1919-08-19	04단	伊佐鐵道速成運動/委員上京して當局歷訪/大體に於て頗る有望
92169	鮮滿版	1919-08-19	06단	溫泉嶽で林間教育/西洋人と食卓を圍む成績頗る良好
92170	鮮滿版	1919-08-19	06단	別府印象記(五)
92171	鮮滿版	1919-08-20	01단	京畿道/旱害調査
92172	鮮滿版	1919-08-20	01단	警官異動
92173	鮮滿版	1919-08-20	02단	二十萬圓の支途/釜山の學校建築
92174	鮮滿版	1919-08-20	02단	賦課金拒絶/貸金業者の決議/商業會議所に通告
92175	鮮滿版	1919-08-20	02단	內地の蠶絲狀況視察談
92176	鮮滿版	1919-08-20	03단	朝鮮銀行利上
92177	鮮滿版	1919-08-20	03단	會社新設許可(馬山精米所/猪伏合名會社/合名會社平野組/新美州印刷)
92178	鮮滿版	1919-08-20	03단	殖銀株主總會
92179	鮮滿版	1919-08-20	03단	西大路子爵一行
92180	鮮滿版	1919-08-20	04단	人(奧田少將)

일련번호	판명	간행일	단수	기사명
92181	鮮滿版	1919-08-20	04단	棧橋架設は最大急務/淸津の浮沈に係る問題
92182	鮮滿版	1919-08-20	04단	忠南輕鐵終點驛の爭奪
92183	鮮滿版	1919-08-20	04단	釜山の築港工事
92184	鮮滿版	1919-08-20	05단	十四歲の少女火中から甥を救ふ/その甥は黑焦となって絶命
92185	鮮滿版	1919-08-20	05단	咸北の喜雨/草木も蘇生る
92186	鮮滿版	1919-08-20	05단	漸く降る/變調現れて
92187	鮮滿版	1919-08-20	05단	忠南の旱害/田面總裂の箇所には敷草
92188	鮮滿版	1919-08-20	06단	虎疫/蔓延の兆
92189	鮮滿版	1919-08-20	06단	山地取戻しの村民の談判
92190	鮮滿版	1919-08-20	06단	淸津の遊廓移轉
92191	鮮滿版	1919-08-21	01단	忠北農況/他道に比して旱害の影響少し
92192	鮮滿版	1919-08-21	01단	倉庫業發展/興業倉庫增築
92193	鮮滿版	1919-08-21	01단	外征雜感(承前)(艦內一般の智識に豊富な英國海軍軍人/西洋人と日本人との對照)
92194	鮮滿版	1919-08-21	02단	淸州金融組合臨時總會
92195	鮮滿版	1919-08-21	02단	湖南線貨客狀況
92196	鮮滿版	1919-08-21	03단	釜山船渠近況
92197	鮮滿版	1919-08-21	03단	寺院と僧侶數
92198	鮮滿版	1919-08-21	03단	金融狀況(八月十六日殖銀總會に於ける三島頭取の演說)
92199	鮮滿版	1919-08-21	05단	旱魃に苦しむ天安地方/漸く降雨はあったが追シ付かぬ
92200	鮮滿版	1919-08-21	05단	旅大間の交通問題と旅順繁榮策協議
92201	鮮滿版	1919-08-21	06단	鯖節の製造/鰹には緣の薄い北鮮沿岸
92202	鮮滿版	1919-08-21	06단	奇怪の鮎狩/憲兵爆發藥を使用して重傷を受く
92203	鮮滿版	1919-08-22	01단	客月鮮鐵荷動狀況(上)
92204	鮮滿版	1919-08-22	01단	金融狀況(承前)(八月十六日殖銀總會に於ける三島頭取の演說)
92205	鮮滿版	1919-08-22	03단	新朝鮮學務局長/紫田氏の談
92206	鮮滿版	1919-08-22	03단	民心を知って融和を圖るのが先決問題/西村新殖産局長談
92207	鮮滿版	1919-08-22	04단	總督府新局長略歷(內務局長兼土木部長赤池濃氏/學務局長紫田善三郎氏/警務局長野口淳吉氏/殖産局長西村保吉氏)
92208	鮮滿版	1919-08-22	05단	石炭供給豫想/當業者樂觀
92209	鮮滿版	1919-08-22	05단	渭原郵便局設置

일련번호	판명	간행일	단수	기사명
92210	鮮滿版	1919-08-22	05단	在仁學生雄辯大會
92211	鮮滿版	1919-08-22	05단	朝鮮の蠶業と繭取引所設置の必要/製絲本場の大邱
92212	鮮滿版	1919-08-22	05단	西鮮一帶の旱魃/耕作用牛馬の斃死/勞賃下落の珍現象
92213	鮮滿版	1919-08-23	01단	客月鮮鐵荷動狀況(下)(鑛石/雜穀/大豆/石村)
92214	鮮滿版	1919-08-23	01단	全道の稻作/最近の狀況
92215	鮮滿版	1919-08-23	01단	鮮銀券發行高
92216	鮮滿版	1919-08-23	01단	東拓增資と募株
92217	鮮滿版	1919-08-23	02단	國勢調査講習會と講演時間
92218	鮮滿版	1919-08-23	02단	米檢出張所開設と米穀組合組織
92219	鮮滿版	1919-08-23	02단	慶北秋蠶掃立數
92220	鮮滿版	1919-08-23	03단	浦項に銀行設立
92221	鮮滿版	1919-08-23	03단	木材需要增加/大邱建築界の繁昌
92222	鮮滿版	1919-08-23	03단	又も皮革暴騰
92223	鮮滿版	1919-08-23	03단	滿洲に於ける小學教育(上)/在吉林上原生寄
92224	鮮滿版	1919-08-23	04단	海員養成所/更めて仁川に設立
92225	鮮滿版	1919-08-23	04단	混ッた返した總督府/新舊長官等の入替り
92226	鮮滿版	1919-08-23	05단	大邱綿絲布組合
92227	鮮滿版	1919-08-23	05단	人(上林咸鏡北道長官)
92228	鮮滿版	1919-08-23	05단	新設部局の配置
92229	鮮滿版	1919-08-23	05단	群山の米界/不自然相場の現出
92230	鮮滿版	1919-08-23	06단	鼠に荒さるゝ鬱陵島/極力驅除の獎勵
92231	鮮滿版	1919-08-24	01단	殖銀債券/賣出前景氣良好
92232	鮮滿版	1919-08-24	01단	釜山の事業計劃進捗
92233	鮮滿版	1919-08-24	01단	巡回文庫資金/前總督の寄贈
92234	鮮滿版	1919-08-24	01단	忠南土耳古煙草作柄
92235	鮮滿版	1919-08-24	01단	仁川地方の稻作と蔬菜
92236	鮮滿版	1919-08-24	01단	來年の米はどうするか/不二興業株式會社專務取締役藤井寬太郎寄
92237	鮮滿版	1919-08-24	02단	西伯利の朝鮮人
92238	鮮滿版	1919-08-24	02단	瓦電定式總會
92239	鮮滿版	1919-08-24	03단	辭令
92240	鮮滿版	1919-08-24	03단	思惑鮮人の米買占め/輸出獎勵も駄目
92241	鮮滿版	1919-08-24	04단	西藏境界問題(委員/支那側の提出條件/支那の西藏優遇條件/英國側の提出條件)
92242	鮮滿版	1919-08-24	05단	自動車營業の競爭/鳥致院を起點として

일련번호	판명	간행일	단수	기사명
92243	鮮滿版	1919-08-24	06단	檢疫
92244	鮮滿版	1919-08-24	07단	釜山鎭停車場竣工
92245	鮮滿版	1919-08-24	07단	大田火葬場新設
92246	鮮滿版	1919-08-24	07단	浦項電燈會社
92247	鮮滿版	1919-08-26	01단	重荷を下した兒島中將/制服が無いので大弱りだ
92248	鮮滿版	1919-08-26	01단	府令五件
92249	鮮滿版	1919-08-26	02단	道事務分掌規程改正
92250	鮮滿版	1919-08-26	03단	警察官服裝改正
92251	鮮滿版	1919-08-26	03단	部局の移轉
92252	鮮滿版	1919-08-26	03단	滿鐵職員派遣/鐵道事務指導の爲め
92253	鮮滿版	1919-08-26	03단	警務局事務官任命/二十日附左の如く任命あり
92254	鮮滿版	1919-08-26	04단	道第三部長任命
92255	鮮滿版	1919-08-26	04단	辭令
92256	鮮滿版	1919-08-26	05단	水源涵養林造成/技術者講習會開催
92257	鮮滿版	1919-08-26	05단	慶北製紙業發達/灰木の發見
92258	鮮滿版	1919-08-26	05단	生活難から飼牛の賣放し
92259	鮮滿版	1919-08-26	06단	滿目慘憺/忠南の早魃
92260	鮮滿版	1919-08-26	06단	大田市中の蔬菜肉類暴騰/犬肉の需要增加
92261	鮮滿版	1919-08-26	06단	仁川の降雨
92262	鮮滿版	1919-08-27	01단	新總督の着任を待つ總督室
92263	鮮滿版	1919-08-27	01단	新總督總監の披露/新聞雜誌記者請待齋藤大將の文官姿
92264	鮮滿版	1919-08-27	02단	全道の警察官署職員に別告
92265	鮮滿版	1919-08-27	03단	警務局と道勤務任命
92266	鮮滿版	1919-08-27	03단	警察署增設/從來の憲兵分隊、同分遣所內に併置
92267	鮮滿版	1919-08-27	03단	元內務部長官宇佐美勝夫氏の挨拶廻り
92268	鮮滿版	1919-08-27	04단	皮革暴騰と品薄
92269	鮮滿版	1919-08-27	04단	旅順兩問題の請願/旅順市民大會開催
92270	鮮滿版	1919-08-27	04단	産鐵出願の豫定線
92271	鮮滿版	1919-08-27	04단	南大門驛改築工事
92272	鮮滿版	1919-08-27	04단	牛の賣買/最も盛なるは京畿道黃海道及慶尚北道
92273	鮮滿版	1919-08-27	05단	大規模の精米所建設計劃
92274	鮮滿版	1919-08-27	06단	洛東江の漁獲二十三萬圓
92275	鮮滿版	1919-08-27	06단	慶北の漁業/各漁場共秋漁の準備中
92276	鮮滿版	1919-08-27	06단	晉州駐屯隊/大邱に歸營

일련번호	판명	간행일	단수	기사명
92277	鮮滿版	1919-08-27	06단	汽船運賃の引下
92278	鮮滿版	1919-08-27	06단	虎を相手に雙兒の奮鬪
92279	鮮滿版	1919-08-27	06단	三千圓寄附
92280	鮮滿版	1919-08-28	01단	釜山の活牛貿易
92281	鮮滿版	1919-08-28	01단	群山米穀取引所設立出願
92282	鮮滿版	1919-08-28	01단	大田郡警察署の倂置
92283	鮮滿版	1919-08-28	02단	城津學校組合會/七年度決算報告
92284	鮮滿版	1919-08-28	02단	大邱回着の穀類
92285	鮮滿版	1919-08-28	02단	取引所の競願
92286	鮮滿版	1919-08-28	02단	滿洲に於ける小學教育(下)/在吉林上原生寄
92287	鮮滿版	1919-08-28	03단	關釜連絡船乘客の檢便/災害の大なるを思って犠牲になって貰ひたい
92288	鮮滿版	1919-08-28	04단	出征軍人に慰問品寄贈/第二回の企劃
92289	鮮滿版	1919-08-28	05단	城津小學校と適良の敷地
92290	鮮滿版	1919-08-28	05단	農作物甦る/喜雨降り頻る
92291	鮮滿版	1919-08-29	01단	旱魃と各方面の影響/忠南の各種農作物/被害と作柄と收穫豫想
92292	鮮滿版	1919-08-29	01단	鮮鐵は形勢逆轉？/營業成績異數とされたが
92293	鮮滿版	1919-08-29	03단	京城府來年度豫算編成/一部事業繰延？
92294	鮮滿版	1919-08-29	03단	咸南米豆作況
92295	鮮滿版	1919-08-29	03단	謎の大ベル(上)/豊後の山中に沈默する大錦運命の神が投げた奇き骰子/物語は千年前南歐に始る
92296	鮮滿版	1919-08-29	04단	慶北陸棉好況
92297	鮮滿版	1919-08-29	04단	鹽生産高減少
92298	鮮滿版	1919-08-29	05단	賃金を上げよ/强硬な態度を見せ無事解決した
92299	鮮滿版	1919-08-29	05단	落ちた落ちた雀が暴風雨で/一人で三斗給った
92300	鮮滿版	1919-08-29	05단	邱浦輕鐵開通
92301	鮮滿版	1919-08-29	05단	虎患者に非ず
92302	鮮滿版	1919-08-29	05단	城津浚渫不評
92303	鮮滿版	1919-08-29	06단	過渡時代/カーキ色軍服のお廻りさん
92304	鮮滿版	1919-08-30	01단	民風吹渡る
92305	鮮滿版	1919-08-30	01단	檢疫開始
92306	鮮滿版	1919-08-30	01단	大旱魃影響(農其不賣行/桑樹伸びず/金融無關係/煙草の被害)
92307	鮮滿版	1919-08-30	02단	仁川會議所會頭問題}/遂に不認可となる

일련번호	판명	간행일	단수	기사명
92308	鮮滿版	1919-08-30	02단	陸地棉販賣法
92309	鮮滿版	1919-08-30	03단	敎員加俸實施
92310	鮮滿版	1919-08-30	03단	廳舍建物引渡
92311	鮮滿版	1919-08-30	03단	朝鮮競馬大會/大仕掛で內地よりも參加、總經費は一萬餘圓、平壤にも西鮮競馬會
92312	鮮滿版	1919-08-30	04단	朝鮮牛の産地
92313	鮮滿版	1919-08-30	04단	鮮銀券發行高
92314	鮮滿版	1919-08-30	04단	國事犯人豫審/終結は九月下旬ならん
92315	鮮滿版	1919-08-31	01단	北鮮三港上半期貿易/何れも非常の好況なり
92316	鮮滿版	1919-08-31	01단	京城株式現物市場
92317	鮮滿版	1919-08-31	01단	旱魃被害調査/八月廿六日仁川會議所報告
92318	鮮滿版	1919-08-31	03단	忠北の秋蠶
92319	鮮滿版	1919-08-31	03단	釜山の送迎會
92320	鮮滿版	1919-08-31	03단	不澤地方米況
92321	鮮滿版	1919-08-31	03단	謎の大ベル(中)/豊後の山中に沈默する大錦運命の神が投げた奇き骰子/西班牙の朝夕に鳴った物か
92322	鮮滿版	1919-08-31	04단	守備隊引揚
92323	鮮滿版	1919-08-31	04단	前警務部長告別
92324	鮮滿版	1919-08-31	04단	電信事務開始
92325	鮮滿版	1919-08-31	04단	鮮民の冀望/差別撤廢と言論の自由
92326	鮮滿版	1919-08-31	05단	大田地方喜雨
92327	鮮滿版	1919-08-31	06단	旱魃激甚/野菜缺乏難
92328	鮮滿版	1919-08-31	06단	虎疫豫防費寄附

1919년 9월 (선만판)

일련번호	판명	간행일	단수	기사명
92329	鮮滿版	1919-09-02	01단	旱魃と葉煙草作/三割內外減收？
92330	鮮滿版	1919-09-02	01단	山河新し映ず/赴任の途にある齊藤總督(左)柴田學務局長(中)齊藤夫人(右)
92331	鮮滿版	1919-09-02	02단	小學教員の增俸運動
92332	鮮滿版	1919-09-02	02단	新設警務局二事務官の任務/海外に駐在說
92333	鮮滿版	1919-09-02	03단	南鮮と北鮮牛/總督府の救濟
92334	鮮滿版	1919-09-02	03단	補助憲兵歸還
92335	鮮滿版	1919-09-02	03단	朝鮮輕鐵增資
92336	鮮滿版	1919-09-02	03단	大邱精米會社成立
92337	鮮滿版	1919-09-02	04단	慶北粟の豊作
92338	鮮滿版	1919-09-02	04단	購買組合設立
92339	鮮滿版	1919-09-02	04단	東拓の旱害調査
92340	鮮滿版	1919-09-02	05단	振威警察署改稱
92341	鮮滿版	1919-09-02	05단	旱害視察
92342	鮮滿版	1919-09-02	05단	警報信號新設
92343	鮮滿版	1919-09-02	05단	人(奧田爲熊少將(第四十旅團長))
92344	鮮滿版	1919-09-02	05단	中央試驗所長豊永博士辭職/疾に內地に歸還す
92345	鮮滿版	1919-09-02	06단	新官制で衛兵廢止さる/代りは警察官
92346	鮮滿版	1919-09-02	06단	衛門の囀雀
92347	鮮滿版	1919-09-02	06단	降雨で米價下る/だが依然五十圓華
92348	鮮滿版	1919-09-03	01단	大規模の水電計劃
92349	鮮滿版	1919-09-03	01단	兩事業費起債
92350	鮮滿版	1919-09-03	01단	旅銀債券應募額
92351	鮮滿版	1919-09-03	01단	朝鮮紡織本店/釜山に移轉さる
92352	鮮滿版	1919-09-03	01단	慶北の大豆作/平年作以上ならん
92353	鮮滿版	1919-09-03	01단	全南棉花豊作
92354	鮮滿版	1919-09-03	02단	工事旅行認可
92355	鮮滿版	1919-09-03	02단	繩叭生産獎勵
92356	鮮滿版	1919-09-03	02단	東淸鐵路沿線馬賊被害實況 於寗安縣橫地生/沿線地方(掖河/鐵嶺河/牡丹江驛/海林驛/橫道河子)
92357	鮮滿版	1919-09-03	02단	謎の大ベル(下)/縣後の山中に沈默する大鍾運命の神が投げた奇き骰子/撞けば靜かに無心の響
92358	鮮滿版	1919-09-03	03단	片倉組工場
92359	鮮滿版	1919-09-03	03단	殖銀支店長更迭
92360	鮮滿版	1919-09-03	05단	補助貨の拂底/鮮人が硬貨死藏の爲

일련번호	판명	간행일	단수	기사명
92361	鮮滿版	1919-09-03	06단	頼なき貧兒の養育後援會/京城有志で組織さる
92362	鮮滿版	1919-09-03	06단	城津の旱害
92363	鮮滿版	1919-09-03	06단	鳥致院の電燈
92364	鮮滿版	1919-09-04	01단	膠州灣の鹽業旣得權を飽迄持續せん
92365	鮮滿版	1919-09-04	01단	貸出資金激增
92366	鮮滿版	1919-09-04	01단	旱魃と資金融通
92367	鮮滿版	1919-09-04	02단	馬山に大銀行
92368	鮮滿版	1919-09-04	02단	浦項港發展策
92369	鮮滿版	1919-09-04	02단	學校組合增俸
92370	鮮滿版	1919-09-04	02단	慶南道の棉花
92371	鮮滿版	1919-09-04	02단	鎭海煎子界
92372	鮮滿版	1919-09-04	03단	學校組合決算
92373	鮮滿版	1919-09-04	03단	東淸鐵路沿線馬賊被害實況(中)/於寗安縣橫地生(面坡/ポクラニス(五站)/沿線近接地方佛塔密/東京城/沙蘭站/寗古塔狀況)
92374	鮮滿版	1919-09-04	04단	金融界繁忙
92375	鮮滿版	1919-09-04	04단	八月上半輸移入出
92376	鮮滿版	1919-09-04	05단	米國の仲介市場(上)/中間商人の省略
92377	鮮滿版	1919-09-05	01단	薪炭調節/前年の失敗に鑒み監督を嚴にす
92378	鮮滿版	1919-09-05	01단	都市改良畫報(一)/電車の安全乘降臺
92379	鮮滿版	1919-09-05	02단	精米所の讓渡/大阪の鮮米需好況
92380	鮮滿版	1919-09-05	02단	學校組合決算
92381	鮮滿版	1919-09-05	03단	鎭海金融組合
92382	鮮滿版	1919-09-05	03단	馬山繁榮會成る
92383	鮮滿版	1919-09-05	03단	慶南點呼日割
92384	鮮滿版	1919-09-05	04단	慶南釀造品評會
92385	鮮滿版	1919-09-05	04단	東淸鐵路沿線馬賊被害實況(下)/於寗安縣橫地生(寗古塔警備力/馬賊頭目及活動地方/邦人の被害/中東海林實業公司(海林站)/富寗造紙公司(四季通屯)/高橋會(橫道河子)/志誠公司(寗古塔、牡丹江)/一面坡信託會社、大正燒鍋(一面坡)/北滿と馬賊)
92386	鮮滿版	1919-09-05	05단	兩會社創立許可
92387	鮮滿版	1919-09-05	05단	お裁縫と近視眼
92388	鮮滿版	1919-09-05	07단	米國の仲介市場(中)/田園生活と都市生活の調和
92389	鮮滿版	1919-09-06	01단	私學生は尙日和見/開校したが出席者は寥々/不良學生又跳梁か

일련번호	판명	간행일	단수	기사명
92390	鮮滿版	1919-09-06	01단	平壤銀行問題/兩者妥協不調に終る
92391	鮮滿版	1919-09-06	01단	殖銀貯蓄開始
92392	鮮滿版	1919-09-06	01단	鎭海のゴールデンメロン
92393	鮮滿版	1919-09-06	01단	都市改良畫報(二)/電燈の白光街
92394	鮮滿版	1919-09-06	02단	鎭海灣の防疫/海車の防疫委員
92395	鮮滿版	1919-09-06	02단	疑似虎疫發生/一名は死亡す
92396	鮮滿版	1919-09-06	03단	沖繩炭鑛の火藥庫を破って夥しき爆藥、雷管、導火線を盗み出す/犯人多數ある見込/未だ一名も就縛せず
92397	鮮滿版	1919-09-06	03단	勇敢なる請負師/錦を節って故鄉に歸る
92398	鮮滿版	1919-09-06	04단	比島より/二百臺の飛行機
92399	鮮滿版	1919-09-06	05단	米國の仲介市場(下)/公設市場の改善
92400	鮮滿版	1919-09-07	01단	總督府豫算/決裁を得べく準備中
92401	鮮滿版	1919-09-07	01단	旅大兩市の市制問題/調査委員會設置
92402	鮮滿版	1919-09-07	01단	都市改良畫報(三)/市民游泳地
92403	鮮滿版	1919-09-07	02단	仁川會議所評議員會/會頭副會頭不認可問題協議
92404	鮮滿版	1919-09-07	03단	警察官增員
92405	鮮滿版	1919-09-07	04단	過軍は獵銃を用ふ/時にはダムダム彈も還送されし負傷兵憤激す
92406	鮮滿版	1919-09-07	04단	課長其他任命
92407	鮮滿版	1919-09-07	04단	警察官の補充
92408	鮮滿版	1919-09-07	05단	城津の暴風雨
92409	鮮滿版	1919-09-07	05단	戰後の日本ロングオード教授の日本觀(一)
92410	鮮滿版	1919-09-08	01단	沈滯から活氣へ/新總督の平民振りと在來官吏の異樣な官臭/昨今の朝鮮官界一瞥
92411	鮮滿版	1919-09-08	01단	忠南輕鐵/速成聯合大會
92412	鮮滿版	1919-09-08	01단	都市改良畫報(四)/運動場兼市場
92413	鮮滿版	1919-09-08	03단	東拓移民應募狀況
92414	鮮滿版	1919-09-08	03단	大邱金融組合/預金取扱開始
92415	鮮滿版	1919-09-08	04단	大邱各銀行預金
92416	鮮滿版	1919-09-08	04단	元山穀物商況
92417	鮮滿版	1919-09-08	04단	鎭海修理工場の大紛擾/一日は殆ど大部分缺勤二日よりは全部復業す
92418	鮮滿版	1919-09-08	05단	木浦商議選擧
92419	鮮滿版	1919-09-08	05단	八月木浦貿易
92420	鮮滿版	1919-09-08	05단	仁川倉庫總會

일련번호	판명	간행일	단수	기사명
92421	鮮滿版	1919-09-08	05단	虎疫/汽船中に發生
92422	鮮滿版	1919-09-08	05단	兼二浦の防疫
92423	鮮滿版	1919-09-08	06단	臨時防疫會組織
92424	鮮滿版	1919-09-08	06단	防疫と連絡乗車券
92425	鮮滿版	1919-09-08	06단	人(大邱憲兵總長)
92426	鮮滿版	1919-09-08	06단	戰後の日本ロングオード教授の日本觀(二)
92427	鮮滿版	1919-09-10	01단	西鮮の旱害
92428	鮮滿版	1919-09-10	01단	値上に値上
92429	鮮滿版	1919-09-10	01단	都市改良畫報(五)/消防車通過豫報機
92430	鮮滿版	1919-09-10	02단	大邱の通信事務/著るしき增加/電話線を通信に共用
92431	鮮滿版	1919-09-10	02단	兼二浦の大慘狀/虎疫猖獗を極めて死體累々
92432	鮮滿版	1919-09-10	03단	爆彈犯人は光復會員?/爆彈は東淸線雙城堡で製造
92433	鮮滿版	1919-09-10	04단	大檢疫所建設/十萬圓で釜山に
92434	鮮滿版	1919-09-10	04단	城津の虎疫
92435	鮮滿版	1919-09-10	04단	各地だより(露域保存(下關)/史蹟非難(福岡)/漁村好況(島取)/樂隊盆踊(上市)/比島議員(四日市))
92436	鮮滿版	1919-09-10	05단	戰後の日本ロングオード教授の日本觀(三)
92437	鮮滿版	1919-09-11	01단	總督府の門を潜って目に映った模樣
92438	鮮滿版	1919-09-11	01단	鐵道滯貨狀況
92439	鮮滿版	1919-09-11	01단	釜山八月貿易
92440	鮮滿版	1919-09-11	01단	活牛貿易盛況
92441	鮮滿版	1919-09-11	02단	米穀檢査の過酷/輸出商連署にて陳情
92442	鮮滿版	1919-09-11	03단	大阪に於ける內鮮米委託販賣/群山米穀商組合に越旨を移牒
92443	鮮滿版	1919-09-11	03단	警務機關の擴張刷新
92444	鮮滿版	1919-09-11	03단	赤十字朝鮮本部長囑託
92445	鮮滿版	1919-09-11	03단	鐵道學校工事/竣工期繰上げ明年一月授業開始の豫定
92446	鮮滿版	1919-09-11	03단	出來上った五十三次の繪卷/苦熱と鬪ったお土産/五柳の間に龍垈した心齊連枝と華秋畫伯
92447	鮮滿版	1919-09-11	04단	釜山高女校長後任
92448	鮮滿版	1919-09-11	04단	釜山の土木建築
92449	鮮滿版	1919-09-11	04단	群山港附近の風害/警備船の配置無きため詳細の狀況は不明
92450	鮮滿版	1919-09-11	05단	牧の島渡船改善/交渉進陟す
92451	鮮滿版	1919-09-11	06단	釜山の通水停止/時間を限って

일련번호	판명	간행일	단수	기사명
92452	鮮滿版	1919-09-11	06단	檢疫と魚價
92453	鮮滿版	1919-09-11	06단	淸道の虎疫
92454	鮮滿版	1919-09-11	06단	各地だより/勞働協議員選擧/各地の當選者(廣島縣/岡山縣/奈良縣/鳥取縣/佐賀縣/熊本縣/德島縣)
92455	鮮滿版	1919-09-12	01단	淸津の發展/商議設立申請
92456	鮮滿版	1919-09-12	01단	上海聯絡航路基點は/長崎?門司?
92457	鮮滿版	1919-09-12	01단	學校移轉地確定
92458	鮮滿版	1919-09-12	01단	道知事留任の電請
92459	鮮滿版	1919-09-12	02단	廳舍までが明るく/金ピカが消えて氣持が好い
92460	鮮滿版	1919-09-12	02단	憲兵から警官に/十五日頃任地と共に發表
92461	鮮滿版	1919-09-12	02단	厄介な安東/紛糾が名物
92462	鮮滿版	1919-09-12	03단	米原、絲崎間に小口貨物專用列車運轉/列車運行整理と貨物事故防止の爲め/我國最初の試み
92463	鮮滿版	1919-09-12	04단	各地だより(八時間制(名古屋)/新庭園稅(和歌山)/活寫敎育(岡山)/勞働協議員
92464	鮮滿版	1919-09-13	01단	京城の金融
92465	鮮滿版	1919-09-13	01단	海軍大演習御統裁御召艦攝津の光榮/玉座其他の諸準備は檢閱終了後/艦長古川大佐謹話
92466	鮮滿版	1919-09-13	02단	忠南道減作補塡/本年の收穫豫想
92467	鮮滿版	1919-09-13	03단	各道第三部長會議
92468	鮮滿版	1919-09-13	03단	外電制限解除
92469	鮮滿版	1919-09-13	03단	傳染病豫防規則改正
92470	鮮滿版	1919-09-13	03단	官鹽生産高
92471	鮮滿版	1919-09-13	03단	凶年には商賣繁昌
92472	鮮滿版	1919-09-13	04단	防疫別働隊の活動
92473	鮮滿版	1919-09-13	05단	惜まる谷川警視
92474	鮮滿版	1919-09-13	05단	米國に注文の機關車十二臺/十月早々釜山署の豫定
92475	鮮滿版	1919-09-13	05단	各地だより(大阪送電(名古屋)/外野飛行(和歌山))
92476	鮮滿版	1919-09-14	01단	會頭不認司問題の其後/評議員の總辭職
92477	鮮滿版	1919-09-14	01단	對外組合成立/淸津貿易業者等の穀物輸移出商組合
92478	鮮滿版	1919-09-14	01단	農業技術員協議
92479	鮮滿版	1919-09-14	01단	八月大邱貿易
92480	鮮滿版	1919-09-14	01단	八月中の米豆檢査數量
92481	鮮滿版	1919-09-14	02단	竣工近き長府乃木神社/莊麗を極めし社殿神體は故將軍の刀/本日七年祭を執行

일련번호	판명	간행일	단수	기사명
92482	鮮滿版	1919-09-14	02단	忠淸米の輸移出
92483	鮮滿版	1919-09-14	03단	忠淸道の米價/中白米の買占續出
92484	鮮滿版	1919-09-14	04단	黃海道虎疫の慘狀/假埋葬の死體を崛出して火葬す
92485	鮮滿版	1919-09-14	05단	使用人の休養/娛樂機關設立の提議
92486	鮮滿版	1919-09-14	05단	各地だより(職工優遇(和歌山)/出稼課稅(演田)/市區改正(名古屋))
92487	鮮滿版	1919-09-16	01단	本旨を徹底せよ/總督の論告を空文に了らしむる勿れ 一視同仁は文字や制度の問題に非ず/某朝鮮人の談
92488	鮮滿版	1919-09-16	01단	八月中の貿易額/輸出入共激增
92489	鮮滿版	1919-09-16	02단	部局出張所名稱改正
92490	鮮滿版	1919-09-16	02단	旱害救濟委員
92491	鮮滿版	1919-09-16	02단	木浦商議役員選擧
92492	鮮滿版	1919-09-16	02단	釜山大邱間直通用海底線
92493	鮮滿版	1919-09-16	03단	禮山煙草耕作組合設立
92494	鮮滿版	1919-09-16	03단	憲兵隊司令部の階上で/兒島中將の氣輕な應接振り
92495	鮮滿版	1919-09-16	04단	陶器會社計劃
92496	鮮滿版	1919-09-16	04단	全南檢米新記錄
92497	鮮滿版	1919-09-16	04단	朝鮮鑛業會總會
92498	鮮滿版	1919-09-16	04단	大田聯隊歸營
92499	鮮滿版	1919-09-16	04단	潛水艦來港中止
92500	鮮滿版	1919-09-16	04단	事業熱と株式熱/成金憧憬の思想滋蔓す
92501	鮮滿版	1919-09-16	05단	抑留して檢疫/福岡方面からの旅客
92502	鮮滿版	1919-09-16	05단	船舶の檢疫區域擴張
92503	鮮滿版	1919-09-16	05단	怪鮮人/大邱警察署の手に捕はる
92504	鮮滿版	1919-09-16	05단	病院建設
92505	鮮滿版	1919-09-17	01단	都市改良畫報(六)/道路修繕自動車
92506	鮮滿版	1919-09-17	01단	社會問題と稅制問題/安川敬一郎(奇)
92507	鮮滿版	1919-09-17	04단	鬱陵島を視察して「茶谷島司は鮮人から神の如くに尊敬せられて居る」/池田隱岐水産組合長談
92508	鮮滿版	1919-09-17	04단	飛行機朝鮮號/關釜連絡飛行其他の計劃
92509	鮮滿版	1919-09-17	04단	城津の戶疫
92510	鮮滿版	1919-09-18	01단	所謂三角航路/果して實現するか
92511	鮮滿版	1919-09-18	01단	仁川商議評議員選擧
92512	鮮滿版	1919-09-18	01단	元山商議改選
92513	鮮滿版	1919-09-18	01단	守備軍司令官着任祝賀挨拶

일련번호	판명	간행일	단수	기사명
92514	鮮滿版	1919-09-18	02단	山東觀光記者團來着
92515	鮮滿版	1919-09-18	02단	通信事務取扱時間
92516	鮮滿版	1919-09-18	03단	取扱時間改正に就て
92517	鮮滿版	1919-09-18	04단	淸川江船舶航行禁止/當局批難の聲高し
92518	鮮滿版	1919-09-18	04단	總督府記念繪葉書
92519	鮮滿版	1919-09-18	04단	電車軌道工事/明年四月起工
92520	鮮滿版	1919-09-18	04단	旅客の停留檢便/開場停車場に大バラック建設
92521	鮮滿版	1919-09-18	04단	慶北淸道の虎疫/系統は兼二浦から來たらしい
92522	鮮滿版	1919-09-19	01단	李王職音樂隊の解散/經費の關係から御別れの演奏隊員の目に宿る露
92523	鮮滿版	1919-09-19	02단	出穀豫想高/白豆收穫の減少結局昨年と大差なし
92524	鮮滿版	1919-09-19	03단	慶北棉收穫豫想
92525	鮮滿版	1919-09-19	03단	鎭南浦貿易/昨年同期に比し增加
92526	鮮滿版	1919-09-19	04단	忠南漁業狀況/從漁船■と漁獲金高
92527	鮮滿版	1919-09-19	04단	道知事の請宴
92528	鮮滿版	1919-09-19	04단	組合會議員補選
92529	鮮滿版	1919-09-19	04단	繰棉會社出願
92530	鮮滿版	1919-09-19	04단	平壤より(西鮮の旱害/滿洲粟有望/銀行利引上/虎疫蔓延の兆)
92531	鮮滿版	1919-09-19	05단	鮮人財界の恐慌/不渡手形の續出
92532	鮮滿版	1919-09-19	06단	養鷄奬勵/道知事夫人の試み鷄種の配布
92533	鮮滿版	1919-09-19	06단	邱浦線工事竣工
92534	鮮滿版	1919-09-19	06단	淸津港の虎疫/必死になって防止
92535	鮮滿版	1919-09-19	06단	淸道の虎疫
92536	鮮滿版	1919-09-20	01단	水利事業と東拓資金貸出
92537	鮮滿版	1919-09-20	01단	商議聯合會/提出議案
92538	鮮滿版	1919-09-20	01단	時局問題講演/總督府中樞院に於て
92539	鮮滿版	1919-09-20	01단	旅大市制改正問題/改善の一段落
92540	鮮滿版	1919-09-20	02단	小學校移轉地愈確定
92541	鮮滿版	1919-09-20	02단	憲兵慰勞金/在勤年數に應じて給與
92542	鮮滿版	1919-09-20	02단	城津八月貿易
92543	鮮滿版	1919-09-20	02단	穀物賣買市場開設
92544	鮮滿版	1919-09-20	03단	凶作と經濟界
92545	鮮滿版	1919-09-20	03단	土耳其煙草成績良好
92546	鮮滿版	1919-09-20	03단	慶北の果實/年々産額增加

일련번호	판명	간행일	단수	기사명
92547	鮮滿版	1919-09-20	04단	平澤通信
92548	鮮滿版	1919-09-20	04단	中村商工會社設立
92549	鮮滿版	1919-09-20	04단	辭令(十五日附)
92550	鮮滿版	1919-09-20	04단	道廳職員の購買組合/商人側はに痛棒
92551	鮮滿版	1919-09-20	05단	墓地問題が解決した珍らしく中樞院會議の開催
92552	鮮滿版	1919-09-20	06단	田畑を流されて間島移住
92553	鮮滿版	1919-09-20	06단	虎疫猖獗
92554	鮮滿版	1919-09-20	06단	婦人曲者に刺さる
92555	鮮滿版	1919-09-20	06단	朝鮮線一驛助役より
92556	鮮滿版	1919-09-21	01단	都市改良畫報(七)/水邊の美觀と利用
92557	鮮滿版	1919-09-21	01단	屠獸規則改正/當局は目下協議中
92558	鮮滿版	1919-09-21	01단	米檢の不統一/各道取扱を異にす
92559	鮮滿版	1919-09-21	02단	全南棉作販賣改正
92560	鮮滿版	1919-09-21	02단	建議案提出と交涉
92561	鮮滿版	1919-09-21	02단	官民の親睦/倭館親和會組織
92562	鮮滿版	1919-09-21	02단	朝鮮森林鐵道會社設立
92563	鮮滿版	1919-09-21	03단	朝鮮輕鐵增資と改稱
92564	鮮滿版	1919-09-21	03단	漢銀增資/株主の範圍擴張
92565	鮮滿版	1919-09-21	04단	東亞殖産會社設立/移住民の救濟
92566	鮮滿版	1919-09-21	04단	ルーブル萬歲の影響
92567	鮮滿版	1919-09-21	04단	鬱陵島の水害
92568	鮮滿版	1919-09-21	04단	金剛山の秋色/今年は紅葉が早い
92569	鮮滿版	1919-09-21	04단	運動界(京城野球試合)
92570	鮮滿版	1919-09-21	04단	在鮮巡査の聲
92571	鮮滿版	1919-09-21	05단	各地だより(活寫撮影(尾島)/縣營開田(宮崎)/公休決定(奈良))
92572	鮮滿版	1919-09-23	01단	忠南輕鐵 平泥と天安の激烈なる爭奪戰/沿線地の歡迎
92573	鮮滿版	1919-09-23	01단	西鮮拓殖輕鐵/計畫進陟す
92574	鮮滿版	1919-09-23	01단	國地借受注意
92575	鮮滿版	1919-09-23	02단	仁川憲兵分遣隊設置
92576	鮮滿版	1919-09-23	02단	忠北警備機關
92577	鮮滿版	1919-09-23	02단	雇員採用規程廢止
92578	鮮滿版	1919-09-23	02단	繩叺檢查內議
92579	鮮滿版	1919-09-23	02단	忠南米作豫想
92580	鮮滿版	1919-09-23	02단	忠北畑作被害

일련번호	판명	간행일	단수	기사명
92581	鮮滿版	1919-09-23	03단	仁川倉庫創立
92582	鮮滿版	1919-09-23	03단	學校增築費起債
92583	鮮滿版	1919-09-23	03단	海員養成所開所式
92584	鮮滿版	1919-09-23	03단	金泉靑年會發會
92585	鮮滿版	1919-09-23	03단	會(野村大佐講演/田中舍身氏講演)
92586	鮮滿版	1919-09-23	04단	早魃、虎疫、結氷と相踵ぐ災厄の中から/農民勞働者等を救ふため/市街整理事業を始める
92587	鮮滿版	1919-09-23	04단	改正された墓葬規則/今月中に完成(改正の要旨)
92588	鮮滿版	1919-09-23	04단	郵便物に徽號/取扱上特別の注意を拂はせるため
92589	鮮滿版	1919-09-23	05단	六十名の鮮人が繩叺織の競技/女も二名表彰される
92590	鮮滿版	1919-09-23	05단	鬱陵島でも島賊が漁れぬ/佐々木博士の調査
92591	鮮滿版	1919-09-23	06단	霧島丸の虎疫/船員の隔離港內の漁撈禁
92592	鮮滿版	1919-09-23	06단	咸北の虎列拉/百名を超ゆ
92593	鮮滿版	1919-09-23	06단	元山の大警戒/虎疫を乘せた越後丸
92594	鮮滿版	1919-09-23	06단	辯護士の停職/訴訟に負けて相手を誣告
92595	鮮滿版	1919-09-23	06단	本町署長更迭
92596	鮮滿版	1919-09-24	01단	旱害救濟/協議事項
92597	鮮滿版	1919-09-24	01단	府債借入に着手
92598	鮮滿版	1919-09-24	01단	商議提出議案
92599	鮮滿版	1919-09-24	01단	釜山と商議聯合會
92600	鮮滿版	1919-09-24	01단	各道會計主任會議
92601	鮮滿版	1919-09-24	01단	慶北春蠶收繭高
92602	鮮滿版	1919-09-24	02단	新嘗祭獻穀
92603	鮮滿版	1919-09-24	02단	陶器會社近況
92604	鮮滿版	1919-09-24	02단	漁業會社設立計劃
92605	鮮滿版	1919-09-24	02단	慶北の諸會(農事講習會/農具修繕傳習會/穀檢抜手協議會)
92606	鮮滿版	1919-09-24	02단	簡閱點呼
92607	鮮滿版	1919-09-24	02단	稻田害蟲發生
92608	鮮滿版	1919-09-24	02단	屑繭整理講習會
92609	鮮滿版	1919-09-24	03단	辭令(十八日始)
92610	鮮滿版	1919-09-24	03단	人(大橋憲兵中佐)
92611	鮮滿版	1919-09-24	03단	潛水艦來港
92612	鮮滿版	1919-09-24	03단	城津入港當時の騷ぎ/越後丸の虎疫詳報
92613	鮮滿版	1919-09-24	04단	平壤公會堂起工式/二十四日地鎭祭執行(建設位置/請負工費/竣工時期)

일련번호	판명	간행일	단수	기사명
92614	鮮滿版	1919-09-24	05단	馬山の接續地に虎疫發生
92615	鮮滿版	1919-09-24	05단	運動界(大田庭球軍)
92616	鮮滿版	1919-09-25	01단	電燈瓦斯値上と電車料金制改正
92617	鮮滿版	1919-09-25	01단	保稅倉庫在品
92618	鮮滿版	1919-09-25	01단	總督府始政九周年記念繪葉書(十月一日より發行一組三枚のうち仁川港船渠內の狀況)
92619	鮮滿版	1919-09-25	02단	篠原氏榮轉/朝鮮總督府事務官
92620	鮮滿版	1919-09-25	02단	釜山商議の提案
92621	鮮滿版	1919-09-25	02단	馬山繁榮會成る
92622	鮮滿版	1919-09-25	03단	鎭海汽船創立總會
92623	鮮滿版	1919-09-25	03단	牛價下向く
92624	鮮滿版	1919-09-25	03단	鎭海金融組合
92625	鮮滿版	1919-09-25	03단	殖銀支店長來任
92626	鮮滿版	1919-09-25	04단	馬山府の防疫
92627	鮮滿版	1919-09-25	04단	群山發展と住宅問題
92628	鮮滿版	1919-09-25	05단	大邱も住宅不足/月賦拂の便法
92629	鮮滿版	1919-09-25	05단	現金廉賣の厲行/物價調節のため
92630	鮮滿版	1919-09-25	05단	潛水艦觀覽/仁川入港は二雙
92631	鮮滿版	1919-09-25	06단	砲兵射擊演習
92632	鮮滿版	1919-09-25	06단	憲兵から巡査に/慶北道內で五十九名
92633	鮮滿版	1919-09-25	06단	仁川より(惜まるゝ署長/招魂祭)
92634	鮮滿版	1919-09-25	06단	京城より
92635	鮮滿版	1919-09-26	01단	湖南線/改善の要求
92636	鮮滿版	1919-09-26	01단	中樞院組織改正問題
92637	鮮滿版	1919-09-26	01단	在鮮內地人/倂合時代より倍加す
92638	鮮滿版	1919-09-26	02단	京中校記念式
92639	鮮滿版	1919-09-26	02단	警察事務開始
92640	鮮滿版	1919-09-26	02단	養蠶事業好調/共同乾燥場設立の計劃
92641	鮮滿版	1919-09-26	03단	薪炭の自給自作/近く具體的に發表
92642	鮮滿版	1919-09-26	03단	薪炭の調節/私有林伐採と認可餘件
92643	鮮滿版	1919-09-26	04단	土耳古莨試作
92644	鮮滿版	1919-09-26	04단	甘藷栽培獎勵/十月五日試食會開催
92645	鮮滿版	1919-09-26	05단	勸業金融多忙/殖銀の第三回拂込
92646	鮮滿版	1919-09-26	05단	鳥致院金融/目下閑散の狀態
92647	鮮滿版	1919-09-26	05단	釜山の會社企劃

일련번호	판명	간행일	단수	기사명
92648	鮮滿版	1919-09-26	05단	農事改良會社/追加の各道竣趏人
92649	鮮滿版	1919-09-26	05단	浦項電燈會社
92650	鮮滿版	1919-09-26	06단	大豆粕施用試驗
92651	鮮滿版	1919-09-26	06단	道路橋梁の應急工事
92652	鮮滿版	1919-09-26	06단	生活難と官吏辭職
92653	鮮滿版	1919-09-26	06단	汽車乘客の檢便/開城驛に臨時檢疫所二十一日より實行
92654	鮮滿版	1919-09-26	06단	大邱の虎疫
92655	鮮滿版	1919-09-26	06단	全鮮宣教師大會
92656	鮮滿版	1919-09-26	06단	運動界(野球リーグ戰)
92657	鮮滿版	1919-09-27	01단	朝鮮貿易
92658	鮮滿版	1919-09-27	01단	釜山の起債決定/三十萬圓の借入
92659	鮮滿版	1919-09-27	01단	水道債償還補助/三十六萬餘圓
92660	鮮滿版	1919-09-27	01단	金融組合創立/二十八日發會式擧行
92661	鮮滿版	1919-09-27	02단	日本海橫斷計劃/經營は伏木丸二商會就航船は能登丸
92662	鮮滿版	1919-09-27	02단	亞細亞鑛山會社
92663	鮮滿版	1919-09-27	02단	警察署と管轄區域
92664	鮮滿版	1919-09-27	03단	補助貨の拂底から各驛では/郵便切手を■餘錢に代用
92665	鮮滿版	1919-09-27	03단	越後丸の不都合/城津人士の憤慨
92666	鮮滿版	1919-09-27	03단	元山の各學校一週間休業/虎疫內地人街に侵入
92667	鮮滿版	1919-09-27	03단	淸津の虎疫蔓延/鮮人普通學校休業
92668	鮮滿版	1919-09-27	03단	疑似虎列拉發生/警戒と大混雜
92669	鮮滿版	1919-09-28	01단	忠南農産業/長足の進步優良農里の選定表彰
92670	鮮滿版	1919-09-28	01단	慶北稻收穫豫想/例年に比すれば豊作
92671	鮮滿版	1919-09-28	02단	馬山八月貿易
92672	鮮滿版	1919-09-28	02단	大邱回着米
92673	鮮滿版	1919-09-28	02단	畜産組合と事業
92674	鮮滿版	1919-09-28	02단	鐵道工事狀況
92675	鮮滿版	1919-09-28	02단	飯尾新知事談
92676	鮮滿版	1919-09-28	03단	簡閱點呼
92677	鮮滿版	1919-09-28	03단	學務局長講演
92678	鮮滿版	1919-09-28	03단	釜山水道の補修
92679	鮮滿版	1919-09-28	03단	群山の店員休養/娛樂機關に就ても研究中
92680	鮮滿版	1919-09-28	04단	朝鮮の初旅(一)/荷香生
92681	鮮滿版	1919-09-28	04단	江景の危險/虎列拉蔓延小學校休業

일련번호	판명	간행일	단수	기사명
92682	鮮滿版	1919-09-28	05단	大邱購買組合/設備方法の擴張
92683	鮮滿版	1919-09-28	06단	清州の住宅拂底/貸家建設の評定
92684	鮮滿版	1919-09-28	06단	潛水艦釜山に來る
92685	鮮滿版	1919-09-28	06단	潛水艦馬山に入港
92686	鮮滿版	1919-09-28	06단	城津の厄年/一般に大打擊
92687	鮮滿版	1919-09-28	06단	火事
92688	鮮滿版	1919-09-28	06단	運動界(開校記念日運動會)
92689	鮮滿版	1919-09-30	01단	「以前京城に八年も居たから宛然故鄕へ/赴任する樣な心持」新任亥角全羅南道知事談
92690	鮮滿版	1919-09-30	01단	茨城縣の出店/へでも行くやうな氣がするよ
92691	鮮滿版	1919-09-30	01단	安東縣に高等女學校設置
92692	鮮滿版	1919-09-30	01단	旱害地免租額
92693	鮮滿版	1919-09-30	02단	平澤地方旱害狀況
92694	鮮滿版	1919-09-30	02단	海底線保護區域改正
92695	鮮滿版	1919-09-30	02단	總督外人請待
92696	鮮滿版	1919-09-30	03단	金融協議會/忠淸南道では最初
92697	鮮滿版	1919-09-30	03단	釜山築港/工事着手
92698	鮮滿版	1919-09-30	03단	恰好な婦人の家庭工業/忠淸南道で內鮮歸人に敎授
92699	鮮滿版	1919-09-30	03단	都市改良畵報(八)/勞働者住宅の改善
92700	鮮滿版	1919-09-30	04단	京城市中は盜難頻々/爆彈事件に忙殺された警察の虛に乘じて跳梁
92701	鮮滿版	1919-09-30	05단	初旅の朝鮮(二)/善政が布かれます/荷香生
92702	鮮滿版	1919-09-30	05단	虎疫千名/兼二浦の近況
92703	鮮滿版	1919-09-30	06단	苦力の大拂底/建築業者の打擊
92704	鮮滿版	1919-09-30	06단	渡船場でも檢疫
92705	鮮滿版	1919-09-30	06단	關水部長北行
92706	鮮滿版	1919-09-30	06단	幼稚園開園式

1919년 10월 (선만판)

일련번호	판명	간행일	단수	기사명
92707	鮮滿版	1919-10-01	01단	忠南穀物收穫豫想高
92708	鮮滿版	1919-10-01	01단	大豆收穫減少/取引上に大影響
92709	鮮滿版	1919-10-01	01단	慶北煙草作良好
92710	鮮滿版	1919-10-01	02단	慶北の釀造/本年は五千石以上
92711	鮮滿版	1919-10-01	02단	鮮鐵倉庫營業發展
92712	鮮滿版	1919-10-01	02단	南浦倉庫會社/募株成績
92713	鮮滿版	1919-10-01	02단	平南合同陳情/大同江水量問題
92714	鮮滿版	1919-10-01	03단	忠南簡閱點呼
92715	鮮滿版	1919-10-01	03단	大邱より
92716	鮮滿版	1919-10-01	03단	滿鐵再度の運賃改正/實施期は十一月中頃
92717	鮮滿版	1919-10-01	04단	電車五錢均一/電燈も瓦斯も値上
92718	鮮滿版	1919-10-01	04단	虎疫防止と鐵道の損害
92719	鮮滿版	1919-10-01	04단	全鮮の虎疫
92720	鮮滿版	1919-10-01	05단	虎疫豫防注射
92721	鮮滿版	1919-10-01	05단	大邱の下水道工事
92722	鮮滿版	1919-10-01	05단	木炭積載の貨車燒失
92723	鮮滿版	1919-10-01	05단	新聞社移轉/朝鮮新聞社と西鮮日報社
92724	鮮滿版	1919-10-01	06단	競馬會延期/明春の花節まで
92725	鮮滿版	1919-10-01	06단	大川群山間の自動車開始期
92726	鮮滿版	1919-10-01	06단	黃澗驛で大施餓鬼/慘死と迷信
92727	鮮滿版	1919-10-01	06단	運動界(忠南道廳職員の運動會)
92728	鮮滿版	1919-10-02	01단	凶作善後策と地主への希望(上)/忠淸南道石塚技師談(一、小作料の減免/二、食糧及購入に要する資金貸與)
92729	鮮滿版	1919-10-02	03단	初旅の朝鮮(三)/鷄林の基督敎/荷香生
92730	鮮滿版	1919-10-02	03단	大田驛貨物激增
92731	鮮滿版	1919-10-02	03단	咸北輕鐵會社設立出願
92732	鮮滿版	1919-10-02	04단	畜産技術官會議
92733	鮮滿版	1919-10-02	04단	片倉組の工場
92734	鮮滿版	1919-10-02	04단	積取船の去來
92735	鮮滿版	1919-10-02	04단	獨潛水艦の廻航
92736	鮮滿版	1919-10-02	04단	城津地方の虎疫/海面よりのものは■く防ぎ止めた
92737	鮮滿版	1919-10-02	05단	公州の虎疫/強制的に豫防注射
92738	鮮滿版	1919-10-02	05단	金貨業の自殺

일련번호	판명	간행일	단수	기사명
92739	鮮滿版	1919-10-03	01단	凶作善後策と地主への希望(下)/忠淸南道石塚技師談(三、種子の準備/四、繩叺其他副業獎勵/五、土工事業の起工/六、玄米調{製の實行/七、地主の耕牛飼養)
92740	鮮滿版	1919-10-03	02단	商議聯合會研究案/各會議所より提出
92741	鮮滿版	1919-10-03	02단	忠南の畜産事業/種畜貸付規定の設定/豫想外の好調/牛皮の加工
92742	鮮滿版	1919-10-03	03단	府令四件改正
92743	鮮滿版	1919-10-03	04단	朝鮮輕鐵改稱認可
92744	鮮滿版	1919-10-03	04단	米不作を麥作で挽回の協議
92745	鮮滿版	1919-10-03	04단	納税貯金組合成績/員數貯金額共に減少
92746	鮮滿版	1919-10-03	04단	敷地と本店設置
92747	鮮滿版	1919-10-03	04단	初旅の朝鮮(四)/商業の京城、工業の平壤/荷香生
92748	鮮滿版	1919-10-03	05단	部長就任披露
92749	鮮滿版	1919-10-03	05단	朝鮮の新聞界/創刊又は發行所の移轉
92750	鮮滿版	1919-10-03	06단	城津發展の餘地/僅に十萬坪內外とは心細し
92751	鮮滿版	1919-10-03	06단	在鄕軍人の簡閱點呼中に虎疫發生/俱に大騷ぎ/學校は臨時休業
92752	鮮滿版	1919-10-03	06단	木浦にも發生
92753	鮮滿版	1919-10-03	06단	列車內に女兒の死體
92754	鮮滿版	1919-10-04	01단	稻作狀況/朝鮮全體としては減收比較的輕微の見込
92755	鮮滿版	1919-10-04	01단	收穫減少と農民救濟/山之內地方課長談
92756	鮮滿版	1919-10-04	01단	都市改良畫報(九)/田園都市
92757	鮮滿版	1919-10-04	02단	各道の旱害救濟
92758	鮮滿版	1919-10-04	03단	京城府豫算編成と增税
92759	鮮滿版	1919-10-04	03단	大邱中學校設立問題
92760	鮮滿版	1919-10-04	03단	新聞通信雜誌社代表者大會/來る十日開催
92761	鮮滿版	1919-10-04	03단	仁川商議補選
92762	鮮滿版	1919-10-04	04단	初旅の朝鮮(五)/虎疫に包圍された京城/荷香生
92763	鮮滿版	1919-10-04	04단	東拓農監會議
92764	鮮滿版	1919-10-04	04단	無煙炭の完全燃燒と煉炭製造の研究
92765	鮮滿版	1919-10-04	05단	潛艦入港/馬鎮兩地の賑ひ
92766	鮮滿版	1919-10-04	06단	汽車乘客に對する制限/檢便證明書と豫防注射
92767	鮮滿版	1919-10-04	06단	大邱私立病院開院
92768	鮮滿版	1919-10-04	06단	運動界(滿洲軍大勝)
92769	鮮滿版	1919-10-05	01단	改良さるゝ家畜類/牛、豚、鷄の血統や體質調査

일련번호	판명	간행일	단수	기사명
92770	鮮滿版	1919-10-05	01단	警憲事務引繼
92771	鮮滿版	1919-10-05	01단	警察署長任命
92772	鮮滿版	1919-10-05	01단	五州輕鐵沿線聯合會
92773	鮮滿版	1919-10-05	01단	慶尚財務主任會議
92774	鮮滿版	1919-10-05	02단	京畿畜産技術官會議
92775	鮮滿版	1919-10-05	02단	鳥致院の諸問題/解決の大協議會開催
92776	鮮滿版	1919-10-05	02단	忠南輕鐵會社設立許可
92777	鮮滿版	1919-10-05	03단	大田繰棉會社設立
92778	鮮滿版	1919-10-05	03단	盛況裡にある行詰り狀態/小泉代議士の滿洲視察談
92779	鮮滿版	1919-10-05	04단	*朝鮮の土を踏むのは今度が最初 家內に敎はる積り机上の學問は駄目/何の事業も無く慚愧の至りです*
92780	鮮滿版	1919-10-05	04단	至急大田に大規模の檢疫所
92781	鮮滿版	1919-10-05	05단	臨時防疫班組織
92782	鮮滿版	1919-10-05	05단	釜山の鐵道旅館/改善されて一般に利便
92783	鮮滿版	1919-10-05	05단	新發田大隊歸還
92784	鮮滿版	1919-10-05	05단	爆藥雷管を密輸入して賣却
92785	鮮滿版	1919-10-05	05단	淸州祭禮の賑ひ
92786	鮮滿版	1919-10-05	05단	運動界(滿洲軍勝つ/釜山軍零敗)
92787	鮮滿版	1919-10-07	01단	旱害救濟の對策
92788	鮮滿版	1919-10-07	02단	元山商議改選
92789	鮮滿版	1919-10-07	02단	滿洲特産物商聯合大會
92790	鮮滿版	1919-10-07	03단	京畿釀造品評會
92791	鮮滿版	1919-10-07	03단	金融組合發展/學校靑年團體聯絡を■る方針
92792	鮮滿版	1919-10-07	03단	城津の薪炭調節策
92793	鮮滿版	1919-10-07	04단	全北收棉の入札/本年度より道廳に於て行ふ
92794	鮮滿版	1919-10-07	04단	南滿鐵道鮮收入/前年よりも增加
92795	鮮滿版	1919-10-07	04단	繩叺機競技會
92796	鮮滿版	1919-10-07	04단	初旅の朝鮮(六)/娛樂機關の缺けた京城/荷番生
92797	鮮滿版	1919-10-07	05단	潛水艦仁川入港
92798	鮮滿版	1919-10-07	05단	全北の虎疫猖獗/防疫の費用少きため一層悲慘
92799	鮮滿版	1919-10-07	06단	仁川の防疫/盛場に出入するには豫防注射證票が要る
92800	鮮滿版	1919-10-07	06단	仁川神社大祭
92801	鮮滿版	1919-10-08	01단	爆彈犯人捕はる/投彈の顚末を自白/爆彈は股間に隱したり連累者は無しと嘯く
92802	鮮滿版	1919-10-08	01단	眞犯人たるは疑の餘地が無い

일련번호	판명	간행일	단수	기사명
92803	鮮滿版	1919-10-08	01단	鮮人兒童教育と學校增設計劃
92804	鮮滿版	1919-10-08	01단	金融組合現狀
92805	鮮滿版	1919-10-08	01단	鐵道工事着手
92806	鮮滿版	1919-10-08	02단	賠償上の交渉/釜山府營の事業に付きて
92807	鮮滿版	1919-10-08	02단	蔚山輕鐵敷設
92808	鮮滿版	1919-10-08	03단	京畿道の夏蠶/前年に比し減少
92809	鮮滿版	1919-10-08	03단	畜産品評會
92810	鮮滿版	1919-10-08	03단	畜産功勞者表彰
92811	鮮滿版	1919-10-08	03단	道知事來任
92812	鮮滿版	1919-10-08	03단	靑年會發會式
92813	鮮滿版	1919-10-08	03단	新米初手合
92814	鮮滿版	1919-10-08	03단	犯罪と地方色/鼠賊が多い/女の物には手を掛けない/奇拔な顔面の隈取
92815	鮮滿版	1919-10-08	04단	初旅の朝鮮(七)/朝鮮人の氣が知れぬ/荷番生
92816	鮮滿版	1919-10-08	05단	鮮鐵の運賃改正/十一月十五日より實施
92817	鮮滿版	1919-10-08	05단	虎疫 大田防疫自衛團組織/市中巡視と通行人の監視
92818	鮮滿版	1919-10-08	06단	新義州の國境檢疫廢止
92819	鮮滿版	1919-10-08	06단	倭館の穀物賣買市場
92820	鮮滿版	1919-10-08	06단	運動界(大邱庭球俱樂部)
92821	鮮滿版	1919-10-09	01단	旱害救濟の對策(承前)
92822	鮮滿版	1919-10-09	02단	鑛業出願/處理狀況
92823	鮮滿版	1919-10-09	02단	初旅の朝鮮(八)/通信機關の逆轉/荷番生
92824	鮮滿版	1919-10-09	04단	總督府來年度豫算
92825	鮮滿版	1919-10-09	04단	慶北麥實收高/昨年に比し一割五分減
92826	鮮滿版	1919-10-09	04단	殖銀支店成績/貸出も預金も增加
92827	鮮滿版	1919-10-09	05단	日華木材會社設立
92828	鮮滿版	1919-10-09	05단	有力者意見交換
92829	鮮滿版	1919-10-09	05단	大田大隊演習
92830	鮮滿版	1919-10-09	05단	在鄕軍人總會
92831	鮮滿版	1919-10-09	05단	活牛檢疫と設備
92832	鮮滿版	1919-10-09	05단	南大門驛の改築/來春早々着工
92833	鮮滿版	1919-10-09	06단	羅虎島濟州島を新檢疫地に
92834	鮮滿版	1919-10-09	06단	小學兒童の興行物觀覽禁止
92835	鮮滿版	1919-10-09	06단	大邱遊廓移轉問題/又持上る當局の內意
92836	鮮滿版	1919-10-09	06단	運動界(釜山の野球界)

일련번호	판명	간행일	단수	기사명
92837	鮮滿版	1919-10-10	01단	朝鮮商議/聯合會提出案
92838	鮮滿版	1919-10-10	01단	仁川商議正副會頭選擧
92839	鮮滿版	1919-10-10	01단	朝鮮農事創立經過/井上角五郎氏談
92840	鮮滿版	1919-10-10	03단	李王職の財産整理/吏員大淘汰の噂
92841	鮮滿版	1919-10-10	03단	虎疫で鐵道の打擊/平均約五割減收
92842	鮮滿版	1919-10-10	03단	潛水艦入港
92843	鮮滿版	1919-10-10	04단	鮮人の亂暴/二人ので內地人を斬る
92844	鮮滿版	1919-10-10	04단	淸津の虎疫/初發以来九十四名
92845	鮮滿版	1919-10-10	04단	平壤と新聞發刊/卍巴になって運動に熱中
92846	鮮滿版	1919-10-10	04단	初旅の朝鮮(九)/京城の裏面觀/荷香生
92847	鮮滿版	1919-10-10	05단	乘合自動車營業
92848	鮮滿版	1919-10-10	05단	甘藷の試食
92849	鮮滿版	1919-10-10	05단	京城より
92850	鮮滿版	1919-10-11	01단	巡査の警備振り/コセつくとの評/橫着で大陸呼ばゝりは片腹痛い
92851	鮮滿版	1919-10-11	01단	酒造税は引上げず
92852	鮮滿版	1919-10-11	01단	各道知事會議
92853	鮮滿版	1919-10-11	01단	都市改良畫報(十一)/水邊の改造
92854	鮮滿版	1919-10-11	03단	署長の去來
92855	鮮滿版	1919-10-11	03단	鳥致院の住宅難/又燃え上る/家主の橫暴を憤る聲
92856	鮮滿版	1919-10-11	03단	滿洲駐屯軍機動演習/梨本師團長宮御參觀
92857	鮮滿版	1919-10-11	04단	初旅の朝鮮(十)/築港と取引所の仁川(上)/荷番生
92858	鮮滿版	1919-10-11	04단	三菱の土地賣却/借地人等の驚き
92859	鮮滿版	1919-10-11	04단	競馬大會は中止になった/愛馬家の失望
92860	鮮滿版	1919-10-11	05단	慶北の防疫/新たな道令を發布
92861	鮮滿版	1919-10-11	05단	入場料値上は不當だ
92862	鮮滿版	1919-10-11	06단	京城より
92863	鮮滿版	1919-10-12	01단	水道補助有望/來年度豫算編入
92864	鮮滿版	1919-10-12	01단	釜山群山の取引所設立問題/早急に許可の見込なし
92865	鮮滿版	1919-10-12	01단	打切り貨物處理/釜山阪神間直航路開始
92866	鮮滿版	1919-10-12	01단	都市改良畫報(十二)/公園と公園系統
92867	鮮滿版	1919-10-12	02단	仁川商議正副會頭選擧
92868	鮮滿版	1919-10-12	03단	爆彈犯人姜字奎の自筆
92869	鮮滿版	1919-10-12	03단	新米出廻る/品質其他良好
92870	鮮滿版	1919-10-12	03단	慶北の大豆

일련번호	판명	간행일	단수	기사명
92871	鮮滿版	1919-10-12	04단	繩叺の暴騰と品拂底
92872	鮮滿版	1919-10-12	04단	測量班襲擊/事件の眞相判明す
92873	鮮滿版	1919-10-12	04단	初旅の朝鮮(十一)/築港と取引所の仁川(下)/荷番生
92874	鮮滿版	1919-10-12	05단	全鮮新聞大會
92875	鮮滿版	1919-10-12	06단	憲兵隊本部は大邱に
92876	鮮滿版	1919-10-12	06단	地方片信(下關市長(下關)/普選期成(松本)/旅館會合(嚴島)/氣象觀測(奈良))
92877	鮮滿版	1919-10-14		缺號
92878	鮮滿版	1919-10-15	01단	朝鮮の養蠶事業/米と叺の忠南にも蠶種製造家が出現した
92879	鮮滿版	1919-10-15	01단	初旅の朝鮮(十三)/朝鮮第一の工業地/著しき平壤の發展/荷番生
92880	鮮滿版	1919-10-15	02단	釜山起債認可
92881	鮮滿版	1919-10-15	02단	釜山九月貿易
92882	鮮滿版	1919-10-15	02단	大邱經濟界
92883	鮮滿版	1919-10-15	02단	慶北棉販賣
92884	鮮滿版	1919-10-15	03단	苹果販路擴張
92885	鮮滿版	1919-10-15	03단	燕岐郡の燃料調節
92886	鮮滿版	1919-10-15	04단	元山附近の暴風雨/旱害の上に此の水害慘狀
92887	鮮滿版	1919-10-15	05단	教育展覽會出品
92888	鮮滿版	1919-10-15	05단	大邱地方法院/愈新築に決定
92889	鮮滿版	1919-10-15	05단	潛水艦歸航
92890	鮮滿版	1919-10-15	05단	朝鮮觀光團
92891	鮮滿版	1919-10-16	01단	朝鮮の輕鐵勃興/內地と趣を別にせる補助法/明春着工の各鐵道(朝鮮中央鐵道/五州輕便鐵道/森林鐵道/兩江拓森鐵道/金剛山電氣鐵道)
92892	鮮滿版	1919-10-16	01단	初旅の朝鮮(十四)/地利を得た平壤朝鮮の大阪(?)/荷番生
92893	鮮滿版	1919-10-16	03단	忠南の産業界/目覺しき發達/各種の金融組合
92894	鮮滿版	1919-10-16	04단	內地と異る朝鮮の巡査/何うか改善して欲しい南鮮人(奇)
92895	鮮滿版	1919-10-16	04단	輸入稅拂戾交涉件可決
92896	鮮滿版	1919-10-16	05단	日支博覽會開催/滿鮮産業の發展助長
92897	鮮滿版	1919-10-16	05단	瑞山郡の施肥獎勵/農村改良の一策
92898	鮮滿版	1919-10-16	06단	小學校增築工事
92899	鮮滿版	1919-10-16	06단	鳥致院より
92900	鮮滿版	1919-10-16	06단	賊二千名出沒

일련번호	판명	간행일	단수	기사명
92901	鮮滿版	1919-10-16	06단	虎疫
92902	鮮滿版	1919-10-17	01단	都市改良畫報(十三)/住宅地域
92903	鮮滿版	1919-10-17	01단	南浦貿易增加
92904	鮮滿版	1919-10-17	01단	京城より
92905	鮮滿版	1919-10-17	01단	鎭南浦より/本願寺布教所新築
92906	鮮滿版	1919-10-17	01단	物價暴騰/內地の卷添へ
92907	鮮滿版	1919-10-17	02단	穀物市場開始/地方當業者の福音
92908	鮮滿版	1919-10-17	02단	釜山第二棧橋車馬道
92909	鮮滿版	1919-10-17	03단	歸還せる苦力
92910	鮮滿版	1919-10-17	03단	初旅の朝鮮(十五)/李朝太祖の建立せる大本山釋王寺/荷番生
92911	鮮滿版	1919-10-17	04단	三菱製鐵所職工の罷業
92912	鮮滿版	1919-10-17	04단	氣が暴くなった/明巢狙ひが多い
92913	鮮滿版	1919-10-17	05단	ペリスコープ
92914	鮮滿版	1919-10-18	01단	都市改良畫報(十四)/立體的交通區分
92915	鮮滿版	1919-10-18	01단	市電問題陳謝/昨日の市參事會にて
92916	鮮滿版	1919-10-18	01단	市有地賣却/安治川左岸約百五十萬圓
92917	鮮滿版	1919-10-18	02단	船場道路鋪裝
92918	鮮滿版	1919-10-18	02단	倉庫用地繼續
92919	鮮滿版	1919-10-18	02단	大阪師管軍事
92920	鮮滿版	1919-10-18	03단	堺たより
92921	鮮滿版	1919-10-18	03단	泉南たより
92922	鮮滿版	1919-10-18	03단	會と崔
92923	鮮滿版	1919-10-18	04단	各地穀信(拓殖協會(高松)/藥草研究(奈良)/廳舍落成(福井))
92924	鮮滿版	1919-10-18	04단	ペリスコープ
92925	鮮滿版	1919-10-19	01단	城津九月貿易
92926	鮮滿版	1919-10-19	01단	鳥致院驛/運輸狀況
92927	鮮滿版	1919-10-19	01단	大邱より/三椏栽培奬勵
92928	鮮滿版	1919-10-19	01단	初旅の朝鮮(十六)/北朝鮮の大景氣其玄關の元山港(上)/荷番生
92929	鮮滿版	1919-10-19	02단	開港以來の厄年/直接間接の被害總額百萬圓に上る
92930	鮮滿版	1919-10-19	02단	缺席の儘死刑宣告を受けたる趙載明/大邱地方法院にて審理中
92931	鮮滿版	1919-10-19	03단	野外演習
92932	鮮滿版	1919-10-19	04단	稀有の長時化

일련번호	판명	간행일	단수	기사명
92933	鮮滿版	1919-10-19	05단	宣傳書の配布/斷じて流言蜚語に惑わさる〉な
92934	鮮滿版	1919-10-19	06단	大神宮改修と神社認可問題
92935	鮮滿版	1919-10-19	06단	公設質屋を設くる計劃
92936	鮮滿版	1919-10-21	01단	全北米收
92937	鮮滿版	1919-10-21	01단	忠南棉花販賣と販賣指定人
92938	鮮滿版	1919-10-21	01단	忠北棉作好況/收穫豫想四百五十萬斤/共同販賣開設
92939	鮮滿版	1919-10-21	01단	大邱の金融機關
92940	鮮滿版	1919-10-21	02단	高女校經營問題
92941	鮮滿版	1919-10-21	02단	學校組合會議員選擧
92942	鮮滿版	1919-10-21	02단	群山米穀商の請願/輸出米穀に關して
92943	鮮滿版	1919-10-21	02단	風物の變遷が目に着く/初めての渡鮮は明治八年/その頃は未だ錢の勘定が判らぬ程度/朝鮮は天與の農業國
92944	鮮滿版	1919-10-21	04단	道廳移轉問題の再燃
92945	鮮滿版	1919-10-21	04단	府營實施の期/渡船と淸潔事業
92946	鮮滿版	1919-10-21	04단	鮮魚市場虎疫に崇らる
92947	鮮滿版	1919-10-21	04단	釜山の防疫強制的に注射
92948	鮮滿版	1919-10-21	04단	鮮銀十周年祝賀
92949	鮮滿版	1919-10-21	05단	朝鮮線/滿鐵軍賃改正の要點十一月十五日より實施(運賃率明細は朝日新聞十月一日の紙上に掲載あり)/(一、近距離を引下げ遠距離を引上げたること/二、車扱運賃を貨車標記噸數に依る事に改めたること/三、噸扱の廢止/四、載積扱の開始/五、最低哩を設けたること/六、生活必需品其他に對する割引/七、發着手數料の引上/八、特定賃の値上)
92950	鮮滿版	1919-10-22	01단	京城より
92951	鮮滿版	1919-10-22	01단	初旅の朝鮮(十七)/北朝鮮の大景氣其玄關の元山港(下)/荷番生
92952	鮮滿版	1919-10-22	02단	前李王職長官 閔内爽氏/新任の李長官と韓贊侍長
92953	鮮滿版	1919-10-22	02단	前李王職贊侍長/尹德榮氏
92954	鮮滿版	1919-10-22	03단	淸州郡の明岩堤堰/經費の負擔と灌漑地域
92955	鮮滿版	1919-10-22	04단	警官の增俸/内鮮差別撤廢
92956	鮮滿版	1919-10-22	04단	警察署/全鮮で十六署增設
92957	鮮滿版	1919-10-22	04단	由比司令官
92958	鮮滿版	1919-10-22	05단	元山より
92959	鮮滿版	1919-10-22	05단	ペリスコープ
92960	鮮滿版	1919-10-23	01단	收穫皆無免稅に就て/井上忠南第二部長談

일련번호	판명	간행일	단수	기사명
92961	鮮滿版	1919-10-23	01단	初旅の朝鮮(十八)/南鮮の大邱府/驚嘆すべき土地の發展/荷番生
92962	鮮滿版	1919-10-23	02단	忠鐵の增資/資本金一千萬圓
92963	鮮滿版	1919-10-23	02단	仙掌金融總會
92964	鮮滿版	1919-10-23	02단	群山公會堂問題
92965	鮮滿版	1919-10-23	03단	京城より
92966	鮮滿版	1919-10-23	04단	大邱より(道廳舍新築/穀物組合紛錢)
92967	鮮滿版	1919-10-23	04단	新しい女を合して九千四百五十餘名/夥しい騷擾事件の入監者元氣旺盛の若者が最多數
92968	鮮滿版	1919-10-23	05단	鳥致院より(市區改正實施/大神宮修業問題)
92969	鮮滿版	1919-10-23	05단	京城は安全/全鮮の虎疫患者既に一萬を突破
92970	鮮滿版	1919-10-23	06단	忠南の漁獲高/例年に比して大差がない
92971	鮮滿版	1919-10-23	06단	仁川驛に虎疫發生す/患者は運轉手
92972	鮮滿版	1919-10-23	06단	不逞の徒/郡廳員を襲ふ/主謀者は嚴戒放現
92973	鮮滿版	1919-10-23	06단	運動界(鳥軍優勝す/鳥致院對天安庭球戰)
92974	鮮滿版	1919-10-24	01단	朝鮮國勢調査延期/理由は經費多端と事業遂行の時期不適當
92975	鮮滿版	1919-10-24	01단	朝産鐵道の施工線路/一年半乃至三年で竣成
92976	鮮滿版	1919-10-24	01단	鮮人官吏俸給改正
92977	鮮滿版	1919-10-24	01단	京城高女問題/解決の曙光を認む
92978	鮮滿版	1919-10-24	02단	酒造會社設立/資本金五十萬圓淸津に設置する
92979	鮮滿版	1919-10-24	02단	貐子窩に鹽田/東拓の新事業
92980	鮮滿版	1919-10-24	02단	慶南釀造品評會
92981	鮮滿版	1919-10-24	02단	醫療用の貯水/今冬から實行
92982	鮮滿版	1919-10-24	02단	初旅の朝鮮(十九)/眼前の事よりも將來を考て欲しい/荷番生
92983	鮮滿版	1919-10-24	03단	鮮銀海外主任決定
92984	鮮滿版	1919-10-24	03단	重砲隊行軍
92985	鮮滿版	1919-10-24	03단	大邱府尹就任披露
92986	鮮滿版	1919-10-24	03단	京城より
92987	鮮滿版	1919-10-24	04단	群山避病院を開放/府郡の別なく患者を收容する遲蒔ながらの大活動
92988	鮮滿版	1919-10-24	05단	今年の冬は炬燵で辛抱する
92989	鮮滿版	1919-10-24	06단	猛威を振ふ虎疫/約半數は死亡す
92990	鮮滿版	1919-10-24	06단	淸津の虎疫/終熄の模樣なし

일련번호	판명	간행일	단수	기사명
92991	鮮滿版	1919-10-24	06단	密陽郡の面長/二十名同盟缺席
92992	鮮滿版	1919-10-24	06단	鮮魚は不足でも野菜は潤澤
92993	鮮滿版	1919-10-24	06단	大田監獄の開廳式
92994	鮮滿版	1919-10-25	01단	具體的に現れた差別待遇の撤廢俸給令改正に就て/大塚內務局長は語る
92995	鮮滿版	1919-10-25	01단	朝鮮貿易盛況/累計一億五千萬圓の增進
92996	鮮滿版	1919-10-25	01단	土地所有農民移住獎勵/東拓の改正案
92997	鮮滿版	1919-10-25	01단	東拓移民募集好成績
92998	鮮滿版	1919-10-25	02단	收穫二十萬貫/淸州莨の作柄良好
92999	鮮滿版	1919-10-25	02단	初旅の朝鮮(二十)/市街は綺麗でも夜の町は暗い/荷番生
93000	鮮滿版	1919-10-25	03단	大邱憲兵隊整理/大部分は警察官に轉科
93001	鮮滿版	1919-10-25	03단	忠南郡守會議
93002	鮮滿版	1919-10-25	03단	東鎭倉庫會社設立
93003	鮮滿版	1919-10-25	04단	若き日のローマンス/白羽の矢を立てられた松井大邱府尹
93004	鮮滿版	1919-10-25	04단	大邱醫師會役員改選
93005	鮮滿版	1919-10-25	04단	稻作坪刈品評會
93006	鮮滿版	1919-10-25	04단	浦項電氣募株締切
93007	鮮滿版	1919-10-25	05단	依然猛烈/忠南の虎疫
93008	鮮滿版	1919-10-25	05단	運動界(大邱野球大會)
93009	鮮滿版	1919-10-26	01단	總督政治と鮮人/釜山地方鮮人の意向
93010	鮮滿版	1919-10-26	01단	遊興稅反對運動
93011	鮮滿版	1919-10-26	01단	慶北敎員不足
93012	鮮滿版	1919-10-26	01단	繩叺生産增加
93013	鮮滿版	1919-10-26	01단	倉庫建築狀況
93014	鮮滿版	1919-10-26	02단	醫師試驗合格
93015	鮮滿版	1919-10-26	02단	機動演習
93016	鮮滿版	1919-10-26	02단	輕鐵敷設と人氣/事業に對する總督府の補給
93017	鮮滿版	1919-10-26	02단	大邱より(憲兵隊所編制替/學士會員懇親/道知事府尹歡迎)
93018	鮮滿版	1919-10-26	03단	生活必需品割引運賃に就て
93019	鮮滿版	1919-10-26	03단	初旅の朝鮮(二十一)/釜山の取引所問題(上)ソレに絡まる樣々の經緯/荷番生
93020	鮮滿版	1919-10-26	05단	京城の大祝賀會
93021	鮮滿版	1919-10-26	05단	面長が唯一人で事務を執ってゐる/面書記の轉職
93022	鮮滿版	1919-10-26	05단	金泉の輕鐵敷設祝賀
93023	鮮滿版	1919-10-26	06단	米國に注文の蒸汽機關車/二十七日釜山に到着

일련번호	판명	간행일	단수	기사명
93024	鮮滿版	1919-10-26	06단	慶北の初雪/昨年より早し
93025	鮮滿版	1919-10-26	06단	降雪と結氷
93026	鮮滿版	1919-10-26	06단	運動界(金泉秋季運動會)
93027	鮮滿版	1919-10-26	06단	朝鮮より(靑人草)
93028	鮮滿版	1919-10-28	01단	上海佛租界の朝鮮假政府解散
93029	鮮滿版	1919-10-28	01단	薪炭調節と配給
93030	鮮滿版	1919-10-28	01단	鮮銀滯貨九萬噸
93031	鮮滿版	1919-10-28	01단	道知事新任披露
93032	鮮滿版	1919-10-28	01단	金融組合創立總會
93033	鮮滿版	1919-10-28	02단	京城雜信
93034	鮮滿版	1919-10-28	02단	御眞影下賜
93035	鮮滿版	1919-10-28	02단	天長節奉祝
93036	鮮滿版	1919-10-28	03단	機動演習/七十八、九兩聯隊の將卒者に
93037	鮮滿版	1919-10-28	03단	自動車轉覆/乘合せた庭球選手皆重輕傷を負ふ
93038	鮮滿版	1919-10-28	03단	家屋を貸さぬ鮮人の申合せ
93039	鮮滿版	1919-10-28	03단	運動界(リレー徒步競走京仁間三千哩/金泉秋季運動會)
93040	鮮滿版	1919-10-29	01단	肥料自給策確定/東拓殖産課長堀諜氏談
93041	鮮滿版	1919-10-29	01단	酒煙草税の廢止は浮説/當局の取締
93042	鮮滿版	1919-10-29	01단	輕鐵と保險問題
93043	鮮滿版	1919-10-29	01단	軸仁學舍舍規
93044	鮮滿版	1919-10-29	02단	學校工事進陟
93045	鮮滿版	1919-10-29	02단	忠南の土地整理/遠背者には貸付を取消す
93046	鮮滿版	1919-10-29	03단	信認金引上と賣買の制限/延取引期間の延期
93047	鮮滿版	1919-10-29	03단	城津貿易/移出は牛皮のみ
93048	鮮滿版	1919-10-29	03단	木炭調節成る
93049	鮮滿版	1919-10-29	04단	裡里郵便所昇格
93050	鮮滿版	1919-10-29	04단	釀造品評會授賞
93051	鮮滿版	1919-10-29	04단	城津商事會社向上
93052	鮮滿版	1919-10-29	04단	光州酒造會社設立
93053	鮮滿版	1919-10-29	04단	初旅の朝鮮(二十二)/釜山の取引所問題(下)ソレに絡まる様々の經緯/荷番生
93054	鮮滿版	1919-10-29	05단	仁川より
93055	鮮滿版	1919-10-29	05단	汽車檢疫の廢止/狀況によって今月限り
93056	鮮滿版	1919-10-29	05단	虎疫患者數
93057	鮮滿版	1919-10-29	05단	火の用心/夜間や休日には巡視

일련번호	판명	간행일	단수	기사명
93058	鮮滿版	1919-10-29	06단	教育基本金に記念として一萬圓寄附
93059	鮮滿版	1919-10-29	06단	高野氏の寄贈
93060	鮮滿版	1919-10-29	06단	ペリスコープ
93061	鮮滿版	1919-10-30	01단	白米の移出檢査/實施計劃と世間の聲
93062	鮮滿版	1919-10-30	01단	初旅の朝鮮(二十三)/岡眼八目新政方針徹底的に遣が肝要/荷番生
93063	鮮滿版	1919-10-30	03단	鮮人有力者を集めて懇談/赤池局長來邱
93064	鮮滿版	1919-10-30	03단	面吏員の增給
93065	鮮滿版	1919-10-30	03단	商議員選擧
93066	鮮滿版	1919-10-30	03단	鹽生産狀況
93067	鮮滿版	1919-10-30	04단	錦江水電設立/資本金五百萬圓
93068	鮮滿版	1919-10-30	04단	府尹島司郡守會議
93069	鮮滿版	1919-10-30	04단	商業會發會式
93070	鮮滿版	1919-10-30	04단	穀物聯合販賣
93071	鮮滿版	1919-10-30	04단	京城物價昂騰率
93072	鮮滿版	1919-10-30	04단	慶北の苹果
93073	鮮滿版	1919-10-30	05단	府經營の簡易市場/本年は差當り二箇所に開設
93074	鮮滿版	1919-10-30	05단	期間內の汽車賃割引
93075	鮮滿版	1919-10-30	04단	入監者の宗教と教育程度
93076	鮮滿版	1919-10-30	06단	盟休の血判を迫り歩く/京釜線各驛の現業員を訪ねて
93077	鮮滿版	1919-10-30	06단	剩餘錢は切手に定ったものゝ樣に/百圓札の出廻りが增えた
93078	鮮滿版	1919-10-30	06단	湯錢の値上/非難の聲高し
93079	鮮滿版	1919-10-30	06단	虎疫終熄
93080	鮮滿版	1919-10-31	01단	忠南の納稅成積に就て/怠納者激增の傾向
93081	鮮滿版	1919-10-31	01단	仁川の取引所
93082	鮮滿版	1919-10-31	02단	農民救濟の效果/繩叺製造發展/麥作增加
93083	鮮滿版	1919-10-31	02단	忠南の土地經營/朝鮮開拓會社設立
93084	鮮滿版	1919-10-31	02단	京城より
93085	鮮滿版	1919-10-31	03단	公醫の小言/一公醫より
93086	鮮滿版	1919-10-31	03단	南大門驛改築工事/豫算額では不足
93087	鮮滿版	1919-10-31	04단	値上に驚いた風呂黨
93088	鮮滿版	1919-10-31	04단	初旅の朝鮮(二十四)/土饅頭の善政結構併し兩班を主とした施政は不可/荷番生

1919년 11월 (선만판)

일련번호	판명	간행일	단수	기사명
93089	鮮滿版	1919-11-01	01단	洋式軍樂隊の濫觴/師範は英國と獨逸/外人の手から阻れる迄/鹿兒島人の獨占/樂界の盛衰/日本軍樂隊今昔物語(上)
93090	鮮滿版	1919-11-01	01단	天長祝日/馬山
93091	鮮滿版	1919-11-01	01단	鮮人教師優遇/十八名を拔擢して校長に
93092	鮮滿版	1919-11-01	01단	警察署長會議
93093	鮮滿版	1919-11-01	01단	警部補の考試
93094	鮮滿版	1919-11-01	01단	打ち解けた光瑞氏/久し振の京都歸り/一家三夜莊に涙の團樂
93095	鮮滿版	1919-11-01	02단	帆船運輸會社設立
93096	鮮滿版	1919-11-01	02단	店員の休養
93097	鮮滿版	1919-11-01	03단	木浦の虎疫/終熄に近づく
93098	鮮滿版	1919-11-01	04단	消防演習
93099	鮮滿版	1919-11-01	04단	鮮人は語學が堪能
93100	鮮滿版	1919-11-01	05단	初旅の朝鮮(二十五)/諒解した施政が肝要內にも外にも何方にも/荷香生
93101	鮮滿版	1919-11-02	01단	平壤地方に降った稀有の雹
93102	鮮滿版	1919-11-02	01단	府尹郡守會議
93103	鮮滿版	1919-11-02	01단	世界無比の『君が代』/國歌の作曲/軍樂隊教育の順序/喇叭吹けぬ名士/最初の奏樂いろいろ/日本軍樂隊今昔物語(下)
93104	鮮滿版	1919-11-02	02단	慶南釀造品評會
93105	鮮滿版	1919-11-02	03단	五鐵沿線聯合大會
93106	鮮滿版	1919-11-02	04단	輕鐵敷設認可申請
93107	鮮滿版	1919-11-02	04단	大邱の正米界/市場閑散の狀態
93108	鮮滿版	1919-11-02	04단	財務主任會議
93109	鮮滿版	1919-11-02	04단	商業組合協議
93110	鮮滿版	1919-11-02	04단	臨時憲兵出張所
93111	鮮滿版	1919-11-02	05단	木浦表彰式
93112	鮮滿版	1919-11-02	05단	商人の覺醒/購買組合を見て狼狽公州商業會設立
93113	鮮滿版	1919-11-02	06단	馬山地方の虎疫
93114	鮮滿版	1919-11-02	06단	京城雜信
93115	鮮滿版	1919-11-04	01단	技術官の待遇改善は制度の改正に竢てと/某當局は語る
93116	鮮滿版	1919-11-04	01단	造林事業の實地指導
93117	鮮滿版	1919-11-04	01단	學校移轉延期

일련번호	판명	간행일	단수	기사명
93118	鮮滿版	1919-11-04	01단	忠南繭品評會成績
93119	鮮滿版	1919-11-04	02단	京城商議員改選
93120	鮮滿版	1919-11-04	02단	鮮銀理事重任
93121	鮮滿版	1919-11-04	02단	拔擢されたる鮮人新校長
93122	鮮滿版	1919-11-04	02단	一日より開始の米穀先物取引
93123	鮮滿版	1919-11-04	03단	大邱を中心として自動車營業/約十箇所に
93124	鮮滿版	1919-11-04	03단	三萬圓費消事件の落着
93125	鮮滿版	1919-11-04	03단	大邱の家屋建設/內鮮人合たが四百三十軒
93126	鮮滿版	1919-11-04	03단	市場の道路改修
93127	鮮滿版	1919-11-04	04단	市場の解除開設
93128	鮮滿版	1919-11-04	04단	材木十八本が消えて無くなる/夢の樣な盜難届
93129	鮮滿版	1919-11-04	04단	噫橘香橘君/鈴木二好
93130	鮮滿版	1919-11-04	05단	朝郵の新船/建造設計成る
93131	鮮滿版	1919-11-05	01단	體軀の一番小さいのは日本兵けれども能く活動する
93132	鮮滿版	1919-11-05	01단	忠南蠶業改善/桑秋植の實行
93133	鮮滿版	1919-11-05	01단	忠南の主要副業/藁細工の傳習
93134	鮮滿版	1919-11-05	02단	金泉穀物取引
93135	鮮滿版	1919-11-05	02단	朝郵の新航路/船も現在のより大型を用ふる計劃
93136	鮮滿版	1919-11-05	02단	輕鐵敷設工事/淸州鳥致院線十六哩
93137	鮮滿版	1919-11-05	03단	明石臺灣總督の追弔式/寺內伯との因緣
93138	鮮滿版	1919-11-05	04단	籾は一切叺を使用する事に/在來俵を廢めて
93139	鮮滿版	1919-11-05	04단	簡易公設市場
93140	鮮滿版	1919-11-05	04단	監獄を脫走/年六十の囚人
93141	鮮滿版	1919-11-05	05단	城津の防疫/大成功を見る
93142	鮮滿版	1919-11-05	05단	噫橘香橘君(續)/鈴木二好
93143	鮮滿版	1919-11-05	06단	金光敎大祭
93144	鮮滿版	1919-11-05	06단	運動界(公淸の庭球戰/學校聯合運動會/仁川高女運動會)
93145	鮮滿版	1919-11-05	06단	地方片信(開校式(津山)/矯風會(長崎)/出稼人(名古屋)/孝行娘(廣島))
93146	鮮滿版	1919-11-06	01단	忠南の旱害と救濟/石塚忠淸南道技師談
93147	鮮滿版	1919-11-06	02단	鮮滿商議聯合會/決議の諸件提出
93148	鮮滿版	1919-11-06	02단	鐵道職員の手當割增/全鮮を七區に分ちて率を立つ
93149	鮮滿版	1919-11-06	02단	人間料理(一)/外蒙古庫倫/大島淸(寄)
93150	鮮滿版	1919-11-06	03단	咸興より
93151	鮮滿版	1919-11-06	03단	咸興の水道工事

일련번호	판명	간행일	단수	기사명
93152	鮮滿版	1919-11-06	04단	露國の漂泊人も可成り多い/關門往來の外人
93153	鮮滿版	1919-11-06	04단	敦賀港と棧橋問題/棧橋改善は現實當面の問題となって來た
93154	鮮滿版	1919-11-07	01단	人間料理(二)/外蒙古庫倫/大島淸(寄)
93155	鮮滿版	1919-11-07	01단	農作物增收と水利開發
93156	鮮滿版	1919-11-07	02단	燕岐郡の麥作
93157	鮮滿版	1919-11-07	03단	貯藏穀物高
93158	鮮滿版	1919-11-07	03단	航空隊第四大隊所澤より太刀洗へ(上) 新飛行場の開場 筑紫平野の壯觀/廣袤五十萬坪 四十二萬坪が新飛行場/飛行機の輸送 全部汽車輸送
93159	鮮滿版	1919-11-07	04단	大邱監獄の擴張
93160	鮮滿版	1919-11-07	04단	朝鮮新聞社の移轉披露
93161	鮮滿版	1919-11-07	05단	運動界(大邱の野球戰)
93162	鮮滿版	1919-11-07	05단	ペリスコープ
93163	鮮滿版	1919-11-08	01단	畫報/去る三日京城憲兵司令部內にて擧行せる/故明石臺灣總督敬悼式
93164	鮮滿版	1919-11-08	01단	慶北稻作收穫豫想
93165	鮮滿版	1919-11-08	01단	慶北秋蠶成績
93166	鮮滿版	1919-11-08	01단	地主召集と協定/小作料減免其の他
93167	鮮滿版	1919-11-08	01단	江景と金融機關/殖銀の緊縮方針/市民大會を開きて交陟/銀行創立
93168	鮮滿版	1919-11-08	02단	人間料理(三)/外蒙古庫倫/大島淸(寄)
93169	鮮滿版	1919-11-08	03단	學校基本金蓄積
93170	鮮滿版	1919-11-08	03단	藥劑師試驗合格
93171	鮮滿版	1919-11-08	03단	避病院の改築を要請す
93172	鮮滿版	1919-11-08	04단	米穀商の拘引/橫領費消事件
93173	鮮滿版	1919-11-08	05단	後押する中に自動車俄に走り出す/鮮人の仲仕負傷
93174	鮮滿版	1919-11-08	05단	本社參觀
93175	鮮滿版	1919-11-08	05단	地方片信(貨物停滯(岡山)/郵貯激增(松山)/警察監察(松江)/上水節約(名古屋))
93176	鮮滿版	1919-11-09	01단	畫報/賣僧の枕と詐欺師の木印
93177	鮮滿版	1919-11-09	01단	弟二回稻作豫想/天候順調の為め幾分か見直す
93178	鮮滿版	1919-11-09	01단	人間料理(四)/外蒙古庫倫/大島淸(寄)
93179	鮮滿版	1919-11-09	02단	群山回着米減少/早魃と虎疫の影響
93180	鮮滿版	1919-11-09	03단	愈二事業府營/前營業者に補償

일련번호	판명	간행일	단수	기사명
93181	鮮滿版	1919-11-09	03단	殖銀貯金成績
93182	鮮滿版	1919-11-09	03단	窯業會社新設
93183	鮮滿版	1919-11-09	03단	■■鷄林土地會社
93184	鮮滿版	1919-11-09	04단	航空第四大隊所澤より太刀洗へ(下) 大隊成立は十年度 所澤以上の飛行場/所澤に髣髴す 練習の順序飛行は毎日/交通網の改善 場を周る軌道地價大昂る/地方民の歡迎 將校住宅は甘木町で引き受け
93185	鮮滿版	1919-11-09	04단	時實道知事
93186	鮮滿版	1919-11-09	04단	鮮語通譯員選拔
93187	鮮滿版	1919-11-09	04단	京城神社主任辭職
93188	鮮滿版	1919-11-09	05단	鳥致院の市區改正
93189	鮮滿版	1919-11-09	05단	慶北産の馬二頭/齊藤總督より張作霖へ贈物
93190	鮮滿版	1919-11-09	06단	大田公州の交通/自動車運轉開始
93191	鮮滿版	1919-11-09	06단	度量の衡器の不足に困る商工業者/商業會議所からも陳情
93192	鮮滿版	1919-11-11	01단	忠南徵稅成績/比較的良好
93193	鮮滿版	1919-11-11	01단	蒲鐵增資問題/大暗礁に逢着
93194	鮮滿版	1919-11-11	01단	人間料理(五)/外蒙古庫倫/大島淸(寄)
93195	鮮滿版	1919-11-11	02단	蔚山線の敷設
93196	鮮滿版	1919-11-11	02단	諸會社設立
93197	鮮滿版	1919-11-11	02단	忠南警察署長更迭
93198	鮮滿版	1919-11-11	03단	咸興より
93199	鮮滿版	1919-11-11	04단	慶北より
93200	鮮滿版	1919-11-11	04단	慶北葉煙草收納
93201	鮮滿版	1919-11-11	04단	咸興の前途は頗る有望/大發展の有らゆる素因を具備す
93202	鮮滿版	1919-11-11	05단	大邱の炭價調節/國有林拂下と製炭
93203	鮮滿版	1919-11-11	05단	舍宅や合宿所を建築/京城の住宅拂底/鮮銀と殖銀
93204	鮮滿版	1919-11-12	01단	東拓の移民狀況と今後の新方針
93205	鮮滿版	1919-11-12	01단	會社令廢止に就て
93206	鮮滿版	1919-11-12	01단	人間料理(六)/外蒙古庫倫/大島淸(寄)
93207	鮮滿版	1919-11-12	02단	京畿地方費豫算/本年度に比して增加の見込
93208	鮮滿版	1919-11-12	03단	築港費の削除/城津港民の失望
93209	鮮滿版	1919-11-12	03단	五鐵沿線聯合大會
93210	鮮滿版	1919-11-12	03단	金肥施用試驗區域設置/大豆粕の使用獎勵
93211	鮮滿版	1919-11-12	04단	釜山の酒造界

일련번호	판명	간행일	단수	기사명
93212	鮮滿版	1919-11-12	04단	釜山共同增資
93213	鮮滿版	1919-11-12	04단	師團長巡視
93214	鮮滿版	1919-11-12	04단	卒業生農業視察
93215	鮮滿版	1919-11-12	04단	人夫の拂底/それに伴れて賃銀も昂る
93216	鮮滿版	1919-11-12	05단	義務を遂行さして下さいと叫びつゝ改善を期し進む覺悟
93217	鮮滿版	1919-11-12	06단	一般の射倖心
93218	鮮滿版	1919-11-12	06단	朝郵の貨物運賃引下/炭價の調節を圖る主旨で
93219	鮮滿版	1919-11-12	06단	瓦製造の計劃/內地から技術者を招いて
93220	鮮滿版	1919-11-12	06단	釜山に於ける寺內伯追弔會
93221	鮮滿版	1919-11-12	06단	乘合自動車と事故
93222	鮮滿版	1919-11-12	06단	郵便の不着頻々
93223	鮮滿版	1919-11-13	01단	市の獻上品/銀製放馬像
93224	鮮滿版	1919-11-13	01단	屠獸場取締規則改正
93225	鮮滿版	1919-11-13	01단	取引所開設出願多し/便益と共に他の弊害をも考慮せねばならぬ
93226	鮮滿版	1919-11-13	01단	朝鮮事情/講演會
93227	鮮滿版	1919-11-13	02단	穀物組合取引
93228	鮮滿版	1919-11-13	02단	十月南浦貿易
93229	鮮滿版	1919-11-13	03단	繩叺製造改良/原料品展覽會開催
93230	鮮滿版	1919-11-13	03단	朝鮮農産會社
93231	鮮滿版	1919-11-13	03단	南浦倉庫總會
93232	鮮滿版	1919-11-13	03단	虎疫
93233	鮮滿版	1919-11-13	04단	慶北に於ける軍人會/著るしき發展
93234	鮮滿版	1919-11-13	04단	オムスクも陷らん(東京電話)
93235	鮮滿版	1919-11-13	05단	過軍の狀況
93236	鮮滿版	1919-11-13	05단	地方片信(上京陳情(杵築)/在米豊富(愛媛)/電鐵敷設(熊本))
93237	鮮滿版	1919-11-14	01단	朝鮮事情/講演會(弟二日)
93238	鮮滿版	1919-11-14	01단	贅澤な子供の祝着/精神の着物を飾れ/東京入澤博士常子夫人談
93239	鮮滿版	1919-11-14	03단	面吏員增給と財源
93240	鮮滿版	1919-11-14	04단	金融組合協議會
93241	鮮滿版	1919-11-14	04단	最近の露國事情/砂糖逆輸入で一獲數百萬金/亂暴極まる紙幣鑑定/東西過激派の主義立脚點/悲慘なる亡國民/森哈爾賓商品陳列館長談
93242	鮮滿版	1919-11-14	05단	鐵道開通期/咸興永興間の工事竣成

일련번호	판명	간행일	단수	기사명
93243	鮮滿版	1919-11-14	05단	追悼菊花品評會
93244	鮮滿版	1919-11-15	01단	西伯利の窮狀/饑餓と寒氣を如何に凌ぐ？
93245	鮮滿版	1919-11-15	01단	憂ふ可き農産經濟/滔々たる奢侈の風と投機熱黄金時代も無限には續かぬ/日本銀行熊本支店長逸見嘉一郎氏談
93246	鮮滿版	1919-11-15	03단	流れ行く職工の群/周旋屋の手を潜る/求職者二萬六千人/福岡縣の職業紹介狀況
93247	鮮滿版	1919-11-15	03단	獨逸の近情/坪井男歸朝談
93248	鮮滿版	1919-11-15	03단	各地方に諮問機關設置
93249	鮮滿版	1919-11-15	04단	官民悉く朝鮮通たらしめよ/東京高橋勝作(寄)
93250	鮮滿版	1919-11-15	05단	桑苗百萬本/植栽の計劃
93251	鮮滿版	1919-11-15	05단	京城より
93252	鮮滿版	1919-11-16	01단	朝鮮の涵養造林事業/本末を誤った點が多い
93253	鮮滿版	1919-11-16	01단	煙草消費税/前年度に比し増額
93254	鮮滿版	1919-11-16	01단	全鮮鐵道滯貨
93255	鮮滿版	1919-11-16	01단	歸朝せる後藤男の一家
93256	鮮滿版	1919-11-16	02단	麥作付獎勵
93257	鮮滿版	1919-11-16	03단	大豆製産改良
93258	鮮滿版	1919-11-16	03단	玉繩檢査改正
93259	鮮滿版	1919-11-16	04단	感冒の原因は喰過ぎ/減食して腸を丈夫にせよ節米が出來て健康になる/東京新駒込病院長二木博士談
93260	鮮滿版	1919-11-16	04단	學校職員功績調査
93261	鮮滿版	1919-11-16	04단	射撃會成績
93262	鮮滿版	1919-11-16	04단	孫警部着任
93263	鮮滿版	1919-11-16	04단	日本將校は露西亞娘に大モテ/風儀の悪い米國將校/浦潮から歸った小田大尉談
93264	鮮滿版	1919-11-16	05단	咸興より
93265	鮮滿版	1919-11-16	06단	大邱の住宅拂底
93266	鮮滿版	1919-11-16	06단	職工の暴行
93267	鮮滿版	1919-11-16	06단	旅客貨物の運送
93268	鮮滿版	1919-11-18	01단	森林被害狀況/件數は京畿が第一
93269	鮮滿版	1919-11-18	01단	東拓米収豫想
93270	鮮滿版	1919-11-18	01단	稲作立毛品評會成績
93271	鮮滿版	1919-11-18	01단	勤王の志篤かりし村上眞輔氏の事蹟(上)/大阪朝日新聞社社員村上新之助氏の會祖父

일련번호	판명	간행일	단수	기사명
93272	鮮滿版	1919-11-18	02단	繩叺製造獎勵/原料策と機械の配給
93273	鮮滿版	1919-11-18	02단	京南鐵道好況/贊成株の破格製
93274	鮮滿版	1919-11-18	03단	鮮人看守臨時增給制度廢止
93275	鮮滿版	1919-11-18	03단	鳥川の改修工事
93276	鮮滿版	1919-11-18	04단	改正の看守手當
93277	鮮滿版	1919-11-18	04단	憲兵千五百名を警察官に任命
93278	鮮滿版	1919-11-18	04단	滿鮮日連絡貨物輸送
93279	鮮滿版	1919-11-18	05단	道路開修工事/活牛會社の計劃
93280	鮮滿版	1919-11-18	05단	入場券の收入
93281	鮮滿版	1919-11-18	05단	振った一昔會
93282	鮮滿版	1919-11-18	05단	地方片信(機稅反對(福井)/鎌足公察(奈良)/飲酒村稅(松江)/饂飩市營(津)/船工動搖(長崎))
93283	鮮滿版	1919-11-19	01단	鹽生産狀況
93284	鮮滿版	1919-11-19	01단	十月鎭海貿易
93285	鮮滿版	1919-11-19	01단	運賃改正影響
93286	鮮滿版	1919-11-19	01단	釜山埠頭の運搬
93287	鮮滿版	1919-11-19	01단	官を辭するに際して(一)/前農商務省參事官河合榮次郎
93288	鮮滿版	1919-11-19	02단	五州輕鐵期成聯合大會
93289	鮮滿版	1919-11-19	03단	大邱會議所/評議員改選
93290	鮮滿版	1919-11-19	03단	興鐵株割當
93291	鮮滿版	1919-11-19	03단	晉川水電出願
93292	鮮滿版	1919-11-19	04단	勤王の志篤かりし村上眞輔の事蹟(中)/大阪朝日新聞社社員村上新之助氏の會祖父
93293	鮮滿版	1919-11-19	04단	朝鮮線の時刻改正
93294	鮮滿版	1919-11-19	05단	印刷所職工の罷業解決
93295	鮮滿版	1919-11-19	05단	總督官邸の警衛/憲兵の代りに警察官
93296	鮮滿版	1919-11-19	05단	平壤銀行設立
93297	鮮滿版	1919-11-19	05단	食肉消費組合
93298	鮮滿版	1919-11-19	06단	猛烈な昌原の虎疫
93299	鮮滿版	1919-11-19	06단	殖銀の行員採用
93300	鮮滿版	1919-11-19	06단	線香代の値上
93301	鮮滿版	1919-11-20	01단	葉莨耕作と課稅
93302	鮮滿版	1919-11-20	01단	釘本副會頭歸來談
93303	鮮滿版	1919-11-20	01단	官を辭するに際して(二)/前農商務省參事官河合榮次郎
93304	鮮滿版	1919-11-20	02단	梁山と二事業

일련번호	판명	간행일	단수	기사명
93305	鮮滿版	1919-11-20	02단	釜山十月貿易
93306	鮮滿版	1919-11-20	02단	鷄林土地設立總會
93307	鮮滿版	1919-11-20	03단	勤王の志篤かりし村上眞輔の事蹟(下)/大阪朝日新聞社 社員村上新之助氏の會祖父
93308	鮮滿版	1919-11-20	04단	共立倉庫總會
93309	鮮滿版	1919-11-20	04단	二票で當選/人口五千人で當日の投票總數唯だ五票
93310	鮮滿版	1919-11-20	05단	鐵道工事着手/城津端川間
93311	鮮滿版	1919-11-20	05단	淸津地方活氣付く/築港急設の必要
93312	鮮滿版	1919-11-20	05단	釜山は不着陸/歡迎準備中止
93313	鮮滿版	1919-11-20	05단	大邱より
93314	鮮滿版	1919-11-21	01단	戰後の朝鮮鑛業界/保留鑛區開放問題
93315	鮮滿版	1919-11-21	01단	官を辭するに際して(三)/前農商務省參事官河合榮次郎
93316	鮮滿版	1919-11-21	02단	繩叺製産狀況
93317	鮮滿版	1919-11-21	03단	遼陽特産物市場狀況
93318	鮮滿版	1919-11-21	03단	村野氏歸來談/大連で新聞發刊/是是非々主義は變らず
93319	鮮滿版	1919-11-21	04단	警察異動
93320	鮮滿版	1919-11-21	04단	警察署長會議
93321	鮮滿版	1919-11-21	04단	尚州商事會社
93322	鮮滿版	1919-11-21	04단	西伯利に於ける大米産地
93323	鮮滿版	1919-11-21	05단	駐屯隊歸營
93324	鮮滿版	1919-11-21	05단	遊廓家賃値上の紛紜/一同移轉の決議/警察署に陳情
93325	鮮滿版	1919-11-22	01단	築地瓢家の會合(後藤男歸朝歡迎會)
93326	鮮滿版	1919-11-22	01단	羅州の蠶業
93327	鮮滿版	1919-11-22	01단	官を辭するに際して(四)/前農商務省參事官河合榮次郎
93328	鮮滿版	1919-11-22	02단	城津十月貿易
93329	鮮滿版	1919-11-22	03단	マラソン視察が方針を誤らせる
93330	鮮滿版	1919-11-22	04단	目出度い凱旋と嬉しい除隊といよいよ二十三日營門を後に暖かい家庭に歸る
93331	鮮滿版	1919-11-22	04단	無警察狀態のニコリスク/最近ニコリスクから歸還した某將校は語る
93332	鮮滿版	1919-11-22	05단	地方片信(反對陳情(岐阜)/織賃値下(奈良)/巨砲發射(吳))
93333	鮮滿版	1919-11-22	05단	ペリスコープ
93334	鮮滿版	1919-11-23	01단	新時代の女兒敎養/新しい良妻賢母主義/解放思想と婦人の地位向上/結婚問題/運動趣味の涵養「參政權は將來獲得すべきもの」と敎へる/敎員硏究大會の決議

일련번호	판명	간행일	단수	기사명
93335	鮮滿版	1919-11-23	01단	官を辭するに際して(五)/前農商務省參事官河合榮次郎
93336	鮮滿版	1919-11-23	03단	屋島に愈公園設備/農商務省より突如として保安林無償使用認可
93337	鮮滿版	1919-11-23	04단	山口縣の畜産/金津農務課長談
93338	鮮滿版	1919-11-23	05단	輸血法に就て/後藤博士談
93339	鮮滿版	1919-11-23	05단	地方片信(補選形成(奈良)/吉野鐵道(上市))
93340	鮮滿版	1919-11-25		缺號
93341	鮮滿版	1919-11-26	01단	咸元線の開通/元山咸興間は三四時間で往來
93342	鮮滿版	1919-11-26	01단	瓦斯取締規則制定
93343	鮮滿版	1919-11-26	01단	京畿の水利踏査
93344	鮮滿版	1919-11-26	01단	鮮米輸送數量
93345	鮮滿版	1919-11-26	01단	京畿管內の米穀/生産不足地と超過地
93346	鮮滿版	1919-11-26	02단	鐵道運輸成績
93347	鮮滿版	1919-11-26	02단	穀物市場設計/元山穀物商組合にて
93348	鮮滿版	1919-11-26	03단	養蠶資金狀況
93349	鮮滿版	1919-11-26	03단	金融組合設置と指定地
93350	鮮滿版	1919-11-26	03단	鮮銀發達の經路
93351	鮮滿版	1919-11-26	04단	元山倉庫會社/內鮮人共同組織
93352	鮮滿版	1919-11-26	04단	平壤商議改選/期日切迫と共に活氣加はる
93353	鮮滿版	1919-11-26	04단	會議所役員當選
93354	鮮滿版	1919-11-26	04단	整理委員會廢止
93355	鮮滿版	1919-11-26	04단	倉庫會社總會
93356	鮮滿版	1919-11-26	05단	金融組合設立
93357	鮮滿版	1919-11-26	05단	火藥類取締講習
93358	鮮滿版	1919-11-26	05단	名古屋の視察團
93359	鮮滿版	1919-11-26	05단	忠南の家屋問題
93360	鮮滿版	1919-11-26	05단	製炭に練習/山林の窯を設けて
93361	鮮滿版	1919-11-26	06단	着陸場の準備進陟/加入の飛行機六臺
93362	鮮滿版	1919-11-26	06단	白米廉賣廢止
93363	鮮滿版	1919-11-26	06단	木浦の初雪
93364	鮮滿版	1919-11-26	06단	朝鮮及滿洲記念號發行
93365	鮮滿版	1919-11-26	06단	咸興より(學校敎育檢定試驗/共進會開催延期/生牛賣買狀況)
93366	鮮滿版	1919-11-27	01단	學事視察團の本社參觀
93367	鮮滿版	1919-11-27	01단	朝鮮貿易槪況

일련번호	판명	간행일	단수	기사명
93368	鮮滿版	1919-11-27	02단	本年南浦貿易/五千萬圓突破か
93369	鮮滿版	1919-11-27	02단	忠南金融狀況
93370	鮮滿版	1919-11-27	03단	官を辭するに際して(六)/前農商務省參事官河合榮次郎
93371	鮮滿版	1919-11-27	04단	棉作段別と生育狀況
93372	鮮滿版	1919-11-27	04단	兼二浦より
93373	鮮滿版	1919-11-27	05단	元山より
93374	鮮滿版	1919-11-27	06단	職工賃の引上
93375	鮮滿版	1919-11-27	06단	電話の相場/値段は昇って通話が悪くなった
93376	鮮滿版	1919-11-28	01단	金融組合の發展/共同扶助の精神と民力の作興/井上忠南弟二部長談
93377	鮮滿版	1919-11-28	02단	大豆出廻情況
93378	鮮滿版	1919-11-28	03단	咸南教育概要(內地人教育/朝鮮人教育)
93379	鮮滿版	1919-11-28	03단	學校組合會
93380	鮮滿版	1919-11-28	03단	米穀檢查研究
93381	鮮滿版	1919-11-28	04단	公州の復活/目覺しき發展
93382	鮮滿版	1919-11-28	04단	自動車の取締
93383	鮮滿版	1919-11-28	04단	灌浦に虎疫發生
93384	鮮滿版	1919-11-28	04단	檢擧の應援/警官數名京城に急行
93385	鮮滿版	1919-11-28	04단	賭博檢擧
93386	鮮滿版	1919-11-29	01단	叺獎勵の方針に對する非難
93387	鮮滿版	1919-11-29	01단	地方造林事業
93388	鮮滿版	1919-11-29	01단	官を辭するに際して(七)/前農商務省參事官河合榮次郎
93389	鮮滿版	1919-11-29	02단	誇りの京名物舞妓は何うなります/國際勞働會議のめでたさに彼等も幼年勞働者です
93390	鮮滿版	1919-11-29	02단	群山府吏員の增俸問題
93391	鮮滿版	1919-11-29	02단	評議員選擧/殆んど無鬪爭の狀態
93392	鮮滿版	1919-11-29	03단	叺製造の視察
93393	鮮滿版	1919-11-29	04단	慈惠醫院增設の計劃
93394	鮮滿版	1919-11-29	04단	全北輕鐵の改善要求
93395	鮮滿版	1919-11-29	05단	群山の初雪
93396	鮮滿版	1919-11-29	05단	地方片信(銅像除幕(鹿兒島)/政友大會(高知)/大根豊作(名古屋)/反對建議(松江)/交通改善(德島))
93397	鮮滿版	1919-11-29	06단	ペリスコープ
93398	鮮滿版	1919-11-30	01단	計量の統一/時代の要求/當業者間にも實施屬行の聲
93399	鮮滿版	1919-11-30	01단	官を辭するに際して(八)/前農商務省參事官河合榮次郎

일련번호	판명	간행일	단수	기사명
93400	鮮滿版	1919-11-30	02단	蔚山輕鐵速成運動協議
93401	鮮滿版	1919-11-30	02단	西村殖産局長
93402	鮮滿版	1919-11-30	02단	群山米價昂騰/在米拂底の模樣
93403	鮮滿版	1919-11-30	03단	東拓の米供給
93404	鮮滿版	1919-11-30	03단	評判の美人/自動車に傷付けらる
93405	鮮滿版	1919-11-30	04단	九州で讀まれる外國の新聞雜誌/炭鑛や工業關係のものと大學方面が第一の讀者
93406	鮮滿版	1919-11-30	04단	咸興より
93407	鮮滿版	1919-11-30	05단	明年の陸軍航空演習/爆彈は三方原射擊は伊勢灣か
93408	鮮滿版	1919-11-30	06단	地方片信(育英資金(岐阜)/戰利潛艦(吳)/請願運動(山口))

1919년 12월 (선만판)

일련번호	판명	간행일	단수	기사명
93409	鮮滿版	1919-12-02	01단	慶北畜産/道知事の訓示
93410	鮮滿版	1919-12-02	02단	全北蠶業/同業者の協定
93411	鮮滿版	1919-12-02	02단	遭難實記(上)/於霽安府/橫地生
93412	鮮滿版	1919-12-02	03단	十一萬噸の滯貨
93413	鮮滿版	1919-12-02	03단	炭鑛鐵道出願
93414	鮮滿版	1919-12-02	04단	旭開拓會社設立
93415	鮮滿版	1919-12-02	04단	名古屋で製作中の發動機サルムソン/我が航空機製作界に一新紀元を劃するものと笹本大佐語る
93416	鮮滿版	1919-12-02	04단	積荷の爭奪開始/冬季に於ける船腹の過剩は數年來見ざる現象
93417	鮮滿版	1919-12-02	05단	全北銀行增資
93418	鮮滿版	1919-12-02	05단	工藝見習のため內地へ/送■の少年五名
93419	鮮滿版	1919-12-02	06단	米界巨頭の朝鮮開拓/岡半川佐
93420	鮮滿版	1919-12-02	06단	汽車時間改正
93421	鮮滿版	1919-12-02	06단	賭博檢擧
93422	鮮滿版	1919-12-03	01단	新聞紙規則改正
93423	鮮滿版	1919-12-03	01단	水利灌漑計劃/技術員派遣申請
93424	鮮滿版	1919-12-03	01단	金肥使用普及/豆粕の共同購入多し
93425	鮮滿版	1919-12-03	01단	李堈公事件畫報
93426	鮮滿版	1919-12-03	02단	東拓籾減收
93427	鮮滿版	1919-12-03	02단	米豆檢査鑑定研究會
93428	鮮滿版	1919-12-03	02단	馬山府尹送別會
93429	鮮滿版	1919-12-03	03단	果樹組合役員
93430	鮮滿版	1919-12-03	03단	副會頭後任選定
93431	鮮滿版	1919-12-03	03단	炭鑛鐵道の名稱
93432	鮮滿版	1919-12-03	03단	鮮牛需要增加
93433	鮮滿版	1919-12-03	04단	遭難實記(下)/於霽安府/橫地生
93434	鮮滿版	1919-12-03	05단	豪農白家の復興/組織を變更して營業
93435	鮮滿版	1919-12-03	06단	虎疫死亡者一萬以上
93436	鮮滿版	1919-12-03	06단	地方片信
93437	鮮滿版	1919-12-04	01단	米穀檢査に關する所感
93438	鮮滿版	1919-12-04	01단	官を辭するに際して(九)/前農商務省參事官河井榮治郞
93439	鮮滿版	1919-12-04	02단	棉作成績良好/各郡の共同販賣は不振
93440	鮮滿版	1919-12-04	02단	種母牛の購入/各郡に配給
93441	鮮滿版	1919-12-04	03단	慶北酒造豫想/前年に比し增加

일련번호	판명	간행일	단수	기사명
93442	鮮滿版	1919-12-04	03단	釜山の各施設
93443	鮮滿版	1919-12-04	04단	大邱市外の飛行着陸場
93444	鮮滿版	1919-12-04	04단	關釜航路現況
93445	鮮滿版	1919-12-04	05단	遊廓の家賃地料値上解決
93446	鮮滿版	1919-12-04	05단	初雪と寒氣
93447	鮮滿版	1919-12-05	01단	道府縣中等教員俸給並臨時手當調(大五九年度見込)/大正九年度俸給平均見込額
93448	鮮滿版	1919-12-05	01단	事業熱/釜山に勃興
93449	鮮滿版	1919-12-05	01단	官を辭するに際して(十)/前農商務省參事官河合榮治郎
93450	鮮滿版	1919-12-05	02단	御眞影奉安所/釜山各小學校とも完成
93451	鮮滿版	1919-12-05	03단	商議新評議員
93452	鮮滿版	1919-12-05	03단	人(山縣豫備陸軍少將)
93453	鮮滿版	1919-12-05	04단	鐘崎海底の祕密(上)/鐘か岩かゞ問題考古學者の檢分/正體近く現はれん
93454	鮮滿版	1919-12-05	05단	虎疫猖獗 慘澹たる釜山/甘浦方面では檢疫厲行
93455	鮮滿版	1919-12-05	05단	府直營の渡船と汚物掃除/成績はまづ良い方
93456	鮮滿版	1919-12-05	05단	鐵橋開閉中止/本日より
93457	鮮滿版	1919-12-05	05단	巡查懲戒免職/大邱署台業主謀者
93458	鮮滿版	1919-12-06	01단	國立蠶業專門學校/朝鮮蠶業開發の一大缺陷を補はんには先づ中心人物を養成せよ/慶北に設立意見書提出
93459	鮮滿版	1919-12-06	01단	米豆集散狀況/忠南各地に於ける變化
93460	鮮滿版	1919-12-06	01단	桑苗引渡と注意要項
93461	鮮滿版	1919-12-06	02단	商議新評議員
93462	鮮滿版	1919-12-06	02단	鐘崎海底の祕密(下)/四人目の沈鐘引揚其都度海が荒れる/熱心な信心家の供養
93463	鮮滿版	1919-12-06	03단	忠北造林苗圃
93464	鮮滿版	1919-12-06	03단	慶北巡查整理
93465	鮮滿版	1919-12-06	04단	憲兵分遣開設
93466	鮮滿版	1919-12-06	04단	叺製造機臺貸附
93467	鮮滿版	1919-12-06	04단	不思議な運命の謎/父のみを同じうする二人の兄弟/繪師と勞働者四十年目の對面
93468	鮮滿版	1919-12-06	05단	人(西村殖産局長)
93469	鮮滿版	1919-12-06	05단	家畜市場に不正漢/頻りに横行す/當局の制裁調査
93470	鮮滿版	1919-12-06	05단	農林技手公金を横領す/四十八回に四百餘圓
93471	鮮滿版	1919-12-06	05단	基督教から佛教信者に/鮮人佛教會盛況

일련번호	판명	간행일	단수	기사명
93472	鮮滿版	1919-12-06	05단	印刷職工盟休/■給を要求して
93473	鮮滿版	1919-12-07	01단	佛國巴里大學の戰捷記念牌
93474	鮮滿版	1919-12-07	01단	新理事官/渡鮮に際して語る(久留島氏/菊山氏)
93475	鮮滿版	1919-12-07	01단	中央輕鐵は愈廣軌/着工近し
93476	鮮滿版	1919-12-07	01단	東部西伯利短旅行の雜感(一)/滿洲鐵嶺步兵第十八旅團司令部/上山副官(寄)
93477	鮮滿版	1919-12-07	02단	滿鮮農林創立
93478	鮮滿版	1919-12-07	02단	管轄區域改正
93479	鮮滿版	1919-12-07	02단	巡査非番手當
93480	鮮滿版	1919-12-07	03단	官を辭するに際して(十一)/前農商務省參事官河合榮治郎
93481	鮮滿版	1919-12-07	03단	大邱金融狀況
93482	鮮滿版	1919-12-07	03단	自動車組合設立
93483	鮮滿版	1919-12-07	03단	自動車試運轉
93484	鮮滿版	1919-12-07	04단	南鮮忠臣の銅像/佐世保八幡境內に建設の計劃
93485	鮮滿版	1919-12-07	04단	朝鮮から內地へ/內地から朝鮮へ頻繁なる勞働者
93486	鮮滿版	1919-12-07	05단	遊廓で爆藥自殺/負債に苦んだ工事監督
93487	鮮滿版	1919-12-07	05단	元憲兵上等兵の無錢遊興
93488	鮮滿版	1919-12-07	05단	地方片信
93489	鮮滿版	1919-12-09	01단	粟を食するは生活に餘裕ある者/多くは粥を啜り二食をとる/慘澹たる西鮮旱害の跡此冬期を如何に凌かむ
93490	鮮滿版	1919-12-09	01단	官を辭するに際して(十二)/前農商務省參事官河合榮治郎
93491	鮮滿版	1919-12-09	02단	火藥取締規則改正案起草/製造許否如何
93492	鮮滿版	1919-12-09	02단	輸送能力不足/穀物業者打擊
93493	鮮滿版	1919-12-09	03단	內地通信
93494	鮮滿版	1919-12-09	03단	電報より汽船の方が早い/電信電話の取扱に對する釜山住民の批難
93495	鮮滿版	1919-12-09	04단	五十錢の贋造紙幣/番號『百五』に注意
93496	鮮滿版	1919-12-09	04단	珍らしい老妓/五十歲にして始めて藝妓生活に入る
93497	鮮滿版	1919-12-09	04단	東部西伯利短旅行の雜感(二)/滿洲鐵嶺步兵第十八旅團司令部/上山副官(寄)
93498	鮮滿版	1919-12-10	01단	元山大豆收穫移輸出豫想
93499	鮮滿版	1919-12-10	01단	春蠶飼育成績
93500	鮮滿版	1919-12-10	01단	官を辭するに際して(十三)/前農商務省參事官河合榮治郎
93501	鮮滿版	1919-12-10	02단	內地通信
93502	鮮滿版	1919-12-10	02단	森林鐵應募好況

일련번호	판명	간행일	단수	기사명
93503	鮮滿版	1919-12-10	02단	會社新設三件
93504	鮮滿版	1919-12-10	03단	東拓移民に變化なし/騷擾事件と一說に對する東拓の調査
93505	鮮滿版	1919-12-10	03단	群山の醫療機關/內地人より外人の醫師が評判がよい
93506	鮮滿版	1919-12-10	04단	東部西伯利短旅行の雜感(三)/滿洲鐵嶺步兵第十八旅團司令部/上山副官(寄)
93507	鮮滿版	1919-12-10	05단	倉庫會社認可
93508	鮮滿版	1919-12-10	05단	大每支局長更迭
93509	鮮滿版	1919-12-11	01단	朝鮮刻下の諸問題/來年度豫算−補給金−警察制度−鮮鐵增資−增師問題/水野政務總監の談
93510	鮮滿版	1919-12-11	01단	北鮮航路實現近し/寄港地の順序は伏木、七尾、浦潮、淸津、城津? 七尾、城津、淸津、浦潮?
93511	鮮滿版	1919-12-11	01단	官を辭するに際して(十四)/前農商務省參事官河合榮治郎
93512	鮮滿版	1919-12-11	03단	內地通信
93513	鮮滿版	1919-12-11	03단	朝鮮會社法制限撤廢/近く制令公布されん
93514	鮮滿版	1919-12-11	04단	空家が多くて困る鎭海/元山仁川からも買人が入込んでゐる/田所中將談
93515	鮮滿版	1919-12-11	05단	東部西伯利短旅行の雜感(四)/滿洲鐵嶺步兵第十八旅團司令部/上山副官(寄)
93516	鮮滿版	1919-12-12	01단	旱害地救濟施設/低利資金融通に就て/大塚內務局長の談
93517	鮮滿版	1919-12-12	01단	府尹異動評/某消息通談
93518	鮮滿版	1919-12-12	01단	農事功勞表彰
93519	鮮滿版	1919-12-12	01단	社會問題批判者としての婦人(一)/本山田わか
93520	鮮滿版	1919-12-12	02단	銀行業者死物狂ひになって資金回收運動
93521	鮮滿版	1919-12-12	03단	內地通信
93522	鮮滿版	1919-12-12	04단	東部西伯利短旅行の雜感(五)/滿洲鐵嶺步兵第十八旅團司令部/上山副官(寄)
93523	鮮滿版	1919-12-13	01단	咸鏡線/一部竣工
93524	鮮滿版	1919-12-13	01단	獸疫豫防勵行
93525	鮮滿版	1919-12-13	01단	京城貸出狀況
93526	鮮滿版	1919-12-13	01단	平壤商議會頭當選
93527	鮮滿版	1919-12-13	01단	鷄林土地重役會
93528	鮮滿版	1919-12-13	01단	新に出來た潛煙帽/船火事や大建築物の火災に用ひられる/煙を潛つて火元を早く發見する道具
93529	鮮滿版	1919-12-13	02단	商銀支配人更迭
93530	鮮滿版	1919-12-13	02단	學校組合議員補選
93531	鮮滿版	1919-12-13	02단	航空隊新兵敎育/練習飛行は一月早々始める

일련번호	판명	간행일	단수	기사명
93532	鮮滿版	1919-12-13	02단	獸疫猖獗/平安各地の驚口擔
93533	鮮滿版	1919-12-13	03단	社會問題批判者としての婦人(二)/山田わか
93534	鮮滿版	1919-12-13	03단	傷害と賭博が多くなった/杉村檢事正談
93535	鮮滿版	1919-12-13	04단	大邱の朝火事/八戸を燒く
93536	鮮滿版	1919-12-13	04단	二度目の襲來/恐しい世界風邪バタバタ襲れる
93537	鮮滿版	1919-12-13	05단	甘浦港の虎疫
93538	鮮滿版	1919-12-13	05단	內地通信
93539	鮮滿版	1919-12-14	01단	朝鮮貿易/前月中の概況
93540	鮮滿版	1919-12-14	01단	咸興憲兵隊新編成實施
93541	鮮滿版	1919-12-14	01단	社會問題批判者としての婦人(三)/山田わか
93542	鮮滿版	1919-12-14	02단	汽車檢疫廢止/釜山のみ存置
93543	鮮滿版	1919-12-14	02단	米豆出穀狀況
93544	鮮滿版	1919-12-14	02단	南浦貿易減少
93545	鮮滿版	1919-12-14	02단	南浦穀物取引
93546	鮮滿版	1919-12-14	02단	咸鏡線開通/明日より/祝賀は明春擧行
93547	鮮滿版	1919-12-14	03단	此父にして此子有り/「人間が飛べぬ事はない」と常に彼女の父は云ふて居た/女流飛行家志願者兵頭精の妹と語る
93548	鮮滿版	1919-12-14	03단	補助貨の拂底/銀行では『補助貨交換中止』の貼紙
93549	鮮滿版	1919-12-14	04단	鮮人勞働者の激減/原因は工業界不振か急激な日本化
93550	鮮滿版	1919-12-14	05단	間宮小隊敵を包圍す/俘虜九名
93551	鮮滿版	1919-12-14	05단	スケート場新設
93552	鮮滿版	1919-12-14	05단	各地雜信(鳥致院より/鎭南浦より)
93553	鮮滿版	1919-12-14	06단	內地通信
93554	鮮滿版	1919-12-16	01단	衛生醫療機關完備/豫算千五百萬圓計上總督府の大々的計劃
93555	鮮滿版	1919-12-16	01단	宣言政策案協議/憲政幹部會にて
93556	鮮滿版	1919-12-16	01단	社會問題批判者としての婦人(四)/山田わか
93557	鮮滿版	1919-12-16	02단	海東銀行出願
93558	鮮滿版	1919-12-16	02단	大邱取引所出願
93559	鮮滿版	1919-12-16	02단	不逞鮮人鮮銀紙幣僞造
93560	鮮滿版	1919-12-16	03단	南州翁肖像/佐藤均氏の描寫
93561	鮮滿版	1919-12-16	03단	關東州方面で『香川衆ははゞしい』と他縣の者から賞讚されて居る/各縣出漁團の活躍
93562	鮮滿版	1919-12-16	04단	內地通信

일련번호	판명	간행일	단수	기사명
93563	鮮滿版	1919-12-17	01단	齋藤總督の詑證文(上)/京城葦上修
93564	鮮滿版	1919-12-17	01단	社會問題批判者としての婦人(五)/山田わか
93565	鮮滿版	1919-12-17	02단	墓地規則非難
93566	鮮滿版	1919-12-17	02단	大邱金融狀況
93567	鮮滿版	1919-12-17	03단	朝鮮經濟會設立
93568	鮮滿版	1919-12-17	03단	特定運賃改正
93569	鮮滿版	1919-12-17	03단	沃溝叺生産良好
93570	鮮滿版	1919-12-17	04단	巡査部長試驗
93571	鮮滿版	1919-12-17	04단	警部補交迭
93572	鮮滿版	1919-12-17	04단	大邱軍人支部長
93573	鮮滿版	1919-12-17	04단	群山府尹着任
93574	鮮滿版	1919-12-17	04단	愚にもつかぬ脅迫狀/相變らず送る者あり度し難き不逞漢
93575	鮮滿版	1919-12-17	05단	不逞學生/不穩の郵書を作り捕はる
93576	鮮滿版	1919-12-17	05단	惡性感冒の猛威/不安に襲はれたる群山
93577	鮮滿版	1919-12-17	05단	散漫なる生活を戒む/危險なる一部鮮農民の生活狀態
93578	鮮滿版	1919-12-17	05단	內地通信
93579	鮮滿版	1919-12-18	01단	齋藤總督の詑證文(下)/京城葦上修
93580	鮮滿版	1919-12-18	02단	圖們輕鐵/本月下旬竣工
93581	鮮滿版	1919-12-18	02단	最近の京城經濟情態
93582	鮮滿版	1919-12-18	02단	社會問題批判者としての婦人(六)/山田わか
93583	鮮滿版	1919-12-18	03단	納稅成績不整/脫稅取締
93584	鮮滿版	1919-12-18	04단	城津新測候所
93585	鮮滿版	1919-12-18	04단	道路改修進陟
93586	鮮滿版	1919-12-18	04단	兵營工事竣成
93587	鮮滿版	1919-12-18	04단	憲兵派遣所新設
93588	鮮滿版	1919-12-18	04단	共立倉庫總會
93589	鮮滿版	1919-12-18	04단	人(忠南第一部長/成南第一部長)
93590	鮮滿版	1919-12-18	05단	女學生の不穩行動善導
93591	鮮滿版	1919-12-18	05단	左官の日給十二圓/歲末の市中は會社員と職工連とで大賑ひ
93592	鮮滿版	1919-12-18	05단	伊國飛行先發一行
93593	鮮滿版	1919-12-18	05단	城津の流感
93594	鮮滿版	1919-12-18	05단	銅店積雪六尺
93595	鮮滿版	1919-12-18	05단	靑年俱樂部組織

일련번호	판명	간행일	단수	기사명
93596	鮮滿版	1919-12-19	01단	日貨排斥と長崎港/一對支貿易の影響/二各地排日概況/三重要輸出品の影響
93597	鮮滿版	1919-12-19	01단	靉靆談
93598	鮮滿版	1919-12-19	02단	日本婦人も過激派に買收されて宣傳機關になって居るとの噂/寒さに連れて食糧缺乏/西伯利から歸った小西看護婦談
93599	鮮滿版	1919-12-19	04단	警務費千六百萬圓/豫算激增と其の內容
93600	鮮滿版	1919-12-19	04단	水兵より少佐まで累進の途開かる/海軍官階の大改革
93601	鮮滿版	1919-12-20	01단	本年金融界の回顧
93602	鮮滿版	1919-12-20	02단	羅南經濟狀況
93603	鮮滿版	1919-12-20	02단	間島米作好況
93604	鮮滿版	1919-12-20	02단	城津牛移出況
93605	鮮滿版	1919-12-20	03단	公州上水計劃
93606	鮮滿版	1919-12-20	03단	淸州營舍落成
93607	鮮滿版	1919-12-20	03단	忠南喇酒成績
93608	鮮滿版	1919-12-20	03단	金融組合發展
93609	鮮滿版	1919-12-20	03단	滿鐵の賃金値上/一月十五日より
93610	鮮滿版	1919-12-20	03단	東海漁業失敗
93611	鮮滿版	1919-12-20	04단	釜山で孕んで/航海中に女兒安産
93612	鮮滿版	1919-12-20	04단	列國無類の外人局/行屆いた外來人の世話/ブラーグ渡邊誠吾
93613	鮮滿版	1919-12-21	01단	教育研究會組織變更/役員任命(評議員/庶務部/調査部/雜志部)
93614	鮮滿版	1919-12-21	01단	經濟界の前途
93615	鮮滿版	1919-12-21	01단	石靑山少佐/本社を來訪す
93616	鮮滿版	1919-12-21	02단	水災復舊困難
93617	鮮滿版	1919-12-21	02단	悽慘を極めた京城の惡性感冒/それに織り込れる悲劇喜劇/恐ろしくも凄じい猖獗振り
93618	鮮滿版	1919-12-21	02단	日用品は無論のこと荷物の隙間に米まで詰込んで歸國を/待ち焦る＞獨逸俘虜/彼等は日本人の待遇に感謝して居る
93619	鮮滿版	1919-12-21	03단	鯉養殖好成績
93620	鮮滿版	1919-12-21	04단	大分聯隊雪中行軍/九州アルプス踏破/耐寒記錄作製/遺族慰問
93621	鮮滿版	1919-12-21	05단	患者千名/流感元山を襲ふ
93622	鮮滿版	1919-12-23	01단	道路改善誤解

일련번호	판명	간행일	단수	기사명
93623	鮮滿版	1919-12-23	01단	志岐中將語る
93624	鮮滿版	1919-12-23	01단	日露の舊夢/ポーツマス利議の裏面/ゼービービショップ(一)
93625	鮮滿版	1919-12-23	02단	監察員特置
93626	鮮滿版	1919-12-23	02단	警察官充實
93627	鮮滿版	1919-12-23	02단	普通學校認可
93628	鮮滿版	1919-12-23	02단	儒生團體成立
93629	鮮滿版	1919-12-23	03단	養蠶經營成績
93630	鮮滿版	1919-12-23	03단	トラホーム豫防費に關する通牒
93631	鮮滿版	1919-12-23	04단	沿岸檢疫廢止
93632	鮮滿版	1919-12-23	04단	師走知らずの『寶の海』/珊瑚が純金の三倍といふ高値に上景氣の長崎五島の一劃
93633	鮮滿版	1919-12-23	05단	大邱高女擴張
93634	鮮滿版	1919-12-23	05단	大邱銀落成
93635	鮮滿版	1919-12-23	05단	何の意味/京城宣教師の大會計劃
93636	鮮滿版	1919-12-23	05단	天然鑛泉計劃
93637	鮮滿版	1919-12-24	01단	警務機關擴張/愈明年度より
93638	鮮滿版	1919-12-24	01단	傳染病豫防と/醫師會の反對陳情
93639	鮮滿版	1919-12-24	01단	繩叺檢査問題/鳥致院と江景の睨合
93640	鮮滿版	1919-12-24	02단	民籍改善事務/取扱の不注意で成績不良
93641	鮮滿版	1919-12-24	02단	農事の獎勵/旱害の食料不足を補ふ
93642	鮮滿版	1919-12-24	02단	蠶業主任協議案
93643	鮮滿版	1919-12-24	02단	旭開拓の擴張
93644	鮮滿版	1919-12-24	03단	流感豫防
93645	鮮滿版	1919-12-24	03단	慶北の流感
93646	鮮滿版	1919-12-24	03단	內地通信
93647	鮮滿版	1919-12-25	01단	內地に於ける伊飛行機第一通過地/濱田港の風光
93648	鮮滿版	1919-12-25	01단	日露の舊夢/ポーツマス利議の裏面/ゼービービショップ(二)
93649	鮮滿版	1919-12-25	03단	愛婦有功章授與
93650	鮮滿版	1919-12-25	03단	九州關係の新線路/計劃の五線
93651	鮮滿版	1919-12-25	03단	內地通信
93652	鮮滿版	1919-12-26	01단	金融前途悲觀/城津方面
93653	鮮滿版	1919-12-26	01단	燕岐叺生産熱

일련번호	판명	간행일	단수	기사명
93654	鮮滿版	1919-12-26	01단	米穀商敦圍く/不良米移出防止は白米檢査にも及ぼすべしと玄米商主張す/『米の鳥致院』變動の兆
93655	鮮滿版	1919-12-26	01단	內地通信
93656	鮮滿版	1919-12-26	02단	酒醫油釀造開始
93657	鮮滿版	1919-12-26	02단	浦項金融組合
93658	鮮滿版	1919-12-26	02단	警視賞與交付
93659	鮮滿版	1919-12-26	02단	守備隊軍旗祭/兵舍落成祝賀
93660	鮮滿版	1919-12-26	03단	朝鮮米價の前途/內地米七十圓臺を突破せんか
93661	鮮滿版	1919-12-26	03단	煙草耕作者大擧して/忠北道廳に押寄せ煙草の値上を迫る
93662	鮮滿版	1919-12-26	03단	大邱名刺交換會
93663	鮮滿版	1919-12-26	04단	雲母と黑鉛の採掘始まる/城津地方で
93664	鮮滿版	1919-12-26	04단	火藥庫の步哨に犬と鷲鳥/大邱警察署で考案した補助番人
93665	鮮滿版	1919-12-26	04단	旱魃と寒氣で湧出量が減る/釜山の溫泉
93666	鮮滿版	1919-12-26	04단	京城の降誕祭/感冒で延期した教會もある
93667	鮮滿版	1919-12-26	04단	荒井氏告別式
93668	鮮滿版	1919-12-26	04단	基督教新報出願
93669	鮮滿版	1919-12-26	04단	勸業債券賣行
93670	鮮滿版	1919-12-26	04단	全南にも流患
93671	鮮滿版	1919-12-26	04단	留置場破り
93672	鮮滿版	1919-12-27	01단	日露の舊夢/ポーツマス利議の裏面/ゼービービショップ(三)
93673	鮮滿版	1919-12-27	02단	作料收納好績
93674	鮮滿版	1919-12-27	02단	東拓移民承認
93675	鮮滿版	1919-12-27	02단	陸軍始觀兵式/八日龍山練兵■にて
93676	鮮滿版	1919-12-27	03단	史劇トーミー/獨逸人の記念演藝會
93677	鮮滿版	1919-12-27	03단	軍人定期賃金も値上げ
93678	鮮滿版	1919-12-27	03단	內地通信
93679	鮮滿版	1919-12-28	01단	貿易概況
93680	鮮滿版	1919-12-28	01단	釜山貿易盛況
93681	鮮滿版	1919-12-28	01단	銀行計劃頻々慶南の企業熱
93682	鮮滿版	1919-12-28	01단	釜山取引所問題解決
93683	鮮滿版	1919-12-28	01단	高女問題未決
93684	鮮滿版	1919-12-28	01단	米穀取引期成
93685	鮮滿版	1919-12-28	02단	現物市場申請
93686	鮮滿版	1919-12-28	02단	製絲場新設協議

일련번호	판명	간행일	단수	기사명
93687	鮮滿版	1919-12-28	02단	水産會社計劃
93688	鮮滿版	1919-12-28	02단	奏任待遇
93689	鮮滿版	1919-12-28	02단	感冒猖獗/馬山公立普通學校休業
93690	鮮滿版	1919-12-28	02단	流感救護班を組織して/總督府衛生課の活動
93691	鮮滿版	1919-12-28	03단	南鐵株の紛擾/應募の競爭から
93692	鮮滿版	1919-12-28	03단	海軍禁止區域解禁
93693	鮮滿版	1919-12-28	03단	馬普自動車運轉
93694	鮮滿版	1919-12-28	03단	內地通信

색인범례 · 색인

朝日新聞 外地版(조선판) 기사명 색인 제1권 1915.12.~1919.12.
색 인 범 례

1. 본 색인은 朝日新聞 外地版 (鮮滿附錄·鮮滿版)1915.12~1919.12의 기사명을 대상으로 하였다.

2. 인명, 조직명, 기관명, 정책, 산업, 문화, 사회 등 당시의 시대상과 '제국 일본'의 식민통치 현황을 나타낸다고 판단한 단어를 색인어로 선정하였다.

3. 색인의 한자는 정자로 배열되어 있으며, 원문에 등장한 한자 또한 데이터베이스에 정자로 입력하였다. 단 일본식 이체자는 원문대로 입력하였다.

4. 배열은 한글 초성의 오름차순으로 하였다.

5. 히라가나와 가타카나 음을 한글 초성 오름차순으로 하였다.

6. 본 색인은 해당 단어가 포함된 기사의 일련번호를 표기하였다.

7. 동의어는 아래와 같이 병기하여 일련번호를 추출하였다.

   예) 白頭山, 長白山

居昌	農業軍團	大津少年飛行兵學校	木村毅	配給米	産繭增産·産繭
健馬報國運動	農業技術修鍊	大川周明	木浦女子商業實	配給所	增産
健民	農業技術員講習	待避	修校	配給制	山梨半造·山梨
健民健兵	農業實踐員鍊成	待避所	木浦放送局	配給座談會	(總督)
健民館	農業增産本部	待避壕	木浦普通海員養	配給指導委員會	山本洋一
健民修鍊所	農業推進隊	待避訓練	成所	排米	産業戰士·産業
健民施設	農業學校	大韓	苗代督勵週間	配屬將校	戰士
健民運動	農地	德壽宮	武功勳章	配電會社	山陰
健兵	農地開發	跳梁	武道	背後地	山陰貯銀
健兵教育	農地課長會議	道立醫院	無等山	白金、金銀の	産婆·産婆
健保	農地交換	掉尾	無尾翼機	回收	山県伊三郎
建設技術動員本部	農地等管理令	渡邊幾治郎	武士道	白頭山營林署	殺菌劑
乞食大將	農地營團	都市視察記	茂山	白頭山節	殺到
決裂	農村對策委員會	稻熱病	無線通信	白兵	森岡逸造
結成	農閑期	搗精業	務安	百日咳	森耕二郎
缺食	雷鳴	桃太郎	無醫村	百貨店	森莊三郎
決戰	腦溢血	渡航制度	無醫村醫療講習會	筏橋	三中井百貨店
決戰教育	漏電	獨身者	舞台藝術	琺瑯鐵器	三千浦
決戰商道座談會	樓主	毒瓦斯	默禱	法務局	三浦梅園
決戰生活	能及狂言考	獨逸文化研究所	文明	壁新聞	商工局
決戰生活相談所	能樂堂	獨學者	文房具統制會社	兵勞援護會	相談所
決戰詩抄	能樂	突貫運動	文部省	兵營見學	常磐線
決戰食	能·泥炭	東京工大	文部省推薦圖書	兵營生活	商業仕奉隊運動
決戰貯蓄		東京新聞社	文部省推薦映畫	丙種	商業査察
決戰造林運動		東京陸軍幼年校	文部省推薦映畫	保健婦	桑原八司(咸鏡
決戰措置		東久邇宮妃	音盤文相賞	保健所	北道長官)
決戰下宗教対策		東萊電車折返運轉	文相	保健修鍊所	傷痍軍
決戰行政		動脈注射	文展	保健綜合病院	傷痍勇士
結核檢診		東寶	文化交驩	報國	常置
結核模範學校		凍死者	文化團體	報道班	常會
結核追放		東洋語專	文化人	報道部	生徒募集
結核追放委員會		東洋拓植	文化展	報道戰	生理變調
結婚相談所		洋畫	文化政策	保育所	生産決戰·生産
結婚式		動員	物資交換所	報獎金	決戰
京畿道滑空訓練所		動員實施要綱	物資配給	普通海員養成	生産配給·生産
慶南決戰經濟實踐會		同情金	物資輸送	所	配給
慶南鑛山聯盟		東條	物資統制	覆面	生産戰線·生産
慶南農務課		東郷	未開地	服部靜夫	戰線
慶南商報陞		東郷平八郎	美擧	福井式農法	生産增强·生産
慶南貯蓄協議會		豆腐	米供出	福井信立	增强
慶南總力聯盟		豆債券	未端行政刷新	福井英一郎	生産責任制·生
敬禮		痘禍	美談	福川藤右衛門	産責任制
経理		燈管競技	未亡人	本居宣長	生必物資配給
警防團		登錄制	美術館	本屋	機構
警保局		登龍門	米英	本願寺	生擴推進會
慶北農報青年隊		藤原吉子	米英擊滅總蹶起	本田安次	生活覺書
慶北道總力聯盟		藤原笑平	運動	奉告祭	生活相談所
慶北線		藤澤威雄	米雜穀	奉納圍碁會	生活用品
慶北宗敎團體戰時報		藤澤桓夫	尾佐竹猛	奉德鐘	西瓜
國聯盟		燈火管制	米增産	縫糸	西歐
慶北海洋訓練道場			民間信仰	奉仕精神	緒方知三郎
京城経専			閔妃	釜關	西洋畫
京城軍事援護授産所			民俗	釜關聯絡船	書評
京城武官府			民心善導	不斷草	石井柏亭
京城師團			民心善導打合會	不動明王	石川理紀之助

空襲警報					飛行兵	松江鑛業實習
工業藥品						學校
工業朝鮮樹立						松江吉行
工業化						送球
公演						松根油增産推
共榮圈						進會
工藝品						松本醫專
工員養成所						松前治策
工作機械						松炭
工作兵						松炭油
工作兵徵募檢査						手旗通信
公葬						水道料金
工場化						修了
供出						水利組合聯合
空俵回收						輸林港
空閑地						水産業
課稅率						首相
菓子						輸送力强化
科學技術						輸送事務所
科學技術審議會						修身書
科學技術者登錄						水野鍊太郎
科學審議會						穗積重遠
科學者						守田勘彌
官公吏						隨筆
觀光客						手荷物
官立高專官制						輸血手帳
官民一體						輸血取締法
關保						受刑者
關釜連絡船						水戶學派
官舍百戶						殊勳
關西						宿泊料
官廳事務の簡捷化						肅淸
鑛工業						巡歷
鑛物研究會						巡演
鑛物增産						純宗
鑛夫						純增
光山						順川
鑛業技術員						順川女農
鑛業增産						順天鉄道事務所
廣田潤一						巡回修理
光州大和高女						巡回時局映畫會
光州東中						巡回映寫班
光州東中學校						巡回映畫
光州病院						巡回醫療團
光州府東本願寺						巡回診療
光州食糧報國隊						昇給
光州神社						乘車禁止
光州愛國班						詩歌
光州旭高女						時局講演會
光州醫院						時局敎育
光州醫專						時局特輯
光州中央國民學校						示威
光州地方法院						時差通勤
光化門						施策
掛金						食糧券

校歌						食糧配給
敎練						食糧營團
絞殺						食糧增産
敎室						食糧增産責任制
敎育關係像算審議部會						食肉配給組合
敎育非常措置						新京
敎育映畵會						新京城
敎材						新經濟體制
敎職員						神國
交通公社						新羅
交通局·鮮交局						神武天皇祭
交通輸送協力會						臣民
交通協力會						神父
救國學生軍						身分證明
救急隊						身分證明書
救急箱						新映画評
救急藥						新入學童募集
九德山						新天地
久里浜/久里濱						神風
駒林榮太郞						神風特攻隊
區役所						室鳩巢
拘引狀						實馬檢査
購入券制度						實業校
舊正月						実践商業學校
駒井卓						深堀佐市
九州文學						審査委員會
救鄕隊						
救護委員						
救恤金						
國文學						
國民歌						
國民軍						
國民勤勞報國協力令						
國民讀本						
國民登錄						
國民服						
國民座右銘						
國民徵用解說						
國民總力						
國民特攻隊						
國民學校·國民校						
國民學校令						
國防獻金						
國防會館						
國防訓練場						
國史						
國士						
國語講習						
國語劇脚本						
國語力査察						
國語普及						
國語常用						
國語常用運動						
國語生活						
國語運動						

國語全解運動					
國語指導者講習會					
國際密輸團					
國際聯盟					
國際連盟					
國債貯金					
國策					
國策協力					
國策協力機關					
局鐵					
國土					
國土計畫					
國土防衞					
軍隊式敎化					
軍馬祈願祭					
軍事保護院					
軍事扶助料					
軍需鑛物生産責任制					
軍需産業					
軍需生産美術展					
軍需生産責任制					
軍需會社					
軍需會社法					
軍用機					
軍用機資金					
軍用機獻納					
軍援金品					
軍人援護の强調運動					
軍人援護會					
軍陣					
堀內敬三					
宮崎高農					
宮本武藏					
宮田重雄					
勸農					
勸農記念日					
權限委讓					
權化					
貴司山治					
歸省					
歸任					
劇團					
近藤賴己					
近藤儀一					
勤勞可能人員調査					
勤勞規範					
勤勞動員					
勤勞動員援護會					
勤勞動員指導本部					
勤勞動員趣旨徹底運動					
勤勞報國隊					
勤勞報國運動					
勤報運動					
勤勞顯功章					
勤勞協力令					

ㅇ	ㅈ	ㅊ	ㅋ	ㅌ	ㅍ	ㅎ
アヴロ·ランカスタ	ジフテリア	チフス·チフテリア	カーバイド	タガログ語	パリ	ハイク
あかつき	ジャワ開田地	チャーチル	カタパルト	タクシー	パン	ハインケル一七七
アセチレン	シュヴァリエ	チョコリ	カフェ	タクシー	ピクニック	ハリウッド
アッサム	自動車交通事業	チョコレート	カメラ	タンニン	プーメラン	ハルビン
あの旗を撃て	紫式部	ッサーシュミット一〇九G	キニーネ	卓球	プール	ハワイ
アパート	自然科學協會	つるな	キモノ風	炭鑛事故	ペニシリン	ひかり
アラカン/阿羅漢	自然觀察	借家實態調査	クラブ	探偵	ポンプ	フォッケ·ウルフ一九〇
アルコール	資源開発	茶碗	ケーブルカー	湯浅倉平	紵	フランクフルト
アルバム	資源調査	讚美	コヴェル	台灣	菠薐草	ホーカー·タイフーン
アルミ製品	自由勞働者	札幌	コンサート	土地改良	播種祭	下岡忠治
インチキ	磁鉄	參拜	コンモンウェルス	統監	坂西志保	河東
インド 度	自爆	參戰記念日	コンロ	統監府	板垣朝鮮軍司令官	下痢
ヴァンクーヴァ	作家	昌慶苑		通勤	版畫	荷物運送制度
ウィストランド	作品展	倉茂		通信局	平松昌根	下飯坂元
ワールウィンド	殘滓	創氏		通信隊	平壤高女	下宿
うどん	雜誌難	創氏改名		統制	平壤西門高女	荷役能率向上
ウラニウム	腸チフス	債券抱合せ		統制販賣	廢品	河竹繁俊
オートジャイロ	張鼓峰事件	菜園普及		鬪牛大會	蒲公英	學校工作品展
オートバイ	長谷川(總督)	責任制		特幹	葡萄	學校農園
オナモミ	長谷川正道	責任制		特高	爽賞	學校閉鎖
オリンピック	藏相	處女列車		特攻隊	浦項劇場	學徒
ユンケルス八八	長城	處遇感謝		特攻精神	爆擊機	學徒勤勞隊
わかさぎ	長壽	叺		特別甲幹生	瓢簞	學徒動員非常措置
雅樂	長承浦	拓植		特別鍊成	標語	學徒防火員
阿部新總督 部總督·阿部	壯丁檢査	拓殖		特別措置要領	風紀取締り	學徒兵
阿部信行	壯丁會	叺增産		特定郵便局聯合會	風土病	學徒兵壯行會
雅樂隊	掌篇決戰科學	天宮			避難旅行	學徒義勇隊
児玉秀雄	獎學資金	川崎			披露宴	學徒志願兵·學志兵
樂壇	獎學會	川崎			必勝歌	學徒行軍鍊成會
惡德業者	壯行會	千島				學童疎開
握飯	長興	千島				學童助員
樂士	在勤手當	川島四郎				鶴獵
案內所	斎藤劉	天覽				學務
案山	齋藤茂吉	川石				學務局
岩崎榮	低空攻擊	淺田常三郎				學務行政
闇取引	杵島炭鑛	鐵脚				學兵出陣
愛國班	低物價	鐵鋼				學兵·學徒兵
愛國債券	貯水量	鉄鋼課				學士院賞·學士院授賞
愛林週間	貯蓄講演	鉄道荷物事故				學習院
愛馬週間	貯蓄券	鐵奉				學藝會
愛婦協議會	貯蓄獎勵	尖兵				學用品
愛煙家	貯蓄戰	青年隊				學園
縊死	貯蓄推進員座談會	蜻蛤				學園だより
野口遵	赤ちゃん	清掃				學園工場化
野々村芥叟	赤ん坊審査會	青少年				學位授與
野草	適格者台帳	清水高				漢藥
藥水	敵機	青磁				韓聯盟
糧穀生産高調査	積立金	聽取者				寒波
委員會	赤色	靑訓別科生				艦載機
養蠶婦人養成	赤誠	清·淸國				
釀造酒利酒會	戰果感謝貯蓄	體力檢査				
養護學級	電氣砲	遞信吏員養成所				
	全南健民修鍊所開					
	全南警察署					

御內帑金	全南女子鍊成所	體育指導者講習會		咸興神社
御所	全南漁船隊	哨戒艇		合同告別式
漁場開拓	全南女子靑年隊	初等敎育		合同葬
御造營	全南映畫啓発協會	初等敎育費國庫		合祀者
言論報國會	全南藝備課	補助金		航空科
掩蓋	全南自動車會社	初等學校		航空科學專門學校
嚴罰主義	全南自動車新會社	草木灰蒐集		航空敎育
円心隊	全南捕鯨船隊	初詣		航空機用木材協
旅館對策	戰力增強	促成林		議會
輿論指導座談會	戰力增強	銃劍術大會		航空機增産
女性	專賣局	總蹶起		航空部隊
轢殺	專賣事業	總蹶起全北講演會		航空糧食
研究余滴	戰盲勇士敎育所	總督府辭令		航空整備校
研究資金	全北高女	總督賞		航空整備員
演劇	全北馬耕競技大會	總力		航空通信特幹生
演劇報國	全北中等學校	總力鑛山聯盟		航空通信學校
燃料配給	澱粉工場	總力聯盟		港都
燃料節約	戰費	總力聯盟仕奉隊		港灣荷役强化週間
燃料節約標語募集	畠山久尙	總力運動		港灣荷役增强對策
燃料綜合配給	全鮮武官府	總務局		海の記念日
聯盟	戰時建設團	總務部		海軍警備府
聯盟大會	戰時國民勤勞動員	總進會		海軍技術委託生
鍊成	指導本部	銃後		海軍兵志願者訓
鍊成所	戰時農業要員	崔承喜		練所
煉乳	戰時服務令	最新銳機		海軍兵特別志願
年中行事	戰時食指導員養成所	椎名統監		海軍諸學校案內
延禧專門	戰時要員制度	秋夕		海軍志願兵檢查
閱覽	戰時意識	雛祭		海軍徵募檢查
鹽需給組織	戰時造林推進要網	推進圈		海技專門學院
鹽鰀	戰時態勢	推薦圖書		海水浴場
鹽原	戰時特例	雛鷲の母		海兵
榮光	戰時型工作機械	蹴球		海兵校
營團	電源開發	畜産增産		海上訓練
永登浦	戰意昂揚街頭運動	春窮期		海鼠
英靈	電磁ラッパ	春陽		海洋少年團
英靈安置所	戰場敎育	春日潜庵		海洋鍊成
映寫機	戰災	春川		海外同胞中央會
靈岩	戰災援護會	春川放送局		海運業
靈岩郡	戰災者	出版		海戰
榮養	戰爭病	出版會推薦圖書		海藻採取運動
營業時間短縮	戰爭畫	忠靈塔		海州
寧越	電柱	贅澤品		海中學
英才敎育	全州南中	就勞		海志訓練所
榮州	全州專賣局	就學率		海苔增産會議
令旨	全州地方專賣局	齒科		行政查察
映畫	田中武雄	齒科醫		鄕軍查閱
映畫の夕	田中總監	治水工事		鄕黨
映畫啓發協會 畫	電探機	勅使		享樂街
啓発協會	電波高度計	勅任官		享樂面停止
映畫公社	電波技術	寢台車		香奠
映畫館	電話料			鄕土
映畫班	電話連絡			鄕土工藝
映畫巡回	節句			虛川江
豫科	竊盜團			献納歌
藝能	節水			献納運動

豫算府會	絕緣狀				獻納·献納
藝術	折疊み				憲法
藝術的鍊成	靖國				獻詠和歌
藝術座	靖國神社				献翼運動
奧村五百子記念館	証券				獻血
溫泉入場稅	定期乘車券				顯彰會
窪川	町內會				穴居生活
玩具	淨瑠璃				血淸學
莞島	情報				螢光燈
浣腸	情報課				刑務所
完州	征服				壕
王子製紙	整備				戶口調査
倭城台	整備業種				護國
外交戰	整備要綱				護國神社
外邦	井上友一郎				虎病
外邦圖	挺身				戶籍
外事局	挺身隊				戶籍整備
外地	精神病				濠洲
外地商工經濟會	井邑郡				混食
遙拜	征戰				混雜緩和策
療養所	情操敎育				弘報板
龍頭警防團	停止令				洪原
龍頭山神社	淨土宗				靴
容疑者	廷坪島				和歌
雨宮綾夫	町會				畫家
牛豚	町會長會議				和歌集
優良兒	製パン				花嫁訓練
郵送禁製品	制空部隊				華僑
優秀勤勞隊表彰	製糖				華僑中學校
優秀壯丁輩出	齊藤賢道				火口調査
憂鬱	製鍊				和蘭
宇垣一成	祭礼				貨物自動車分列式
牛乳	除幕式				畫伯
右翼	彫刻				華北
郵政	彫刻家				和順
齲齒	鳥居忠恕述(總督府 通譯官)				火野葦平
旭日					火葬料金
旭日昇天旗	祖國				火田
雲雀	早起淸掃運動				貨車時間短縮運動
運通相	造林推進班				貨車停留時間短縮運動
熊谷	調査整備				滑空
熊本幼年校	朝鮮農村所				滑空場
元寇	朝鮮決戰非常措置要網				皇國
遠藤柳作					皇軍
遠藤元男	朝鮮經鐵				皇軍慰問團
遠藤政務總監 藤摠監:遠藤總監	朝鮮鑛業振興				皇都守護翼壯挺身隊
遠藤鐵夫	朝鮮軍兵器部				皇道儒學
原州	朝鮮軍兵務部				皇民
猿之助	朝鮮軍報道部				皇民鍊成
越國家聯盟	朝鮮軍司令官				皇民化
慰靈祭	朝鮮劇場				皇兵
慰問公演	朝鮮大陸直通列車				皇恩
慰問金徵集	朝鮮木材				荒天
慰問文	朝鮮文學				
	朝鮮物資活用協會				

慰問演藝大會	朝鮮放送協會				荒川秀俊
慰安	朝鮮事情紹介運動				荒鷲
慰安所	朝鮮寫眞感光材料統組				皇土護持
慰安會	朝鮮商工經濟會				會計局
僞紙幣	造船所				回數券
委囑	朝鮮送出勤勞者錬成所				橫光利一
韋駄天					橫山白虹
韋駄天街道	朝鮮水産業會				橫須賀
有價證券業	朝鮮食糧營團				橫井小楠
柔劍道	朝鮮神宮				橫穴式
油鑛	朝鮮醫師會				後藤新平
有吉忠一	朝鮮製鉄				厚生
油桐	朝鮮體力令				厚生學會
幽靈人口	朝鮮總督府情報課				厚生協會
幽靈退治	朝鮮特別豫算				訓導志願者
有栖川宮學術獎勵金	朝鮮學徒動員基準				訓導陣
有栖川宮厚生資金	朝鮮弘報挺身隊				訓練所
遺兒	朝鮮厚生學會				揮發油
遺兒部隊	朝鮮興行等取締規則				徽章
乳幼兒	朝室				休憩所
乳幼兒審查	租借				休息所
有田燒	組合貯金				黑木
遺傳學	組合統合				黑字
留學	宗教教育				興南
有閑邸宅	宗教報國會				興亞
有恒會	宗團				
遺骸	鍾路				
遊休教室	鐘紡				
肉攻隊	種蒔				
陸軍看護婦	種羊場				
陸軍記念日	佐久間象山				
陸軍美術展	座談會				
陸軍航士校	佐藤堅司				
育兒	佐藤信淵				
育兒展覽會	左翼				
育英會	佐佐木信綱				
潤滑油	佐々木申二				
戎衣	住宅難				
銀翼	酒類				
銀回收	酒類小賣商組合				
乙女軍屬	主婦				
音盤文化賞	主婦日記				
飲食店	酒屋				
飲食店營業時間短縮	住友				
邑營	竹內式部				
應徵士	駿馬				
應徵者	中江藤樹				
醫療講習會開催	重慶				
醫療團	重工業				
醫療令	中國軍需監理部				
醫療班	中國新聞協會				
醫生制度	中國靑少年團總檢閱大會				
義損金	中根東里				

義勇軍	中等入試
義勇隊	中等入學考査
伊達政宗	中央農業修練道場
二審制	中野友禮
罹災	重油
罹災者	中支
利川	重爆擊機
翼	曽根荒助
益濟寮	曾禰荒助
翼贊	蒸氣發動機
翼贊會	增米
人口政策	增米事業
人口調査	增産
人口準備調査	增産
印度國民	增産突擊運動
印度兵	地久節
人力車	支那事變
人事局	地圖
認識	指導綱領
人造湖	指導者講習
印紙令	指導者鍊成所
日光鑛山視察記	地方局
日基	地方税
日獨協會	地方自治
日滿交易會議	知事賞
日滿食糧自給協	紙上工作展
議會	地上兵器
日本刀	池上四郎
日本民族	志願兵
日本式大量生産	志願學徒
日本語講座	地中海
日本移動演劇聯盟	紙芝居
日本精神	地震
日本精神昻揚古	地下水
典講座	指揮者
日本出版社推薦	職業能力申告令
圖書	珍島
日婦	盡忠信念昂揚
日常生活七訓	進學
日映社	進學職業指導
日曜返上	鎭海警備府
日曜子供欄	鎭海中
日伊協會	鎭海中學開設
一人一匙	集荷責任制
日章旗	執行猶豫者
日赤	徵兵勞務援護會
日赤朝鮮本部病院	徵兵制
一齊增産命令	徵兵制一周年記念式
一座	徵兵後援事業部
日華新聞人交驩	徵用
晩餐會	徵用令
林檎	
林産	
姙産婦	
林業增産	

臨戰					
臨終					
臨海學校					
入選					
入選者					
入試					
入試方法變更要領					
入試要綱					
入植計畫					
入營應召者					
入營通知書					
入亭稅					
立候補					

색인

ㄱ								
ガス 瓦斯	85655 92616	85807 92717	87147 93342	87255	88487	89222	89847	91907	92041
ゴルデンメロン	86327								
歌	86876 87133 87505 87876 88272 88905 93103	86901 87192 87562 87944 88289 88954	86919 87219 87627 87971 88356 89072	86959 87239 87652 88000 88401 89104	86987 87311 87701 88041 88436 89608	87005 87352 87745 88086 88515 90632	87028 87369 87777 88130 88597 92463	87089 87416 87787 88196 88682 92475	87100 87442 87806 88250 88856 92486
嘉納 嘉納徳三郎 (朝鮮銀行副總裁)	86152	87575	87575	89074					
歌壇	86876 87133 87562 87971 88401 89104	86901 87192 87627 88000 88436	86919 87239 87652 88041 88515	86959 87311 87701 88086 88597	86987 87352 87745 88130 88682	87005 87369 87777 88196 88856	87028 87416 87806 88250 88905	87089 87442 87876 88289 88954	87100 87505 87944 88356 89072
家屋	88037	89398	91438	91676	91822	93038	93125	93359	
家屋稅	89816	90221	91249						
家賃	87357	87486	87984	89705	92026	93324			
家庭	88479	88499	88518	88534	88651	89264	92698	93330	
家庭工業	92698								
佳話	88764								
各道	85907 92648	86048 92757	87779 92852	89084	89849	92102	92467	92558	92600
各地より (코너기사)	85882 90143 90412 91946 92923	85983 90242 90467 92122 93248	87580 90273 90468 92149 93459	87588 90296 90924 92435 93532	87768 90320 91209 92454 93552	88735 90341 91537 92463 93596	89164 90353 91546 92475	89764 90373 91675 92486	89852 90393 91941 92571
各地騷擾	90296	90320	90341	90373	90412	90468			
莨耕作組合	87540								
懇談會	90309	90310	90497	90601	90974	91904			
間島	85653 87445 89993	86068 87948 90181	86147 88077 90275	86329 88396 90439	86331 88438 90872	86564 88439 91323	86754 88908 91587	86941 88910 92552	87273 89109 93603
奸商	88304	89300	92039						
干潟地	86644	90866	91814						

看守	89920	90366	93274	93276					
看護婦	93598								
感冒	88735	88754	88783	88796	88801	88904	88916	88924	88932
	88933	88934	88951	88972	89023	89038	89070	89139	89161
	89185	89190	89254	89333	89406	93576	93617	93666	93689
甘藷	89592	92644	92848						
甘浦	86385	93454	93537						
甲山	85671	85752	85995	89494					
甲種合格	91571								
江景	85796	88325	91135	91553	91778	92681	93167	93639	
強盜	89558	89770	91000						
岡山	85717	86507	89197	89224	89966	90852	90874	90892	90911
	90948	90960	90979	90988	91304	91941	92454	92463	93175
江蘇	88902								
講習	85560	86290	86422	86572	87001	87051	87303	87305	87348
	88083	88873	89002	89098	89205	89600	89697	89698	89891
	90108	90846	90969	91073	91093	91303	91420	91517	91538
	91555	91650	91657	91670	91740	91795	91829	91938	91977
	92129	92217	92256	92605	92608	93357			
講習所	89891								
講習會	85560	86290	86572	87001	87051	87303	87305	87348	88083
	89098	89205	89600	89697	89698	90846	90969	91093	91303
	91517	91538	91555	91795	91829	91938	92217	92256	92605
	92608								
講演	86088	86541	86699	87224	87454	88119	89699	92217	92538
	92585	92677	93226	93237	93519	93533	93541	93556	93564
	93582								
江原 江原道	88888	91207	91950						
講和	88588	89156	90734						
開墾	86644	90061	90866	91480	91814				
開校記念日	92688								
改良	85555	86132	86209	86282	86591	86611	87141	87364	87423
	87733	87795	87842	88134	88631	89136	89145	89213	89308
	89361	89456	89679	89811	89833	90186	90195	90231	90528
	90778	91107	91241	91449	91834	91880	91918	92378	92393
	92402	92412	92429	92505	92556	92648	92699	92756	92769
	92853	92866	92897	92902	92914	93229	93257		
開發	86332	86644	88121	93155	93458				
改善	86230	86326	86554	88591	88847	88917	89111	89544	89606
	89619	89972	89992	90017	90079	90488	90820	91425	91906
	92399	92450	92539	92635	92699	92782	92894	93115	93132
	93153	93184	93216	93394	93396	93622	93640		

開城	86196	86636	91947	92653				
開城人蔘	86196							
開業	85981	87631	88922	90189	90205	90436	90919	92020
開業醫	85981							
改葬	88267							
改正	85575	86134	86136	86146	86160	86181	86211	86216	86287
	86460	86590	86810	86811	86851	86864	86996	87056	87067
	87145	87160	87195	87342	87372	87467	87526	87672	87746
	87775	87833	87851	87858	87913	87980	88019	88048	88185
	88323	88428	88616	88619	88627	88678	88683	88719	88751
	88777	88778	88792	88862	88977	89016	89017	89091	89146
	89247	89365	89399	89426	89463	89480	89486	89489	89648
	89663	89774	89779	89795	89811	89815	89827	89880	89885
	89911	89942	90018	90041	90099	90116	90148	90178	90223
	90262	90280	90323	90336	90358	90366	90388	90532	90681
	90707	90744	90815	91218	91237	91253	91278	91297	91325
	91364	91368	91403	91416	91460	91638	91796	92046	92077
	92083	92249	92250	92469	92486	92489	92516	92539	92557
	92559	92587	92616	92636	92694	92716	92742	92816	92949
	92968	92976	92994	92996	93115	93188	93224	93258	93276
	93285	93293	93420	93422	93478	93491	93568		
開拓	85647	86365	89966	93083	93414	93419	93643		
開廳式	90200	92993							
開催	86148	89581	90695	91830	92256	92269	92551	92644	92760
	92775	92896	93229	93365					
改築	85965	86208	86726	86892	87528	89215	89497	89969	90476
	91824	91926	92271	92832	93086	93171			
開通	86317	87045	87170	87227	87344	87673	87796	88460	88561
	88577	90556	91248	91523	92150	92163	92300	92891	93242
	93341	93546							
改廢	86253								
改革	85830	93600							
概況	86301	87376	87718	87965	88095	88432	88526	88874	88894
	89512	89609	89620	89667	89683	89829	89871	90344	90414
	91623	93367	93539	93596	93679				
居留民	91238								
健康	88816	89081	89192	92095	93259				
健康診斷	89192								
乾繭場	86238								
建設	85552	86633	86927	87452	87637	87642	88142	88429	89405
	89536	89556	89573	89574	89604	89619	90311	90887	91260
	91642	92273	92433	92504	92520	92683	93125	93484	
健兒	90096								

慶南道	92370							
京大	86838	87034	88361	88859	89750			
京大圖書館	89750							
京都	85680	86256	87592	88912	91304	93094		
敬老會	90322							
競馬	92311	92724	92859					
競賣	87616	89540	92130					
警務局	92207	92253	92265	92332				
警務部	86734	88583	90095	90111	91355	92148	92323	
警報	87261	88034	88453	92342				
景福宮	86401							
京釜線	87014	89679	89827	90889	91338	91580	93076	
慶尚南道 慶南	85639	85701	85708	85815	85839	85854	85862	86375	86380
	87062	87499	87508	88065	88264	88275	88281	88539	88649
	89731	89837	90184	90202	91034	91207	91303	91830	91950
	92055	92148	92370	92383	92384	92980	93104	93681	
慶尚北道 慶北	85902	85955	85977	85994	86004	86312	86446	86464	86543
	86598	86807	86956	87058	87082	87084	87277	87852	87884
	88094	88167	88201	88219	88228	88241	88298	88387	88393
	88407	88426	88456	88462	88553	88564	88583	88590	88636
	88654	88674	88693	88707	88770	88781	88795	88815	88832
	88872	88882	88953	89046	89206	89289	89504	89655	89656
	89859	89886	89937	89951	89992	90150	90242	90266	90524
	90662	90683	90751	90840	90893	90927	90956	90964	90970
	90993	91066	91069	91071	91207	91221	91222	91252	91288
	91291	91301	91371	91372	91577	91582	91696	91708	91717
	91728	91736	91750	91898	91924	91950	91962	91970	91980
	91993	92062	92082	92096	92102	92154	92157	92219	92257
	92272	92275	92296	92337	92352	92521	92524	92546	92601
	92605	92632	92670	92709	92710	92825	92860	92870	92883
	93011	93024	93072	93164	93165	93189	93199	93200	93233
	93409	93441	93458	93464	93645				
京城	85527	85554	85583	85594	85598	85604	85609	85613	85621
	85623	85662	85676	85683	85687	85714	85727	85734	85738
	85739	85745	85754	85755	85756	85766	85778	85783	85788
	85792	85797	85803	85806	85810	85812	85863	85871	85879
	85890	85899	85942	86063	86087	86102	86175	86222	86223
	86298	86342	86406	86428	86486	86510	86643	86647	86648
	86650	86688	86746	86822	86836	86871	86898	86911	86924
	86935	86945	86949	87011	87049	87055	87079	87091	87096
	87104	87123	87130	87137	87168	87216	87237	87271	87327
	87335	87348	87379	87469	87470	87555	87579	87600	87606
	87642	87649	87714	87733	87770	87803	87993	88029	88064
	88104	88136	88146	88301	88548	88556	88608	88719	88782

	88839	88900	88933	89081	89142	89158	89160	89319	89408
	89428	89438	89462	89478	89553	89613	89634	89638	89653
	89669	89739	89754	89756	89863	89866	89884	89896	89930
	89957	89964	89965	90024	90044	90058	90076	90098	90144
	90165	90183	90219	90246	90258	90277	90278	90279	90290
	90297	90298	90300	90317	90320	90331	90335	90345	90399
	90411	90444	90454	90525	90576	90609	90620	90627	90666
	90673	90731	90737	90759	90765	90792	90793	90803	90804
	90823	90824	90828	90850	90873	90888	90909	90961	91001
	91014	91036	91077	91098	91117	91188	91191	91195	91216
	91309	91310	91334	91343	91363	91400	91424	91459	91460
	91478	91494	91503	91523	91551	91576	91589	91620	91646
	91744	91775	91786	91816	91829	91872	91967	91992	92293
	92316	92361	92373	92464	92569	92634	92680	92689	92700
	92747	92758	92762	92796	92846	92849	92862	92904	92950
	92965	92969	92977	92986	93020	93033	93071	93084	93114
	93119	93163	93187	93203	93251	93384	93525	93563	93579
	93581	93617	93635	93666					
京城劇場	86836	87642	90317	90411	90673				
京城演藝界	86102	86298	86342	86428	86650	86822	86935	87216	87237
京城銀行	86647	90058							
京元線	86047	88484	88489	89827					
京元鐵道 京元線	86047	88484	88489	89827					
京義線	89013	89827							
京義鐵道 京義線	89013	89827							
京仁	85769	86612	89093	93039					
耕作	86477	87276	87540	87911	90014	90072	90085	90186	90210
	90266	90619	90798	90962	91366	91625	92029	92212	92493
	93301	93661							
京電	86654	86841	86850	86883	87525	89968	91129	91647	92133
	93234								
經濟 経済	85734	85948	86007	86593	86986	87094	87245	88040	88133
	88663	89188	89193	89225	89609	89620	89687	89689	89706
	89835	89998	90118	90546	90790	90857	90984	91119	91121
	91482	91623	91701	91703	92544	92882	93245	93567	93581
	93602	93614							
經濟協會	91119								
經濟會	86007	89188	93567						
慶州	85693	86004	88460	88553					
耕地	86264	90535	91726	91767					
更迭	85686	86219	86655	87044	88162	88221	88242	88370	88584
	89085	89757	89860	89876	90270	90435	90568	90586	90634

	91137	91421	91514	91905	92118	92595	93197	93508	93529
警察	85673	85940	86386	86480	86622	87389	87445	88287	88508
	88750	88814	89085	89555	89984	89990	90602	91096	91215
	91415	91427	91479	91743	92056	92250	92264	92266	92282
	92340	92345	92404	92407	92503	92639	92663	92700	92771
	92956	93000	93092	93175	93197	93277	93295	93319	93320
	93324	93331	93509	93626	93664				
警察署	86386	86480	87389	89984	91096	91415	92266	92282	92340
	92503	92663	92771	92956	93092	93197	93320	93324	93664
輕鐵 輕便鐵道	85561	85589	85772	85889	85999	86007	86111	86135	86179
	86206	86217	86317	86431	86465	86474	86475	86564	86659
	86730	86743	86753	86762	86781	86863	86868	86965	86976
	86999	87046	87070	87071	87159	87227	87232	87338	87344
	87406	87446	87539	87634	87638	87673	87797	87822	88170
	88460	88461	88604	88655	88718	88742	88776	88985	89026
	89148	89179	89181	89226	89262	89353	89414	89491	89561
	89591	89736	89778	89883	89890	89914	89961	89976	90026
	90346	90434	90556	90622	90770	90915	90939	91028	91030
	91046	91047	91086	91233	91315	91451	91553	91568	91602
	91609	91638	91666	91714	91733	91899	91960	92094	92110
	92126	92182	92300	92335	92411	92563	92572	92573	92731
	92743	92772	92776	92807	92891	93016	93022	93042	93106
	93136	93288	93394	93400	93475	93580			
慶興	86501								
鷄卵	87424								
鷄林	85693	92729	93183	93306	93527				
啓上	85528								
届出	91278	91510							
高校	91304	91313							
高橋泰藏	86029								
高女	85840	89630	89957	90286	91097	91113	91589	91768	91829
	92447	93633	93683						
高等工校	87934								
高等女學校	85884								
高等法院	88542	92068							
高等商業學校 高商	89221	89754	91064	91849	91857	92159			
高麗	87448								
苦力 苦力團	86687	87167	87388	88139	88800	88903	92703	92909	
高普 高等普通學校 高普學校	87604	88161	90013	90126	90208	90732	90881		

高飛門	86323							
孤兒	89873							
雇傭	87167							
古蹟	85730	92023						
雇主	86100							
古川	90055	90829	92465					
古海 古海嚴潮 (陸軍中將)	86077 93514	86088 93623	86162	87224	87333	88758	91939	92247	92494
穀類	87587	89257	89994	90537	90751	92284		
穀類收用令	87587							
穀物取引組合 穀物貿易組合	88035	88225						
空家	85839	90730	93514					
恐犬病	91239							
共同墓地	85706							
共同增資	90362	93212						
共同販賣	86552 88470	86675 88850	86697 91120	86888 91209	87016 91358	87057 91779	87146 92938	87424 93439	88353
工務課	86737	89647	89962					
工務課長	86737	89647	89962					
貢物紙	87462							
公司	85587	86748	88215	88978	92385			
工事	85552 86167 86788 88098 88941 89494 90115 90606 91237 91515 91852 92519 93044 93586	85553 86228 86815 88201 88994 89639 90130 90610 91248 91542 91931 92533 93086	85723 86246 87014 88287 89121 89679 90199 90623 91250 91593 91954 92651 93136	85895 86347 87358 88430 89159 89684 90248 90779 91255 91605 92050 92674 93151	85937 86351 87479 88506 89211 89798 90255 90844 91281 91729 92150 92697 93242	85952 86366 87512 88508 89227 89949 90390 90946 91338 91730 92183 92721 93275	85966 86689 87605 88604 89287 89950 90419 91087 91407 91760 92271 92739 93279	86071 86707 87921 88609 89355 89976 90474 91128 91445 91772 92354 92805 93310	86072 86772 87939 88685 89467 90098 90548 91149 91497 91794 92445 92898 93486
公設	86657	86804	90864	91445	91592	92399	92935	93139	
公設市場	86657	90864	91445	91592	92399	93139		
公設質屋	92935							
共成會	90566							

工業	85652	85806	86049	86052	86115	86213	86346	86676	86871
	87765	88121	88238	88844	88955	89010	89045	89058	89146
	89821	90046	90304	90504	90822	90899	90982	90983	91006
	91025	91116	91332	91548	92698	92747	92879	93191	93405
	93549								
工藝	93418								
空屋	85854								
公園	85526	85552	85562	85833	85923	86600	87334	90300	90647
	90666	91693	92866	93336					
公認	86376	91007							
工場	85648	85701	86182	86258	86273	86377	86505	86544	86716
	86731	86799	86827	86858	86995	87022	87030	87041	87049
	87104	87123	87430	87618	87706	87757	87789	87790	88244
	88455	88504	88615	88851	89182	89196	90153	90166	90486
	90660	90717	90838	90908	90992	91196	91243	91311	91688
	92358	92417	92733						
工場巡り (코너기사)	86716	86731	86799	86827	87022	87030	87041	87049	87104
	87123								
功績	86332	93260							
共濟組合	91258								
共濟會	87197	89206							
公州	86045	86613	90029	90273	90608	90642	91409	91537	91583
	92737	93112	93190	93381	93605				
公債	88480								
公判	88398	90352	90372	91516	91699	91853			
恐慌	86205	89109	89476	90327	90903	92531			
公會堂	86243	86487	86645	88548	89290	89326	89866	90887	91260
	91481	91710	91792	92613	92964				
果物	87819	89595	91069						
課稅	86833	87081	87422	87785	89526	91795	92486	93301	
果實組合	86508								
科學	88571	89371							
灌漑	89624	91506	92954	93423					
官公署	91013								
觀光	86086	86222	87827	92514	92890				
觀光團	86086	86222	87827	92890					
官紀	85594								
關東	85533	87242	87737	89933	90547	91915	93561		
關東都督府	85533	87737							
關東州	93561								
官吏	85719	85846	86074	86994	87468	87614	88013	91265	91376
	91668	92410	92652	92976					

教員	86950	87305	87348	87408	87475	87784	88054	88684	88780
	88942	88950	90241	90388	90943	91114	91162	91538	91555
	91604	91683	91758	91765	91837	92309	92331	93011	93334
	93447								
教員講習會	87305	87348	91538	91555					
教員養成所	90241								
教諭	87309								
教育	85588	85680	85722	85819	85918	85991	86019	86125	86148
	86220	86754	86814	86995	87196	87913	88284	88298	88377
	88388	88796	88919	89050	89371	89585	89744	89992	90016
	90027	90097	90125	90618	91114	91831	91848	92169	92223
	92286	92463	92887	93103	93365	93378	93531	93613	
教育研究會	93613								
教育會	90618								
教主	89242								
膠州灣	88498	88633	92364						
交通	85995	86011	86012	86050	91176	91337	91693	91921	92200
	92914	93184	93190	93396					
教會	85992	89318	89747	90784	93471	93666			
俱樂部	85942	91677	92035	92143	92820	93595			
九龍浦 九龍浦港	86846								
救濟	85536	86199	86200	87279	87429	87508	87555	87574	87599
	87603	87630	87641	87660	87681	87685	87708	87723	87724
	87733	87771	87924	88100	88138	88697	88828	88870	89171
	89307	89366	89873	91186	91346	91867	92114	92333	92490
	92565	92596	92755	92757	92821	93082	93146	93516	
驅除	86593	86795	87152	89896	91862	92230			
救濟院	86199	87429							
救濟會	87555	87574	87630	87641	87660	87681	87685	87708	87723
	87724	87733	87771	87924	89366	89873			
九州	87371	88060	88288	88983	89854	91335	91648	92035	93405
	93620	93650							
歐洲	88040	88903	89725						
九州アルプス	93620								
救護	86199	86851	87557	90373	93690				
國境	86527	86792	86946	87535	88252	88345	88821	88920	89645
	89781	89832	89998	91032	91355	91587	91682	92818	
國立醫業專門學校	93458								
國民	86989	87729	88398	89337	89461	93241			
國寶 國寶	90503								

國税	86459	86911	88409	90086					
國勢	86413	86752	86948	88076	89455	91213	91223	91231	91829
	91843	91875	92137	92217	92974				
國勢調査	86413	86752	86948	88076	89455	91213	91223	91231	91829
	91843	91875	92137	92217	92974				
國語	85947	87928	91863	91942					
國葬	89527	89533	89538	89742	89785				
國債	87582	89244							
國鉄 國鐵	90090	92043							
國澤(警務部長)	90095								
國華	87297	87893	88249	88737					
國會	87913	89904							
君が代	93103								
軍國	87653								
軍隊	85680	86320	87950	88093	88137	88260	88386	88835	89807
	90049	90214	90394						
軍樂隊	93089	93103							
軍馬	86501	89540							
郡民	90610								
軍司令官	85889	86162	87492	88600	91062	91080	91102	91939	92513
群山	85572	85573	85818	85867	85881	85896	85964	86041	86084
	86149	86165	86441	86588	86712	86800	87590	87771	87794
	87809	88783	89008	89353	89490	89518	89618	89644	89732
	89818	89836	89879	89895	89947	90020	90077	90308	90363
	90368	90428	90431	90442	90485	90508	90513	90518	90523
	90667	90748	90765	90769	90856	90887	90895	90929	91007
	91210	91225	91244	91260	91268	91276	91340	91481	91483
	91492	91507	91546	91568	91662	91689	91695	91704	91712
	91747	91859	91867	92018	92049	92114	92144	92145	92229
	92281	92442	92449	92627	92679	92725	92864	92942	92964
	92987	93179	93390	93395	93402	93505	93573	93576	
軍需	85612	85930	87694	87747	88026	88214			
郡守	86455	86540	86922	86923	87187	87272	88154	88164	88618
	91421	93001	93068	93102					
軍需品	85612	85930	87747	88026					
軍營	91250								
軍人	86439	87484	87852	87983	89003	89149	89303	89723	89745
	90008	90269	90405	91300	92193	92288	92751	92830	93233
	93572	93677							
軍人會	87852	89003	90008	90405	93233				
軍票	87520	88908							

蕨 蕨狩	86201							
蹶起	90307	90355	91194					
軌道	92519	93184						
歸朝	85694	89725	93247	93255	93325			
歸還	89940	92334	92344	92783	92909	93331		
規制	91213							
規則	85906	86136	86146	86287	86326	86811	86884	87467	88323
	88565	88668	88678	88750	89016	89019	89091	89399	89813
	89911	90062	90099	90212	90223	90264	90280	90366	90388
	90815	90951	91133	91153	91213	91253	91278	91297	91364
	91376	91403	91416	92046	92469	92557	92587	93224	93342
	93422	93491	93565						
劇	86546	86648	86836	86938	86957	87642	88451	89055	89652
	90317	90411	90673	91307	91872	93617	93676		
劇場	86546	86648	86836	86957	87642	88451	89055	90317	90411
	90673								
勤勞	85973							
近海	85558	86143	86523	86537	86620	86667	88739	
錦江	85651	85721	88227	90719	91026	91106	91134	91136	91183
	91553	91989	93067						
金剛山	85728	86105	86719	86798	86857	87337	90022	91176	92568
	92891								
金鑛	85681	86764	87048	87591	91996			
金光教	89450	93143						
金塊	87413	87703						
金府尹	91744							
金肥	89859	90406	90475	90709	93210	93424		
禁輸	86060							
金融	85691	85764	85883	86014	86122	86396	86864	86866	86867
	86978	87376	87390	87466	87541	87570	87741	87992	87999
	88016	88082	88299	88349	88360	88449	88677	88745	88752
	88769	88829	88868	88929	89114	89201	89236	89282	89365
	89430	89442	89443	89611	89627	89997	90000	90009	90025
	90058	90184	90189	90251	90268	90389	90402	90447	90453
	90454	90459	90497	90515	90518	90529	90575	90605	90642
	90701	90722	90755	90786	90868	90930	90952	90997	91037
	91065	91112	91123	91182	91353	91382	91409	91436	91452
	91487	91517	91528	91529	91541	91684	91704	91892	92028
	92164	92194	92198	92204	92306	92366	92374	92381	92414
	92464	92624	92645	92646	92660	92696	92791	92804	92893
	92939	92963	93032	93167	93240	93349	93356	93369	93376
	93481	93516	93566	93601	93608	93652	93657		

金融機關	85691 93167	85764	88769	88868	89627	90722	91382	92028	92939
金融組合	86864 88677 89442 90402 90997 92660 93608	86978 88745 89443 90453 91065 92791 93657	87376 88752 89611 90459 91517 92804	87541 88929 90000 90515 91892 92893	87570 89114 90009 90518 92164 93032	88082 89236 90025 90529 92194 93240	88349 89282 90184 90605 92381 93349	88360 89365 90189 90642 92414 93356	88449 89430 90389 90755 92624 93376
禁酒	87454	90613	91636						
禁止	86765 93692	86766	89499	89500	89568	91540	91853	92517	92834
禁止令	86766								
金泉	85580 89347	85682 89467	85691 90387	86378 92584	87768 93022	88081 93026	88144 93039	88172 93134	88951
琴湖	87227	87796							
給仕	87368								
給水	86223	87079	89432	91475	91882				
急行列車	89167	89811							
祁家堡	86397								
機關車	89649	89811	90687	92474	93023				
記念公園	85526	85562							
記念植樹	87902	90405							
記念日	86263	89771	91040	91054	91072	91223	92688		
基督敎	90239	90355	90843	92729	93471	93668			
杞柳	88381	90133	90229	90638	91578				
寄附	85710 88296 90847	85884 88396 90888	86871 88443 91044	87314 88728 91128	87346 88747 91151	87574 89763 92279	87603 89901 92328	87764 90079 93058	88100 90195
寄附金	87314	88728	90079	91128					
氣象	90551	92876							
妓生	88707	91441	93496						
汽船	87672 93494	88136	89970	90808	90944	91901	92277	92421	92622
期成會	86389 91086	86478 91136	88070	88548	88646	89011	89151	89154	90742
技術	88949 93423	88970	89265	92256	92478	92732	92774	93115	93219
技術員	88970	92478	93423						
企業	85709	86503	91553	91638	93681				
記者	85598 85797	85609 85863	85687 85899	85714 86835	85739 87576	85745 87861	85756 87878	85768 87919	85792 87949

	87962	87972	88074	88213	88235	88255	88292	88309	88344
	88363	88548	88553	88556	88564	89076	89756	90165	90290
	90350	90356	90443	90553	90554	90614	91192	91334	91424
	92263	92514							
記者連	87576								
奇贈	90842								
汽車	85575	86109	86955	88157	92147	92653	92766	93055	93074
	93158	93420	93542						
寄託	91651								
寄港地	93510								
吉林	85606	85743	85798	86652	87793	91692	92223	92286	
金剛	85728	86105	86719	86798	86857	87337	88500	90022	91176
	92066	92568	92891						
金納	89238	89448							
金堤	85848	85917							
金海	85733								
金貨	92738								

ㄴ								
羅南	85551	86126	86490	87045	88149	88450	89050	89498
	90117	91012	91248	91950	92130	92689	93602	
瘰癧	91563							
罹病	89161	89333						
羅州	86951	93326						
羅津	86244							
癩患者	86715							
洛東江	85746	86983	91087	92067	92274			
落成式	86235	86613	88291	88568	88724			
難産	85534							
南山	87334							
南山公園	87334							
南鮮	85549	85649	85780	85820	86261	86753	86781	89356	90812
	91396	91700	91982	92333	92894	92961	93484	
南洋	86124	90552						
南原	90102							
南浦	85543	85586	85605	85710	85884	85908	85939	85952	86008
	86143	86144	86815	86931	87315	87632	87924	87931	87968
	88090	88248	88332	88648	88652	88669	88691	88695	88696
	88754	88844	88846	88869	89044	89229	89340	89586	89640
	89764	89810	89925	90222	90315	90343	90522	90765	91269
	91475	91567	91635	91798	91911	91923	92031	92139	92525
	92712	92903	92905	93228	93231	93368	93544	93545	93552
納涼 避暑	87294	87319	87335	91693	91983	92071		
納涼列車	87335							
納稅	85873	87099	88112	88200	89186	90415	90791	90949	91366
	93080	93583						
內閣	87650	92035						
奈良	91941	92454	92571	92876	92923	93282	93332	93339
內務	87006	91177	92207	92267	92994	93516		
內務局	92207	92994	93516					
內務部	87006	92267						
內務部長	87006	92267						
內務省	91177							
內鮮人結婚	85957							
內野 內野辰次郎 (第四十旅團長)	87118	87331	87451	90901	91939			
內定	86109	86152	86401	86580	86727	87044	87813	90395	90548

	90812	91254	91654					
內地	85521	85554	85571	85819	86043	86180	86367	86429	86455
	86593	86779	86828	86908	86922	86923	86950	86953	86997
	87092	87107	87272	87425	87436	87518	87531	87538	87569
	87631	87803	87832	88136	88246	88406	88567	88638	88684
	88749	89015	89171	89187	89480	89940	90085	90185	90186
	90213	90325	90421	90759	90772	91004	91223	91473	91732
	91785	91846	91933	92079	92167	92175	92311	92344	92637
	92666	92755	92843	92891	92894	92906	93219	93378	93418
	93485	93493	93501	93505	93512	93521	93538	93553	93562
	93578	93646	93647	93651	93655	93660	93678	93694	
內地人	85521	85554	85819	86455	86922	86923	86950	86953	87092
	87272	88246	88567	90185	90325	90759	91004	91473	91732
	91846	92637	92666	92843	93378	93505			
內地就職	86043								
內地通信	93493	93501	93512	93521	93538	93553	93562	93578	93646
	93651	93655	93678	93694					
女	85554	85761	85816	85840	85884	85952	86198	86225	86286
	86310	86336	86481	86490	86672	86673	86688	86701	86763
	86977	87263	87305	87368	87379	87481	87496	88128	88219
	88231	88427	88518	88534	88756	89050	89118	89123	89135
	89242	89242	89256	89264	89271	89318	89335	89599	89608
	89630	89696	89746	89748	89920	89923	89941	89957	90050
	90112	90241	90249	90286	90293	90498	90665	90665	90788
	90850	90958	91016	91019	91097	91113	91208	91295	91446
	91565	91589	91602	91659	91768	91829	91855	91880	91958
	92007	92049	92184	92447	92589	92691	92753	92814	92940
	92967	92977	93144	93334	93547	93547	93590	93611	93633
	93683								
露國 露	85629	86085	86989	88233	89244	89371	89530	89580	92042
	93152	93241							
勞働	86124	87388	87633	89159	89171	89315	89940	91535	91560
	92454	92463	92586	92699	93467	93485	93549		
鷺梁津	86154								
露領	85629	85670	87137	87837	87916	88821	89729	89813	89977
勞賃	92212								
勞働組合	87633								
農家	87039	88546	89029	89109	89859	91308	91924		
農談會	86774								
農林會社	88621	89718	91674						
農務課	87029	93337							
農民	85688	85894	85973	86348	86593	88532	91502	91712	92158
	92586	92755	92996	93082	93577				
農事	85560	86234	86332	87675	88083	89038	89743	91189	91933

	92105	92605	92648	92839	93518	93641		
農産物	85548	89590						
農商工部	87444	89793	90750					
農商務省	93287	93303	93315	93327	93335	93336	93370	93388	93399
	93438	93449	93480	93490	93500	93511			
農業	85549	86118	88949	88970	89060	89265	91286	91725	91799
	92478	92943	93214						
農業技術員	88970	92478						
農園	85698							
農銀 農業銀行	86671	86789	87246	87616	88188	88315		
農作	87754	88424	88439	89833	90905	91370	92101	92290	92291
	93155								
農場	85681	89834	91933					
農村	92897							
農學校	87957	90987						
農況	92065	92191						
農會	85642	90448						
腦脊髓膜炎	90081							
泥棒	86387	86561	87776	87957				

ㄷ								
ダバオ	89967							
ダム	92405							
デモクラシー	91998							
ドイツ 獨逸	85948	87027	87319	87729	87891	87956	88037	88483	88511
	88809	89094	91131	91208	91573	92735	93089	93247	93618
	93676								
獨探	87891							
茶	88341	88654	92507					
撞球	87834							
當選	88912	89661	90207	91241	91557	92454	93309	93353	93526
貸家業	87349							
大邱	85557	85637	85678	85690	85698	85702	85705	85851	85864
	85875	85904	85910	85911	85959	85987	85999	86053	86171
	86182	86246	86357	86374	86409	86579	86678	86819	86834
	86859	86964	87114	87158	87325	87328	87539	87554	87567
	87601	87624	87726	87734	87749	87768	87829	87852	87908
	87999	88009	88063	88094	88115	88155	88157	88161	88203
	88270	88399	88488	88495	88509	88561	88567	88579	88636
	88701	88740	88743	88842	88926	88940	88956	88974	88991
	88993	89007	89023	89042	89059	89065	89073	89086	89106
	89119	89157	89179	89188	89189	89218	89239	89263	89368
	89384	89466	89539	89576	89603	89630	89632	89662	89663
	89735	89736	89758	89804	89807	89822	89823	89861	89888
	89890	89941	89985	90013	90023	90045	90050	90075	90121
	90126	90135	90137	90180	90189	90192	90254	90265	90269
	90390	90438	90623	90686	90694	90728	90732	90758	90765
	90786	90841	90862	90881	90972	91022	91068	91072	91079
	91123	91445	91537	91578	91593	91667	91673	91678	91679
	91732	91755	91769	91807	91895	91908	91936	91994	91997
	92103	92163	92211	92221	92226	92276	92284	92336	92414
	92415	92425	92430	92479	92492	92503	92628	92654	92672
	92682	92715	92721	92759	92767	92820	92835	92875	92882
	92888	92927	92930	92939	92961	92966	92985	93000	93003
	93004	93008	93017	93107	93123	93125	93159	93161	93202
	93265	93289	93313	93443	93457	93481	93535	93558	93566
	93572	93633	93634	93662	93664				
大邱を中心として	88926	88940	88956	88974	88991	89007	89042	89059	89073
	89086	89106	89119	89157	93123				
大邱高女	89630	93633						
大邱醫師會	93004							
大根	88952	93396						
大大阪の建設	89536	89556	89573	89574	89604	89619		
大都市	85932	91648						

大學	85947	87035	87052	87592	88708	88865	89197	89224	90693
	93405	93473							
大會	85632	86122	86296	86515	86730	87106	87511	87958	88166
	88553	88564	88623	88674	88707	88743	88757	88839	88980
	89024	89041	89051	89063	89083	89272	89498	89515	89581
	89693	89973	90441	90443	90553	90771	90909	91268	91367
	91426	91462	91463	91945	91963	91995	92110	92210	92269
	92311	92411	92655	92760	92789	92859	92874	93008	93105
	93167	93209	93288	93334	93396	93519	93533	93541	93556
	93564	93582	93635						
大黑西松	86027								
大興電氣	87391	88860	90625	90855					
稻 稻作	86442	86458	87084	87111	87182	87558	87621	87873	87906
	88236	88657	88890	90181	91707	91784	91834	91874	91896
	91944	92048	92062	92214	92235	92607	92670	93005	93164
	93177	93270							
盜掘	85608	85787							
陶器	86195	86273	89196	89428	89728	90168	91877	92020	92495
	92603								
都督府	85533	85536	85628	87737					
渡滿	85567								
圖們江	86215	86448	86496	86656	88718				
賭博	86423	86745	86756	91175	93385	93421	93534		
賭博團	86745								
圖書	89750	90137	90714	90758	90888	90972	91807		
圖書館	89750	90137	90714	90758	90888	90972	91807		
渡船	86917	91906	92450	92704	92945	93455			
屠獸	85940	89363	90153	92557	93224				
屠獸場	85940	93224							
都市改良畫報	92756	92853	92866	92902	92914				
屠牛	87571	90104							
陶磁器	87913								
道政	85743								
度支部	86517	86864							
道知事	92458	92527	92532	92689	92811	92852	93017	93031	93185
	93409								
陶土	86476								
獨立運動	89319	89967							
讀書	86688								
獨墺人	87319	91573							
讀者	93405								
敦賀	85869	87184	92074	93153					

突破	87405	91836	92969	93368	93660				
東京	86267	86357	86545	86614	86838	87533	88589	88714	89158
	90055	90614	90650	91304	91523	91647	91880	92035	92159
	92373	93234	93238	93249	93259				
東萊	85753	86020	86023	87294	87378	89446			
棟梁	88920	89005							
同盟	86753	86951	87476	87753	87828	88053	88259	88517	91059
	91307	91342	92991						
動物園	86859	89964							
凍死	89407								
銅山	85671								
東鮮	91154								
東洋葉茛	91776								
東洋協會	86486	89957	89981	91117					
東拓	85614	85686	85866	86065	86076	86234	86358	86947	87012
	87117	87412	87483	87523	87551	87619	87856	87888	87900
	87961	88028	88049	88214	88217	88266	88285	88335	88524
	88612	89033	89274	89320	89479	89633	89651	89744	89882
	90043	90074	90105	90129	90164	90181	90237	90354	90382
	90406	90433	90446	90525	90538	90567	90585	90589	90633
	90709	90733	90760	90816	90829	90910	90947	91105	91182
	91184	91388	91847	91893	92216	92339	92413	92536	92763
	92979	92996	92997	93040	93204	93269	93403	93426	93504
	93674								
東拓移民募集 移民募集	88524	90109	90760	92997					
東鉄 東鐵	87229								
東淸	85646	85725	88861	92373	92385	92432			
東淸線	85646	85725	92432						
同胞	85567	90297							
同化政策	85730								
豆滿江 豆滿江	86341	90127							
痘瘡	91244	91379							
頭取	86152	89476	89674	89708	90354	90811	90851	90996	91152
	91406	92198	92204						
騰貴	85583	85885	86365	86370	87358	87379	87739	87864	88278
	88414	88454	88789	89214	89594	89737	91787		
登錄稅	90487								
燈料	86654	86793							

ㄹ								
リレー	93039							
露 西亞 ロシヤ 露西亞	85535	85568	85588	85930	86085	86301	86762	86989	87137
	87319	87837	87916	88719	88821	88913	89244	89371	89395
	89395	89395	89458	89530	89580	89813	89977	90101	90171
	90653	90973	91413	92263	92435	92522	92748	92985	93031
	93160	93263	93263	93263	93624	93648	93672		
露貨	85588	89780	90101	90171	90653	90973			

					□			
マッチ 燐寸	85537	85645	86505	87692	86044			
マラソン	90748	93329						
マラリヤ	86680							
ミッションスクール	89271	89336						
馬	85540	85711	85735	85942	86411	86480	86501	86527	86581
	86825	86982	87002	87032	87088	87201	87362	87476	87774
	87859	87912	87918	87970	87973	88134	88425	88757	88839
	89122	89214	89228	89263	89402	89523	89540	89666	89679
	89751	90197	90210	90267	90694	90713	90894	90909	91023
	91089	91238	91277	91324	91337	91454	91940	92086	92212
	92311	92356	92373	92385	92724	92765	92385	92724	92765
	92385	92859	92908	93189	93223	93693			
麻	85650	87491	88090						
馬山	85524	85558	85560	85638	85648	85790	85805	85986	86206
	86673	86763	87553	87557	87660	88261	88275	88369	88380
	88385	88998	89030	89066	89075	89191	89366	89443	89456
	89611	89839	89841	90143	90441	90470	90637	90661	90723
	90762	90765	91076	91098	91300	91482	91484	91537	91667
	91806	91830	91896	91910	91917	91921	92177	92367	92382
	92614	92621	92626	92671	92685	93090	93113	93428	93689
摩雲領	86338								
馬政局	86350	86429	86521	86662	86711				
摩天嶺	86338	91811							
滿	85536	85570	85628	85800	85813	85821	85822	85835	85862
	86044	86077	86140	86269	86278	86301	86325	86341	86453
	86925	86951	87598	87609	87832	87862	87953	88377	88529
	89478	89831	90127	90501	90738	91103	91322	91381	91386
	91461	91486	91497	91524	91637	91641	91665	91680	91702
	91796	91838	91860	92003	92033	92223	92252	92259	92286
	92385	92716	92768	92778	92786	92789	92794	92856	92949
	93147	93364	93476	93497	93506	93515	93522	93609	
滿蒙	86444								
滿蒙經營	85640								
滿蒙砂塵	86516	86562	86703	86722	86840	86918	87020	87098	87115
	87175	87236	87250	87351	87381	87440	87504	87607	87699
	87725	87744	87805	87892					
滿蒙鐵道	85743								
滿鮮	85538	85847	85897	86852	87094	87387	90630	91556	91674
	92896	93278	93477						
滿洲	85531	85537	85566	85567	85600	85645	85673	86095	86117
	86138	86161	86176	86255	86344	86629	86759	86905	87167
	87523	87738	87850	88277	88640	88957	89197	89224	89500

	89759	89857	89979	90001	90134	90225	90307	90370	90414
	90481	90645	91381	91386	91641	91665	91680	91838	91860
	92223	92286	92768	92778	92786	92789	92856	93364	93476
	93497	93506	93515	93522					
滿洲大學	89197	89224							
滿洲事變 事變	89976								
滿鐵	85566	86079	86624	86883	86906	88012	88429	89774	89796
	89811	89827	89946	89953	90256	90260	90307	90327	90328
	90644	90650	90681	90789	90819	90852	90874	90889	90892
	90899	90911	90948	90960	90979	90988	91003	91005	91121
	91284	91322	91461	91497	91524	91702	91796	92003	92033
	92252	92716	92794	92949	93609				
亡國民	93241								
亡命	86085								
買鑛所	87199								
埋立	86036	86621	88609	89089	91772	91852	92033		
賣惜	89185	92040							
梅雨	87220								
麥作	86419	86461	86549	86847	88056	90003	90035	90150	90253
	90637	90818	90839	90935	91109	91221	91293	91298	91372
	91531	92744	93082	93156	93256				
麥酒	85704	86327	91879						
棉	85523	86190	86371	86416	86434	86588	86736	86807	86910
	86960	87078	87151	87157	87257	87430	87566	87780	87821
	87937	87946	87947	88120	88212	88347	88362	88470	88630
	88670	88850	88871	88962	89029	89129	89219	89289	89372
	89429	89465	89786	89886	90056	90141	90266	90559	90798
	90893	91167	91179	91299	91431	91595	91669	91715	91750
	91980	92296	92308	92524	92529	92559	92777	92793	92883
	92938	93371	93439						
綿	85705	85851	86858	86930	87248	87466	87757	87865	88008
	88244	88504	89321	89357	89438	89695	92032	92096	92226
免稅	90312	92960							
緬羊	88944	89751	91448						
棉業	86750	88649							
面長	86976	88311	88772	88802	89000	89381	89685	89824	89858
	89918	90543	90634	92991	93021				
免職	86334	93457							
棉花	86051	86164	86251	86503	86609	88405	88635	89288	89437
	90004	91027	91903	92353	92370	92937			
棉花制度	86251								
名古屋	86242	91304	91941	92463	92475	92486	93145	93175	93358

文藝	87221	88233						
文學	87700	90525						
文化	89461							
物價	85925	87649	87782	87832	89176	91605	91925	92116	92629
	92906	93071						
物價騰貴	85583	86365	87358	87379	88278	88414		
物産	86116	86186	86363	86599	87015	87041	87302	88144	89235
	89930	89999						
物産共進會	86446	86478	88201	88275	90695			
米價	85629	86255	87009	87168	87212	87405	87471	87472	87476
	87488	87508	87518	87519	87531	87532	87552	87553	87615
	87677	87739	87763	88178	88385	88606	89137	89732	89749
	89867	90170	90526	90661	91166	91228	91521	91689	91712
	91791	91912	91923	92114	92347	92483	93402	93660	
米檢	85523	85674	85685	86136	89017	89091	89440	90510	90511
	90814	91197	91214	92155	92218	92558	93654		
米穀	85586	85848	86188	86606	87013	87590	87707	87715	87768
	87769	87794	87809	87883	88226	88458	88830	89438	89490
	89518	89642	89818	89911	90442	91007	91294	91462	91538
	91610	91832	91833	92144	92218	92281	92441	92442	92942
	93122	93172	93345	93380	93437	93654	93684		
米管理令	87179							
米商組合 米穀商組合	87573	87590	89818	92442				
米國	86060	88466	89675	90350	90734	92376	92388	92399	92474
	93023	93263						
米談	85718							
米配給	87696							
米商	87508	87519	87573	87727	87772	89137	89732	89766	90295
	91736	93654						
美術	85788	87221	88298	88636	88674	91880		
美術展	88636							
迷信	89303	92726						
米廉賣	87554	87590	87600	87601	87620	87726	89618	91744	93362
米屋	87508	90113						
美風	85528	85973						
民曆 曆	87482	90224	90330					
民事訴訟	87343							
民籍	86253	87067	93640					
民族	87959	88480						
密輸	87703	88193	92784					

密陽 密陽郡	85716	86514	92991

ㅂ								
ビール	86275	89347						
博覽會	92896							
博士	86457	86541	87050	87850	87910	88003	88716	88798	88966
	89069	90525	90910	91563	91571	91719	91720	91953	92344
	92590	93238	93259	93338					
半島	90096	91693						
發明	85579							
發電	87640	88206						
發電所	90855							
發疹窒扶斯	90788	90890						
發會式	89989	90008	92660	92812	93069			
訪問	85697	87584	87597	87613	87648	87655	87663	87691	87705
	87834	87991	88043	88479	88499	88518	88534	88651	
防疫	85799	90280	91379	92052	92160	92394	92422	92423	92424
	92472	92626	92781	92798	92799	92817	92860	92947	93141
邦人	85606	85626	86057	87167	89701	89857	91384	92385	
紡織	90166	90562	90860	91196	91243	91311	92351		
配給	87696	89909	90709	93029	93272	93440			
俳壇	87036	87154	87206	87252	87320	87360	87383	87434	87487
	87549	87608	87646	87687	87730	87830	87860	87914	87929
	87986	88024	88068	88106	88147	88210	88271	88305	88375
	88420	88475	88572	88607	88662	88713	88786	88820	88877
	88987	89255	89270	89317	89334	89349	89475	89525	
排水	85723	86815						
排日	86222	89484	93596					
白豆	88910	89109	89230	89354	89503	89543	89646	89980	90132
	91090	92523							
白頭山 長白山	86758	87189	87309	87339	87846	88022			
白米	86932	87131	89323	89440	89607	89635	89852	89853	90302
	90491	91197	91923	92483	93061	93362	93654		
百姓	86593							
繁榮	85646	85974	86021	86052	90827	92200	92382	92621	
繁榮會	86021	92382	92621					
氾濫	92054							
犯人	86387	88288	90468	90516	90593	90730	91053	91096	91519
	92314	92396	92432	92801	92802	92868			
法	85626	85680	85735	85991	86066	86132	86249	86593	86649
	87018	87067	87243	87364	87464	87536	87669	87820	87913
	87959	88114	88421	88599	88627	88631	89277	89361	89486
	89816	89883	89967	90195	90204	90820	90947	91080	91116

賦課金	86090	87314	88295	92174				
部隊	88689	88703	88918	90167				
不動産	87095	90447	91077	91131				
埠頭	86589	89147	89233	93286				
部落	89803	90273	92058	92085				
府令	86279	86851	87110	89917	90071	90821	92248	92742
俘虜	86104	93550	93618					
富士	87848	90947	91428					
釜山	85525	85526	85550	85556	85753	85813	85850	85916	85944
	85958	85960	85968	85974	85975	85985	85990	85992	86010
	86014	86015	86017	86018	86019	86022	86027	86029	86031
	86036	86052	86230	86242	86263	86368	86390	86414	86485
	86531	86548	86578	86589	86612	86623	86665	86725	86741
	86769	86771	86863	86887	86944	86998	87010	87015	87142
	87149	87171	87345	87355	87375	87405	87449	87476	87512
	87532	87630	87666	87708	87724	87727	87772	87820	87880
	87917	87940	87977	88136	88138	88199	88216	88260	88410
	88459	88520	88665	88680	88688	88697	88711	88717	88720
	88765	88796	88801	88816	88849	88862	88867	88964	88972
	88973	89018	89043	89056	89127	89133	89147	89181	89195
	89212	89273	89311	89343	89351	89362	89377	89380	89409
	89410	89436	89442	89493	89497	89537	89541	89569	89602
	89660	89672	89680	89681	89724	89732	89734	89794	89819
	89870	89872	89887	89927	90060	90088	90115	90155	90166
	90248	90250	90361	90373	90419	90537	90548	90561	90563
	90565	90570	90660	90736	90739	90742	90752	90765	90806
	90853	90876	90891	90908	90910	90913	90915	90916	90920
	90924	90925	90963	90983	91050	91055	91056	91058	91171
	91202	91235	91272	91280	91313	91316	91351	91392	91430
	91440	91490	91546	91548	91666	91693	91736	91737	91772
	91833	91848	91861	91870	91882	91906	91949	91978	92073
	92173	92183	92196	92232	92280	92319	92351	92433	92439
	92448	92451	92474	92492	92599	92647	92658	92678	92684
	92697	92782	92786	92806	92836	92864	92865	92880	92881
	92908	92947	93009	93019	93023	93053	93211	93212	93220
	93286	93305	93312	93442	93448	93450	93454	93494	93542
	93611	93665	93680	93682					
釜山高女	91097	91768	92447					
釜山東別院	91565							
釜山商議	91722	92620						
釜山驛	85777	91281						
釜山中	89571							
釜山鎭	85612	85765	86621	87170	91196	91332	91817	92244
釜山通信	86052							

釜山港	86011	87068	87119	88705	92019				
釜山會議所	85936	91006							
浮石寺	85966								
敷設	85999	86007	86154	86401	86564	86652	86659	86730	86860
	86863	87069	88996	89778	90622	91046	91451	91714	92807
	92891	93016	93022	93106	93136	93195	93236		
府稅	86624	87545							
婦人	86796	87318	87456	88143	89034	89299	89767	90466	90593
	92554	92698	93334	93519	93533	93541	93556	93564	93582
	93598								
婦人運動	88514								
不作	88326	88700	89219	89331	92744				
部長	85940	86162	86253	86517	86864	87006	87444	88527	89084
	89793	89933	89990	90095	90111	90143	90586	90602	90750
	90949	91215	91355	91418	91652	91939	92118	92207	92254
	92267	92323	92444	92467	92705	92748	92960	93376	93570
	93572	93589							
府政	85536								
不振	85985	87365	89429	90220	90806	90878	90977	90984	91049
	91482	91844	93439	93549					
富豪	85605	86151	87711	92135					
府會	86374								
北滿	85822	86269	86278	86301	86325	86344	86453	87609	89478
	92385								
北鮮	85546	85548	85619	85779	86339	86341	86492	86662	86674
	86749	86751	86860	87087	87258	87534	87836	87837	88046
	88140	88352	88703	88732	88808	89037	89050	89107	89122
	89506	89513	89688	89729	89970	90134	90282	90425	90519
	90878	91250	91433	91455	91587	91656	91701	91894	92057
	92074	92201	92315	92333	93510				
北靑	86573	90956							
北海道	86153	86189	87453	87481	87496				
紛爭	86969	91539							
佛教	88023	90356	93471						
佛國	88460	88800	93473						
不良	86200	87076	87364	87393	87621	89186	89557	90818	90839
	90906	91221	91249	92389	93640	93654			
不逞鮮人	89900	90076	91331	91659	92086	93559			
佛像	86197	87317	87455						
佛心會	89704								
拂底	85858	86502	87407	87536	87926	87966	88658	88838	89138
	89210	89328	89388	89433	89513	90795	90954	91162	91438
	91627	91822	92049	92360	92664	92683	92703	92871	93203

	93215	93265	93402	93548				
不況	86533	86710	87772	89231	89773	91374		
崩落	87519	87552	88695	89635	89646	89867	91502	
非難	90083	90113	92113	92435	93078	93386	93565	
比島	89967	92398	92435					
沸騰	87135	87338						
肥料	86155	88402	88469	88847	90557	91826	92063	93040
肥配給	90709							
飛行	86300	86384	86399	86580	86612	86640	86678	88320	88387
	88625	88986	89051	89250	89474	91941	92475	93184	93443
	93531	93547	93592						
飛行機	86381	86497	87172	88201	88553	88564	88925	92398	92508
	93158	93361	93647						
飛行學校	86479	87556						
濱田	87976	88361	88859	93647				

人								
サルムソン	93415							
スケート	93551							
スケート場	93551							
ストライキ	87407							
セメント	86000							
詐欺	86423	86756	87515	93176				
寺內內閣	87650							
寺内正毅 寺内總督	85662	85718	85735	85786				
師團	85669 90578	85697 90832	88880	89948	90117	90145	90156	90167	90200
師團長	87936 91080	89935 92856	90204 93213	90422	90539	90603	90891	90947	90959
砂糖	91695	93241						
辭令	86098 90217 91472 92255	86628 90408 91488 92549	86915 90462 91754 92609	87840 90588 91820	88433 90745 91865	89874 91095 91985	89898 91138 92005	90042 91187 92112	90176 91398 92239
司令官	85889 89132	86158 91062	86162 91080	86184 91102	87308 91322	87492 91905	87802 91939	88062 92513	88600 92957
飼料	89751							
私立	90212	91342	91642	92767				
私立病院	90212	92767						
私立病院取締規則	90212							
私立學校	86304	87196	87348	91831				
死亡	86064	88924	89023	89139	92395	92989	93435	
事務官	87409	88521	92253	92332	92619			
事務所	87637	88142	89478	91742				
師範	90198	93089						
司法	86254	91645						
司法府	90550							
司法部	86253							
死傷	86322	90159	90849					
事業	85534 86947 88001 88161 88874 89567 89926 90416	85605 86974 88002 88184 88973 89620 90030 90768	85681 86979 88088 88442 89131 89638 90033 90800	85784 86980 88108 88447 89171 89656 90038 91026	85985 87119 88116 88457 89196 89672 90055 91104	86048 87167 88121 88648 89227 89684 90098 91121	86226 87304 88133 88697 89307 89727 90115 91186	86229 87724 88138 88857 89397 89857 90130 91289	86245 87961 88152 88870 89561 89910 90162 91346

	91381	91442	91464	91506	91568	91812	91889	91893	91916
	92232	92293	92349	92500	92536	92586	92640	92673	92739
	92741	92779	92806	92878	92945	92974	92979	93016	93116
	93180	93252	93304	93387	93448				
事業家	86533								
社友會	90260	90410	90416	90644	90689	90714			
寺院	85567	90503	91052	92197					
舍音	88490	88917							
辭任	85855	89858	90009	90759	90923	91720	91788		
社長	86436	86954	87102	88457	88465	90324	90375	90650	91284
	91322								
史蹟	86095	86117	86138	86161	86176	88003	92435		
寫眞	85728								
砂塵	86516	86562	86703	86722	86840	86918	87020	87098	87115
	87175	87236	87250	87351	87381	87440	87504	87607	87699
	87725	87744	87805	87892	90668				
砂糖消費稅	90062								
社宅	87527	88551							
沙河鎭	86297								
思惑師	89563								
社會	87645	88729	89058	91988	92506	93519	93533	93541	93556
	93564	93582							
山東	87698	87935	88253	88294	88535	88624	88792	88800	88914
	88978	89005	89145	89320	89358	89367	89495	89882	90059
	91385	91565	92514						
産物	85548	86034	86166	86333	87538	88050	89590	89887	90639
	91640	91661	92789	93317					
産米	85555	85573	87961	88591	88631	89834	90781	90955	91107
	91197	91252							
産額	85586	85626	86186	86257	86785	88015	89010	91004	91943
	92546								
山陽	87832								
産業 産業	85551	85629	86032	87765	88254	88590	90376	90750	90912
	90989	91782	91932	92669	92893	92896			
産業組合	88121	89951							
産業組合令	88121								
山椒	88208								
産出	86653	87491	88761	90469					
三島	87007	89476	89674	90354	90811	90829	90851	91044	91152
	91406	92198	92204						
三浪津	85733	86512							
三菱	86391	86674	88015	89184	89919	91128	91261	92858	92911

三菱鑛山	87564							
三井輕鐵	86111							
桑	86387 88482 93132	86626 88944 93250	86914 88963 93460	87060 90031	87300 90158	88145 90724	88286 91108	88314 92043	88480 92306
賞	86477	87544	88938	88999	89738	93050	93561		
商家	85859							
相談役	90087	90235						
相撲	85521 91317	86267 91564	86357	86545	86614	86838	91211	91282	91302
商船	85749	85827	88048	88558	89014	89374			
商船校	85827							
商勢	86587	89179	89194					
上水道	86015	87921						
水利補助規程	90451							
商業	86011 90736 91594 93191	86193 91025 91739	86776 91085 91818	87168 91117 91908	88923 91169 92174	89396 91178 92747	89884 91216 93069	89903 91267 93109	90570 91335 93112
商業學校	90172							
賞與	86526	88736	89296	91668	93658			
桑葉	86349	86561	86592					
商銀 商業銀行	86092	87485	89628	89761	91171	91254	91818	91997	93529
商議所	86383							
尙州	85682	87852	93321					
上海	87959 93028	88199	88477	88478	88715	89274	89927	90903	92456
傷害	93534							
商會	87022	87041	87069	90054	92661			
生徒	86392 91741	86951	87475	89123	89735	90319	90732	91114	91342
生命保險	87197	89253	91024					
生田葵山	86491							
生活	85698 93018	88302 93489	89094 93496	89100 93577	89361	91324	91337	92388	92949
生活救濟	87630							
生活難	86074 88596	86127 91765	87202 92258	87279 92652	87599	87623	87761	88077	88519
生活向上	89100							
庶務課長	89882	91969						

西伯利	86269	86278	86301	86325	86344	88133	88496	88813	89012
	89991	90288	91637	92237	93244	93322	93598		
瑞山	90769	92897							
西鮮	85647	85793	85901	86110	86389	86478	86858	87990	88008
	88124	88404	88670	88909	89222	91348	92212	92311	92427
	92573	92723	93489						
西鮮拓殖輕鐵	92573								
署長	86334	86386	87389	89172	90435	91024	91415	92595	92771
	92854	93092	93197	93320					
釋迦佛	86318								
石首魚	86143	90685	90954						
釋王寺	88484	88489	88647	92910					
石油	87966	88045	88606	89160	89252	89300	89314	89327	89347
	89390	89403							
石炭	85893	85922	86418	86467	86883	87683	88060	88087	88345
	88732	89128	89829	89909	90875	91121	91461	91815	91844
	91975	92208							
石炭配給	89909								
石灰岩	87478								
船	86502	86642	86724	87254	89245	89257	89275	89302	89354
	89374	91607	93416						
船渠	85543	85544	85641	86368	86414	86436	86519	86531	86532
	87355	88510	88691	89377	89493	89726	89819	90088	90155
	92196	92618							
選擧	86441	86712	87289	88336	88441	89610	89944	90332	90759
	90854	92013	92109	92418	92454	92491	92511	92838	92867
	92941	93065	93391						
宣教	90239	90350	90356	90554	90672	91439	91699	92655	93635
宣教師 宣教師	89739	89982	90239	90350	90356	90554	90672	91439	91699
	92655	93635							
鮮南銀行	87428								
鮮女	85761	86701	90665	91565					
鮮童	86200	88120							
鮮滿スケッチ	85800	85813	85821	85835	85862				
鮮米	85629	85670	85718	86153	87093	87135	87194	87198	87565
	87585	87593	87748	87767	88532	88902	88907	88960	89213
	90599	90834	91166	91228	91229	91294	91336	91462	91492
	91850	92079	92379	92442	93344	93660			
鮮民	86597	87482	90224	90330	90439	90519	90542	90774	90848
	90863	90902	91039	91150	91238	92325			
先生	86406								
鮮語	85947	88174	89002	90245	92129	93186			

	92302	92362	92408	92434	92509	92542	92612	92665	92686
	92736	92750	92792	92925	93047	93051	93141	93208	93310
	93328	93510	93584	93593	93604	93652	93663		
城津購買組合	86575	88656							
盛況	86073	86758	87150	87254	87620	88417	89230	89369	89509
	90304	90507	90522	90955	91009	91339	91380	91484	91709
	91870	91876	92440	92778	92995	93471	93680		
稅	85596	85744	85805	85873	85888	85907	85962	86080	86131
	86216	86265	86279	86308	86345	86459	86525	86624	86833
	86851	86911	87059	87081	87099	87226	87230	87342	87421
	87422	87467	87545	87746	87785	88112	88153	88200	88370
	88409	88445	88505	88946	89090	89095	89186	89247	89357
	89526	89641	89816	90040	90041	90060	90062	90071	90082
	90086	90116	90146	90188	90221	90287	90312	90384	90415
	90429	90435	90487	90617	90736	90744	90791	90865	90879
	90891	90949	91103	91116	91153	91156	91178	91249	91294
	91366	91418	91507	91747	91795	91974	92076	92463	92486
	92506	92617	92745	92758	92851	92895	92960	93010	93041
	93080	93192	93253	93282	93301	93583			
世界の噂 (코너기사)	86075	86104	86128	86151	86204	86225	86300	86337	86388
	86399	86723	86803	86900	86937	87027	87042	87099	87238
	87251	87265	87296	87441	87457				
稅關	85596	85888	86216	86265	86345	88370	90060	90435	90891
	91294	91507	91974						
稅關長	86265	86345	88370	90060	90891				
稅金	87467								
稅務	85907	88445	90082	90116					
稅制改正	87342								
少女	86688	88427	89748	90112	92184				
少年	86688	88357	88479	91505	93418				
小麥	86421	86549	87704	87932	88253	88535	90312	92102	
消防	85943	88372	88435	89606	89990	90017	90079	90764	92429
	93098								
消費稅	90062	90429	93253						
消費組合	93297								
燒死	90545								
小説	89264								
訴訟	86425	87343	87959	89152	91205	92594			
騷擾	89706	89738	89747	89756	89764	89814	89850	89855	89861
	89863	89878	89982	89983	89985	89987	89993	90143	90144
	90177	90185	90203	90216	90219	90242	90246	90255	90258
	90273	90277	90296	90298	90318	90319	90320	90331	90339
	90340	90341	90345	90352	90353	90372	90373	90386	90393
	90400	90412	90439	90468	90497	90516	90544	90572	90573

	90576	90608	90610	90613	90620	90630	90665	90669	90729
	90750	90765	90849	90857	90912	90957	91013	91101	91405
	91417	91432	91471	91504	91512	91516	91545	91561	91566
	91590	91608	91624	91653	91671	91682	91701	91751	91762
	92056	92068	92132	92967	93504				
小原 小原新三 (農商工部長官)	85838	87444	88388	88527	89793	90173	90750		
小作	89238	89868	91909						
小作料	89448	92728	93166						
所長	87112	89752	89772	91788	91805	92344			
消長	88153	89411	90221	90651					
小井里	91652								
少佐	90631	90733	93600	93615					
蔬菜	88700	90986	91851	92235	92260				
小包	89095	89200							
小學	86191	86246	86283	86354	86392	86395	86406	87288	87512
	88118	88342	88351	88367	88479	88495	88499	88509	88579
	88651	88660	89237	89280	89293	89892	89956	89959	90016
	90285	90727	91080	91399	91555	91604	91856	92223	92286
	92289	92331	92540	92681	92834	92898	93450		
小學教	91555	92223	92286	92331					
小學校	86191	86283	86354	86406	87288	87512	88118	88342	88367
	88479	88499	88579	88651	89237	89892	89956	89959	90016
	90285	90727	91080	91399	91604	92289	92540	92681	92898
	93450								
孫秉熙	90517								
松江	85798	90482	91637	93175	93282	93396			
送金	86473								
松毛蟲	86795	91520							
送電	90066	90360	90946	91149	92475				
松汀	85961								
松川 松川敏胤 朝鮮駐箚軍司令官	86162	86184	87307	87332	87346				
松平東拓理事	90733	90910							
收繭	86626	88440	91158	91443	91577	91628	91991	92601	
水口(稅務課長)	85907	90082	90116						
收納	89115	89415	89416	92047	93200	93673			
水稻	88236	90181							
水道	85611	85911	85990	86015	86016	86063	86154	86949	86962
	87096	87921	88833	88855	89470	90098	91246	91786	91882

	92659	92678	92721	92863	93151			
水力發電 水電	87328	87640	88206	88227	89345	89519	90606	90719	91026
	91031	91106	91129	91134	91136	91172	91183	91217	91553
	92348	93067	93291						
水利灌漑	93423								
水利事業	86226	86947	87961	89397	90033	91506	91812	92536	
水利組合	85723	86608	87439	89155	90162	91687	91724	91813	
樹立	91682								
搜査	86405	88288							
水産組合	85924	88191	88452	89542	89820	89865	89973	92507	
水産 水産	85548	85556	85924	86166	86309	86326	86369	86845	86891
	86904	86967	86968	86983	87052	87354	87444	87538	87568
	87923	88030	88050	88071	88088	88191	88312	88447	88452
	88846	89092	89542	89690	89820	89840	89865	89887	89973
	90436	90565	90700	90913	91656	91661	91753	92064	92507
	93687								
輸送	85612	86231	87107	87425	87569	87598	87773	87816	87819
	87950	87966	87996	87997	88047	88060	88093	88123	88240
	88406	88526	88559	88578	88603	88709	88749	88843	88845
	88866	88957	89015	89110	89187	89209	89267	89310	89359
	89711	89713	89740	89907	90201	90365	90470	90490	90558
	90636	90654	91335	91390	91412	91554	91616	91736	91785
	91850	91890	93158	93278	93344	93492			
手數料	90262	90511	91132	91159	91621	92949			
修業	87514	92968							
授業	87522	89123	89665	90735	90881	92445			
授與	87065	88913	91740	91761	93649				
獸疫	87058	87903	93524	93532					
水泳	87149	91737	91856	91870					
水運	85657								
水原	85603	85813	88448	88463	88592	90209	90521	90719	
收益	87489	87522	87563						
收入	86214	87450	87494	87743	87886	88675	89112	89269	89329
	89632	89667	89720	89871	89890	90089	90259	90478	90705
	90782	90785	91116	91524	91734	91775	91974	93280	
輸入	86372	86921	87211	87259	87386	87507	87692	87767	88193
	88672	89357	89967	89977	90059	90357	91010	91685	92128
	92784	92895	93241						
水田	89623	91851							
水電	87328	88227	89345	89519	90606	90719	91026	91031	91106
	91129	91134	91136	91172	91183	91217	91553	92348	93067
	93291								
手紙	85698	90665							

輸出	85629	85670	85718	85930	86166	86188	86329	86369	86606
	86709	86710	86891	86968	86970	87322	87362	87535	87565
	87568	87682	87693	87837	87841	87932	88026	88253	88447
	88535	88762	88977	89092	89146	89294	89304	89323	89646
	89675	89721	89781	90916	91266	91385	91455	91509	91603
	92240	92441	92488	92942	93498	93596			
數學	85590	88555	89162						
受驗	91420								
輸血	93338								
收穫	86257	86421	87619	87905	88630	89234	90683	90724	92061
	92291	92466	92523	92524	92670	92707	92708	92938	92960
	92998	93164	93498						
巡查	85762	87283	87371	89249	90143	90421	90477	91124	91752
	91846	91868	92004	92570	92632	92850	92894	93457	93464
	93479	93570							
巡查採用試驗	85762	90477							
巡視	85997	87451	88542	88557	88671	89356	90587	92089	93057
	93213								
殉職	86933	88330	90238	90594					
順天	90412	92105							
蠅	89896								
乘馬	85942	87088	88757	88839	89263	89402	90694	90909	91023
乘組員	91662								
乘車券	92424								
繩叺	86598	89456	90725	91918	92017	92355	92578	92589	92739
	92795	92871	93012	93082	93229	93272	93316	93639	
乘合自動車	86268	89039	92847	93221					
詩	89421	89461							
豺	86407	91871							
時間給水	91882								
時局	87594	89194	90355	90888	92538				
市民	85597	86063	86730	87988	88301	89272	89434	89498	89581
	89777	89974	90079	92054	92269	92402	93167		
施設	85799	85990	86060	86229	87068	87801	88161	88184	89672
	89673	89992	90550	90926	91332	91392	92023	93442	93516
市外	85794	88365	91324	93443					
市場	85573	85959	86551	86657	86804	86945	87436	87690	88071
	88095	88458	88556	88946	89080	89445	89511	89544	89568
	89842	90028	90084	90138	90353	90467	90497	90611	90641
	90805	90809	90863	90864	90933	90980	91007	91445	91495
	91592	91712	92316	92376	92388	92399	92412	92543	92819
	92907	92946	93073	93107	93126	93127	93139	93317	93347

	93469	93685						
市長	86399	88912	92876					
市政	85750							
施政	85628	91108	93088	93100				
視察	86078	86133	86172	86210	86234	86244	86302	86331	86339
	86521	86632	86812	87080	87143	87373	87596	87936	88031
	88204	88277	88377	88527	88575	88640	88663	88684	88780
	88790	88813	88942	89107	89150	89814	90027	90091	90349
	90400	90541	90580	90602	90631	90772	90802	90901	90992
	91000	91189	91232	91556	91597	91612	91652	92074	92166
	92175	92341	92507	92778	93214	93329	93358	93366	93392
視察團	86133	86172	86210	86302	86331	88031	88277	88377	88640
	88684	88780	88942	89150	90027	90580	90772	90802	91189
	91556	91612	92074	93358	93366				
屍體	91958							
試驗	85762	85979	86049	86120	86676	86872	87408	87710	87784
	88054	88487	88540	89249	89696	89887	90080	90174	90205
	90388	90457	90466	90477	90599	90743	90971	91389	91448
	91720	91788	91804	91837	92344	92650	93014	93170	93210
	93365	93570							
食糧	87737	87961	92728	93598				
食料品	87996	90864						
植林	86245	88873	89003	89684	90581			
植民地	85781							
殖民 植民	85554	85759	85781					
殖産課 殖產課	87117	93040						
殖產局	92206	92207	93401	93468				
殖産 殖產	85681	86517	86553	86610	86843	87117	87158	89478	89584
	90033	90058	91152	91599	92206	92207	92565	93040	93401
	93468								
殖産銀行 殖銀	86517	86553	86727	86738	86808	86809	86843	86881	86902
	87044	87074	87105	87210	87267	87268	87323	87639	87664
	87838	87952	88122	88297	88334	88369	88378	88380	88492
	88763	89165	89447	89457	89476	89566	89674	89708	89722
	89997	90029	90164	90209	90240	90252	90354	90377	90398
	90428	90449	90535	90571	90711	90811	90851	90898	90931
	90932	90996	91152	91234	91251	91276	91406	91467	91797
	92178	92198	92204	92231	92359	92391	92625	92645	92826
	93167	93181	93203	93299					
殖産銀行創立 殖銀設立	86727	86738	86881	86902	87268	88122		

神學校	89401								
實施	86526	86606	87081	87880	88792	88977	88981	89170	89621
	89779	90183	90691	90736	90896	91082	91403	91702	91950
	91975	92119	92131	92309	92716	92816	92945	92949	92968
	93061	93398	93540						
實業	85621	86745	87035	87322	87585	88004	88031	88070	88166
	90580	90754	91665	92385					
實業家	87322	87585							
實業學校	85621	88070							

				○				
アメリカ 米	86060 93023	88466 93263	89675	90350	90734	92376	92388	92399	92474
イタリー 伊太利 イタリヤ	92165								
鵝口瘡 鵞口瘡	89537 90720	89546 91021	89733 91207	89849	89922	90019	90118	90342	90715
兒童	86953 91571	88428 91856	89193 92803	89280 92834	89932	90273	90482	91400	91563
亞細亞鑛山	92662								
亜細亜 アジア アヂア	92662								
兒玉	85831	90631							
阿片	88114	88193	88232	91305	91324	91470	91929	92047	
安南	86119	88735	88886	91950					
安東	85587 86276 88976 90767	85702 86974 89010 90843	85999 87690 89164 92461	86093 87696 90011 92691	86095 87852 90380	86117 87880 90506	86138 88293 90530	86161 88367 90671	86176 88582 90692
安東縣	85587 90506	86095 90671	86117 90692	86138 90767	86161 92691	86176	87690	89164	90380
鞍山	86262 88274	86281 89258	86439 89293	86489 89345	86669 89469	86687 89800	86842	87008	87025
安州	88090								
鞍山製鐵	86262	86281	86687	86842	87008	88274	89258		
斡旋	86043								
巖南	90348	90489							
鴨綠江	86069	86259	86706	86748	90699	90805	91141	91502	
昂騰	87405 91689	87615 93402	87922	88248	88415	89028	89537	91513	91605
愛國	86796	89034	89767						
愛國婦人會 愛婦	89393	86796	89034	89767	90128	90334	93649		
罌粟	87786 92059	88898 92091	89031	91393	91596	91615	91757	91929	91999
野球	85604 90218 92656	85632 90842 92836	86296 90883 93008	86604 90909 93161	86649 90985	86720 91283	87018 91321	88357 91348	88711 92569
耶蘇	89986	90213	90319	90646	90784	91139			
耶蘇敎	90784	91139							

藥草	86634	89912	92923					
養鷄	86209	91708	92532					
養鰻	86112	86145	86592	87885	90993	91104	91425	91435	92640
	92878	93348	93629						
養鰻組合	87885							
兩班	85949	93088						
養蜂	86417	86595						
養成	90241	90648	92125	92224	92583	93458		
養成所	90241	92224	92583					
洋式	93089							
養殖	86132	90047	91581	93619				
養蠶	86112	86145	86592	87885	90993	91104	91425	91435	92640
	92878	93348	93629						
釀造	86024	86785	88791	89183	89788	90561	90599	92384	92710
	92790	92980	93050	93104	93656				
御內殿	87350							
漁夫	87474	87845	90954					
漁業	85592	85602	85626	85664	85671	85708	86132	86538	86895
	87164	87801	88046	88168	88417	89259	89301	89830	89832
	89915	90805	90870	90954	91380	91455	91588	92275	92526
	92604	93610							
御眞影	88262	88300	88574	93034	93450			
言論	85786	92325						
言論壓迫	85786							
旅客	86792	89742	90479	90789	91800	92501	92520	93267	
旅館	86230	87368	89347	91176	92115	92782	92876		
女敎員養成所	90241							
女流	93547							
廬山めぐり	88211	88234	88251	88290	88306	88343	88358	88390	88403
麗水	85961	88312	89519					
旅順	85536	85847	89473	90547	91382	92200	92269	
如是我聞	87861	87878	87919	87949	87962	87972	88074	88213	88235
	88255	88292	88309	88344	88363				
女將	85816							
女學校	85884	85952	86310	86490	86673	86763	88231	89050	89135
	89696	91016	91880	92049	92691				
女學生	86198	88128	89242	89256	89264	89271	89318	89335	90665
	93590								
旅行	86253	87292	88593	89142	90907	92354	93476	93497	93506
	93515	93522							
驛	85603	85616	85644	85660	85666	85682	85693	85702	85716
	85733	85753	85765	85777	85785	85796	85809	85818	85842

	93533	93541	93556	93564	93582			
聯合大會	89693	91945	91963	92411	92789	93105	93209	93288	93519
	93533	93541	93556	93564	93582			
列國	93612							
列車	86393	86590	86591	86729	86770	87200	87335	87752	87783
	87851	87880	87967	88012	88075	88619	88861	88988	89125
	89167	89350	89412	89740	89811	89942	91147	91218	91359
	91449	91697	91887	91913	92462	92753			
鹽	85699	85850	86167	86168	86494	86683	87047	87181	87211
	87479	87709	87710	87931	88198	88346	88392	88498	88599
	88605	88665	88749	89138	89313	89675	89829	90059	90648
	91314	91455	91500	91814	91930	92120	92297	92364	92470
	92979	93066	93283						
廉賣 廉價販賣	87554	87573	87588	87590	87600	87601	87615	87620	87632
	87677	87726	87733	87857	88173	88245	88726	89618	91583
	91744	91838	93362						
鹽業	92364							
鹽鯖	86494	89675						
鹽澤布	90648							
葉書	88036	88241	92518	92618				
獵銃	92405							
英	86225	86337	86388	86938	87069	87386	88396	88729	88731
	88896	90546	90947	91092	92165	92193	92241	93089	93408
營口	85590	85677	89164	89345	90767			
英國	86225	86938	87069	88396	92165	92193	92241	93089
盈德	86004	90011	91601					
營舍	87233	90864	91713	91824	93606			
榮山浦	85971							
營業稅	86131	90287	90879					
榮轉	89132	91915	92619					
預金	86003	88694	91836	91864	92414	92415	92826	
藝妓	87130	87983	88268	88318	88564	88693	88840	89081	89103
	89253	89603	91952	93496				
藝妓會社	89603							
豫防注射	87903	92720	92737	92766	92799			
豫算	85613	85936	85944	85968	86108	86183	86813	87129	87571
	87611	88857	89526	89586	89638	89655	89662	89775	89838
	89896	89946	89996	90065	90147	90222	90247	90303	90335
	90387	90396	90444	90616	90618	90662	90678	90697	90710
	90718	90794	90950	91063	91081	91195	91362	91758	91858
	91960	92000	92108	92293	92400	92758	92824	92863	93086
	93207	93509	93554	93599				
豫習	87818	89243	89280					

娛樂	87686	88451	88936	92485	92679	92796		
娛樂機關	92485	92679	92796					
五龍背	86297							
五洲	92891	93288						
沃溝	93569							
溫突	89449							
鰛魚	88423							
溫泉	85569	86020	86023	87502	88010	90827	92169	93665
瓦	85655	85807	85958	86025	86802	86818	87147	87255	87306
	87533	88487	88725	88793	88797	89053	89222	89583	89710
	89847	89972	91201	91731	91783	91907	92041	92238	92616
	92717	93219	93342					
瓦斯 ガス	85655	85807	87147	87255	88487	89222	89847	91907	92041
	92616	92717	93342					
瓦電	85958	86025	86818	87306	87533	88725	88797	89053	89583
	89710	89972	91201	91731	92238			
往來	88388	88755	88784	88819	88853	88901	88939	89004	89057
	89071	89082	90519	93152	93341			
倭館	85693	92561	92819					
倭館親和會	92561							
外交	85767							
外國	85718	85947	86494	87418	87526	88792	89813	93405
外國語	85947							
外國語學校	85947							
外蒙古	93149	93154	93168	93178	93194	93206		
外米	86862	86877	86939	86940	86944	87054	87169	87325	87345
	87393	87519	87586	87696	87781	89593	89618	91773
料理	89347	90274	92049	92162	93149	93154	93168	93178	93194
	93206							
要塞	87249	91322	91905					
遼陽	85541	85656	85736	87397	90597	93317		
窯業	86476	89787	89930	90093	93182			
龍頭山	85562	85833						
勇士	87437	88267						
龍山	85661	87118	87556	87790	89723	90015	90326	90410	91396
	91497	91511	91781	91786	91822	91852	92036	92058	92085
	92099	92136						
傭船	88687	89269						
宇都宮	87492	87802	88062	91062	91080	91939		
宇都宮司令官	87802	88062						
優等生	85659							

優良	88650	89000	89834	90531	90713	90747	91655	92102	92669
牛	85634	85779	85869	86061	86147	86150	86402	86670	86710
	87150	87178	87184	87197	87364	87374	87448	87534	87535
	87571	87667	87747	87837	88111	88218	88228	88239	88252
	88283	88379	88601	88616	88672	88733	88789	88823	88847
	89027	89028	89058	89078	89195	89206	89391	89436	89438
	89537	89568	89737	89751	89781	90104	90283	90359	90472
	90536	90545	90590	90806	90835	91038	91042	91198	91240
	91290	91374	91587	91709	91717	91809	91876	92212	92258
	92272	92280	92312	92333	92440	92623	92739	92741	92769
	92831	93047	93279	93365	93432	93440	93604		
牛市場	89568								
牛疫	86147	86150	89391	91042	91587				
牛耳洞	85634								
郵貯	86211	86287	93175						
郵便	86973	87053	87091	87191	87670	87874	88097	88230	88323
	88426	88775	89039	89101	89102	89200	89248	89262	89389
	89399	89412	89462	89572	89757	89889	90037	90815	90825
	91347	92209	92588	92664	93049	93222			
郵便局	86973	87091	87874	88230	88426	89101	89102	89462	89572
	89757	91347	92209						
郵便所	89248	89889	90037	93049					
郵便貯金	88775								
運動	85630	85783	85817	85983	86070	86082	86142	86179	86185
	86260	86296	86392	86410	86502	86515	86604	86649	86659
	86681	86720	86734	86781	86834	86965	87018	87065	87097
	87153	87203	87215	87869	87958	88104	88388	88471	88495
	88514	88620	88724	88757	89111	89144	89319	89577	89967
	90025	90096	90218	90294	90343	90355	90361	90522	90523
	90660	90739	90742	90748	90770	90838	90860	90876	90895
	90909	90924	90925	90987	91023	91025	91041	91056	91057
	91086	91154	91194	91283	91321	91348	91360	91362	91534
	91550	91636	91666	91810	91857	91873	91971	92167	92168
	92331	92412	92569	92615	92656	92688	92727	92768	92786
	92820	92836	92845	92973	93008	93010	93026	93039	93144
	93161	93334	93400	93408	93520				
運動界 코너기사	85783	86296	86410	86515	86604	86649	86681	86720	86734
	87065	87097	87153	87203	87215	87958	88104	88388	88757
	90096	90218	90909	91023	91283	91321	91348	91360	91550
	91810	91857	91873	92569	92615	92656	92688	92727	92768
	92786	92820	92836	92973	93008	93026	93039	93144	93161
運動場	92412								
運動會	86070	86142	86185	86260	86392	87018	87869	88388	88471
	88495	88724	90294	90343	90522	90523	90748	92688	92727
	93026	93039	93144						

	93445	93486						
柔道	87310	91857	91873					
有力者	87599	90774	92139	92828	93063			
遊民	85623							
儒生團體	93628							
遺族	93620							
幼稚園	92706							
流行	86319	86424	86528	86680	86757	86898	87626	88754	88796
	88801	88904	88932	88933	89190	89254	89546	89912	91691
	91921	91937	92088						
遊興	92090	93010	93487						
遊興稅 遊興稅反對運動	93010								
陸軍	86989	87118	87816	88928	88994	89211	89287	90631	90675
	93452	93675							
陸軍經理學校	90675								
陸上	90130								
融和	85521	90497	92117	92206					
恩賜授産	87049	87123							
銀鐵鑛	89801								
銀行	85963	85993	86080	86271	86321	86340	86517	86553	86647
	86782	86797	86820	86843	86850	87062	87086	87213	87377
	87378	87427	87428	87499	88004	88539	88566	88581	88694
	88782	88825	88883	89382	89458	89517	89564	89631	89818
	89928	90055	90058	90206	90765	90891	91035	91125	91152
	91271	91287	91382	91579	91641	91673	91802	91818	91836
	91956	91973	91997	92049	92111	92176	92220	92367	92390
	92415	93167	93245	93296	93417	93520	93548	93557	93681
陰謀	87697	89484	91505						
音樂	88756	89271	92522						
音樂會	88756								
醫	85709	85981	86120	86290	86291	86346	86422	86454	86604
	86700	86754	86872	87113	87631	88517	88540	88573	88587
	88599	88710	88876	88899	88980	89161	89425	89598	89725
	89863	89933	90205	90213	90263	90466	90669	90743	91096
	91305	91498	91793	91804	91939	92981	93004	93014	93085
	93393	93505	93554	93638	93656				
醫療	86754	89425	92981	93505	93554				
義務	93216								
義務教育	87913								
醫師	86120	88540	88599	90205	90213	90466	90743	91804	93004
	93014	93505	93638						

李載完(候邸)	89900							
李朝	92910							
移住	86068	88077	89789	89800	90275	90439	90481	91588	91822
	92552	92565	92996						
移出	85586	85761	85779	85848	85869	86488	86908	86967	87150
	87184	87374	87518	87531	87585	87587	87748	87750	87839
	88379	88576	88601	88733	89027	89122	89195	89216	89217
	89357	89378	89477	89621	89994	90283	90359	90469	90508
	90590	90814	90830	90991	91068	91180	91228	91229	91294
	91391	91825	91841	91897	91979	92157	92477	92482	93047
	93061	93604	93654						
離婚	86641								
溺死	86201	91662	91741						
人 (코너기사)	89670	89793	89882	89990	90276	90306	90324	90354	90375
	90413	90525	90589	90675	90733	90749	90789	90811	90829
	90851	90891	90910	90923	90947	90959	91024	91062	91080
	91102	91152	91165	91264	91284	91322	91333	91415	91493
	91681	91719	91939	92075	92180	92227	92343	92425	93452
	93468	93589							
籾	86008	86106	86282	86435	87721	88303	88329	89174	89448
	89486	89868	93138	93426					
認可	85633	85690	85710	85769	85904	86065	86192	86218	86354
	86379	86475	87756	87887	88342	88581	89312	89631	89892
	89959	90109	90172	90202	90236	90285	90395	90411	90598
	90622	90662	90673	90739	90822	90869	90925	91143	91315
	91396	91469	92100	92307	92354	92403	92642	92743	92880
	92934	93106	93336	93507	93627				
人夫	87407	87569	87753	87926	88554	89329	91188	93215	
人事	86162	88354	90080	91634					
人蔘	86196	86257	86477	90403					
籾種	86282								
印紙稅	90040	90082	90146	90736	91156				
仁川	85528	85530	85532	85544	85577	85584	85597	85641	85655
	85670	85674	85685	85709	85720	85737	85877	85913	85923
	85935	85982	86001	86044	86056	86070	86129	86205	86283
	86359	86387	86436	86440	86445	86518	86535	86537	86560
	86602	86606	86620	86630	86766	86777	87009	87363	87508
	87617	87770	88044	88110	88291	88308	88340	88368	88370
	88437	88444	88503	88528	88558	88570	88685	88687	88730
	88738	88758	88766	88773	88787	88807	88959	89107	89152
	89183	89185	89192	89261	89268	89322	89324	89370	89373
	89510	90233	90299	90303	90379	90395	90460	90571	90598
	90765	90850	90853	90854	90919	91077	91557	91621	91974
	91977	91984	92090	92100	92153	92160	92224	92235	92261

	ス								
資金	86653	87139	88005	88100	89657	89744	90069	91088	91388
	91481	91889	92010	92233	92366	92536	93348	93408	93516
	93520								
資金回收運動	93520								
自給	88727	89601	89886	90053	91548	92641	93040		
自給自足	90053								
自動車	85769	86050	86268	86294	86319	86773	86798	86818	86857
	86893	86946	87337	87431	87798	87927	87982	88010	88338
	88372	88680	88707	88875	89039	89053	89262	89286	89483
	89522	90054	90215	90323	90807	91457	91601	91718	91790
	91921	92242	92505	92725	92847	93037	93123	93173	93190
	93221	93382	93404	93482	93483	93693			
資本	86431	86483	86609	87568	88092	88217	88978	89226	89325
	89788	89926	90053	90423	90719	91105	91798	92962	92978
	93067								
資本金	89325	92978	93067						
資産家	88232	91161							
自殺	86127	86292	86295	86615	86873	88547	89473	90293	90958
	91572	91618	91958	92087	92738	93486			
慈善	86048								
資源	89526								
自轉車	87059	88569							
慈惠醫院	86291	88517	88573	88710	88876	89725	91498	91793	93393
作況	86807	86960	87301	87754	87792	87814	87904	87948	88424
	89219	91993	92294						
蠶	85731	86037	86112	86145	86236	86238	86280	86311	86312
	86376	86543	86592	86627	86672	86675	86682	86740	86784
	87125	87148	87165	87174	87281	87326	87394	87477	87674
	87719	87844	87885	87955	88108	88118	88156	88229	88516
	88743	89207	89220	89673	89891	90106	90380	90473	90505
	90684	90691	90817	90833	90993	91011	91033	91051	91070
	91104	91170	91257	91357	91425	91435	91443	91450	91598
	91600	91617	91628	91759	91835	91898	91902	91962	91966
	91991	92175	92211	92219	92318	92601	92640	92808	92878
	93132	93165	93326	93348	93410	93458	93499	93629	93642
蠶繭	89207	91170							
蠶絲	86238	87719	88743	89220	90106	90380	92175		
潛水艦	91949	92499	92611	92630	92684	92685	92735	92797	92842
	92889								
蠶業	85731	86236	86376	86672	87125	87281	88108	88156	88516
	89673	89891	90691	91104	91357	91425	92211	93132	93326
	93410	93458	93642						

語									
蠶業組合	87281								
蠶業取締令	88108								
雜穀	85696	87537	87737	92213					
雜貨	86026	87832	90864	91324					
長官	85774	85826	85838	85857	85905	85918	85920	85933	86005
	86162	86206	86253	86429	86517	86521	86631	86662	86711
	86864	87006	87040	87044	87080	87143	87144	87300	87444
	87779	88141	88162	88279	88286	88314	88388	88391	88411
	88485	88944	89047	89107	89199	89431	89776	89793	89848
	90144	90173	90289	90750	90910	91108	91118	92118	92225
	92227	92267	92952						
葬具屋	85715								
將軍	85726	85741	87299	87330	92481				
長崎	91988	92456	93145	93282	93596	93632			
將來	85542	85579	85606	85699	85703	85939	86736	86853	86949
	88629	89107	90053	90060	90076	90875	91167	91179	91196
	91300	91637	92982	93334					
獎勵	85599	85866	85902	86106	86371	86446	86506	86672	86910
	86950	87507	87643	87737	87867	87881	87990	88072	88088
	88381	88896	88944	88947	88962	89288	89592	89633	89651
	89666	89719	89751	89978	90162	90210	90229	90417	90557
	91091	91167	91179	91273	91288	91291	91698	91838	92230
	92240	92355	92532	92644	92739	92996	93210	93256	93272
	93386	93641							
醬油	89617	91894							
長春	85534	85625	85630	85675	87365	88541	89943		
財界	88588	89074	89620	89963	89993	90431	90526	92531	
財團	90486	91133							
齋藤實 齋藤(總督)	92053	86469	87030						
栽培	86829	87274	88119	88634	88898	89031	89204	89372	89592
	89651	89666	89886	89912	90004	90032	90133	90141	90404
	90559	90638	90676	91393	91578	91596	91615	91838	91929
	91999	92059	92091	92644	92927				
財政	85536	85584	85618	85727	85738	85755	87342	88001	88914
	89358	91265							
財政難	85727	85738	85755						
裁判	85588	87343	87445	88930					
裁判官	87445								
裁判所	85588	88930							
災害	91255	92287							
在鄉軍人	91255	92287							
爭奪	89375	90218	90421	90425	90771	90842	90883	91971	92182

	92572	93416						
楮	86464	92011						
貯金	85963	86440	86975	88097	88775	89953	90278	91774	92745
抵當令	91133							
貯水池	86016	86226						
貯蓄	85894	87247	87456	91748	91909	92391		
敵	85537	86783	89402	91077	91801	91934	93550	
敵國	86783	91077	91801	91934				
赤痢	91619							
赤十字	89034	90612	92444					
荻田	88388	91223	91404	92137				
電氣	85557	85825	85889	86045	86146	86378	86462	86636	87234
	87328	87391	88325	88394	88860	89408	89877	90140	90503
	90625	90855	90861	91135	91363	91553	91775	91778	92026
	92041	92891	93006						
電氣料金	86462							
傳達式	86668	87185	87740	88667	89899	89929	90677	
全道	86768	87436	89113	89849	90355	90631	90914	91013	92214
	92264								
電燈	86643	86737	86885	87313	87392	87595	87997	88282	89252
	89292	89343	89345	89408	89467	89519	89539	89541	89596
	89777	90418	92026	92246	92363	92393	92616	92649	92717
全羅南道 全南	85521	85599	86280	86285	86294	86980	89240	89352	89538
	89718	89719	89764	89878	89893	90112	90188	90412	90545
	91361	91446	91465	91479	91705	91950	92104	92353	92496
	92559	92689	93670						
全羅北道 全北	86434	86595	87588	87907	88166	89368	89834	90083	90455
	90510	91294	91506	91950	92149	92166	92793	92798	92936
	93394	93410	93417						
展覽會	86104	87426	88298	88636	88707	88919	89035	89636	92887
	93229								
電力	86025	87595	88124	88307	90917	91548		
專賣	91116	92119						
專門學校 專門校	86346	91025	91117	93458				
電報	88136	88792	89018	89158	90223	90450	93494	
戰死	89405	89723						
全鮮	85573	85632	86239	86296	86359	86415	86991	87209	87964
	88135	88553	88757	88980	89055	89063	89247	89552	90177
	90307	90340	90342	90443	90553	90676	90771	90842	90883
	91098	91178	91194	91267	91335	91426	91462	91499	91516
	92147	92655	92719	92874	92956	92969	93148	93254	

傳習所	85556	85806	86376	86739				
戰勝	89093							
戰時	86279	86986	87421	87746	88066	88977	88990	89304	90744
戰時利得稅	86279	90744						
傳染病	87862	89113	89552	90264	90501	91935	92073	92469	93638
傳染病豫防	90264	92469	93638					
典獄	86284	86315						
典獄會議	86284	86315						
電料	86805							
專門學校	89863							
戰爭	87188	89156	90734					
戰爭書	89750							
戰爭避難所	87188							
全州	85809	86039	87604	88161	88166	89850	91396	91818	
電車	85810	86401	86841	87255	87294	87509	87912	88176	90185
	91478	91775	92133	92378	92519	92616	92717		
殿下	86270	88714	88958	90539	91199	91597		
電話	85539	85794	86229	86510	86656	86927	87776	88269	88355
	88364	88365	89362	89496	90179	90183	90440	90563	90629
	90726	91122	91403	91647	91755	91766	92002	92430	93234
	93375	93494							
竊盜	86701							
竊盜犯	86701							
節米	93259							
切手	89828	90825	92664	93077				
節約	89361	93175						
折檻	89348							
鮎	86514	91869	92202					
占領	88961							
庭球	86515	87018	87097	87958	88104	88707	88757	90771	90909
	91360	91810	91857	92159	92615	92820	92973	93037	93144
整理	86621	87596	88879	88990	89908	90233	90299	90395	90471
	90535	90582	91569	91982	92462	92586	92608	92840	93000
	93045	93354	93464						
政務總監	85735	87751	87779	88995	92095	92124	92127	93509	
精米	85670	85718	89308	89621	89836	89843	89947	90717	91214
	91266	91268	92177	92273	92336	92379			
精米所	89843	89947	92177	92273	92379			
淨法寺	90204	90891	90947	90959	91080			
政府	85629	86009	87518	87531	87678	87681	89883	91166	91682
	91850	93028							

精煉所	85986							
井邑	85926							
定州	90646							
帝國	86327	87592						
濟南	87610	87704	88295	88899	91847			
製陶	85701	86256	88457					
齊東野人	85905	85933						
製煉所	85952							
制令	89816	91067	93513					
祭禮	92785							
製絲場	87030	87049	90728	93686				
製鹽	87047	87211	88346	88498	88665	88749	91814	
第二棧橋	86725	86926	87010	92908				
製造業	85537	86032	86363	90966				
濟州島	92833							
製紙	85648	87419	90971	91291	91611	92257		
製紙工場	85648							
製紙業	87419	92257						
製鐵 製鉄	86110 88090 92911	86262 88265	86281 88274	86391 88502	86687 88704	86759 88968	86842 89184	87008 89258	87228 91428
製鐵所	86110 88265	86281 88274	86391 88704	86687 89258	86759 92911	86842	87008	87228	88090
製出	88633	90107						
製炭	93202	93360						
製糖	86447							
制限	85726 87585 92766	86606 87587 93046	86653 87593 93513	86833 87839	86921 87841	87079 89514	87518 91194	87531 92026	87576 92468
制限令	87576	87585	87587	87593	87841			
遭難	87465	87516	89702	90193	91145	93411	93433	
遭難船	87465							
遭難實記	93411	93433						
造林	85984 90069	86137 90816	86352 91575	87657 91591	87882 91970	89512 93116	89799 93252	90030 93387	90061 93463
造林事業	90030	93116	93252	93387				
繰綿	86930	87248	87757	88008	88244	89695		
操棉工場	87430							
調査	85587 86551 87095	85844 86571 87355	85889 86704 87421	86007 86708 87640	86308 86718 87918	86413 86752 87951	86438 86776 87976	86476 86886 88061	86532 86948 88076

88131	88133	88227	88425	88611	88639	88678	88878	89193
89228	89414	89455	89852	89884	89885	89995	90195	90418
90483	90493	90631	90765	90833	90834	90865	91038	91055
91100	91129	91213	91223	91225	91231	91418	91442	91695
91726	91795	91814	91828	91829	91843	91848	91875	92076
92137	92171	92217	92317	92339	92401	92590	92769	92974
93260	93469	93504						

朝鮮

85521	85522	85554	85561	85571	85573	85617	85652	85661
85698	85718	85734	85740	85744	85749	85754	85759	85760
85771	85782	85791	85804	85814	85816	85823	85837	85852
85862	85868	85876	85898	85906	85912	85918	85922	85929
85930	85941	85947	85948	85956	85962	85966	85972	85981
85983	85989	85993	86003	86005	86023	86025	86032	86035
86037	86038	86048	86057	86059	86064	86080	86153	86182
86195	86253	86254	86256	86258	86267	86269	86271	86275
86278	86301	86325	86344	86395	86465	86470	86476	86479
86524	86527	86550	86567	86568	86571	86577	86597	86601
86603	86608	86609	86635	86640	86641	86695	86700	86701
86715	86731	86743	86765	86786	86877	86878	86895	86904
86921	86939	87023	87024	87039	87085	87102	87118	87125
87159	87182	87201	87215	87223	87232	87280	87298	87312
87318	87321	87341	87342	87344	87353	87356	87361	87370
87371	87384	87400	87417	87419	87420	87435	87443	87458
87465	87480	87482	87488	87517	87518	87530	87531	87583
87584	87587	87597	87613	87621	87629	87638	87647	87648
87654	87655	87662	87663	87681	87689	87691	87697	87702
87705	87713	87717	87731	87732	87765	87767	87768	87770
87778	87788	87808	87822	87831	87833	87834	87849	87864
87877	87894	87915	87918	87930	87945	87946	87951	87960
87961	87965	87973	87987	87990	87991	88003	88004	88023
88025	88042	88043	88059	88069	88107	88114	88128	88132
88148	88160	88174	88183	88186	88197	88236	88308	88319
88333	88361	88376	88377	88393	88418	88425	88432	88448
88463	88484	88489	88500	88516	88522	88532	88537	88592
88602	88627	88635	88647	88663	88672	88739	88760	88776
88801	88851	88859	88865	88880	88894	88902	88981	89023
89074	89100	89120	89171	89211	89213	89217	89228	89242
89256	89264	89271	89276	89306	89318	89325	89335	89337
89423	89439	89485	89501	89511	89523	89561	89582	89583
89591	89609	89620	89621	89627	89673	89712	89713	89736
89741	89748	89752	89753	89772	89787	89788	89790	89813
89827	89830	89883	89890	89923	89958	89966	89972	90058
90093	90205	90219	90224	90245	90246	90258	90259	90277
90297	90298	90310	90330	90331	90344	90345	90346	90355
90375	90376	90391	90403	90437	90453	90457	90464	90469
90484	90504	90549	90575	90580	90609	90631	90649	90665
90724	90734	90737	90738	90765	90792	90793	90802	90811

	90823	90824	90830	90835	90899	90939	91030	91038	91103
	91116	91119	91166	91205	91223	91228	91242	91256	91277
	91285	91290	91303	91305	91308	91317	91335	91349	91361
	91395	91396	91399	91416	91419	91425	91446	91456	91465
	91479	91506	91524	91534	91573	91579	91597	91609	91623
	91632	91639	91641	91668	91690	91698	91711	91733	91756
	91799	91841	91850	91903	91962	91973	91997	92034	92053
	92069	92070	92079	92092	92093	92094	92095	92126	92129
	92142	92146	92176	92205	92211	92237	92311	92312	92335
	92351	92410	92444	92487	92497	92508	92555	92562	92563
	92619	92657	92680	92701	92723	92729	92743	92747	92749
	92754	92762	92779	92796	92815	92823	92837	92839	92846
	92857	92873	92878	92879	92890	92891	92892	92894	92910
	92928	92943	92949	92951	92961	92974	92982	92995	92999
	93019	93027	93028	93053	93062	93083	93088	93100	93160
	93226	93230	93237	93249	93252	93293	93314	93364	93367
	93378	93419	93458	93485	93509	93513	93539	93567	93660
造船	86520	86623	86761	86942					
朝鮮貴族訪問記	87584	87597	87613	87648	87655	87663	87691	87705	87834
	87991	88043							
朝鮮及滿洲	93364								
朝鮮道中記	87298	87312	87321	87341	87353	87361	87370	87384	87400
	87417	87435	87443	87458	87517	87530	87583	87629	87647
	87654	87662	87689	87702	87713	87731	87778	87788	87808
	87831	87849	87877	87894	87915	87930	87945	87960	87987
	88025	88042	88059	88069	88107	88132	88148	88160	88183
	88197								
朝鮮貿易	86601	87480	87965	88432	88894	89741	90344	90484	90830
	91285	91419	91639	91841	92093	92657	92995	93367	93539
朝鮮米	85718	86153	87767	88532	88902	89213	91166	91228	92079
	93660								
朝鮮民事令	86597								
朝鮮阿片取締令	91305								
朝鮮銀行 鮮行	85894	85993	86080	86271	86400	86410	86495	86778	86903
	86961	86992	86993	87136	87140	87401	87402	87594	87609
	87610	87813	87872	88004	88125	88150	88165	88190	88380
	88384	88412	88434	88622	89074	89088	89120	89364	89565
	89707	89760	89963	90005	90354	90381	90413	90496	90498
	90568	90652	90675	90851	91024	91130	91152	91236	91287
	91350	91514	91527	91579	91641	91672	91973	92176	92948
	92983	93030	93120	93203	93350	93559			
朝鮮銀行發行稅	86080								
朝鮮婦人	87318								
朝鮮事情	93226	93237							
朝鮮商船學校	85749								

朝鮮語	85947	88174	90245	91303	92129			
朝鮮銀行	85993	86080	86271	88004	91579	91641	91973	92176
朝鮮離宮	85661							
朝鮮人	86269	86278	86301	86325	86344	87023	87024	87201	87697
	88376	89100	89790	90297	90355	90403	90453	92237	92487
	92815	93378							
朝鮮人蔘	90403							
朝鮮製油	86635							
朝鮮紙	87419							
朝鮮鐵道 鮮鐵	86005	86052	86131	86214	86347	86412	87094	87245	87489
	87563	87695	87773	88526	88627	88627	88845	89427	89720
	89740	89755	89829	89871	90089	90148	90226	90227	90410
	90414	90471	90478	90483	90532	90533	90656	90897	91390
	92203	92213	92292	92711	92816	93254	93509		
朝鮮總督	90765	91205	91416	91597	92053	92092	92619		
朝鮮總督府	90765	91416	92619					
朝鮮化	85521	86568						
租稅	90415							
朝郵	86113	86114	87636	88048	88666	88739	89291	89375	89648
	90324	90564	90589	90658	90733	93130	93135	93218	
朝日	86696	86876	86901	86919	86959	86987	87005	87028	87036
	87089	87100	87133	87154	87192	87206	87239	87252	87311
	87320	87352	87360	87369	87383	87416	87434	87442	87487
	87505	87549	87562	87608	87627	87646	87652	87687	87701
	87730	87745	87777	87806	87830	87860	87876	87914	87929
	87944	87971	87986	88000	88024	88041	88068	88086	88106
	88130	88147	88196	88210	88250	88271	88289	88305	88356
	88375	88401	88420	88436	88475	88515	88552	88572	88597
	88607	88662	88682	88713	88786	88820	88856	88877	88905
	88954	88987	89024	89041	89072	89083	89104	89255	89270
	89317	89334	89349	89475	89525	92949	93271	93292	93307
朝日歌壇	86876	86901	86919	86959	86987	87005	87028	87089	87100
	87133	87192	87239	87311	87352	87369	87416	87442	87505
	87562	87627	87652	87701	87745	87777	87806	87876	87944
	87971	88000	88041	88086	88130	88196	88250	88289	88356
	88401	88436	88515	88597	88682	88856	88905	88954	89072
	89104								
朝日俳壇	87036	87154	87206	87252	87320	87360	87383	87434	87487
	87549	87608	87646	87687	87730	87830	87860	87914	87929
	87986	88024	88068	88106	88147	88210	88271	88305	88375
	88420	88475	88572	88607	88662	88713	88786	88820	88877
	88987	89255	89270	89317	89334	89349	89475	89525	
組織	86330	86340	86389	86449	86507	86508	86593	86992	87275
	87429	87633	88446	88761	89461	89819	89951	90373	90448

	90604	90772	90975	91136	91192	91321	91340	91360	91625
	91869	92218	92361	92423	92561	92636	92781	92817	93351
	93434	93595	93613	93690					
鳥致院	85718	85789	85825	86470	86867	86885	87031	87366	87770
	87789	87890	88408	89045	89201	89292	89453	89749	89969
	89975	89981	89994	90010	90028	90034	90048	90058	90066
	90092	90100	90138	90301	90322	90360	90369	90556	90708
	90712	91045	91436	91476	91558	91738	92054	92242	92363
	92646	92775	92855	92899	92926	92968	92973	93136	93188
	93552	93639	93654						
組合	85563	85613	85696	85712	85723	85924	85935	85952	85982
	86118	86148	86192	86233	86314	86330	86379	86380	86508
	86575	86608	86637	86856	86864	86889	86978	87055	87213
	87235	87276	87281	87289	87376	87427	87439	87486	87540
	87541	87570	87573	87590	87633	87826	87885	87911	88017
	88035	88055	88082	88121	88191	88225	88349	88360	88366
	88449	88452	88595	88656	88677	88687	88690	88745	88752
	88929	88948	89079	89114	89155	89203	89220	89235	89236
	89282	89365	89383	89409	89430	89442	89443	89456	89490
	89542	89579	89586	89587	89595	89610	89611	89661	89662
	89681	89686	89791	89815	89818	89820	89825	89838	89865
	89944	89951	89960	89973	89996	90000	90009	90025	90032
	90039	90068	90092	90100	90162	90182	90184	90189	90236
	90279	90335	90355	90370	90389	90402	90442	90453	90456
	90459	90515	90518	90529	90569	90575	90605	90642	90710
	90712	90755	90787	90990	90997	91065	91258	91269	91275
	91292	91299	91340	91517	91582	91583	91625	91687	91724
	91742	91748	91758	91803	91813	91869	91891	91892	91909
	91919	91941	92013	92028	92040	92164	92194	92218	92226
	92283	92338	92369	92372	92380	92381	92414	92442	92477
	92493	92507	92528	92550	92624	92660	92673	92682	92745
	92791	92804	92893	92941	92966	93032	93109	93112	93227
	93240	93297	93347	93349	93356	93376	93379	93429	93482
	93530	93608	93657						
組合銀行	87213								
卒業	87034	87329	89336	89717	89804	89841	89941	89956	89957
	89981	90010	90044	90050	90192	90884	92004	93214	
卒業生	87034	89336	90050	93214					
卒業式	87329	89717	89804	89841	89941	89957	89981	90010	90044
	90884	92004							
宗教	85693	85918	85992	86175					
宗教會	85992								
縱談橫議	87021	87029	87038	87091	87102	87117	87287	87322	87362
	87444								

種豚	87423								
縱覽所	88219								
種子	87060	89633	90004	92739					
鐘鑄	86471								
種貝	91643								
株 株式	85561	85889	85993	86034	86671	86716	86731	86968	87074
	87105	87158	87210	87267	87275	87402	87616	87716	87728
	87838	88125	88165	88510	88745	88923	89383	89659	89847
	89877	90006	90039	90055	90093	90140	90237	90379	90409
	90658	90690	90885	91017	91029	91384	91386	91654	91776
	92035	92178	92216	92236	92316	92500	92564	92712	93006
	93273	93290	93691						
株募集	88165	88510	90379						
酒	85638	85704	85744	85805	85962	86028	86038	86119	86327
	86638	87454	88791	89063	89098	89183	89193	89247	89617
	89697	89731	89788	90041	90116	90139	90291	90384	90488
	90613	90617	90651	90841	90867	90918	90981	91012	91066
	91098	91499	91633	91636	91879	91919	92851	92978	93041
	93052	93211	93282	93441	93607	93656			
住宅難	92855								
周旋屋	86746	93246							
酒稅令	85744	85805	85962	89247	90041	90116			
株式會社	85561	86034	86716	86731	88923	90055	91384	91386	92236
駐在所	89985								
酒造	85962	86028	86038	86119	89063	89098	89247	90841	90918
	91012	91066	91633	91919	92851	92978	93052	93211	93441
酒造會社	90841	91633	92978	93052					
株主總會	87402	90237	90409	90658	90690	90885	91017	92178	
駐箚	86162	87223							
住宅	87668	91822	92049	92627	92628	92683	92699	92855	92902
	93203	93265							
噂	86075	86104	86128	86151	86204	86225	86300	86337	86388
	86399	86444	86723	86803	86900	86937	87027	87042	87099
	87238	87251	87265	87296	87441	87457	87729	90804	91479
	91767	91788	92840	93598					
竣工	85525	85588	86187	86208	86608	88044	88110	89491	90225
	90664	90965	92244	92445	92481	92533	93523	93580	
浚渫	85611	86548	92302						
中繼地	85625								
中國	91335								
仲買組合	86856								
中等教員	87408	93447							

中等校· 中學校·中學	85604	85636	85780	85826	86679	86834	86964	87567	87734
	87749	87908	88115	88161	88203	88396	88593	89243	89626
	89784	89888	90023	90073	90120	90175	90392	91362	91364
	91416	91542	91626	91741	91769	92156	92759		
中西	90650								
重石	85663	85703	85787	85801	85909				
重石熱	85595	85608							
中鮮	85681	85732	86214						
重役	85686	85958	87044	87377	88297	90854	90947	91159	93527
衆議院	86664								
中樞院	90245	92538	92551	92636					
中學問題	85780	87567	87734	87749	87908	88115			
卽死	88157								
增減	86913								
增大	85550	87449	89367	89907					
增發	85858	86109	86393	86729	86770	87967	89412	91429	91449
	91697								
增俸	86963	86994	91265	91604	91846	92331	92369	92955	93390
增設	86283	88364	88570	88769	89585	89740	89975	90007	90102
	90131	90311	90510	90575	90722	90927	91992	92266	92803
	92956	93393							
增稅	92758								
增收	86549	86682	87017	87865	87896	87961	88236	88258	88263
	89797	90257	91110	92082	93155				
增殖	87881	88847	91611						
增資	86400	86636	87234	87401	88539	88860	89561	89584	89631
	90053	90346	90362	90564	91035	91171	91254	91287	91525
	91609	91654	91763	91947	91965	91997	92216	92335	92563
	92564	92962	93193	93212	93417	93509			
地價	85885	86370	86566	87684	89479	89548	89594	89765	90034
	93184								
芝居	90819								
支那	86118	86210	86527	86687	87205	87259	87388	87943	88058
	88139	88159	88233	88272	88411	88791	88911	89105	89123
	89223	89461	89647	90027	90091	90525	90593	90819	91238
	91330	91335	91345	91535	91886	91987	92241		
支那人	86118	86527	88911	90593	90819	91345			
支那人農業組合	86118								
地方制度	85522								
知事	92016	92458	92527	92532	92675	92689	92811	92852	93017
	93031	93185	93409						
地稅	86851	87230	87467	89526	90188				

志願	85680	89249	89784	89954	91304	93547			
支店	86031	86096	87062	87140	87428	87499	87610	87813	88020
	88150	88172	88335	88369	88763	88782	88922	89447	89457
	89707	89721	89762	89876	89882	90005	90209	90252	90428
	90460	90568	90571	90711	90851	90891	90898	90947	91276
	91467	91553	91599	91847	92359	92625	92826	93245	
地主	85866	86432	88109	90182	90458	91724	92728	92739	93166
地主移民	85866								
地主組合	90182								
地鎮祭	86174	86264	92613						
地測	90108								
紙幣	85858	85869	86212	90903	91308	91377	91519	93241	93495
	93559								
職工	86995	92486	92911	93246	93266	93294	93374	93472	93591
織物同業組合	86379								
稷山	87828								
職員	85979	86262	86314	86655	88285	90496	90845	92252	92264
	92550	92727	93148	93260					
鎮南浦	85543	85586	85605	85710	85884	85908	85939	85952	86008
	86144	86815	86931	87632	87924	87931	88090	88248	88332
	88652	88696	89586	89764	89810	89925	90222	90343	90522
	90765	91269	91475	91567	91635	91798	91923	92139	92525
	92905	93552							
診療	87969	89576							
眞言宗	87316								
陳列館	87302								
陳情	85962	86963	87043	87978	89909	90158	90307	91020	91310
	91890	92441	92713	93191	93236	93324	93332	93638	
晉州 晉州	85862	85976	88282	89124	91892	92276			
進辰馬	85735								
鎮昌	86328	87925	91259						
鎮川	91782								
進出	88049								
鎮海	85559	85578	85692	85750	85773	85839	85854	85880	87249
	87491	87923	88423	88997	89339	89444	89840	89858	90436
	90634	90723	91040	91054	91263	91264	91292	91322	91485
	91513	91537	91667	91901	91902	91905	91909	92371	92381
	92392	92394	92417	92622	92624	93284	93514		
鎮海海軍	91264								
質屋	91337	91463	92935						
集會	86321	86796	87635						

徵兵	85680	86415	87201	89823	90064	90254	90288	90314	
徵兵檢査	89823	90064	90254	90314					
徵兵法									
徵稅	93192								
徵收	86090	86911	87059	87225	87545	88409	89298	90287	90383
	90415	91964							
懲役	87278	90339	90520	91441					

	86999	87008	87021	87046	87069	87070	87071	87094	87120
	87124	87138	87159	87215	87227	87228	87229	87232	87245
	87338	87344	87358	87368	87406	87446	87452	87464	87489
	87522	87524	87527	87539	87542	87563	87589	87634	87638
	87668	87673	87695	87718	87743	87761	87773	87797	87811
	87822	87832	87886	87901	87978	87998	88007	88012	88015
	88019	88090	88109	88142	88170	88259	88265	88273	88274
	88330	88429	88460	88461	88462	88468	88502	88526	88527
	88551	88561	88604	88613	88615	88627	88628	88645	88655
	88675	88704	88717	88718	88734	88742	88766	88776	88845
	88862	88893	88930	88947	88964	88968	88985	89026	89062
	89116	89130	89148	89179	89181	89184	89212	89226	89258
	89262	89279	89325	89353	89414	89422	89423	89427	89491
	89549	89561	89577	89591	89647	89650	89665	89720	89736
	89740	89742	89755	89774	89778	89792	89796	89797	89801
	89811	89812	89827	89829	89854	89871	89883	89890	89913
	89914	89919	89946	89953	89954	89961	89962	89976	90007
	90015	90026	90089	90090	90146	90148	90154	90174	90201
鉄	90226	90227	90256	90260	90304	90307	90327	90328	90346
鐵	90410	90414	90434	90461	90471	90474	90478	90483	90532
	90533	90556	90607	90615	90622	90644	90650	90656	90681
	90770	90771	90785	90789	90797	90819	90829	90836	90842
	90852	90874	90889	90892	90897	90899	90911	90915	90939
	90948	90951	90960	90979	90988	91003	91005	91028	91030
	91046	91047	91086	91121	91181	91233	91248	91259	91284
	91306	91315	91322	91341	91349	91356	91390	91428	91451
	91461	91496	91497	91524	91553	91568	91602	91605	91609
	91630	91638	91666	91702	91714	91733	91786	91794	91796
	91815	91899	91960	92000	92003	92033	92043	92058	92085
	92094	92110	92126	92168	92182	92203	92213	92252	92270
	92292	92300	92335	92356	92373	92385	92411	92438	92445
	92562	92563	92572	92573	92674	92711	92716	92718	92731
	92743	92772	92776	92782	92794	92805	92807	92816	92841
	92891	92911	92949	92962	92975	93016	93022	93042	93105
	93106	93136	93148	93193	93209	93236	93242	93254	93273
	93288	93290	93310	93339	93346	93394	93400	93413	93431
	93456	93475	93476	93497	93502	93506	93509	93515	93522
	93580	93609	93691						
鐵鑛	86883	88645	89801	90090	91630				
鐵橋	91356	93456							
鐵道	85552	85694	85732	85743	86005	86052	86072	86082	86170
	86207	86230	86314	86328	86351	86554	86555	86631	86652
	86658	86705	86707	86719	86728	86788	86854	86860	86990
	87021	87069	87094	87120	87124	87138	87215	87358	87368
	87452	87464	87522	87524	87527	87542	87589	87668	87743
	87761	87811	87832	87886	87978	87998	88007	88019	88142

	88259	88273	88330	88462	88468	88551	88613	88627	88628
	88675	88717	88734	88862	88930	88947	88964	89062	89116
	89130	89212	89279	89422	89423	89549	89577	89647	89665
	89742	89792	89797	89812	89854	89913	89954	89962	90007
	90015	90146	90154	90174	90201	90461	90474	90607	90615
	90771	90785	90797	90829	90836	90842	90951	91003	91046
	91248	91259	91341	91349	91496	91605	91794	91815	92000
	92043	92058	92085	92168	92252	92438	92445	92562	92674
	92718	92782	92794	92805	92841	92891	92975	93148	93242
	93254	93273	93310	93339	93346	93413	93431		
鐵道局 鉄道局	86005	87021	88628	89647	89962	91815			
鐵道連帶	89549								
鐵道職員購買組合	86314								
鐵道學校	87522	87811	88468	89665	89792	89913	89954	90015	90154
	90174	90461	90607	91496	92445				
鐵嶺	85539	85540	91181	92356	93476	93497	93506	93515	93522
鐵原	89184								
鐵貨	87718								
甛菜	87855	92029							
鯖	86494	86559	86895	88644	89021	89675	91423	91433	91785
	92201								
靑年	85571	85918	85950	87410	88376	89118	89700	90273	90315
	90523	90748	91572	92584	92791	92812	93595		
靑年俱樂部	93595								
靑年團	89118	92791							
靑年夜學	87410								
靑年會	85918	90315	92584	92812					
靑銅	86318								
請負	86072	86173	87358	87463	87978	88002	89211	89679	91497
	91605	91794	92397						
請負業	87463	88002	89211						
靑山島	87164	88168	91785						
請願	86305	86393	86435	86556	86619	86879	86880	86964	87524
	87721	87934	89062	89212	89246	89247	89275	89344	89681
	89728	89887	90023	90514	90542	90736	91025	91064	91083
	91194	91335	91547	91567	91773	91919	91927	92269	92942
	93408								
清州 淸州	87485	87799	87997	88581	88632	88710	89052	89327	89594
	89635	89687	89853	89990	90002	90009	90017	90103	90268
	90402	90468	90710	90952	90989	91075	91169	91246	91375
	91393	91437	91498	91541	91570	91739	91946	92022	92194

	92683	92785	92954	92998	93136	93606		
淸酒	89617	89731	90291	90488	90981	91499		
蜻州將軍	87299							
淸津	85546	86252	86520	86538	86667	86709	86880	86957	87181
	87262	87750	87921	89048	89055	89225	89230	89272	89354
	89498	89622	89646	89980	89995	90122	90159	90896	91010
	91082	91085	91380	91447	91771	91904	92115	92181	92190
	92455	92477	92534	92667	92844	92978	92990	93311	93510
遞信	86162	87493	88693	89107	90306				
遞信局	86162	88693	89107	90306					
體育	87061	91321	91550	92167					
體操	88128	89069	89205	89698					
逮捕	88288	89101	89806	89861	90516	90953	90976	91343	
滯貨	85861	85873	85892	85919	86180	86205	86242	86367	86535
	86724	86997	87722	87890	88278	88879	89061	89110	89147
	89266	89354	89487	89907	89943	90227	90471	90582	90656
	90897	91335	92438	93030	93254	93412			
草梁	85753	90801							
初旅の朝鮮	92701	92729	92747	92762	92796	92815	92823	92846	92857
	92873	92879	92892	92910	92928	92951	92961	92982	92999
	93019	93053	93062	93088	93100				
草河口	86335								
招魂祭	86067	86087	90671						
矗石樓	85862								
村田(鑛務課長)	85775	85801	87038	90923	91165	91284			
總監	85735	85892	87751	87779	88598	88671	88995	89108	92006
	92095	92124	92127	92263	93509				
總督 総督	85554	85661	85662	85686	85710	85718	85735	85740	85786
	85830	85871	85874	85895	85905	85933	85997	86060	86063
	86074	86078	86139	86172	86244	86269	86272	86278	86301
	86306	86325	86344	86345	86404	86454	86479	86491	86571
	86586	86920	87198	87463	87471	87614	87763	87764	87779
	87854	88557	88573	88575	88584	88587	88599	88610	88741
	88790	89142	89265	89397	89452	89484	89560	89647	89746
	89814	89862	89967	90151	90163	90245	90497	90730	90765
	90833	90891	90950	91128	91205	91306	91310	91416	91597
	91658	91858	91960	92053	92092	92108	92140	92207	92225
	92233	92262	92263	92330	92333	92400	92410	92437	92487
	92518	92538	92618	92619	92695	92824	93009	93016	93137
	93163	93189	93295	93554	93563	93579	93690		
總督府 総督府	85686	85710	85740	85874	85895	86060	86063	86074	86269
	86278	86301	86325	86344	86404	86571	87198	87463	87471
	87614	88573	88584	88587	88599	88610	89142	89397	89647
	89862	90163	90245	90497	90730	90765	90833	90891	90950

	91727	91787	91789	91834	91835	91869	91879	91943	91950
	91951	91964	92107	92110	92155	92182	92187	92234	92259
	92291	92411	92466	92526	92572	92579	92669	92696	92698
	92707	92714	92727	92728	92739	92741	92776	92878	92893
	92937	92960	92970	93001	93007	93045	93080	93083	93118
	93132	93133	93146	93146	93192	93197	93359	93376	93459
	93589	93607							
忠淸道	85731	85836	85940	85978	86045	90191	90492	92483	
忠淸北道 忠北	91167	91179	91757	85900	86311	86739	86847	87165	87230
	87394	87484	87795	87899	88283	88347	88405	89235	89579
	89676	89765	89990	90253	90257	90266	90267	90289	90296
	90467	90509	90520	90719	90794	90798	90868	91051	91109
	91209	91293	91412	91431	91435	91522	91528	91530	91544
	91725	91739	91759	91780	92004	92101	92141	92191	92318
	92576	92580	92938	93463	93661				
忠魂碑	85535	85622	90647						
醉狂	90293								
趣味	93334								
取引	85655	85881	85935	85964	85983	86518	86542	87365	87667
	87704	87769	88035	88458	88501	89454	89523	89529	89564
	89615	89786	89818	89971	90233	90299	90363	90598	90739
	90812	90853	90854	90858	90876	90895	90919	90924	90925
	90961	91029	91056	91143	91159	91191	91210	91219	91225
	91309	91329	91621	91984	92001	92144	92211	92281	92285
	92708	92857	92864	92873	93019	93046	93053	93081	93122
	93134	93225	93227	93545	93558	93682	93684		
取引所	85655	85881	85935	85964	85983	86518	87365	89454	89786
	90233	90299	90363	90598	90739	90812	90853	90854	90858
	90876	90895	90919	90924	90925	90961	91029	91056	91143
	91159	91191	91309	91621	92211	92281	92285	92857	92864
	92873	93019	93053	93081	93225	93558	93682		
取調	87281	89153	90296	90849	91479	91516			
取締	85787	86105	86693	86777	86825	86850	86861	87508	87559
	87703	88064	88073	88087	88108	88486	88501	88686	88791
	88977	89304	90095	90212	90589	91305	91357	91413	92236
	93041	93224	93342	93357	93382	93491	93583		
就學	90273								
就航	86492	88879	92661						
測量	89578	90108	90434	91365	92872				
測候	90036	90668	91854	93584					
薙刀	86198	88128							
値上	86638	86639	86643	86654	86737	86805	86841	86883	86955
	87108	87180	87255	87280	87313	87357	87486	87595	87636
	87832	87857	87984	88126	88875	88981	89343	89375	89468

	89541	89565	89617	89705	90302	90307	90327	90483	90511
	90899	91363	91826	92041	92428	92616	92717	92861	92949
	93078	93087	93300	93324	93445	93609	93661	93677	
治水	87122	88001							
淄川	88984								
親善外交	85767								
沈沒	86603	86660	87759	90871	91224				
沈沒船	90871								
浸水	91148	91635	91676						

ㅋ								
コレラ 虎疫	91691	91884	91950	92006	92088	92188	92328	92395	92421
	92431	92434	92453	92484	92521	92534	92535	92553	92586
	92591	92593	92612	92614	92654	92666	92667	92702	92718
	92719	92720	92736	92737	92751	92762	92798	92817	92841
	92844	92901	92946	92969	92971	92989	92990	93007	93056
	93079	93097	93113	93179	93232	93298	93383	93435	93454
	93537								
コンマーシヤル	90549								

通貨統一反對運動	85630				
堆肥	90417				
投票	93309				
特急列車	89740	91359			
特別裁判制度	87343				
特派員	85717	85766	85871	85879	87609

Ⅱ								
ポーツマス	93624	93648	93672					
派遣	86879 93587	87534	87609	89807	90288	90865	91823	92252	93423
罷免	85844								
破産	85583	91422							
罷業	87472 93294	87476	87509	87510	87525	87828	87866	88053	92911
派遣隊	90882	91099							
播種	88519	90465	90538						
派出所	91130								
判事	85620	91821							
阪神	86492 92865	88126	88558	89111	91177	91335	91607	91636	91969
判任官	86239	86387							
膨脹	86183 91285	86778 92000	87521	88187	89638	89835	90024	91063	91081
苹果	88167	89209	89332	91458	91613	92884	93072		
平安南道 平南	86119 88886 91950	86164 89051 91995	86420 89403 92139	86503 90512 92713	86736 91027	87001 91033	87109 91207	88563 91533	88735 91707
平安北道 平北	89012	90519	90646	91950					
平壤	85552 85928 87519 88721 89745 91122 91603 92530 93526	85610 85934 87572 88769 89803 91237 91710 92613	85661 85969 87770 88825 89838 91270 91741 92747	85772 86000 88502 89009 89856 91271 91748 92845	85817 86227 88507 89025 90110 91360 91912 92879	85835 86307 88548 89047 90190 91369 91922 92892	85845 86433 88556 89064 90313 91399 92139 93101	85849 86971 88560 89290 90320 91438 92311 93296	85885 86988 88704 89326 90350 91464 92390 93352
平元線	86708	87043	88404						
平元鐵道	87524	88259							
捕鯨	85860	86620	89040	89692	90796	90906			
布教	90355	90648							
布教所	86235	92905							
砲兵	85817	92631							
鮑漁	86385								
浦潮	87037 90738	87979 91009	88026 91185	88027 91312	88163 91556	88774 93263	89707 93510	89970	90378
浦項	85702	86004	87227	87768	87852	87887	88079	88313	88561

	89937	91601	92220	92246	92368	92649	93006	93657
爆擊	90542							
暴動	89745	89790	90394	90431	90482	90631	91242	
暴落	87508	88525	89109	89543	89732	90057	90101	90171
暴利	86861							
暴利令	87550	87593						
暴民	86561	90111	90543	90592				
漂流	86851							
標柱	86633	90721						
表彰	85659	86817	87800	89000	89036	89149	90051	90494	90555
	90747	92589	92669	92810	93111	93518			
品評會	85961	87173	88145	88362	88563	89207	89234	89590	89731
	91499	91834	92384	92790	92809	92980	93005	93050	93104
	93118	93243	93270						
豊漁	86667	88808	89021	89521	90292	90954	91226	
豊作	86791	86909	87459	87477	87659	87735	87780	87810	87937
	88424	88498	88788	88890	90968	91060	92337	92353	92670
	93396								
避難	86989	87002	87188	87319	89342			
避病院	88936	92987	93171					
避暑客	87319	91693	92071					
皮革	85930	86288	86921	87102	87866	88169	90409	90584	92222
	92268								

ㅎ								
フランス	91942							
ホテル	85552	85694	86254	86554	89497			
夏繭	87495							
下關	88136	89748	91992	92435	92876			
下水	85923	86689	88857	90390	90623	90926	91445	91593	92721
夏鰲	87477	91598	92808					
學校	85563	85613	85621	85749	85826	85884	85923	85935	85947
	85952	86148	86191	86213	86283	86304	86310	86346	86354
	86395	86406	86479	86490	86673	86763	86813	86889	86951
	87196	87235	87260	87277	87288	87290	87348	87475	87486
	87512	87522	87556	87756	87811	87889	87957	88055	88070
	88118	88161	88184	88220	88231	88296	88312	88342	88366
	88367	88428	88441	88468	88479	88499	88518	88534	88579
	88595	88614	88638	88651	88664	88836	88854	88881	88916
	88930	88951	89050	89056	89079	89135	89163	89218	89237
	89401	89409	89547	89579	89587	89610	89626	89661	89662
	89665	89681	89683	89686	89696	89716	89717	89735	89775
	89791	89792	89815	89825	89838	89863	89892	89913	89944
	89954	89956	89959	89960	90013	90015	90016	90020	90024
	90046	90068	90092	90100	90131	90154	90172	90174	90202
	90208	90241	90263	90279	90284	90285	90311	90316	90319
	90335	90370	90387	90445	90456	90461	90569	90576	90607
	90620	90630	90635	90675	90706	90710	90712	90727	90735
	90847	90856	90869	90913	90987	91016	91080	91345	91362
	91399	91453	91496	91505	91571	91582	91604	91626	91642
	91696	91741	91830	91831	91880	91900	92010	92013	92015
	92049	92173	92283	92289	92369	92372	92380	92445	92457
	92540	92582	92666	92667	92681	92691	92751	92759	92791
	92803	92898	92941	93044	93117	93144	93169	93260	93365
	93379	93450	93458	93530	93627	93689			
學校組合	85563	85613	85935	86889	87235	87486	88055	88366	88595
	89079	89409	89579	89587	89610	89661	89662	89681	89686
	89791	89815	89825	89838	89944	89960	90068	90092	90100
	90279	90335	90370	90456	90569	90710	90712	91582	92013
	92283	92369	92372	92380	92941	93379	93530		
學童	85763							
學務局長	86950	89862	89882	89916	91416	92205	92207	92330	92677
學問	92779							
學費	89663	90065						
學術	89934	91108						
學資	86066							
學制	88895	91941						
學會	87410	89058						

漢江	85932	85984	91279					
韓國	85680	88694						
韓相龍	85963	86850						
漢城	86850	90891	91836					
漢銀 漢城銀行	86850	90891	91836	92564				
旱害	92039 92490 93489	92048 92596 93516	92171 92692 93641	92187 92693	92191 92757	92339 92787	92341 92821	92362 92886	92427 93146
割讓	85646	85725						
割增金	86990	87463	87838					
咸鏡南道 咸南	89715	90695	90814	91207	91920	91950	92294	93378	
咸鏡北道 咸北	85549 88049 89531 91101 92731	86484 88134 89625 91108	86566 88254 89737 91198	87088 88258 89782 91207	87103 88266 90894 91937	87300 88276 90977 91950	87301 88424 91032 92185	87786 88431 91089 92227	87792 88712 91090 92592
咸鏡線	86141 93546	86338	86663	87045	87939	89121	89639	91815	93523
艦隊	89278	89510	89612	90305				
涵養	87657	89683	92256	93252	93334			
咸元線	93341							
咸興	86853 93264	88947 93341	89706 93365	91121 93406	93150 93540	93151	93198	93201	93242
合格	89599	90073	90461	91571	93014	93170		
合格者	88540	90743						
合辨事業	85534							
合併	86609	87377	89539	91211	91282	91302	91724	
合祀	85535							
港	85543 86062 86790 88291 88646 88807 89154 89489 89677 90248 91264 91904 92534	85546 86083 86846 88368 88685 88927 89178 89498 89707 90308 91335 92019 92591	85572 86084 87068 88437 88705 88934 89225 89510 89713 90359 91336 92043 92611	85586 86129 87119 88480 88730 88997 89230 89545 89903 90427 91489 92123 92612	85611 86445 87750 88482 88738 89011 89233 89612 89995 90432 91567 92183 92618	85857 86630 87887 88483 88758 89048 89260 89640 90005 90548 91772 92315 92630	85967 86698 88044 88609 88766 89089 89268 89643 90115 90647 91845 92368 92685	86011 86709 88110 88613 88773 89144 89272 89644 90122 91258 91859 92449 92697	86035 86726 88223 88629 88787 89151 89278 89668 90199 91263 91886 92499 92765

現況	85708	85930	86050	86180	86367	87704	87992	88097	89032
	89751	89926	90162	90970	93444				
協成神學校	89401								
協議會	86171	87122	89189	89441	89743	89839	90616	91230	92605
	92696	92775	93240						
虎	87063	89808	91809	92278					
戶口	86018	86913	87799	88459	89660	90506	91222	91732	92069
湖南	85961	86122	86591	87126	87722	87791	89419	89616	89827
	91449	91734	92111	92195	92635				
豪農	91140	93434							
呼倫貝爾州	85592	85602	85626						
戶別稅	86525	91249							
湖西銀行	87086	89631							
豪雨	86916	91279							
琿春	86133	86172	86222	86908	87073	87254	87304	87933	88810
	89678	90984							
洪水	87031	91780	92055						
花嫁	86786	89983							
和歌山	92463	92475	92486						
花柳病	86415	88146							
貨物	86099	86313	86589	86629	86776	86842	86998	87107	87161
	87526	87598	87671	87967	88047	88406	88531	88717	89015
	89127	89147	89187	89306	89480	89602	89654	89709	89774
	89831	89864	90201	90220	90226	90228	90365	90425	90480
	90508	90657	90738	90991	91616	91651	91738	91941	92462
	92730	92865	93175	93218	93267	93278			
貨物車	86313								
和服 日本服	86717								
火事	86059	87942	89769	90160	90693	90819	90921	91001	91022
	91126	92022	92687	93528	93535				
火葬	92484								
火葬場	88921	90476	92245						
火災	90046	93528							
和布	86356								
化學	90046								
化學工業	86049								
歡農會	85642								
活牛	86710	87150	89436	90283	90806	91240	91290	91709	91876
	92280	92440	92831	93279					
活況	85523	87535	87789	88706	90261	90380	90790	91037	91922
黃金	91914	93245							

彙報	86353	88219	88241	88298	88387	88426	88462	88553	88564
	88583	88636	88654	88674	88693	88707	89527	89538	
休業	87564	87753	88237	88836	88916	89735	92666	92667	92681
	92751	93689							
休學	88854	88951							
恤兵	88747								
凶作	91986	92158	92544	92728	92739				
黑船	87139	87455							
黑鉛	85671	85752	86533	86653	87103	87625	88237	88322	88761
	88768	89032	89166	89727	90149	90880	93663		
興業	86905	87075	87147	89877	90067	90232	90371	90624	91396
	92192	92236							
興行	92834								
希臘	87848								

한림일본학자료총서 발간에 즈음하여

1994년에 춘천에서 '일본학연구소'라는 간판을 내걸고 문을 연 한림대학교 일본학연구소는 당시 불모지에 가까운 상태였던 국내 일본학계에 기본적인 문헌을 공급한다는 기획을 세웠다. 바로 「일본학총서」였다. 그로부터 18년이 지난 지금 본 연구소의 출판물은 총 160권이 넘는다.

이번에 새롭게 발간한 「일본학자료총서」는 기존의 「일본학총서」를 승계·발전시킨 「한림일본학신총서」, 그리고 2011년에 『제국일본의 문화권력』을 첫 권으로 출발한 「일본학연구총서」와 함께 한림대학교 일본학연구소가 기획·간행하는 일본학 관련 총서의 세 기둥을 이룬다. '자료총서'라는 기획이 시작된 배경에는 국내 일본학에 1차 자료에 대한 보급이 매우 지진하다는 이유가 있다. 가령 일본이 제국을 지향하고 건설하는 과정의 한 부분으로서, 당시 일본인들의 정신세계를 국가주의로 이끌고 하나로 엮는 데 주체적인 역할을 한 이른바 당시 일본 '지식인'들의 행보를 알아야 하고, 그러기 위해서는 그들이 쓴 1차적인 저작을 읽고 분석할 필요성이 있다. 우리는 35년이나 제국일본의 식민지로서 지낸 불행한 경험이 있음에도 불구하고, 그리고 일제강점기 연구, 일본학 연구가 많은 성과를 내놓고 있음에도 불구하고, 아직 우리에게는 이런 부류의 저작을 한글로 옮겨서 많은 연구자, 학생들이 접할 수 있도록 한 출판물이 없다. 문헌에 대한 소개 자체가 거의 안 되어 있다는 것이 현실이다.

이러한 상황을 개선해서 한국의 일본 연구자, 일본학 종사자의 사명을 다하자는 것이 이 「일본학자료총서」이다. 현재 「일본학자료총서」에는 두 가지 시리즈가 존재하는데, <근대일본의 학지(學知)>시리즈와 <아사히신문 외지판>시리즈이다. 전자는 일본이 조선, 아시아 그리고 세계를 어떻게 바라보고 있었는가를 알기 위한 작업이며, 후자는 일본 아사히신문이 외지에서 발행한 외지판 중 이른바 '조선판'에 대한 기사명 색인을 작성해서 학계에 1차 자료로 제공하려는 것이다. 앞으로 신규로 추가될 시리즈를 포함해서 이 「일본학자료총서」는 우리가 일본을 분석하는 깊이와 다양성을 담보할 수 있는 필수이면서도 매우 기초적인 작업이 될 것이라 믿는다.

2012년 3월
한림대학교 일본학연구소

아사히신문
외지판(조선판)
기사명 색인 _ 제1권

초판인쇄 2016년 4월 29일
초판발행 2016년 4월 29일

지은이 서정완, 심재현, 김보민, 김성희, 노혜민, 문희수, 박명훈,
        박진희, 방나은, 이기은, 이시현, 정단비, 홍세은
        ⓒJohngwan Suh 2014 Printed in Korea.
기획 한림대학교 일본학연구소
펴낸이 채종준
펴낸곳 한국학술정보㈜
주소 경기도 파주시 회동길 230(문발동)
전화 031) 908-3181(대표)
팩스 031) 908-3189
홈페이지 http://ebook.kstudy.com
전자우편 출판사업부 publish@kstudy.com
등록 제일산-115호(2000. 6. 19)

ISBN 978-89-268-7425-7 91070